Mark Zahel

Alp- und Hüttenwanderungen Vorarlberg

Bregenzerwald, Kleinwalsertal, Arlberggebiet, Montafon

55 ausgewählte Touren

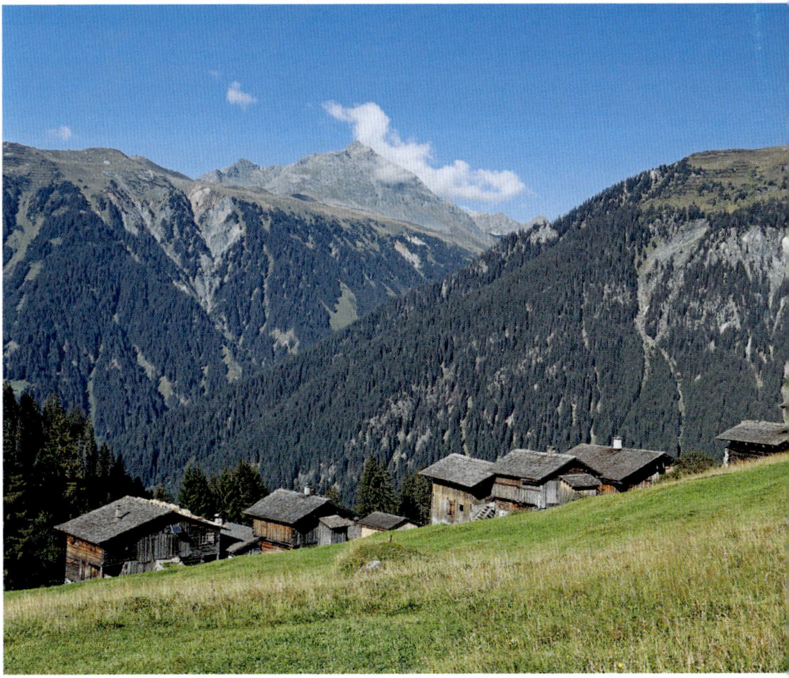

ROTHER BERGVERLAG

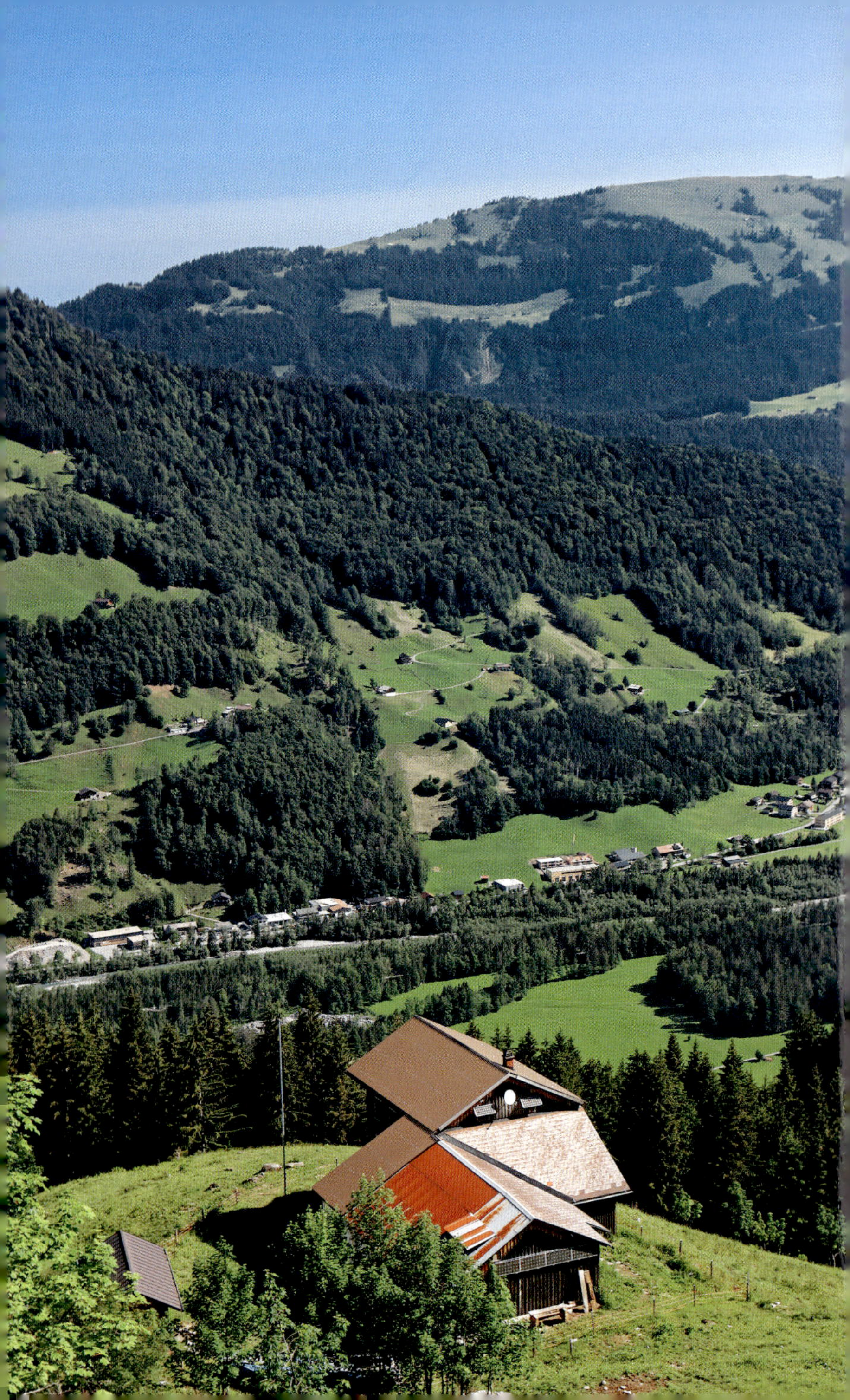

Vorwort

Im »Ländle«, wie Österreichs westlichstes Bundesland Vorarlberg von Einheimischen liebevoll vertraut genannt wird, spielt die Alpwirtschaft seit Jahrhunderten eine tragende Rolle. Sie hat eine heitere, anheimelnde Kulturlandschaft geschaffen, die auch dem Wandertourismus von heute Vorschub leistet. Von den mehr als 500 bestoßenen Alpen stellen nicht wenige auch ein Jausenangebot bereit, mitunter schlicht die eigenen Alpprodukte, häufig aber auch in erweiterter Form. Daneben haben sich übers Land verteilt eine Reihe privater Berggasthäuser etabliert und natürlich die zahlreichen Hütten des Alpenvereins sowie einige der Naturfreunde. Um diese touristische Infrastruktur soll es in unserem Buch gehen, eingepasst in herrliche Wanderungen, die weitere Facetten authentischen Erlebens in den Bergen vermitteln. Schließlich ist unterwegs unübersehbar, dass für viele Menschen landschaftlicher und kulinarischer Genuss Hand in Hand gehen – Sinnesfreuden, die uns stets aufs Neue die Seele baumeln lassen …

Unter den echten Berghütten Vorarlbergs soll in diesem Band keine wichtige fehlen, insbesondere, wenn sie als Stützpunkt für weitergehende alpine Touren dient und demgemäß bereits zum touristischen Zweck errichtet worden ist. Bei den traditionellen Alphütten muss im gebotenen Rahmen hingegen eine gewisse Auswahl getroffen werden. Dabei sind die 55 vorgestellten Touren relativ homogen über die verschiedenen Gebirgsregionen verteilt. Den nördlichen Bereich nimmt das Bregenzerwaldgebirge ein, flankiert von den Ausläufern der Allgäuer Alpen: ein vielgestaltiges Relief, das vom hügeligen Mittelgebirgstyp allmählich in hochalpine Gefilde übergeht, wo sich gen Süden nämlich das Lechquellengebirge und die Gegend um Hochtannberg und Arlberg anschließen. Das beliebte Kleinwalsertal besitzt eine Art Sonderstatus, ist es doch verkehrstechnisch vom Vorarlberger Kerngebiet abgeschnitten und stattdessen zum deutschen Allgäu hin orientiert. Das Große Walsertal liegt indes gleichsam in der »goldenen Mitte« des Landes. Südlich von Walgau und Klostertal rücken wir dann in die Zentralalpen vor – auch wenn aus geologischer Sicht speziell im Rätikon streckenweise noch Kalkdecken vorherrschen. Zwischen den Gebirgsgruppen Verwall und Silvretta liegt mit dem Montafon die südlichste Talschaft Vorarlbergs: eine faszinierende, zuweilen betörende Landschaft, die in manchen Geländekammern sogar Gletscherkulissen präsentiert.

Das alles lässt sich auf überwiegend gut ausgebauten Bergwegen erleben. Der Anteil wirklich leichter Routen ist in diesem Spezialführer über Alp- und Hüttenwanderungen überdurchschnittlich hoch – eine Einladung speziell an gemäßigte Wanderer, Familien und Senioren, bei denen allesamt Genuss vor Leistung rangiert. Wer trotzdem »mehr« möchte, findet in jedem Kapitel Anregungen für Gipfeltouren oder mögliche Übergänge. Bleibt mir, Ihnen viel Entdeckerlust und stets wunderbare Gaumenfreuden auf Ihren Streifzügen im »Ländle« zu wünschen.

Sommer 2021 — Mark Zahel

Landschaft bei Mellau im Herzen des Bregenzerwaldes.

Inhalt

Vom Rellseck bietet sich ein großartiger Ausblick hinüber zum Rätikon.

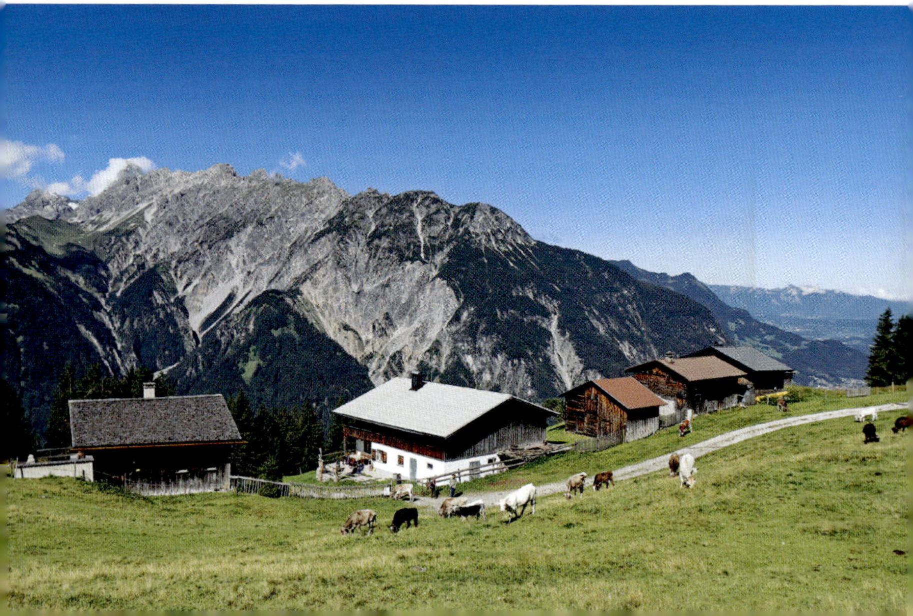

Die mächtige Kanisfluh ist im hinteren Bregenzerwald fast allgegenwärtig.

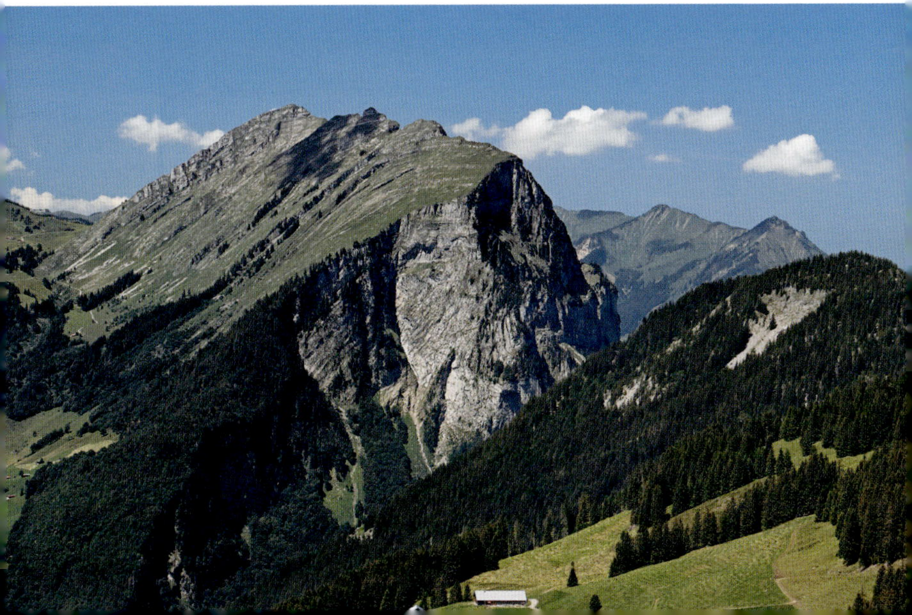

Top-Touren

Stoggertenn- und Osterguntenalpe
Vom heimeligen Vorsäß Schönenbach in eine wunderschöne, abgelegene Geländekammer am Fuße von Diedamskopf und Hirschberg *(Tour 11, 3.15 h)*.

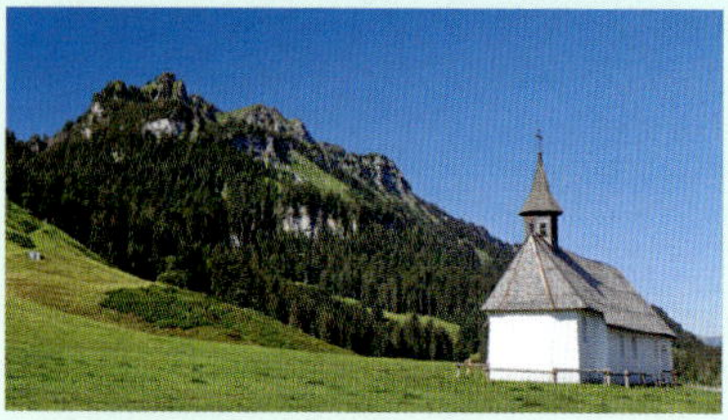

Alpe Wildgunten
Tolle Alp- und Panoramawanderung über dem Mellauer Talgrund im Herzen der Bregenzerwald-Region *(Tour 13, 4.50 h)*.

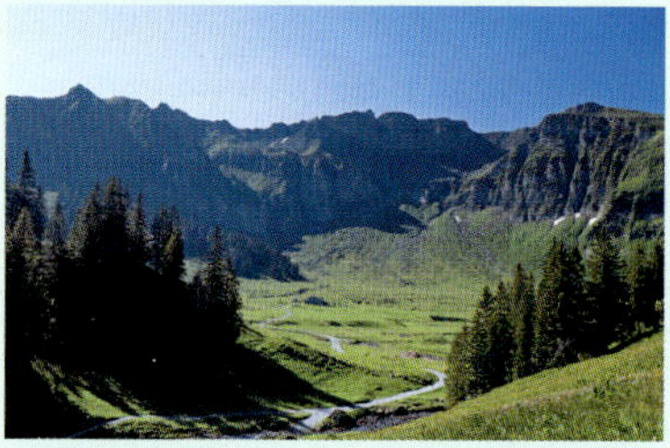

Stierhof-, Lüchle-, Stutz- und Bühlalpe
Sonnseitige Hangwanderung im inneren Kleinwalsertal und dabei alle Nase lang eine nette Einkehrmöglichkeit *(Tour 18, 4.10 h)*.

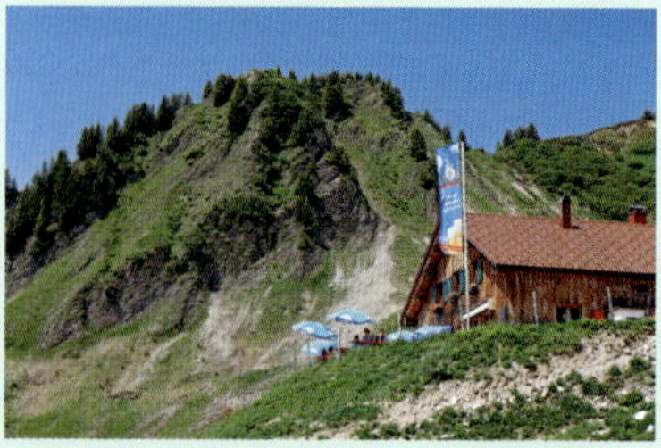

Fiderepasshütte
Beliebtes Alpenvereinshaus direkt auf der Grenzhöhe zwischen Kleinwalsertal und dem zu Oberstdorf gehörenden Stillachtal, ideal mit einer Schleife über die Alpe Kuhgehren *(Tour 19, 4.45 h)*.

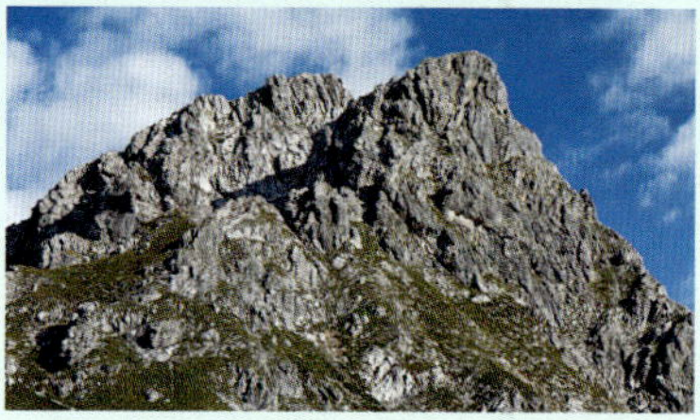

Auenfelder Hütte und Bürstegg
Angenehme Höhenwanderung durchs traditionsreiche Walsergebiet am Hochtannberg, dabei wird der Gipfelstock des Karhorns vollständig umrundet *(Tour 23, 4.20 h)*.

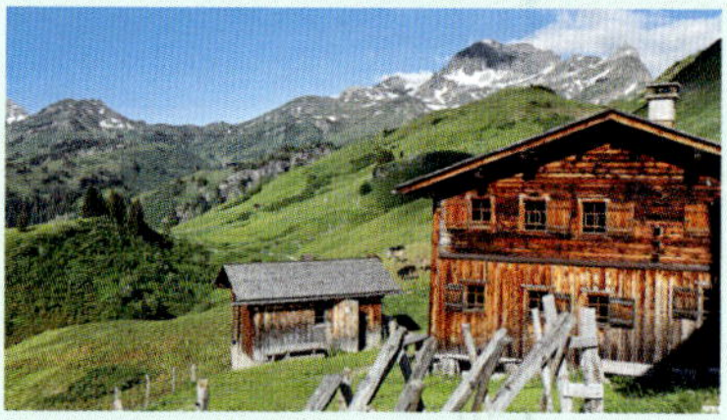

Laguzalpe und Breithornhütte
Eine der ausschweifendsten Alpwanderungen überhaupt in diesem Band, als Rundkurs über eine Handvoll stattlicher »Alpdörfer« im Bereich des Großen Walsertals *(Tour 30, 7.30 h)*.

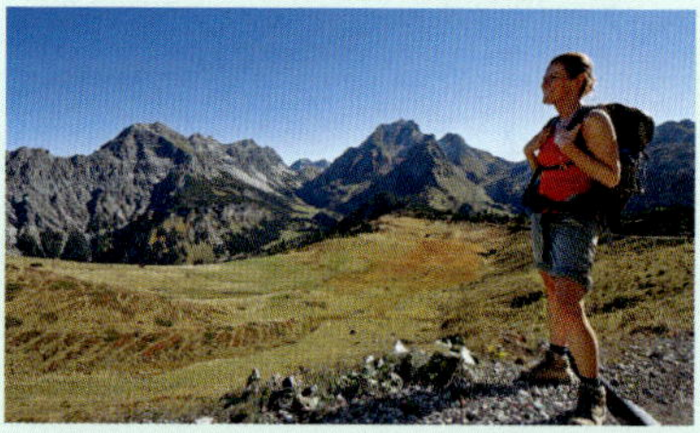

Dünser Älpele
Bequeme Halbtageswanderung in aussichtsreicher Lage, mit Walgau und Rätikon im Panoramaformat *(Tour 32, 2.45 h).*

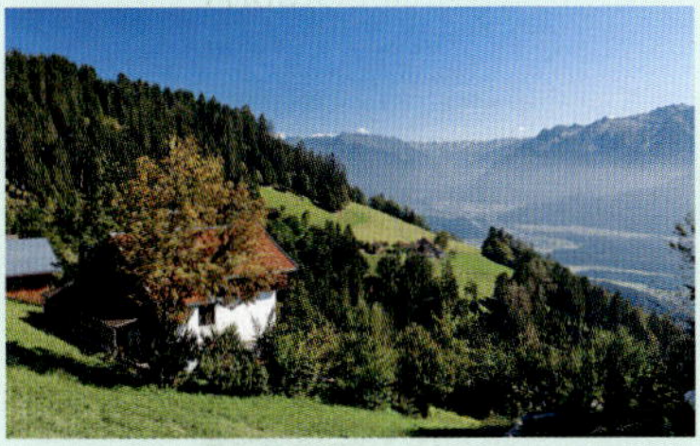

Pfälzer Hütte
Bergunterkunft des Liechtensteiner Alpenvereins im Westteil des Rätikon, genau am Grenzkamm zwischen Naafkopf und Augstenberg gelegen, wobei letztgenannter überschritten wird *(Tour 35, 5.15 h).*

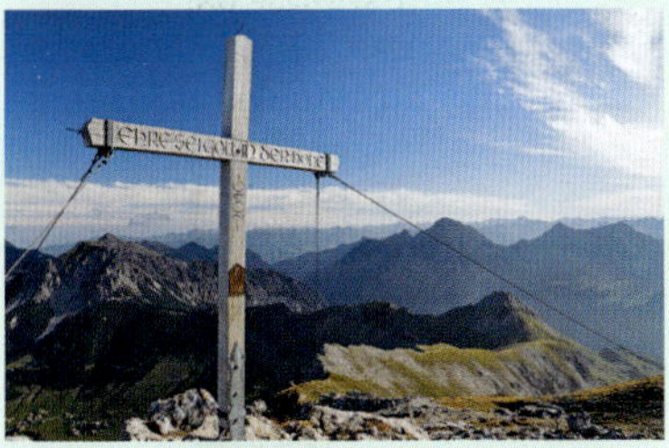

Oberzalimhütte und Mannheimer Hütte
Das höchste und anspruchsvollste Hüttenziel in diesem Band, eine ausgewachsene Bergtour aus dem Brandnertal bis an den Rand des Plateaugletschers *(Tour 37, 8.50 h).*

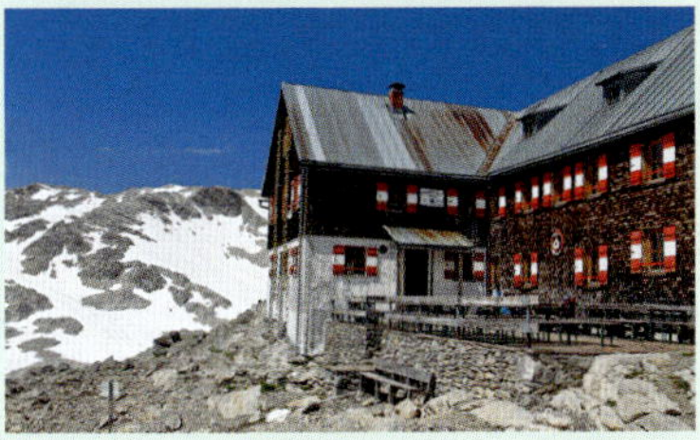

Alpe Latons und Rellseck
Landschaftlich großartige Umrundung des Itonskopfes in der Nordwestecke des Verwall, eingerahmt von Silbertal, Klostertal und vorderem Montafon *(Tour 45, 5.15 h).*

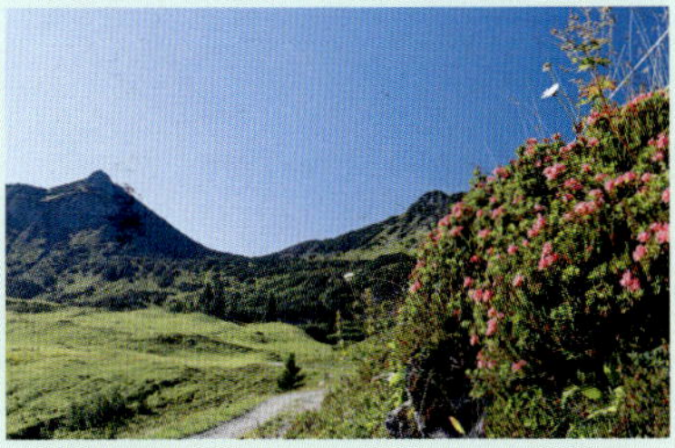

Lindauer Hütte
Absolute Genusswanderung vor einer der eindrucksvollsten Bergkulissen ganz Vorarlbergs, den schroffen Flühen im Gauertalschluss *(Tour 47, 3.15 h).*

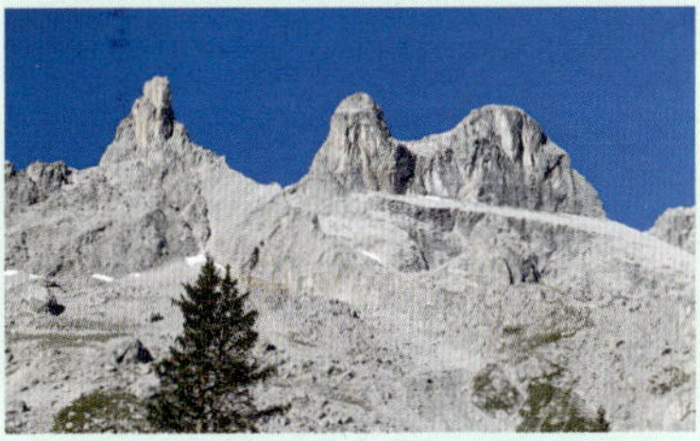

Tübinger Hütte
Ziemlich entlegene Alpenvereinshütte im hinteren Montafon nahe dem Hauptkamm der Silvretta, am schönsten erreichbar über den langen Höhenweg von der Versettlabahn *(Tour 53, 8.15 h).*

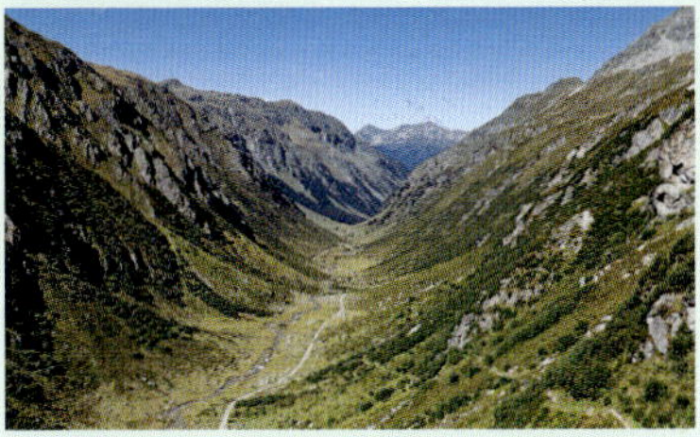

Zum Gebrauch des Buches

Auswahl der Ziele

Dieses Buch versammelt alle klassischen Bergunterkünfte in unserem Gebiet. Damit sind zunächst einmal hauptsächlich die Alpenvereinshütten gemeint, die traditionell als Stützpunkte auf ein bestimmtes Tourenangebot ausgerichtet sind. Weil der Bergwanderer von heute freilich die Einkehrmöglichkeiten als eigenständige Zielgattung auffasst, wird die Auswahl um viele Alpwirtschaften erweitert. Oft liegen Jausenstationen ohnehin am Aufstiegsweg zu einer Alpenvereinshütte, was quasi eine individuell abgestufte Zielfestlegung ermöglicht. Manche Touren sind aber auch als reine Alpwanderungen angelegt. Grundsätzlich lässt sich damit eine große Gruppe von Wanderern ansprechen, nicht zuletzt alle genussorientierten sowie Familien mit Kindern. Denn verglichen mit Gipfeltouren etwa besitzen unsere Unternehmungen durchschnittlich betrachtet ein eher moderates Anforderungsniveau.

Tourenplanung

In diesem Band werden demnach überwiegend Bergwanderungen von geringer bis mittlerer Schwierigkeit vorgestellt – als Ausnahme geht eigentlich nur der Aufstieg zur Mannheimer Hütte etwas darüber hinaus. Die Touren verlaufen stets auf markierten Wegen und Steigen. Gleichwohl ist in Bezug auf Geländebeschaffenheit, Höhenlage und Tourenlänge ein gewisses Maß an Varianz zu verzeichnen, sodass jeder Nutzer mit Vorteil das persönliche Leistungsvermögen sowie die eigenen Vorlieben mit dem jeweiligen Tourencharakter abstimmen wird, um passende Ziele herauszufiltern. Dies ist der erste Schritt bei der Planung. Die wichtigen »Basics«, also die Parameter und Symbole im Tourenkopf, sowie die in der **KURZINFO**

Die hier vorgestellten Wanderwege sind meist gutmütiger Natur.

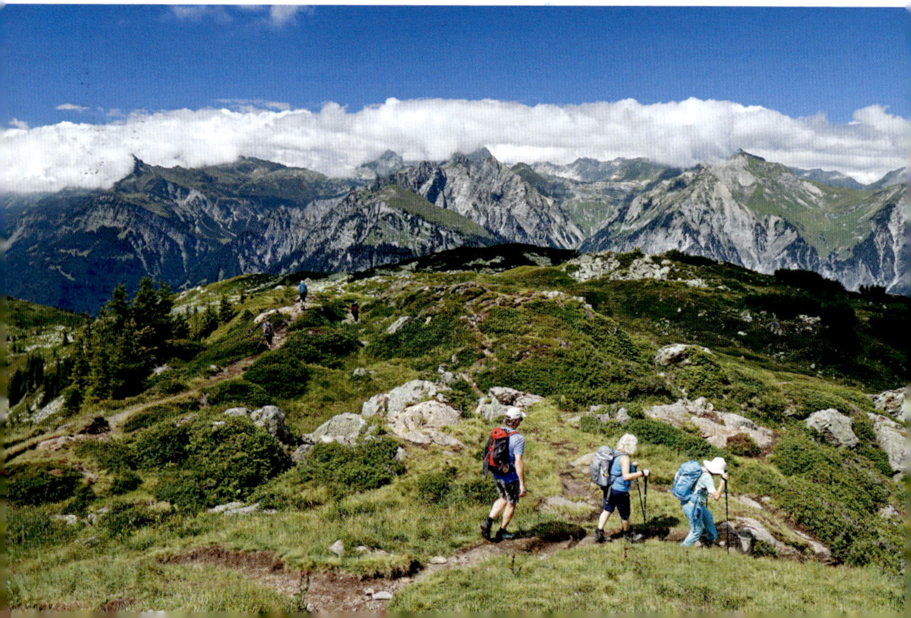

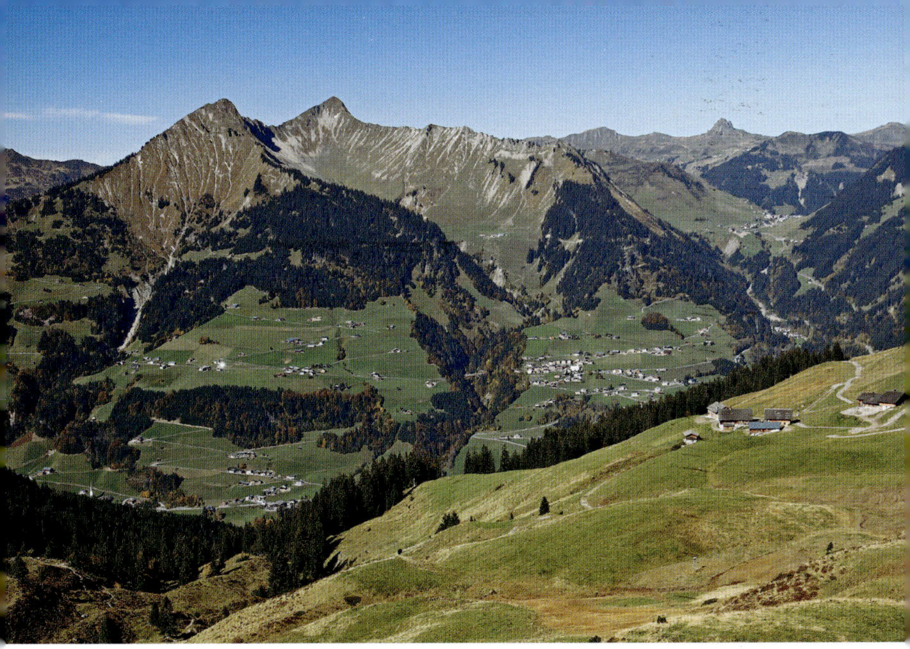

Großwalsertaler Panoramablick aus dem Gebiet von Oberpartnom.

zusammengestellten Informationen bilden die Grundlage dafür. Zum allgemeinen Verständnis lesen Sie bitte die folgenden Erläuterungen.

Parameter

Auf den ersten Blick erkennbar sind die Angaben für Gehzeit, Strecke sowie Höhenmeter im Auf- und Abstieg hervorgehoben. Sie beziehen sich jeweils auf die komplette Tour. Möchte jemand nur eine Teilstrecke begehen (etwa bis zu einer bestimmten Jausenstation), können die Daten recht gut aus dem Höhenprofil abgeleitet werden.

Um möglichen Missverständnissen vorzubeugen, eine wichtige Erklärung zur Gehzeit: Diese Angabe ist stets als reine Marschdauer ohne Pausen zu verstehen, gemessen an einem Normalwanderer mit solider Grundkondition, aber ohne übertriebenen sportlichen Anspruch. Als Faustregel werden je nach Gelände im Aufstieg rund 300 bis maximal 400 Höhenmeter pro Stunde zugrundegelegt, im Abstieg etwa das 1,5-fache. Auch wenn mit der Tourenauswahl vor allem Genusswanderer, deren Gehtempo oft nicht besonders hoch sein mag, angesprochen sind, wird die übliche Systematik der Rother-Wanderbücher dahingehend nicht aufgeweicht. Schließlich soll ja auch eine titelübergreifende Vergleichbarkeit verschiedener Touren gewährleistet bleiben.

In der Praxis kann es – je nach Fitness und Leistungsvermögen – selbstverständlich eine erhebliche Streuung geben, nicht zuletzt durch wetter- oder geländebedingte Erschwernisse (z. B. Hitze, Nässe). Auch Faktoren wie Rucksackgewicht und Gruppengröße bzw. -zusammensetzung wirken sich aus. Man sollte daher nach einigen Erfahrungen mit dem Buch seinen persönlichen »Zeitmaßstab« herausfinden und berücksichtigen. Gerade mit Kindern ist es zudem sinnvoll, deutlich längere Verweilzeiten auf der Strecke einzuplanen.

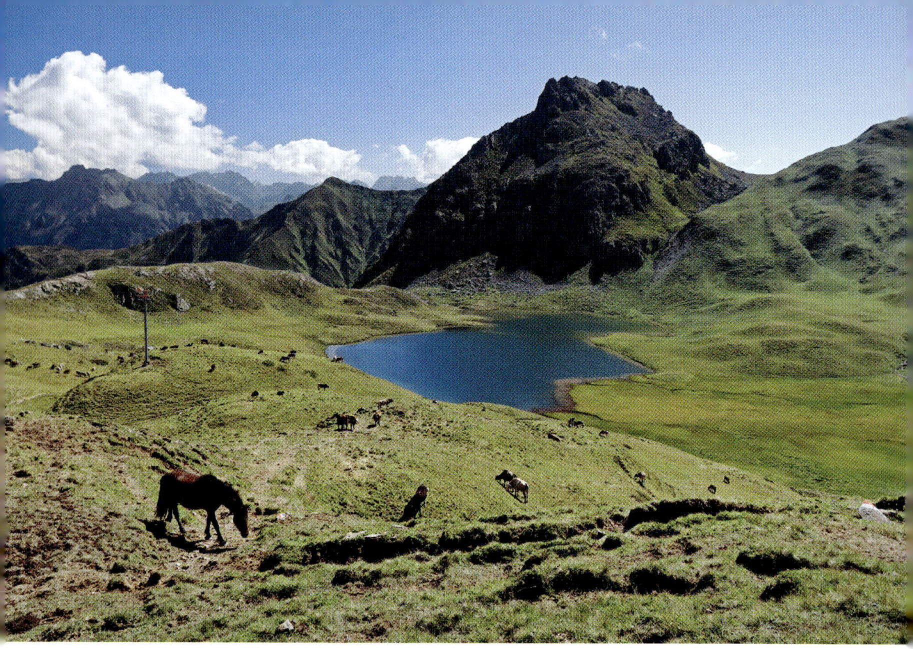

Hochweiden umgeben die blaue Perle des Tilisunasees.

Symbole

Diese werden auf der Umschlagklappe definiert und vermitteln einige grobe Grundkriterien.

- Ist die Tour mit öffentlichen Verkehrsmitteln durchführbar? Das Symbol taucht auch auf, wenn ein vertretbar kurzer, zusätzlicher Fußmarsch von der nächsten Bushaltestelle bis zum empfohlenen Parkplatz (Ausgangspunkt) notwendig ist.
- Können Aufstiegshilfen (Seilbahn bzw. Sessellift) genutzt werden? Manchmal ist dies obligatorisch in die Routenbeschreibung integriert, manchmal wird nur die Option angesprochen.
- Fast immer lassen sich unsere Alp- und Hüttenwanderungen als familientauglich einstufen, sodass dieses Symbol in aller Regel gesetzt ist. Einige zusätzliche Hinweise findet man unter dem Punkt »Kinder« in der KURZINFO.
- Das Einkehrsymbol ist verständlicherweise überall vorhanden, das Übernachtungssymbol, sofern eine entsprechende Möglichkeit besteht (beim Hauptziel oder einem relevanten Nebenziel).
- Wie häufig wird die Tour begangen? Es kann natürlich nur eine tendenzielle Angabe erfolgen, die bei unserer Thematik zumeist ziemlich hoch angesetzt werden muss. Man bedenke dabei freilich die generelle Diskrepanz zwischen Werk- und arbeitsfreien Tagen respektive zwischen Haupt- und Nebensaison.
- Das Mountainbike-Symbol erscheint, wenn das Haupt- oder Nebenziel prinzipiell mit dem Bike erreichbar ist (also ohne Singletrails oder dergleichen). Das bedeutet jedoch nicht automatisch, dass dies auch über die beschriebene Route geschieht – mitunter steht dem Mountainbiker jedoch eine Alternativstrecke (i. d. R. ein Güterweg) zur Verfügung.
- Das Klettersteig-Symbol bezieht

sich auf gesicherte Abschnitte, die über vereinzelte kurze Drahtseilstellen hinausgehen. Für Hüttenwege ist dieser Punkt nur selten relevant.

■ Ist die Hütte oder Alpe auch im Winter bewirtschaftet? Falls ja, achte man jedoch auf die konkreten Angaben im Kasten »Einkehr«. Bei verschiedenen Zielen kann dies nämlich differenziert sein, außerdem bedeutet es nicht, dass die gesamte Tour im Winter problemlos gangbar ist (sondern u. U. auch nur ein Teilstück).

Ausgangspunkt

Dort startet man zu Fuß (als erster Wegpunkt deklariert und in den Tourenkarten zudem mit einem roten Kreis gekennzeichnet). Falls die Zufahrt nicht offensichtlich ist, wird sie in kompakter Form aufgezeigt. Zudem wird stets ein Hinweis auf die öffentlichen Verkehrsmittel gegeben, in bestimmten Fällen auch auf die Möglichkeit, ein Wandertaxi zur Verkürzung des Aufstiegs einzubeziehen. Bei bestimmten Touren

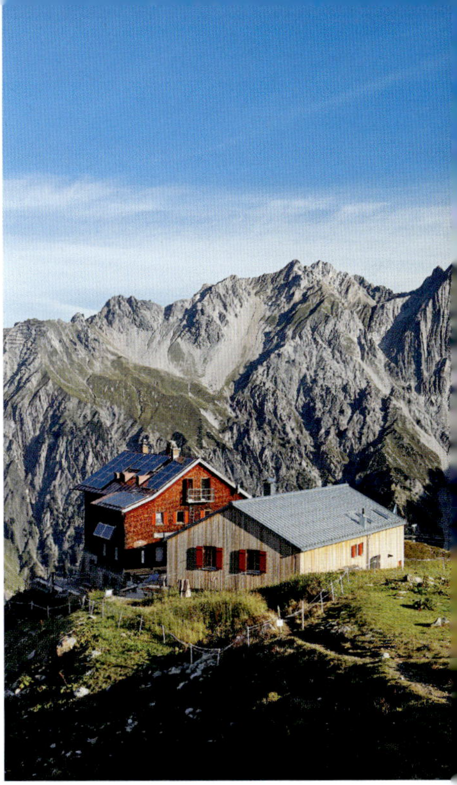

Die Kaltenberghütte vis-à-vis der Südfront des Lechquellengebirges.

Ziegenherde auf der Alpe Latons.

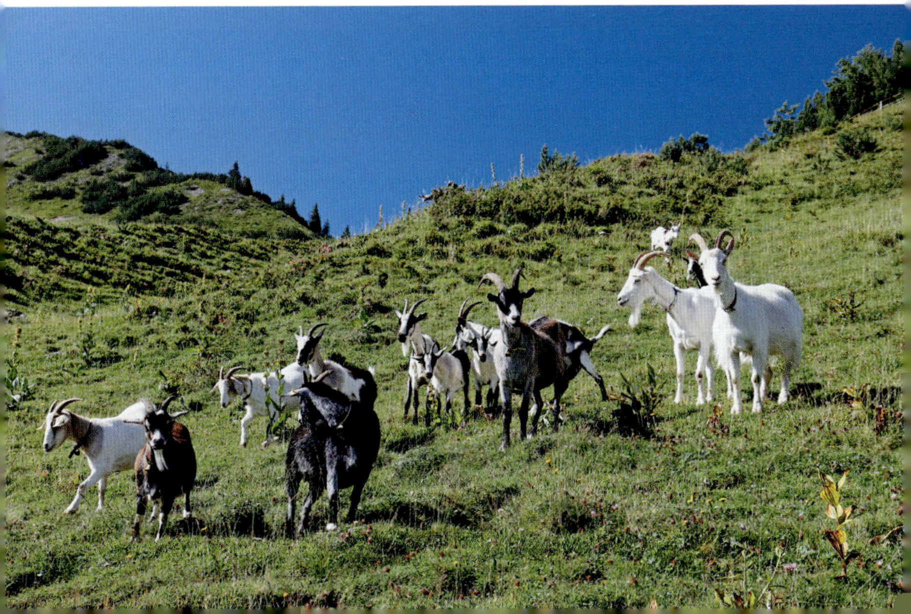

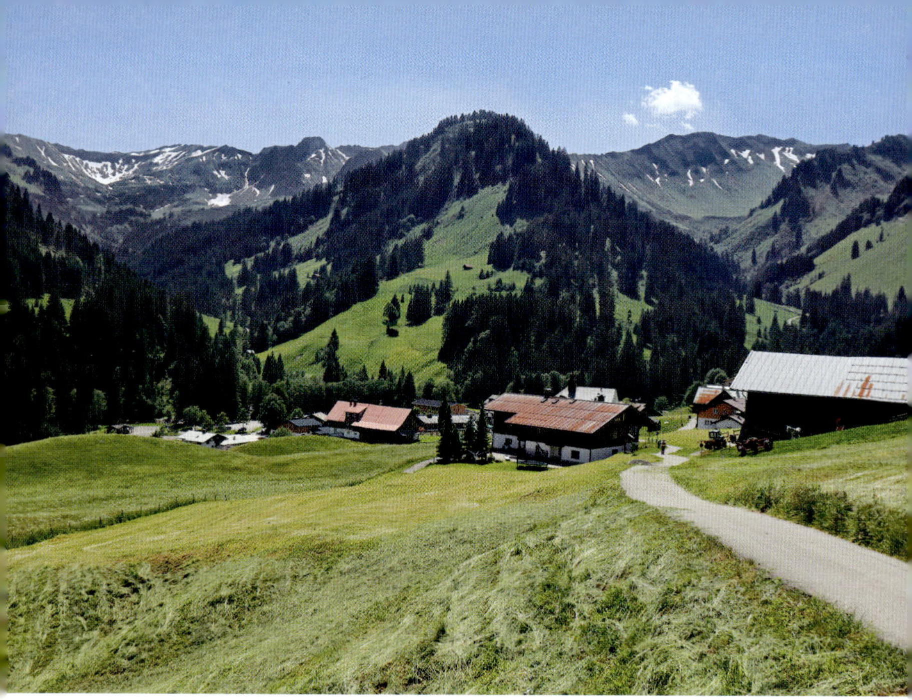

Baad im Kleinwalsertal ist Ausgangspunkt für etliche schöne Wanderungen.

können oder sollen Seilbahnen für den Einstieg genutzt werden. Dafür beachte man die Betriebszeiten.

Anforderungen

Dieser sehr wichtige Punkt gibt über Beschaffenheit der Wege bzw. des Geländes, über besonders relevante Schwierigkeiten sowie an Begeher gestellte Voraussetzungen Auskunft. All dies gründet sich allein auf objektive Kriterien und daher immer auf die Annahme günstiger Verhältnisse. Dass beispielsweise schlechtes Wetter die Anforderungen merklich erhöhen kann, muss jeder selbst einkalkulieren.

Die Summe dieser Fakten bestimmt die Gesamteinschätzung, die einerseits durch die Anwendung der differenzierten, vom Schweizer Alpenclub (SAC) etablierten Wanderskala und andererseits durch die Farbe der Tourennummer gekennzeichnet wird. Dabei bezieht sich die Gesamtbewertung stets auf die vollständige Tour, während Teilstrecken durchaus leichter sein können (interessant wiederum im Hinblick auf eine flexible Tourenplanung). Farblich werden drei Anforderungsniveaus unterschieden:

■ **Leicht**

Bergwanderung auf gut ausgebauten und markierten Wegen von meist nur mäßiger Steilheit. Passagen in abschüssigem Gelände sind, wenn überhaupt, die Ausnahme. Besondere Bergerfahrung ist nicht notwendig, gelegentlich kann ein Grundmaß an Trittsicherheit vorteilhaft sein. Auch konditionell nicht überdurchschnittlich fordernd.

■ **Mittel**

Wege und Bergpfade, die solide Trittsicherheit erfordern, in ausgesetztem Terrain auch Schwindelfreiheit. Sie sind in der Regel ausreichend markiert, weisen aber nicht selten schmalen Verlauf auf und können stellenweise gesichert sein. Im alpinen Gelände nimmt die Abhängigkeit von den herrschenden Verhältnissen zu, was alles in allem ein gewisses Maß an Bergerfahrung verlangt. Ist bei technisch leichteren Routen allein der konditionelle Anspruch hoch, wird ebenfalls in diese Kategorie eingestuft.

■ **Schwierig**

Anspruchsvollere Bergtouren in oft hochalpinem Gelände, die streckenweise weglos bzw. unmarkiert verlaufen können. Mitunter ist Kletterei erforderlich (im unteren Schwierigkeitsgrad I, ausnahmsweise bis II, gegebenenfalls auch klettersteigartige Passagen). Absolute Trittsicherheit und Schwindelfreiheit sind ebenso unerlässlich wie umfassende alpine Erfahrung. Aufgrund von Höhe und Schwierigkeit der Ziele ist hier die Abhängigkeit von Wetter und Verhältnissen besonders zu beachten.

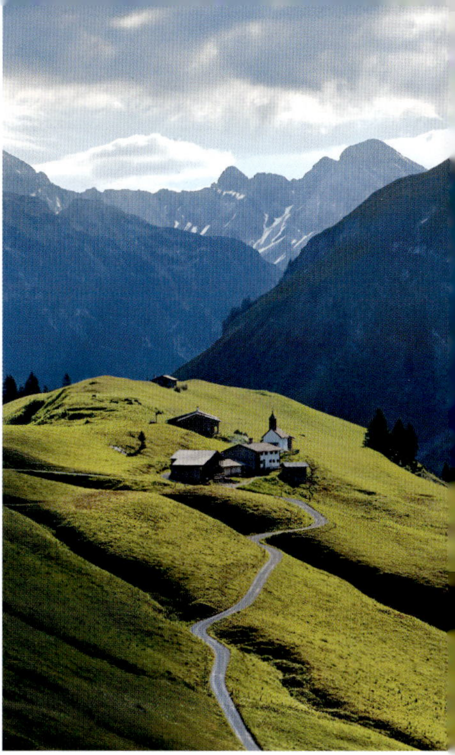

Bürstegg am Hochtannberg wurde einst von Walsern gegründet.

Im Gamperdonatal liegt der Nenzinger Himmel, überragt vom wuchtigen Fundelkopf.

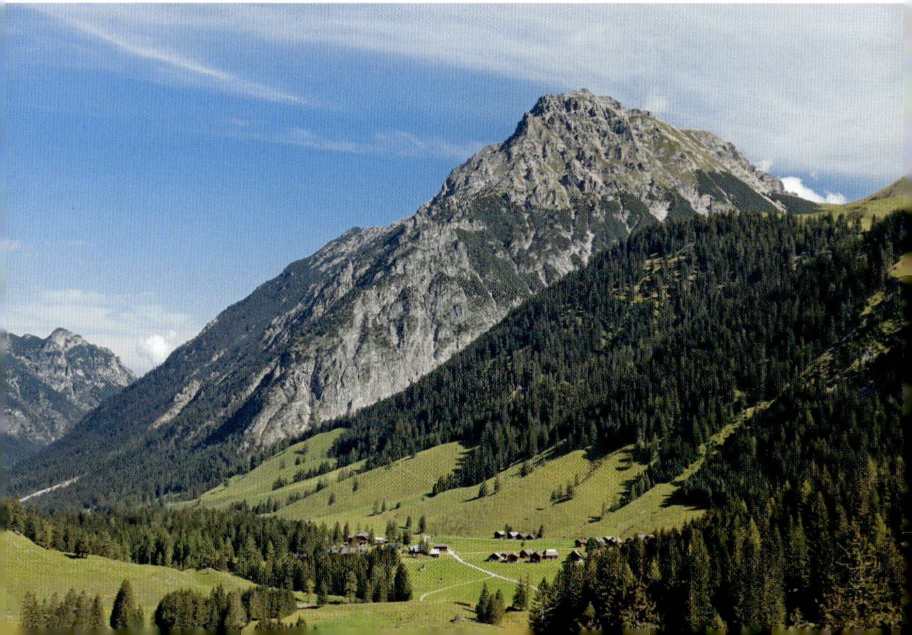

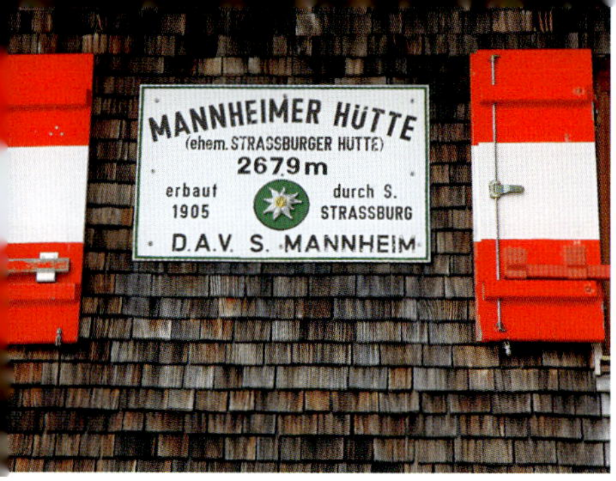

Am höchsten Haus Vorarlbergs.

Die Wanderskala des SAC umfasst insgesamt sechs Stufen, wobei sich typische Hüttenwege meist im Bereich zwischen T1 und T3 abspielen, nur sehr selten auch mal ein bisschen darüber hinaus. Bis T2 gilt üblicherweise die Einstufung »blau«, spätestens ab T4 »schwarz«. Etwaige Anpassungen können manchmal aufgrund besonderer konditioneller Ansprüche erfolgen.

Die Schwierigkeitsskala nach Muster des SAC

Grad	Weg, Gelände	Anforderungen
T1 Wandern	Weg gut gebahnt, Gelände flach oder leicht geneigt, keine Absturzgefahr.	Keine Anforderungen, auch mit Turnschuhen geeignet, Orientierung problemlos.
T2 Bergwandern	Weg mit durchgehender Trasse, Gelände teilweise steil, Absturzgefahr nicht völlig ausgeschlossen.	Etwas Trittsicherheit, Trekkingschuhe empfehlenswert, elementares Orientierungsvermögen.
T3 Anspruchsvolles Bergwandern	Weg nicht unbedingt durchgehend, ausgesetzte Stellen evtl. gesichert, ggf. etwas Händeunterstützung, Geröllflächen, einfache Schrofen.	Gute Trittsicherheit, Trekkingschuhe, elementare alpine Erfahrung, durchschnittliches Orientierungsvermögen.
T4 Alpinwandern	Weg nicht zwingend vorhanden, stellenweise leichte Kletterei, Gelände recht exponiert, heikle Grashalden, Schrofen, Firnfelder.	Vertrautheit mit exponiertem Gelände, solide alpine Erfahrung, gutes Orientierungsvermögen.
T5 Anspruchsvolles Alpinwandern	Teils weglos mit Kletterpassagen im I. Grad, evtl. nicht markiert. Häufig exponiertes bzw. heikles Gelände.	Gute alpine Erfahrung und sicheres Beurteilungsvermögen auch im hochalpinen Gelände.
T6 Schwieriges Alpinwandern	Meist weglos und in der Regel nicht markiert. Kletterpassagen bis II bei diffizilen Rahmenbedingungen.	Umfassende alpine Erfahrung inkl. grundlegender Kletterkenntnisse.

Kinder

Da Alp- und Hüttenwanderungen wegen der zumeist gut beherrschbaren Anforderungen im Großen und Ganzen als prädestiniert für Familien gelten können, werden unter diesem Stichwort noch ein paar ergänzende Einschätzungen gegeben, auch im Hinblick auf den Erlebniswert. Denn Kinder lieben Spielmöglichkeiten und interessante Dinge am Wegesrand, freuen sich auf besondere Attraktionen am Zielpunkt und sind meist auch lieber auf spannenden, abwechslungsreichen Pfaden unterwegs als auf einer monotonen Forststraße.

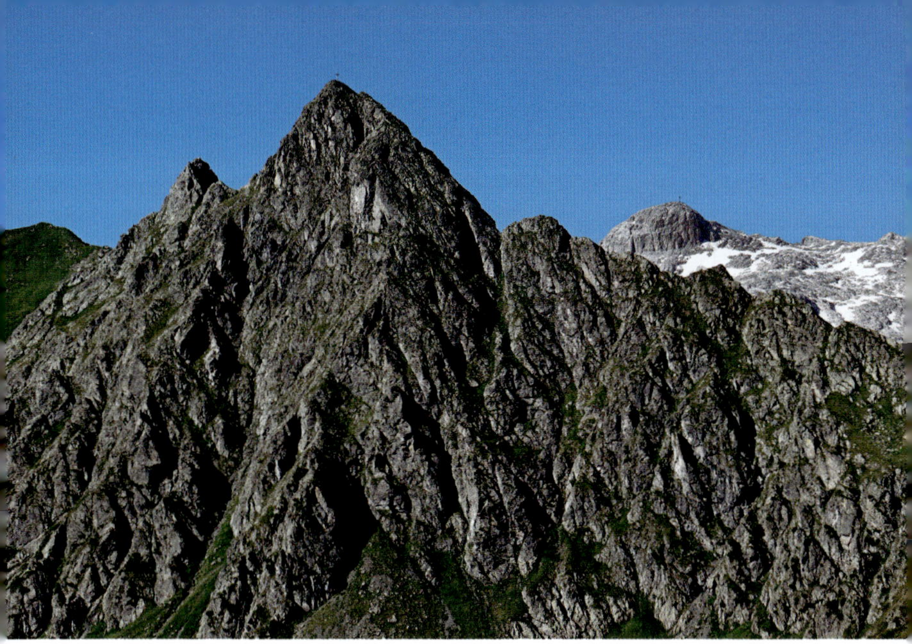

Geologische Kontraste: das kristalline Schwarzhorn vor dem Kalkgupf der Sulzfluh.

Ob eine Tour allerdings wirklich ganz konkret für den eigenen Familienausflug geeignet ist, muss letztlich individuell gesehen und von den Eltern im Hinblick auf Alter und Belastbarkeit ihres Nachwuchses verantwortungsbewusst selbst eingeschätzt werden. Einerseits zeigt die Erfahrung, dass Kinder – falls ihr Interesse geweckt ist – durchaus häufig bereits eine erstaunliche körperliche Leistungsfähigkeit mitbringen. Andererseits wird von einer konkreten Altersempfehlung bei einzelnen Touren geflissentlich abgesehen. Denn eine Achtjährige mit reichlich Bewegungstalent tut sich womöglich leichter als ein Elfjähriger, der Sport hauptsächlich nur aus dem Fernsehen kennt … Nicht anders als bei Erwachsenen spielt natürlich auch Übung eine erhebliche Rolle. Daher ist es sinnvoll, Kinder behutsam an das Bergwandern heranzuführen, ihre Trittsicherheit und Ausdauer maßvoll zu erproben, und sie auch schon an der Tourenauswahl teilhaben zu lassen. Der Alpenverein verleiht übrigens Hütten, die sich nach bestimmten Kriterien als besonders familientauglich erweisen, ein entsprechendes Gütesiegel.

Varianten

Auf andere sinnvolle Gestaltungsmöglichkeiten in Zusammenhang mit der betreffenden Tour wird in kompakter Form hingewiesen.

Fast wie eine Trutzburg: die Saarbrücker Hütte in der Silvretta.

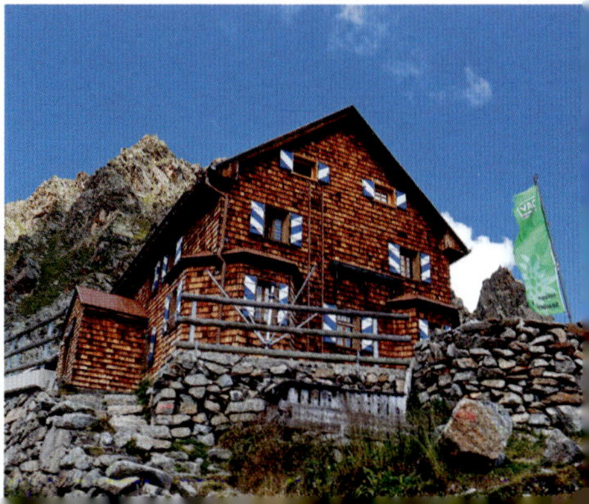

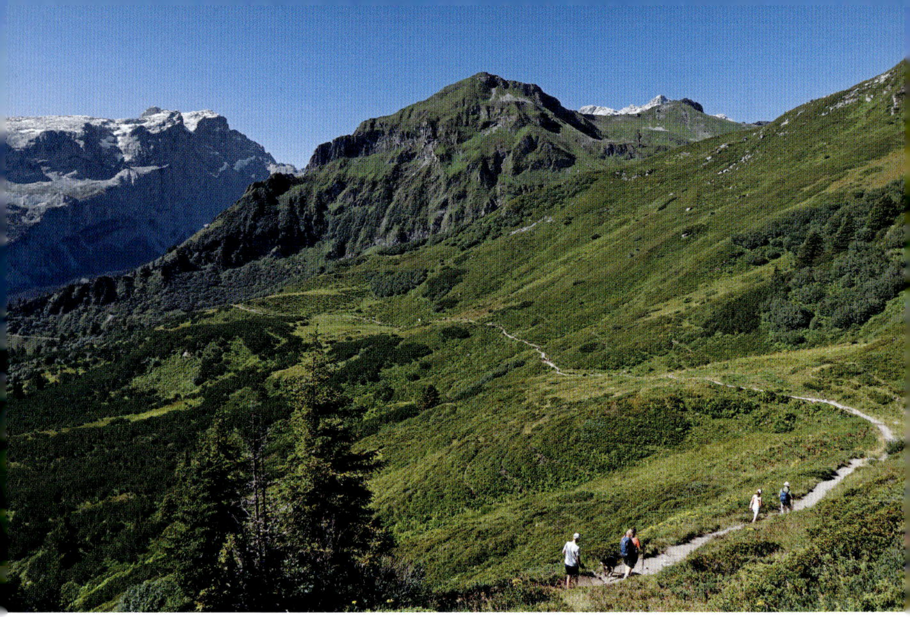

Der Latschätzer Höhenweg – eine beliebte Panoramawanderung im Rätikon.

Karten

Die Mitnahme einer Wanderkarte empfiehlt sich grundsätzlich bei jeder Tour. Standardmäßig genannt werden hier zum einen die Karten des Verlages Freytag & Berndt, die in Ausschnitten auch Bestandteil dieses Führers sind. Für ganz Vorarlberg benötigt man folgende Blätter: 351 »Lechtaler-Allgäuer Alpen«, 364 »Bregenzerwald«, 374 »Montafon – Silvretta-Hochalpenstraße« und 375 »Großes Walsertal – Feldkirch – Bludenz – Laterns«. Für das Arlberggebiet wird noch das Sonderblatt 5504 im Maßstab 1:35.000 angeboten. Detailliertere Alpenvereinskarten (1:25.000) stehen leider nur im Übergangsbereich zu Tirol zur Verfügung (Arlberg, Verwall und Silvretta). Nahe der Schweizer Grenze ließe sich indes auf die Karten von swisstopo zurückgreifen, die eine sehr gute Geländedarstellung besitzen.

GPS-Tracks und Koordinaten der Ausgangspunkte

Zu diesem Wandbuch stehen auf www.rother.de GPS-Tracks und Koordinaten der Ausgangspunkte zum kostenlosen Download bereit.

01. Auflage, Passwort: 304401aps

Sämtliche GPS-Daten wurden vom Autor im Gelände erfasst. Verlag und Autor haben die Tracks und Wegpunkte nach bestem Wissen und Gewissen überprüft. Dennoch können wir Fehler oder Abweichungen nicht ausschließen, außerdem können sich die Gegebenheiten vor Ort zwischenzeitlich verändert haben. GPS-Daten sind zwar eine hervorragende Planungs- und Navigationshilfe, erfordern aber nach wie vor sorgfältige Vorbereitung, eigene Orientierungsfähigkeit sowie Sachverstand in der Beurteilung der jeweiligen (Gelände-)Situation. Man sollte sich für die Orientierung auch niemals ausschließlich auf GPS-Gerät und -Daten verlassen.

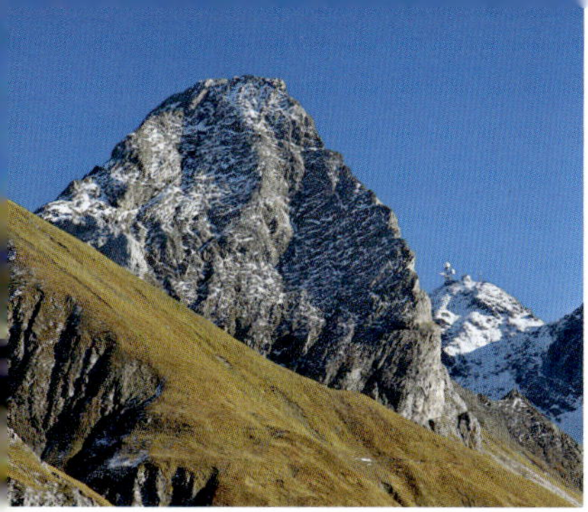

Schroff baut sich die Roggspitze vor uns auf; rechts dahinter die Valluga.

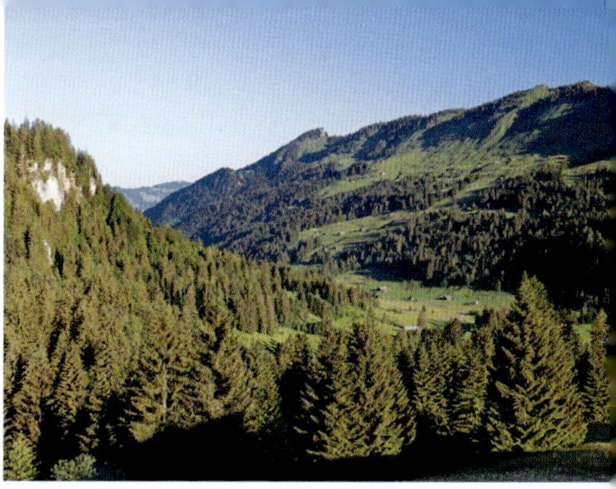

Blick ins Bizauer Tal (östlicher Bregenzerwald).

Einkehr

Zumal die Berg- und Alphütten in diesem Buch absolut im Mittelpunkt stehen, werden die entsprechenden Basis-Informationen dazu aus dem Tourensteckbrief herausgezogen und prominenter in einem eigenen Kasten präsentiert, und zwar in ablaufgerechter Reihenfolge. Man findet Angaben zur Bewirtschaftungszeit (die allerdings von Jahr zu Jahr etwas variieren kann) und zu Übernachtungsmöglichkeiten, außerdem Telefonnummern und Internetadressen. Damit kann man also auch Kontakt aufnehmen, um sich wegen der tatsächlichen Öffnung zu vergewissern, über die aktuellen Verhältnisse zu erkundigen und vor allem auch, um Schlafplätze zu reservieren.

Das kulinarische Angebot folgt meistens der landestypischen Vorarlberger Küche, in der beispielsweise Käsesuppe, Käsespätzle und Lumpensalat kaum wegzudenken sind. Auf manchen Alphütten wird nicht

Bei Hintertörbel, auf der »Fünf-Alpen-Tour« im Großen Walsertal.

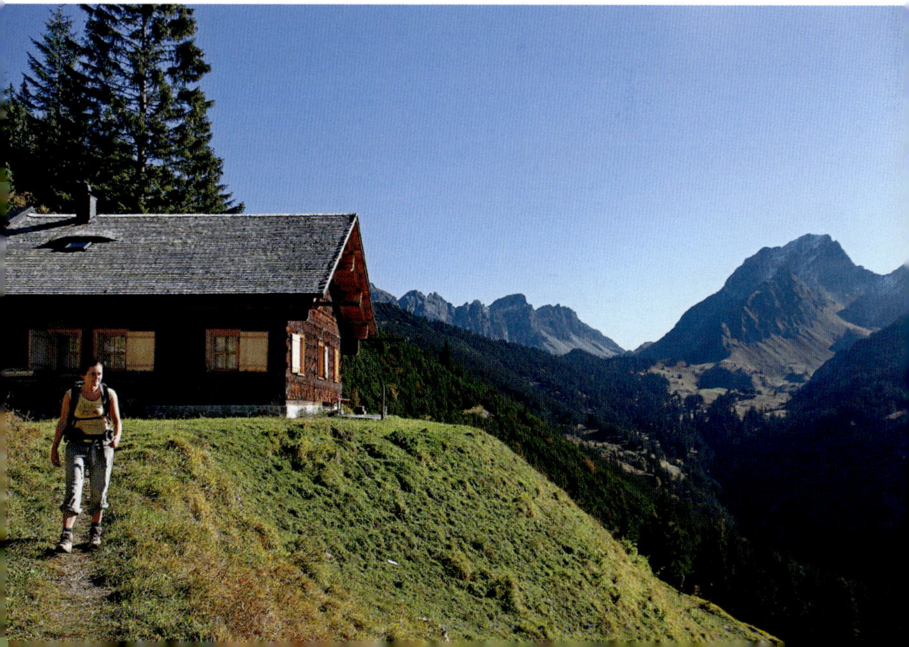

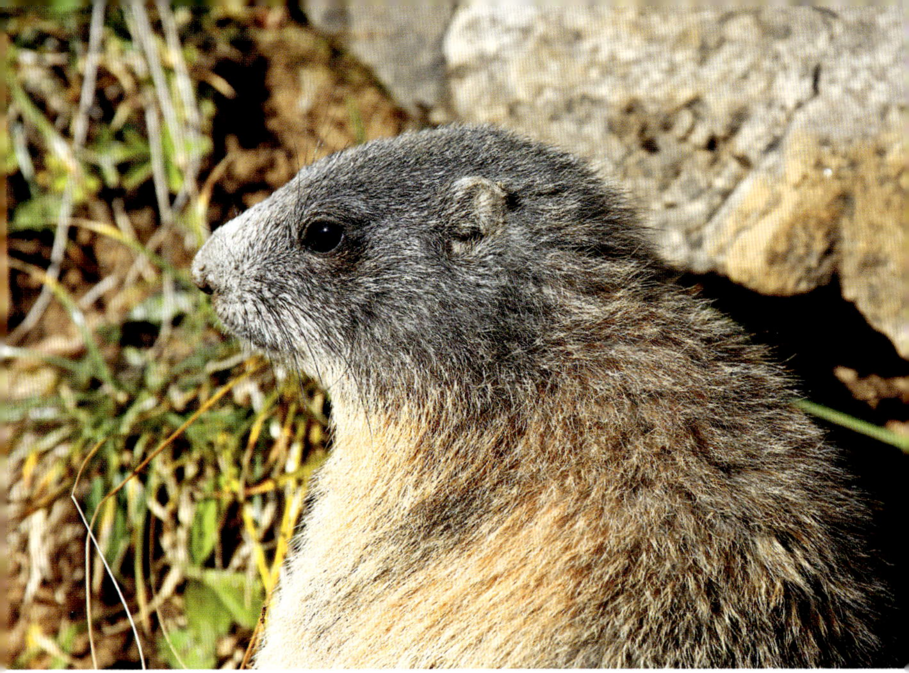

Auf manchen Touren lassen sich Murmeltiere beobachten.

Elegantes Profil: die Kanisfluh.

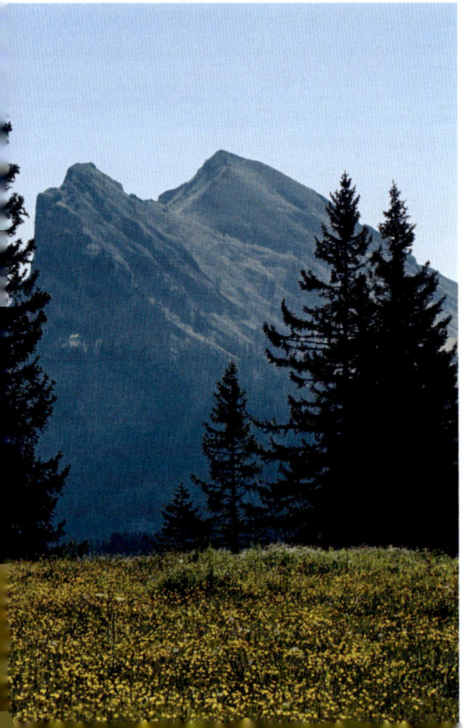

gekocht; dort werden vor allem die eigenen Milchprodukte zur Verkostung angeboten. Gleichwohl wird jede Alpe und Berghütte auch einen etwas eigenen Stil pflegen. Steht die Verwendung regionaler Produkte im Vordergrund, so vergibt der Alpenverein für seine Hütten wiederum ein besonderes Gütesiegel. Es steht unter dem Motto »So schmecken die Berge«.

Touren

In einem speziellen Kasten wird stichwortartig auf die erweiterten Tourenmöglichkeiten von einer Hütte aus eingegangen. Die Auswahl muss auf wichtige und bevorzugt auf Normalwanderer zugeschnittene Vorschläge beschränkt bleiben. Inkludiert sind kompakte Hinweise zu den wichtigsten Basics »Schwierigkeit« (T-Skala) und Gehzeit. Dabei gilt für Gipfeltouren die einfache Aufstiegszeit!

Allgemeine Hinweise

Ausrüstung

Manche rasch und leicht erreichbare Alphütte kann sicher ohne Weiteres mit Minimalausstattung angelaufen werden, davon abgesehen gilt für unsere Tourenauswahl aber die übliche Bergwanderausrüstung, zumal man sich in vielen Fällen schon ordentlich in die Höhe begibt. Neben bergtauglichem, robustem Schuhwerk denke man insbesondere an warme, wetterfeste Kleidung, denn selbst wenn ein warmer Sommertag angekündigt ist, kann es weiter oben empfindlich kühl sein. Auch Regenschutz einschließlich Rucksackhülle ist obligatorisch. Je nach Wetterlage wird man andererseits auch mal um eine kurze Hose froh sein.

Bei allfälligen Hüttenübernachtungen muss der Rucksackinhalt um Wechselwäsche, Hygienezeug sowie Hüttenschlafsack erweitert werden. Kleinkram wie Wanderkarte, Handy, Taschen- bzw. Stirnlampe, Messer, Sonnenschutz (Creme, Brille und Kappe), Mülltüte und eine kleine Notfallapotheke nicht vergessen! Man achte jedoch darauf, sich nicht wie einen Maulesel zu bepacken, denn ein schwerer Rucksack kann den Wandergenuss doch sehr einschränken. »So viel wie nötig, so wenig wie möglich«, lautet gleichsam das Motto. Eine gut gefüllte Trinkflasche ist natürlich wichtig, doch angesichts der Einkehrmöglichkeit(en) kann in puncto Proviant sicher Zurückhaltung geübt werden. Eine Art »Notration« sollte freilich immer dabei sein.

Der in diesem Buch angenommene Normalfall geht von Wanderungen während der Sommersaison aus. Sofern Ziele auch im Winter geöffnet sind, bedeutet dies eine differenzierte Praxis. Alpenvereinshütten locken im Wesentlichen Skitourengeher an, leichter erreichbare Almgasthäuser auch Winterwanderer. Zur Ausrüs-

Selbst auf Höhe des Freschenhauses findet das Alpvieh noch gute Weidebedingungen.

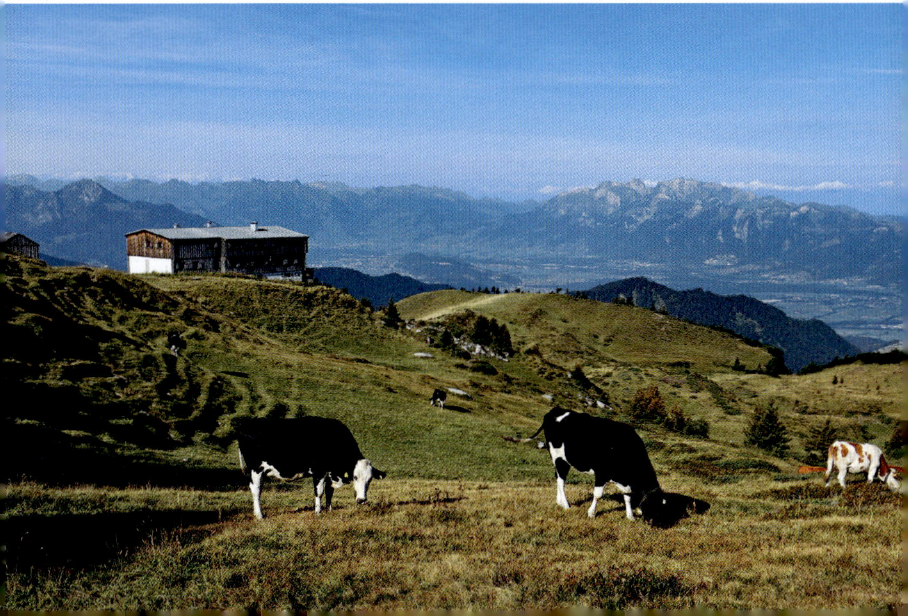

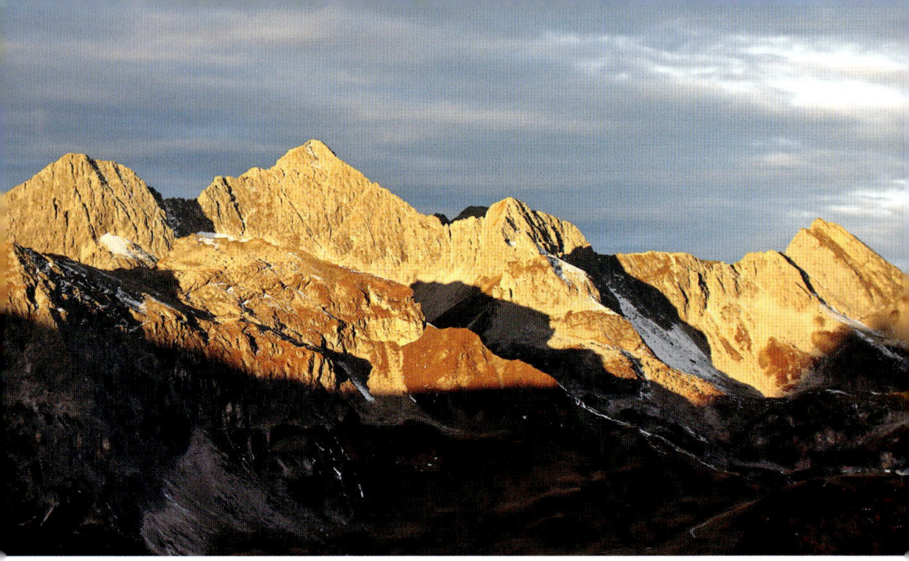

Wer auf einer Hütte nächtigt, erlebt das zauberhafte Erwachen der Bergwelt.

tung gehören dann unbedingt wintertaugliche Schuhe, Stöcke und Grödel.

Öffentliche Verkehrsmittel

Das gut ausgebaute öffentliche Verkehrsnetz in Vorarlberg eröffnet bei den allermeisten Touren die Möglichkeit, bei der Anreise auf das eigene Auto zu verzichten. Ausgehend von der ÖBB-Linie, die von Bregenz kommend das Rheintal und den Walgau bis Bludenz durchläuft (um via Arlbergtunnel weiter nach Tirol zu führen), sowie der in Schruns endenden Montafonbahn werden praktisch alle Ortschaften und sogar manche kleine Weiler von Buslinien angefahren. Dabei erscheint es ratsam, sich vorab um die Fahrpläne zu kümmern, am besten unter **www.vmobil.at**.

Hüttenübernachtungen

Wer auf Hütten übernachten möchte, freut sich sicher auf Gemütlichkeit und Geselligkeit. Damit verbunden ist aber auch die Berücksichtigung gewisser Regeln und Gepflogenheiten.

- Da die Privatsphäre naturgemäß Einschränkungen erfährt, sind alle Gäste zur gegenseitigen Rücksichtnahme aufgerufen. Hüttenruhe besteht in der Regel zwischen 22 und 6 Uhr.
- Auch wenn nach und nach viele Hütten modernisiert werden und man dabei auch den gestiegenen Ansprüchen der Gäste Rechnung trägt, so können die sanitären Standards nicht überall wie in Talquartieren gewährleistet werden. Das erfordert eine gewisse Akzeptanz. Eine Dusche zum Beispiel darf zwar fallweise als willkommen angenommen, sollte aber nicht in jedem Fall erwartet werden.
- Die Verwendung eines Hüttenschlafsacks ist – zumindest auf Alpenvereinshütten – obligatorisch.
- Schlafräume dürfen nicht mit Bergschuhen betreten werden.
- In der Hütte besteht Rauchverbot.

Ein Glanzlicht im Rätikon: die Drei Türme über der Oberen Sporaalpe.

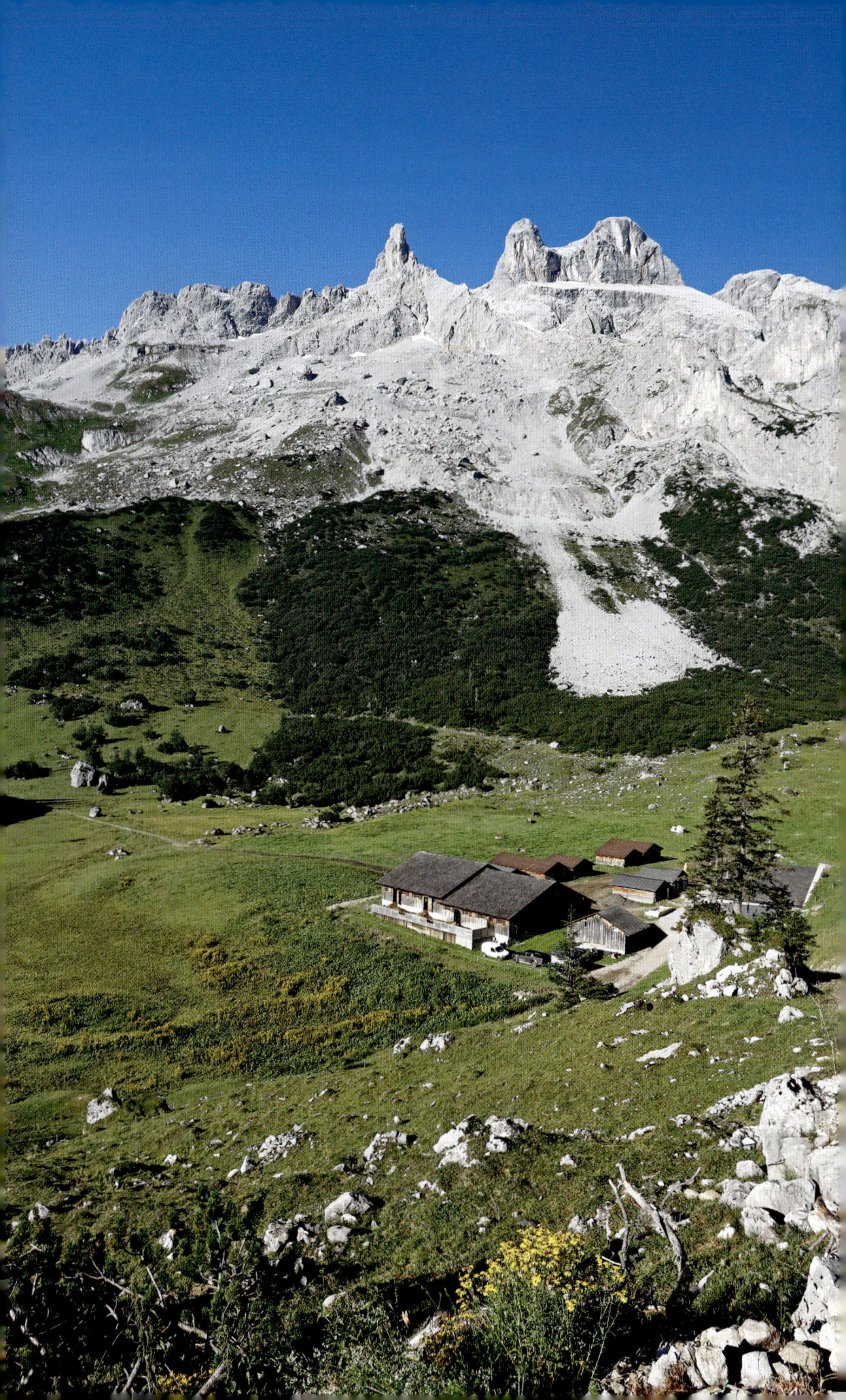

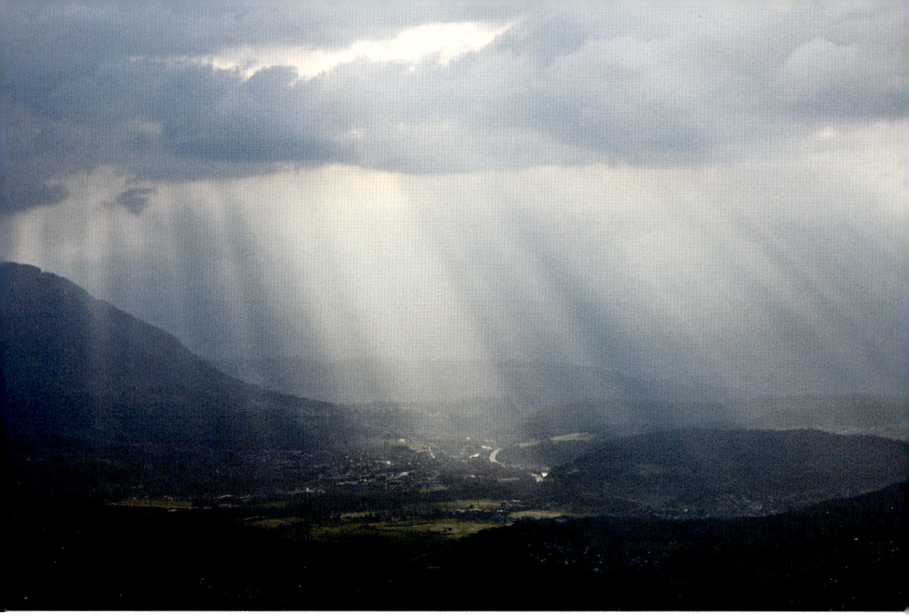

Das Wechselspiel von Sonne und Wolken ruft fantastische Schauspiele hervor.

Eigener Abfall soll nicht zurückgelassen werden.

■ Viele Hüttenwirte wünschen heutzutage eine Reservierung, entweder über die angegebene Telefonnummer oder über die Homepage. Manchmal wird auch eine Anzahlung verlangt, speziell bei Gruppen. Reservierungspraxis und Stornobedingungen werden aber derzeit unterschiedlich gehandhabt.

■ In jedem Fall ist rechtzeitig telefonisch abzusagen, falls man verhindert ist, damit die Schlafplätze anderweitig vergeben werden können. Die Vorbestellung auf mehreren Hütten für den gleichen Termin kommt im Übrigen einer Unverschämtheit gleich – das muss in aller Deutlichkeit gesagt werden!

■ Auf Alpenvereinshütten erhalten Mitglieder ermäßigte Nächtigungspreise. Nichtmitglieder müssen ungefähr mit dem Doppelten rechnen.

■ Auf Hütten kann man sich in der Regel voll verpflegen. Die Angebotspalette hat ihre Tradition in regionaler Hausmannskost, kann aber im Einzelfall sehr unterschiedlich ausfallen. Zunehmend wird auch Halbpension offeriert, allerdings nicht – wie beispielsweise in der Schweiz üblich – als obligate Methode. Es gilt wieder die Akzeptanzregel, denn Berghütten sind nicht mit Talhotels zu vergleichen!

■ Essenszeiten werden von den Hüttenwirten individuell festgelegt. Meist gibt es Frühstück ab 7 oder 7.30 Uhr (bei hochalpinem Umfeld bzw. nach Absprache eventuell auch früher), Abendessen ab 18 oder 18.30 Uhr.

■ Selbstversorgung ist offiziell nur Alpenvereinsmitgliedern gestattet, der Genuss mitgebrachter Alkoholika stets verboten.

Wetter

Bei Unternehmungen im Gebirge sollten wir immer auch der Wetterprognose Rechnung tragen. Nicht nur, dass dieser Punkt entscheidend dazu beiträgt, wie reizvoll und genussreich man eine Wanderung empfinden wird; es handelt sich auch um einen sicherheitsrelevanten Aspekt. An dieser Stelle sei weniger die Handy-App, die eher auf pauschale Modellierungen zurückgreift, empfohlen als vielmehr die soliden und aussagenkräftigen Prognosen offizieller Stellen:

- wetter.orf.at/vorarlberg/prognose
- www.zamg.ac.at
- www.alpenverein.de/DAV-Services/Bergwetter
- www.alpenverein.at/portal/wetter
- www.srf.ch/meteo

Gefahren

Das Gebirge birgt vielfältige Gefahren, für die man erst mit reifender Fähigkeit zur Selbsteinschätzung und vertiefter Beschäftigung mit den Naturelementen ein Gespür bekommt. Allgemein wird dies mit dem Begriff »Bergerfahrung« umschrieben. Nachfolgend einige der wichtigsten Gefahrenpotenziale, die man im Auge haben muss:

- Am offensichtlichsten ist meist die Ausrutsch- bzw. Absturzgefahr.

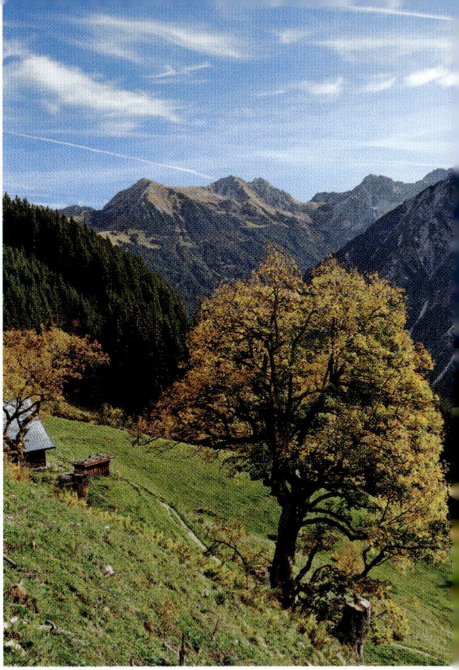

Der Herbst gilt vielen als schönste Wanderzeit.

Ruhige, konzentrierte Fortbewegung ist daher im ausgesetzten Gelände oberstes Gebot. Wer sich nicht schwindelfrei weiß, hat diesem Um-

Beim Rückweg von der Göppinger Hütte ins Zugertal.

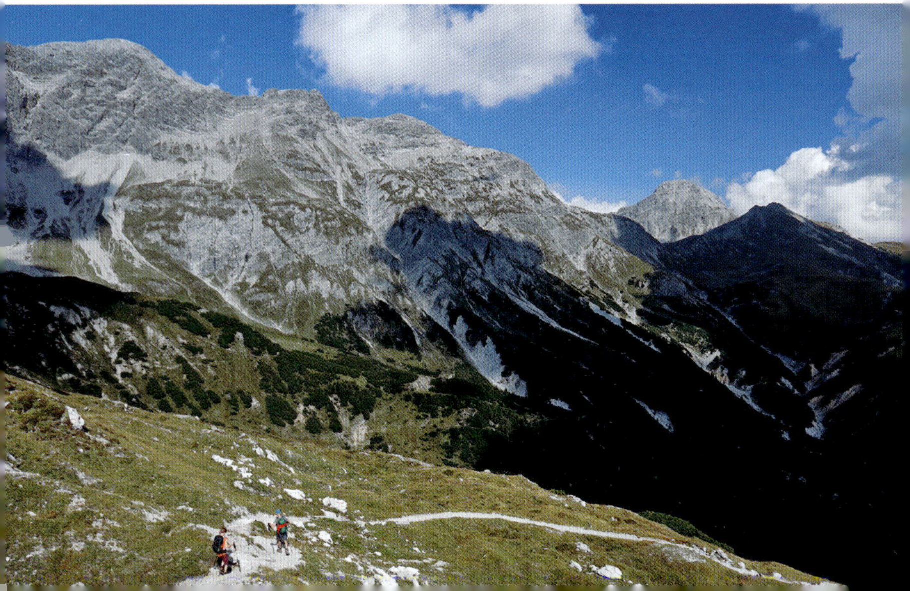

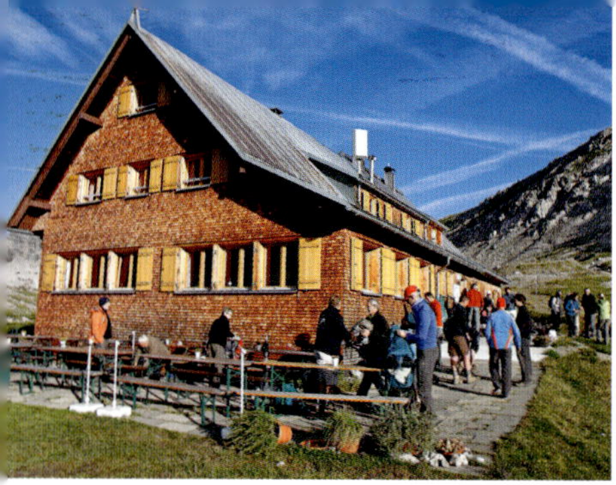

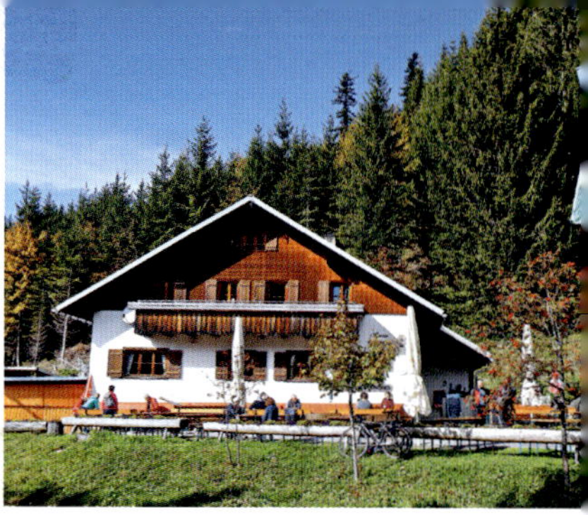

Die Göppinger Hütte im Lechquellengebirge und die Emser Hütte über dem Rheintal.

stand bereits bei der Tourenauswahl Rechnung zu tragen.

■ Leicht zu unterschätzen sind hartgefrorene Schneefelder, die schon bei relativ geringer Neigung zu bösen Unfällen führen können. Kommt es zum Ausgleiten, sofort reagieren und in die bremsende Liegestützhaltung gehen, bevor der Körper Beschleunigung aufnimmt. Am besten begeht man die Routen erst nach vollständiger Ausaperung.

■ Bei Nässe werden Schrofen und steile Grashänge besonders tückisch.

■ Steinschlaggefährdete Passagen sollten, falls nicht vermeidbar, rasch, aber konzentriert begangen werden. Auf Klettersteigen sind Selbstsicherung und Helm üblich.

■ Wegmarkierungen bilden normalerweise die sichere Leitlinie durchs Gebirge, auf die wir als Bergwanderer vertrauen. Hat man sie aus Unachtsamkeit oder aufgrund schlechter Sichtbedingungen verloren, sollte man nicht blindlings durchs Gelände tapsen, sondern wieder zum letzten bekannten Punkt zurückgehen.

■ Unter den Wettergefahren stehen Gewitter an oberster Stelle, zumal sie sommers im Gebirge ziemlich häufig sind. Neben Blitzschlägen drohen auch die durch Starkregen verursachten mittelbaren Gefahren wie Muren etc. Durch gutes Timing (in der Regel früher Aufbruch!) und aufmerksame Wetterbeobachtung sollte man gewährleisten, vor den meist in der zweiten Tageshälfte auftretenden Gewittern wieder im Tal oder in der Hütte zu sein.

■ Die meisten Probleme bei Bergwanderungen treten vermutlich durch konditionelle Selbstüberschätzung auf. Vor allem Hitze macht vielen arg zu schaffen. Man sollte seine Leistungsfähigkeit kritisch hinterfragen und sich nicht überfordern. Wichtig ist, viel zu trinken. Unter Umständen begnüge man sich lieber mit einem kleineren Zwischenziel, anstatt die Tour unter Qualen fortzusetzen.

■ Aufgrund einiger tragischer Unfälle, teils sogar mit tödlichem Ausgang, ist in letzter Zeit eine potenzielle Gefahr verstärkt ins Bewusstsein getreten, die man unter Umständen kaum als solche wahrnimmt. Sie geht vom Alpvieh aus, auch wenn es in aller Regel bloß friedlich die Weiden abgrast. Insbesondere Mutterkühe können nämlich gereizt darauf reagieren, wenn man sich ihren Kälbern nähert – ganz besonders, wenn ein Hund mit von der Partie ist. Andererseits sollte niemand beim Passieren einer Herde auf offener Weide übertriebene Ängste entwickeln. Es gilt einfach, respektvollen Abstand zu halten und Aufmerksamkeit walten zu lassen.

Notfall/Bergrettung

Falls man trotz aller Vorsicht in eine Notsituation gerät, gilt es, nicht in Panik zu verfallen, sondern ruhig und überlegt zu handeln. Verletzten ist zunächst Erste Hilfe zu leisten. Mit einem Mobiltelefon lässt sich am einfachsten direkt die Bergrettung verständigen.

- Allgemeine europäische Notrufnummer: 112
- Bergrettung in Österreich: 140

Falls keine Mobilfunkverbindung zur Verfügung steht, dient das internationale alpine Notsignal dazu, auf sich aufmerksam zu machen. Es besteht aus einem optischen oder akustischen Zeichen, das sechsmal in der Minute in regelmäßigen Abständen gegeben und mit jeweils einer Minute Pause dazwischen wiederholt wird, bis eine Antwort kommt. Diese besteht aus dreimaligem Zeichen innerhalb einer Minute.

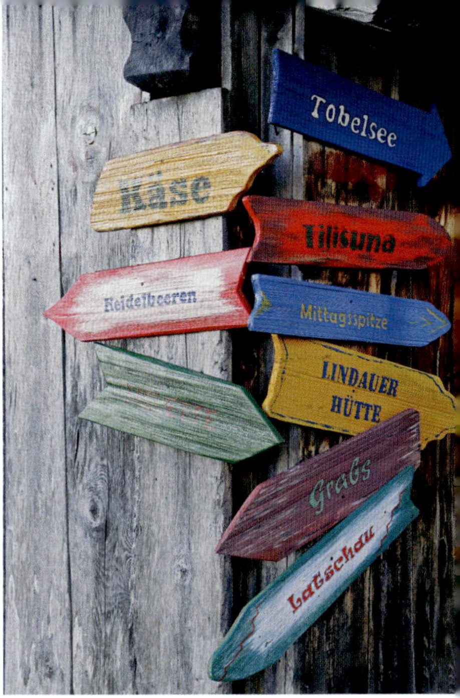

»Wegweiser« auf der Alpilaalpe.

Der Silvretta-Stausee im Panoramaformat; im linken Talast verbirgt sich die Wiesbadener Hütte hinter dem mächtigen Hohen Rad.

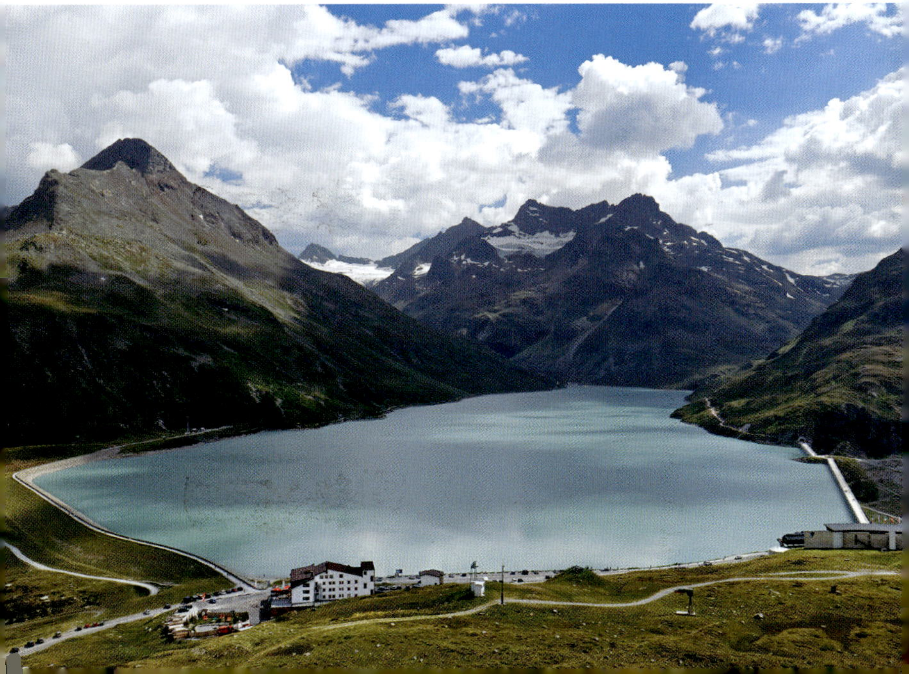

Alpwirtschaft in Vorarlberg

Denken wir doch kurz einmal über die Herkunft des allgegenwärtigen Namens »Alpen« nach: Offenbar gründet sich diese Bezeichnung unmittelbar auf die »Alpe« im Sinne einer Bergweide, und zwar in jener alemannischen Sprachform, die auch in Vorarlberg geläufig ist. Von Tirol ostwärts wie auch im hochdeutschen Sprachgebrauch hat sich dagegen ja die abgewandelte Form »Alm« eingebürgert. Die Alpwirtschaft erweist sich jedenfalls für das Gebirge als außerordentlich prägend. Ein besonders hoher Flächenanteil ist in Vorarlberg zu beobachten, wo ihr immerhin rund 40 Prozent zukommen. Insgesamt zählt man hier noch über 500 einzelne aktive Alpen, von denen rund ein Viertel als Sennalpen fungiert. Der »Vorarlberger Bergkäse« ist ein geschützter Begriff – etwa 450 Tonnen werden im »Ländle« jährlich produziert.

Eine Sennalpe dient also der unmittelbaren Verarbeitung der Milch – davon zu unterscheiden sind die Melk- und Galtalpen, wobei auf Letzteren nur das Jungvieh weidet. Der Jungviehbestand wird in unserer Region übrigens fast vollständig aufgetrieben, der Milchviehbestand hingegen nur zum Teil. Man unterscheidet ferner Gemeinschafts- und Genossenschaftsalpen von solchen, die sich in Privatbesitz befinden. Erstgenannte Kategorie bringt zuweilen regelrechte »Alpsiedlungen« hervor, wie wir sie besonders im Großen Walsertal entdecken (zum Beispiel Steris oder Laguz). Die strukturellen Phänomene können auf engem Raum also durchaus unterschiedlich sein. Vor allem im Bereich Hochtannberg und Arlberg sind auch einstige Dauersiedlungen (etwa Bürstegg) in

Schönenbach, ein malerisches und sehr stattliches Vorsäß im Bregenzerwald.

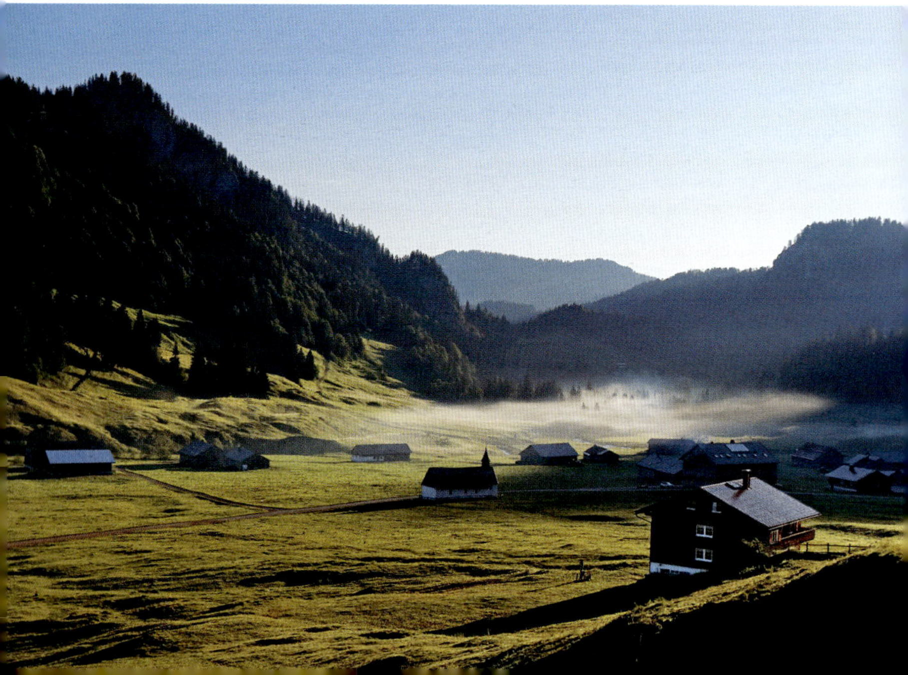

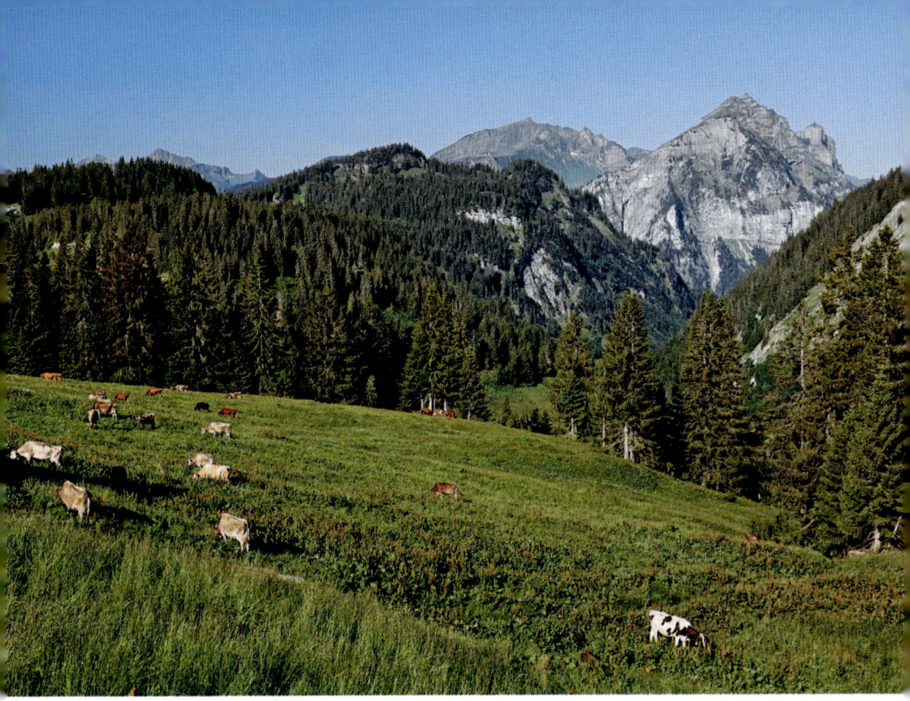

Das Alpvieh genießt das saftige Gras, wir den Ausblick zur Kanisfluh.

Alpen umgewandelt worden.
Bedingt durch den geologischen Unterbau mit vielen vegetationsbegünstigenden Böden sowie durch die vorteilhafte durchschnittliche Höhenlage ist Vorarlberg schon von Natur aus in weiten Bereichen für eine ausgiebige Alpwirtschaft prädestiniert. Hinzu kam die historische Entwicklung mit Einzug der Walser, die zwar die Alpwirtschaft nicht selbst erfunden haben, sie aber stark ausweiteten. Die Walser gelten als regelrechte Spezialisten für die Urbarmachung des Gebirges. Vielerorts hat sich eine typische Dreistufenwirtschaft mit Heimgut, Maisäß (besonders im Bregenzerwald zuweilen auch Vorsäß genannt) und Hochalpe etabliert: eine ausgeklügelte Heuwirtschaft, die existenziellen Charakter besitzt, angesichts der Kapazitäten im Tal, die zum Überleben einfach zu gering sind. Es handelt sich um eine Form der Transhumanz, die saisonal allerdings nur über geringe Entfernungen, sprich vor allem in vertikaler Richtung vollzogen wird. Aufgrund der besonderen Eigenheit im Zusammenhang mit der Walserkultur und der nach wie vor starken Einbindung in das Alltagsleben ist die Dreistufenwirtschaft im Bregenzerwald 2011 ins UNESCO-Weltkulturerbe aufgenommen worden.
Wie der Name schon andeutet, bezieht man im späten Frühjahr, so-

Manchmal trifft man auch einen Esel.

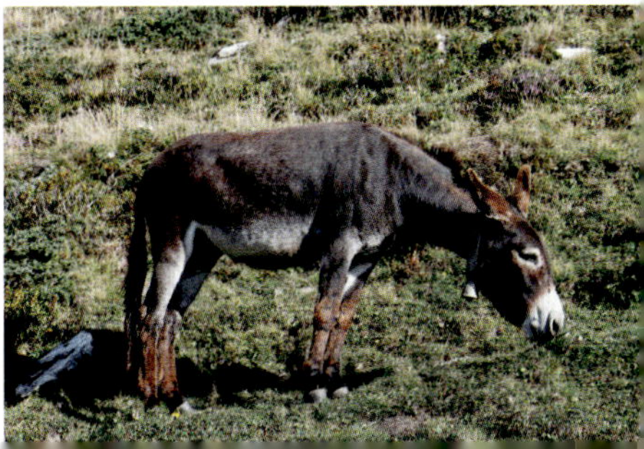

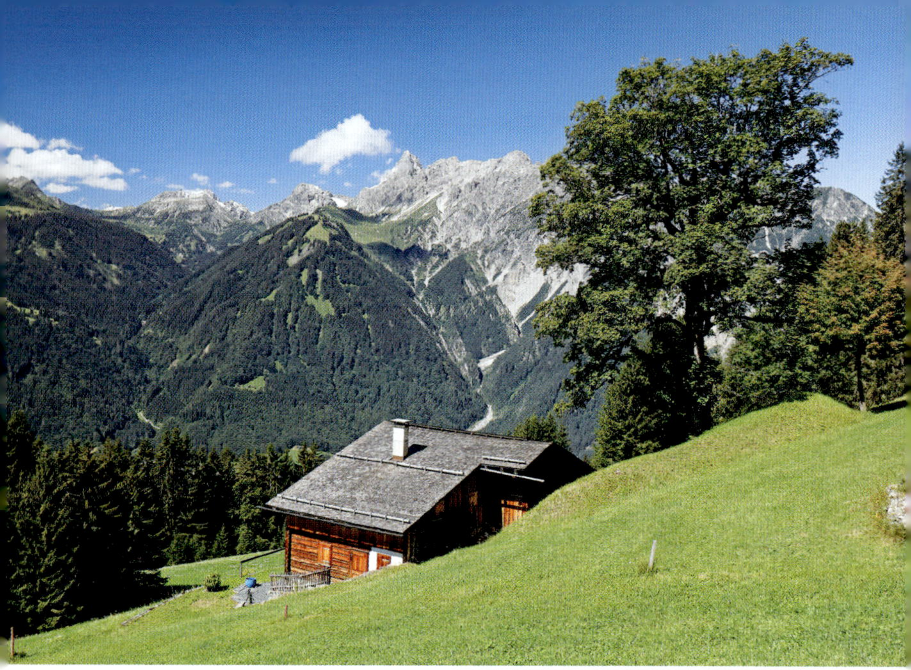

Typische Szenerie der Maisäßstufe im vorderen Montafon …

bald das Gras ins Wachstum kommt, mit dem Vieh zunächst das Maisäß, das in der Regel noch unterhalb der Baumgrenze in der montanen Stufe liegt; ein paar Wochen später dann die höher gelegene Alpe, um diese während des Hochsommers zu beweiden. In höheren, schwer zugänglichen Lagen war früher noch das Wildheuen verbreitet. Die sommerliche Heumahd im Tal dient dem Auffüllen des Winterfutters. Zum Herbst hin (September) geht es – nach einem je nach Höhenlage bis zu 100 Tage währenden Alpsommer – wieder stufenweise retour.

Dieser althergebrachte älplerische Zyklus ist heute allerdings nur noch selten in Reinkultur zu finden. Insgesamt bewirkt der strukturelle Wandel einerseits eine allmähliche Rückentwicklung und zum anderen einen Trend zur Spezialisierung der Alpwirtschaft. Aufgrund der modernen Erschließung lässt sich die Bewirtschaftung der Maisäßstufe mittlerweile vom Tal aus bewerkstelligen – man wohnt dort in aller Regel nicht mehr (wo der Höhenunterschied zwischen Heimgut und Alpe zu gering ausfällt, ist sie ohnehin obsolet). Viele Maisäße dienen auch lediglich noch der extensiveren Heunutzung ohne Beweidung. Ferner gibt es eine Tendenz zu gemeinschaftlichen Ställen und Sennereien. Sennalpen werden inzwischen öfters zu Melkalpen umfunktioniert, Melkalpen zu Galtalpen und die höchsten Lagen zuweilen aufgegeben oder zumindest extensiviert. Oft fehlt auch einfach das Personal, zumal viele Landwirte diese Tätigkeit mittlerweile nur noch in Teilzeit ausüben. Andererseits ist mancherorts die Aufnahme von Vieh aus entfernteren Regionen zu beobachten – die Alpwirtschaft als Dienstleistung sozusagen.

Im Vergleich mit vielen west- und südalpinen Regionen allerdings fällt der allgemeine Trend zur Rückläufigkeit in Vorarlberg relativ gering aus, was letztlich auch dem Erschließungsfortschritt geschuldet ist, vor allem mit der Anlage von Güterwegen. Eine Alpe ohne moderne maschinelle und logistische Unterstützung ließe sich heutzutage kaum noch aufrechterhalten. Aufgelassen wurden in Vorarlberg bisher meist nur beschwerliche Steillagen, deren Rentabilität irgendwann nicht mehr gegeben war. Umso erstaunlicher mutet die »alte Zeit« an, als auf teilweise abenteuerlichen Heuersteigen gleichsam um jeden Quadratmeter Gras gerungen wurde.

Zusammenfassend kann gesagt werden, dass die Alpwirtschaft in Vorarlberg immer noch eine starke Verankerung im gesellschaftlichen und wirtschaftlichen Leben erfährt. Dabei geht ihre Bedeutung ja weit über die Lebensmittelproduktion hinaus, kommt ihr doch auch die Pflege einer wertvollen, traditionellen Kulturlandschaft (die ansonsten ziemlich rasch mit Buschwerk und Wald verwildern würde) zu. Insofern spielt auch der touristische Aspekt seine verzahnte Rolle. Die Alpwirtschaft bekommt dadurch ein weiteres Standbein, was sich wiederum positiv auf den Erhalt des Landschaftsbildes auswirkt. Und wir Wanderer haben allweil unsere Freude daran …

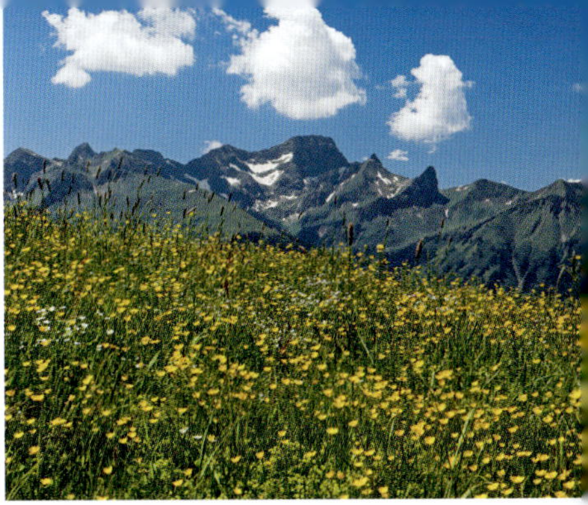

Bei extensiver Bewirtschaftung gedeiht eine reiche Flora.

… auf der anderen Talseite liegt das Ensemble der Platzisalpe.

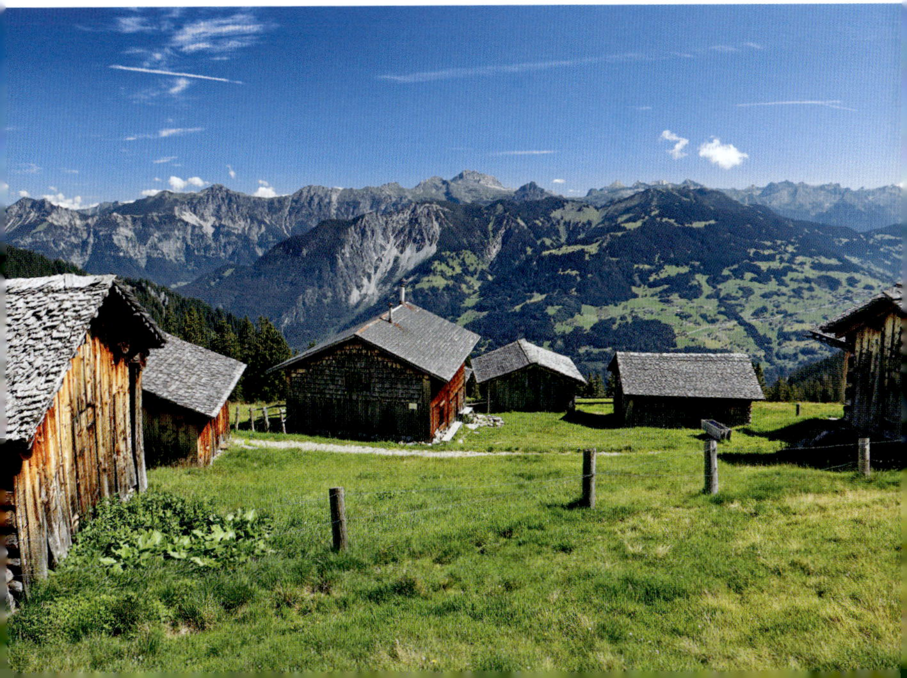

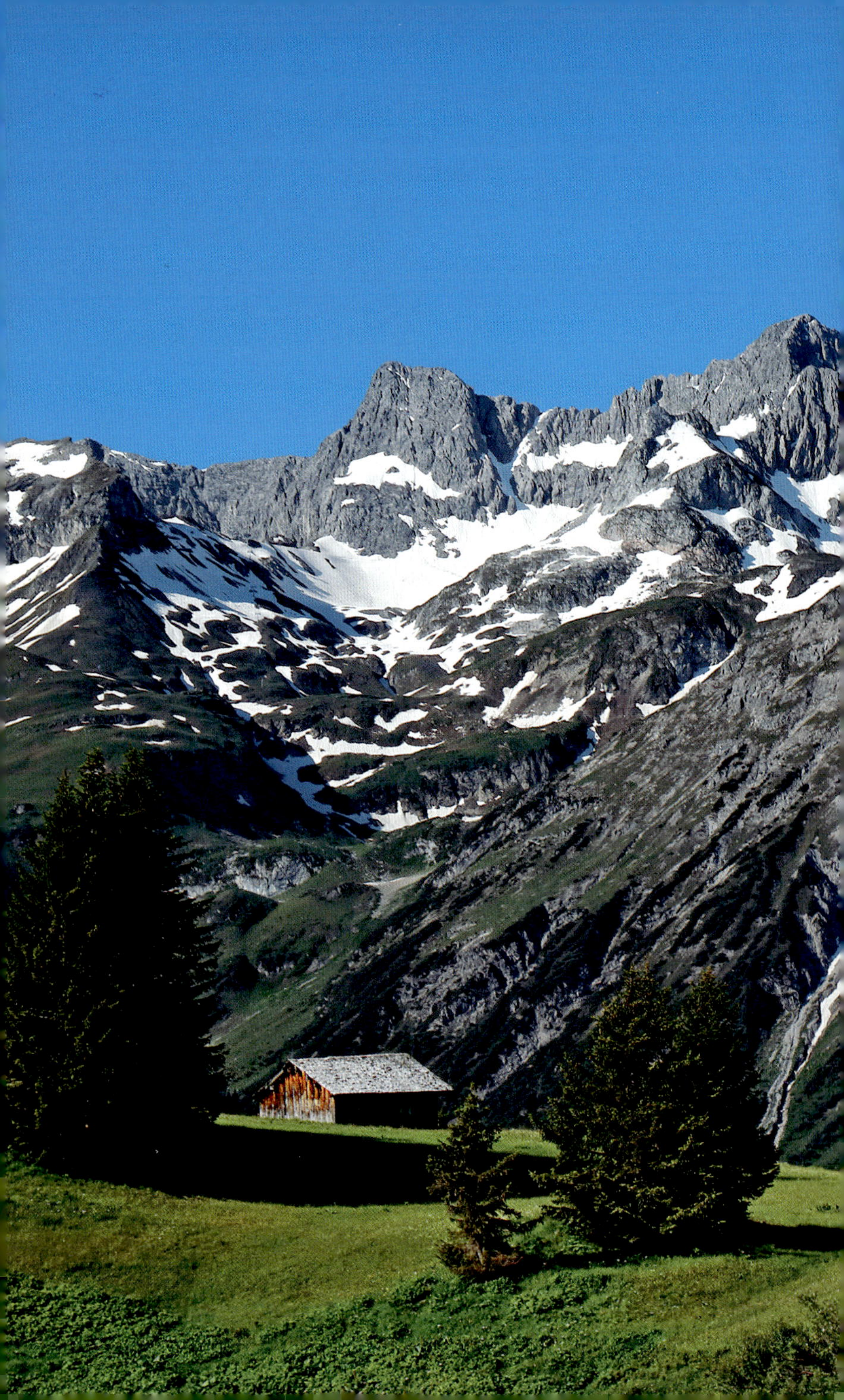

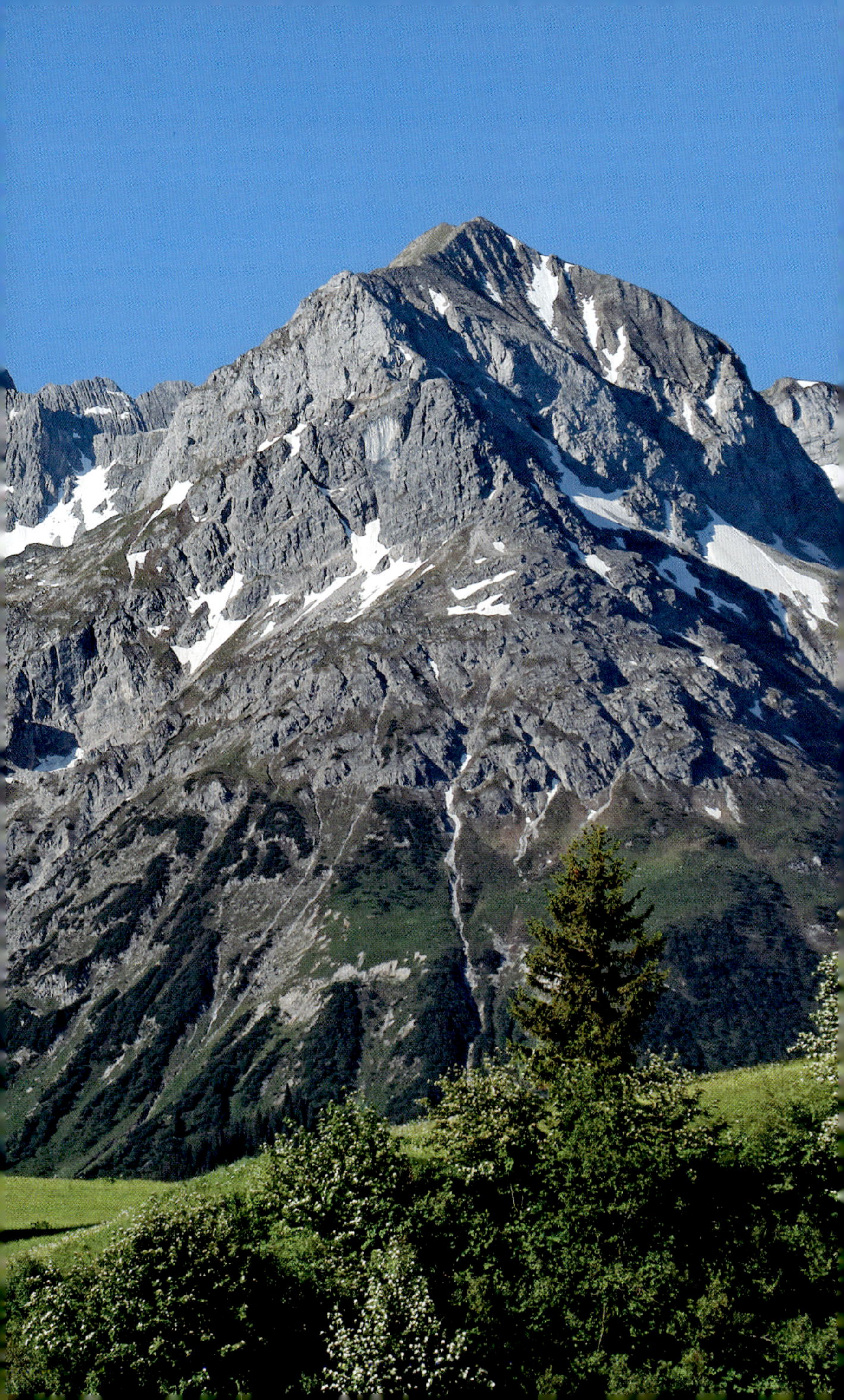

1 Hirschbergalpe, 1050 m
Rundtour aus dem Wirtatobel bei Bregenz

2.45 Std. | 9,9 km | ↗440 m | ↘440 m

Im hügeligen äußersten Nordzipfel des Ländle
Im Schatten des berühmten Pfänder gelegen, erweist sich der Hirschberg als vorzüglicher Aussichtspunkt für all jene, die dem Trubel dort lieber ausweichen. Die Landschaft ist gekennzeichnet vom sanften Schwung der Wald- und Wiesenwellen, in die sich bäuerliche Streusiedlungen einbetten – vorzugsweise auf den Höhen, denn die tieferen Bereiche fallen oft in markante, kaum siedlungstaugliche Tobel. Nur wenige Schritte unterhalb der Wiesenkuppe des Hirschbergs schmiegt sich die gleichnamige Alpe an. Dort bekommen wir im Sommer eine Erfrischung.

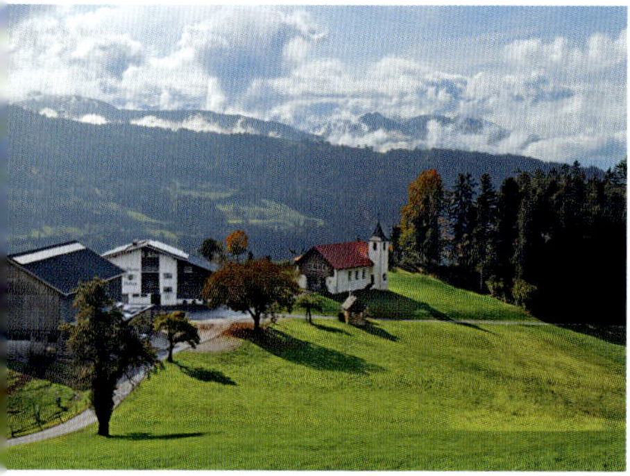

Am Stollen hat man bereits einen schönen Ausblick.

EINKEHR

Gasthaus Stollen, 786 m: ganzjährig geöffnet, Mo/Di Ruhetag, Tel. +43 5575 4615, www.gasthausstollen.at.
Hirschbergalpe, 1050 m: Getränkeausschank während der Alpzeit, etwa Anfang Juni bis Mitte September, Tel. +43 664 4869760.

TOUREN

Pfänder, 1064 m: Der berühmte Aussichtsberg direkt über dem Bodensee ist vom Hirschberg in 1.30 bis 2.00 Std. zu erreichen.

Ausgangspunkt: Wirtatobel, 697 m. Von Bregenz nach Langen bis zur Bushaltestelle »Wirtatobel« (Linie 25), mit Pkw hier links und gleich wieder rechts abzweigend bis zur Gabelung des Fahrwegs (Parkmöglichkeit).
Anforderungen: T1. Asphaltierte bzw. geschotterte Fahrwege und im oberen Teil auch Wanderwege unterschiedlicher Beschaffenheit, nur vorübergehend mal schmaler. Leichte Halbtagestour.
Kinder: Überall ungefährliches Gelände mit schöner Umgebung am Hirschberg, einige Forststraßen-Abschnitte etwas langwierig.
Variante: Zustieg vom Dorf Langen über Feßlerberg.
Karte: Freytag & Berndt 1:50.000, Blatt 364.

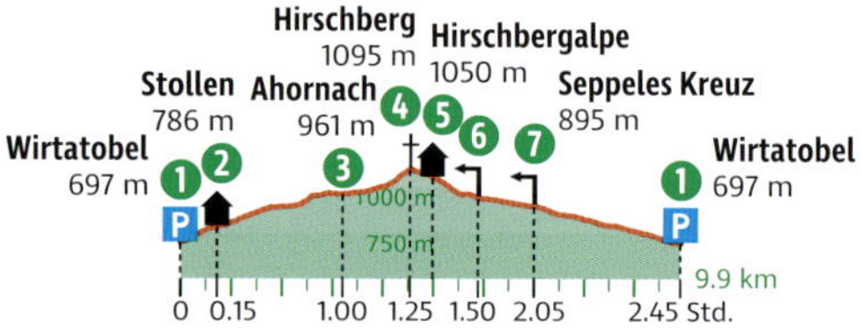

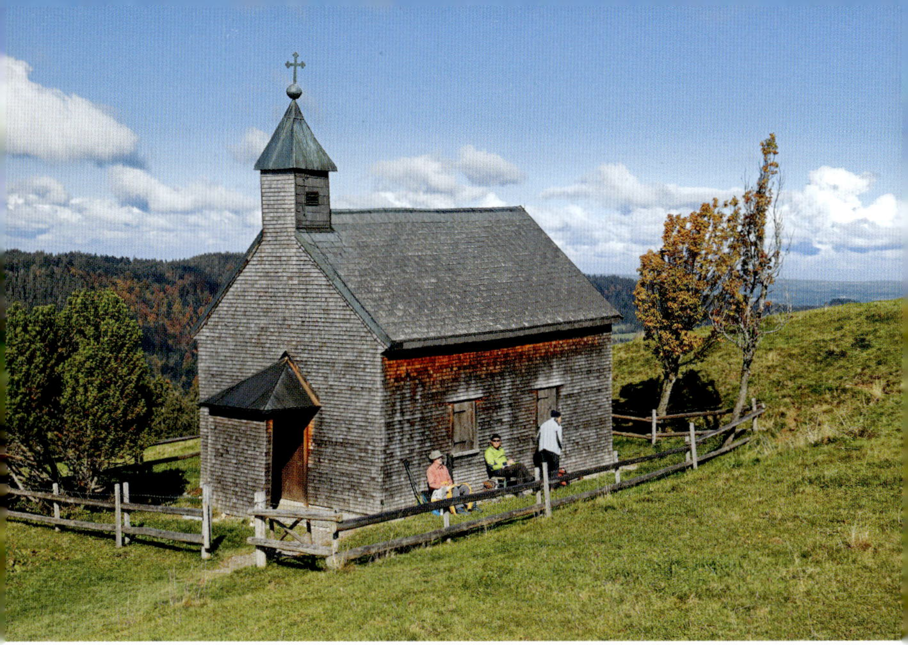

Bei der hübschen Bergkapelle wird gern Siesta gehalten.

Wo sich die Forststraße im **Wirtatobel** ❶ gabelt, wählen wir den rechten Ast und kommen im Bergauf rasch zum Weiler **Stollen** ❷, 786 m, voran. Neben den Bauernanwesen befinden sich ein Gasthof sowie eine fotogene Kapelle. Nun links haltend mit einigen Kurven weiter zu den Streuhöfen von Geserberg und zum Ende der asphaltierten Straße. Ein paar Schritte höher erreichen wir den breiten Kammrücken und wandern auf einem Waldweg nach **Ahornach** ❸, 961 m. In unveränderter Nordostrichtung nähern wir uns allmählich dem **Hirschberg** ❹, 1095 m, am Schluss über freie Wiesen deutlicher ansteigend bis auf die aussichtsreiche Kuppe. Es zeigt sich übrigens auch ein Teil des Bodensees.

Im Abstieg gelangen wir an einer Kapelle vorbei in Kürze zur **Hirschbergalpe** ❺, 1050 m, und tauchen unterhalb in den Wald ein. Schon bald trifft man dort wieder auf eine breite Trasse. Damit zur **Dampfsäge** ❻, 938 m, dort nach links und weiter bis **Seppeles Kreuz** ❼, 895 m, wo man sich abermals links hält, um durch den meist bewaldeten Wirtatobel noch eine ganze Weile zurück zum Ausgangspunkt zu laufen.

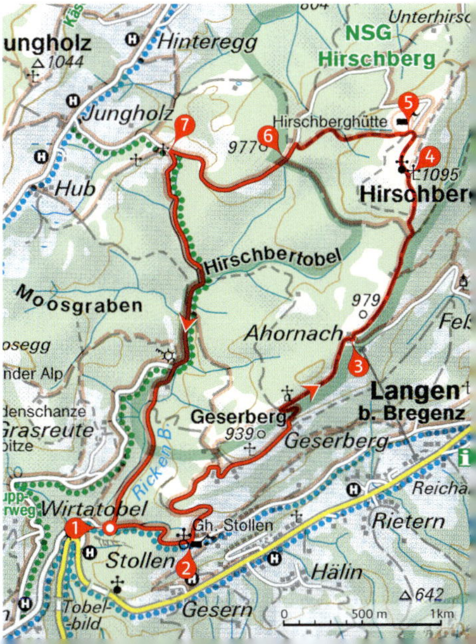

2 Alpengasthof Brüggele, 1170 m

Von Alberschwende zum Brüggelekopf

3.00 Std. | 8,6 km | ↗500 m | ↘500 m

Toller Aussichtsgupf im Vorderwald
Der 1182 Meter hohe Brüggelekopf ist der Hausberg von Alberschwende und eine der für den vorderen Bregenzerwald typischen Mittelgebirgshöhen. Dicht unterm Gipfel lockt ein traditionsreiches Gasthaus. Ausflügler brauchen angesichts der mautpflichtigen Zufahrt keinen Schweißtropfen zu vergießen; bis vor wenigen Jahren konnten sie sogar per Sessellift hinaufschweben. Seit dessen Einstellung erfährt jedoch der Wanderaspekt am Brüggelekopf mehr Bedeutung – für Leser dieses Buches wahrscheinlich eh eine Selbstverständlichkeit. Mit Rückweg über Kaltenbrunnen absolvieren wir eine Rundtour, die ein gutes Bild von der Landschaft im Vorderwald vermittelt.

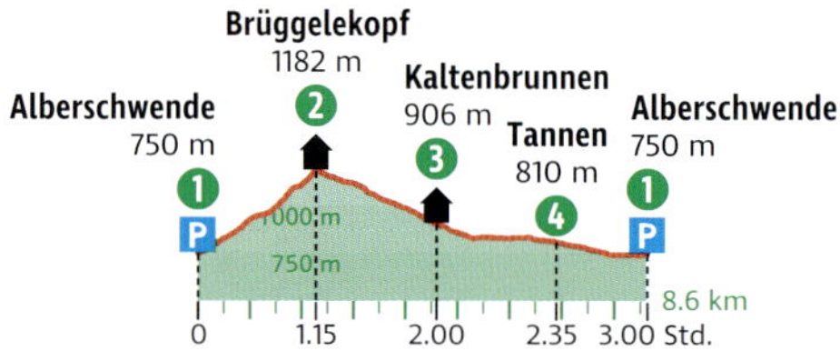

Ausgangspunkt: Alberschwende im Bregenzerwald. Am besten etwas oberhalb des Ortskerns beim ehemaligen Lift, ca. 750 m, parken. Landbuslinien 40 und 41 von Dornbirn bzw. 35 und 37 von Bregenz.
Anforderungen: T2. Leichte Wanderwege und einige Straßenabschnitte, zum Brüggelekopf hin mittelsteil. Halbtagestour.
Kinder: Gute, nicht zu anstrengende Familientour. Ein Gipfelgasthaus ist natürlich besonders attraktiv; dort auch Spielmöglichkeiten.
Karte: Freytag & Berndt 1:50.000, Blatt 364.

Oberhalb von **Alberschwende** ❶ folgen wir ab Fahrverbot zu Fuß weiter dem Bergsträßchen und biegen später rechts auf einen Wiesenstreifen (Skipiste) ab. Man gewinnt einen Geländeabsatz mit einzelnem Gebäude und nimmt dahinter links haltend den Waldsteig auf. Dieser zieht bis

Wenige Meter unterhalb des Gipfels befindet sich das Gasthaus.

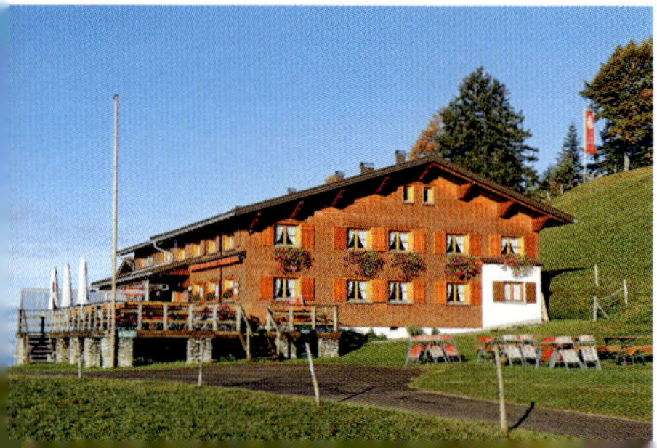

Tiefblick auf Alberschwende, wo noch morgendliche Nebelschwaden wabern.

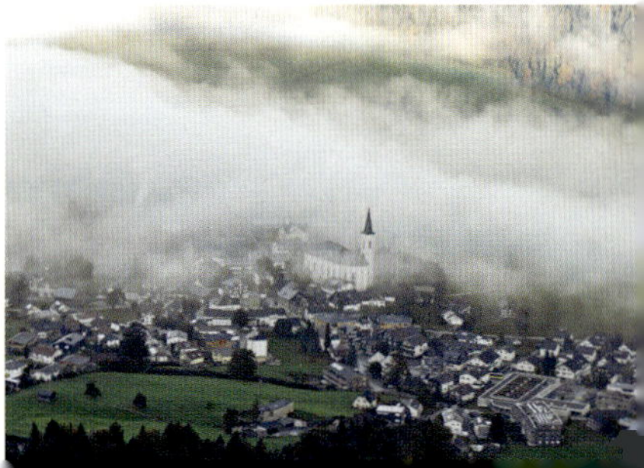

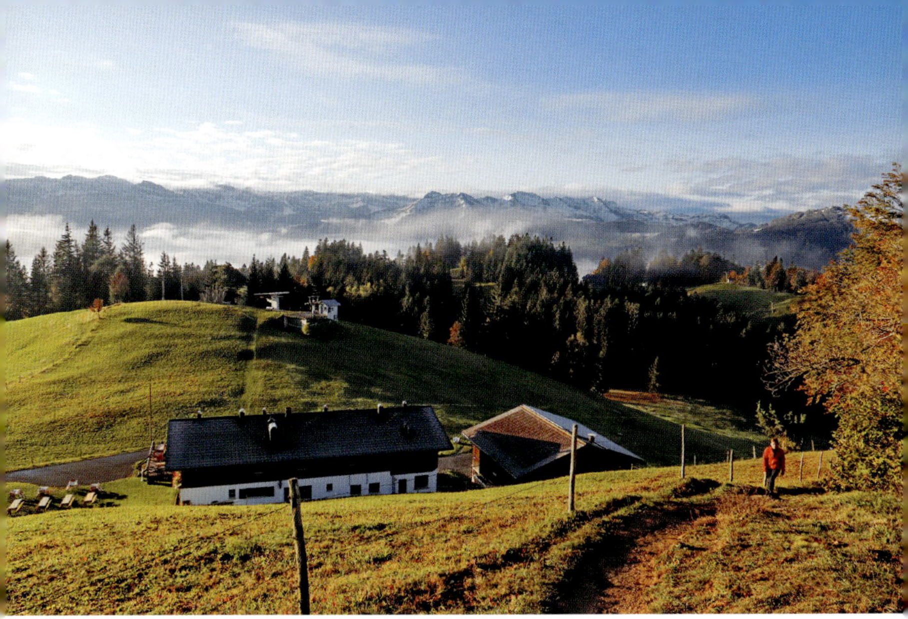

Am Brüggelekopf bietet sich ein herrlicher Blick ins Gebirge.

zum Rand der gipfelnahen Wiesen recht kräftig an, wobei wir nahe der Kante am besten gleich den höchsten Punkt am **Brüggelekopf ❷**, 1182 m, ansteuern. Nur einen Katzensprung unterhalb empfängt uns der **Alpengasthof Brüggele**.

Im Bergab folgen wir zunächst der Zufahrt, um in einer Linkskurve nach rechts auszuscheren und alsbald in ein Waldstück einzutauchen. Ein angenehmer Weg führt in das offene Gelände oberhalb von **Kaltenbrunnen**, zu einem Aussichtspunkt mit Rastbänken und anschließend mit den Straßenkehren durch die Hangsiedlung. Beim **Gästehaus Alpenrose ❸**, 906 m, achten wir auf den Linksabzweig und queren zunächst Richtung Vöglen. Dort auf dem oberen Weg weiter leicht auf und ab, allmählich um den Hang herum nach **Tannen ❹**, 810 m, und vom Sträßchen schließlich links abrückend auf einen Wiesenpfad. Mit den letzten Schritten entlang des kleinen Bachlaufs leicht aufwärts zurück zum Parkplatz beim ehemaligen Lift ❶.

EINKEHR

Alpengasthof Brüggele, 1170 m: fast ganzjährig geöffnet, 50 Schlafplätze, Tel. +43 5579 4391 oder +43 664 9750855, alpengasthof.com.

Gästehaus Alpenrose, 906 m: geöffnet zwischen 8.30 und 12 Uhr (keine warme Küche), Di/Mi Ruhetag, ansonsten Beherbergungsbetrieb mit Abendessen für Hausgäste, Tel. +43 5512 2433 oder +43 664 4254666, www.kaltenbrunnen.com.

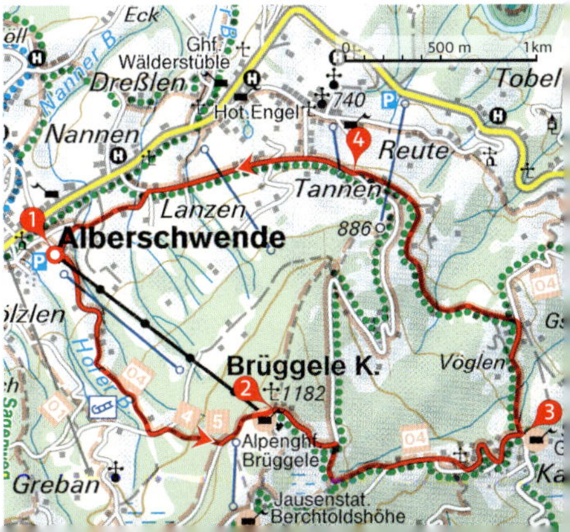

3 Hochälpelehütte, 1460 m, und Lustenauer Hütte

Vom Bödele über Meierei und Lankhütte

3.15 Std. | 9,4 km | ↗ 550 m | ↘ 550 m

Genusswanderung im Dornbirner Skigebiet
Die Scheitelhöhe am Bödele ist nicht nur ein Eintrittstor in den Bregenzerwald, sondern auch ein wichtiges Naherholungsgebiet speziell für Dornbirn, die einwohnerreichste Stadt Vorarlbergs. Viele Einheimische mögen dort ihre ersten Wanderschritte unternommen oder Skifahren gelernt haben. Im näheren Umkreis befinden sich mehrere Einkehrstationen, die wir auf dieser überschaubaren Runde kombinieren. Mit dem Hochälpelekopf wird sogar ein Gipfel(chen) erreicht.

Ausgangspunkt: Bödele, 1140 m, an der Straßenverbindung zwischen Dornbirn und Schwarzenberg. Gebührenpflichtige Parkplätze und Bushaltestelle der Linie 38.
Anforderungen: T2. Bergwanderwege und breite Wirtschaftswege ohne nennenswerte Schwierigkeiten und auch konditionell moderate Tour.

Kinder: Ungefährliche und nicht zu anstrengende Mittelgebirgswanderung mit recht viel Abwechslung, zum Teil Spielmöglichkeiten.
Variante: Zwischen Hochälpelekopf und Lustenauer Hütte etwas länger auch über den Gschwendtsattel.
Karte: Freytag & Berndt 1:50.000, Blatt 364.

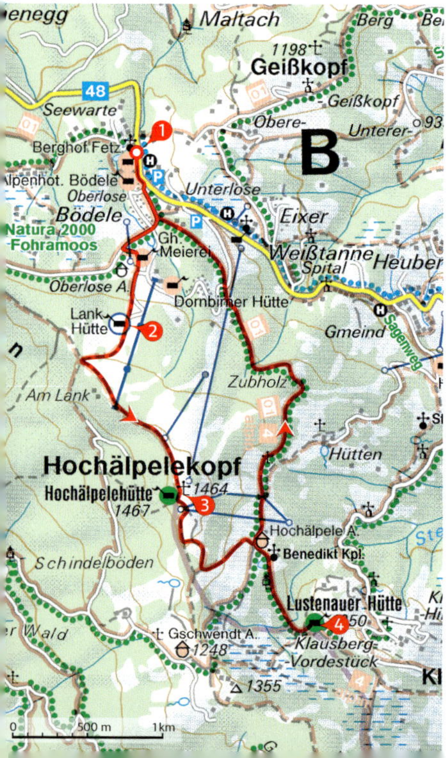

Vom **Bödele** ➊ wandern wir nach Hinweis »Hochälpele« zunächst zur nahen Meierei und weiter zur **Lankhütte** ➋, 1230 m, am Skihang. Diesen ersteigen wir über den Aussichtspunkt »Am Lank« und folgen anschließend dem licht bewaldeten Kammweg bis zum **Hochälpelekopf** ➌, 1464 m. Die gleichnamige Hütte befindet sich unmittelbar daneben. Südwärts bergab nutzen wir einen Schotterweg, passieren in einer Kehre die Abzweigung zur Gschwendtalm und begeben uns Richtung Älpele (Hochälpelealpe). Ein breiter

Klein, aber fein: die Hochälpelehütte.

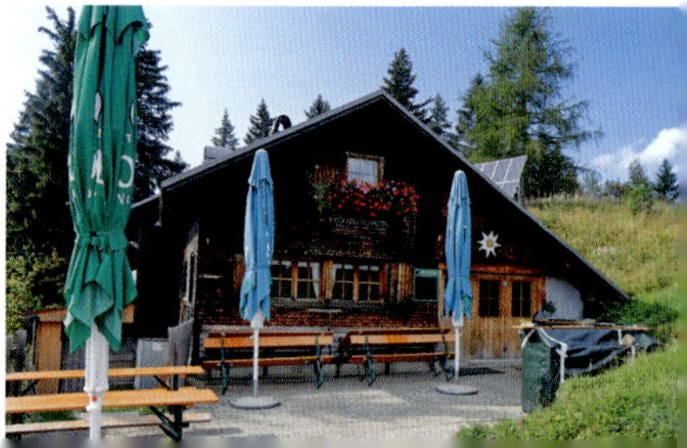

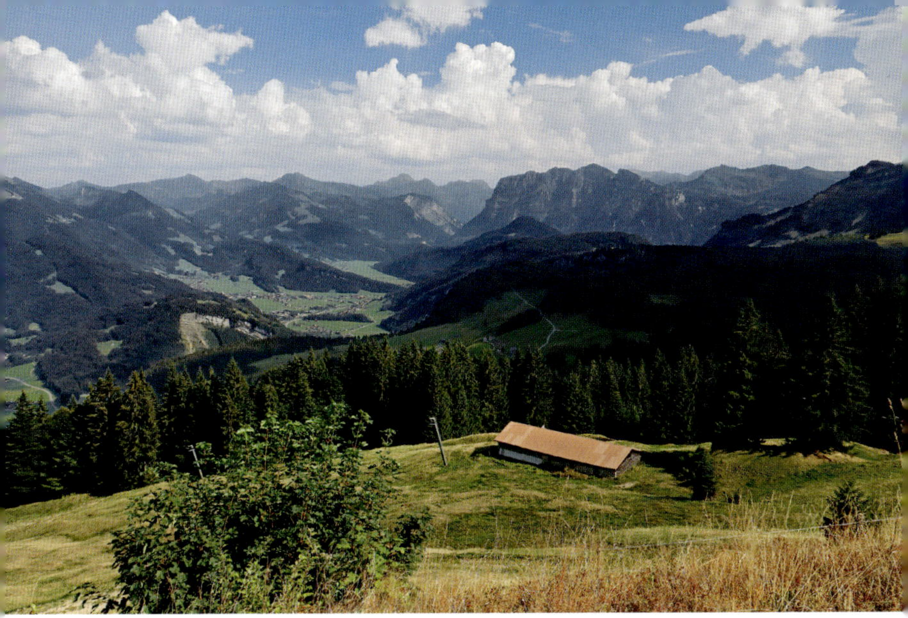

Am Hochälpelekopf öffnet sich die Perspektive ins Herz des Bregenzerwaldes.

EINKEHR

Meierei Bödele, 1180 m: im Sommer und Winter geöffnet, Tel. +43 699 19686147, www.meierei-boedele.at.
Lankhütte, 1230 m: zwischen Juni und Oktober Fr bis So geöffnet, von November bis März durchgehend, 40 Schlafplätze, Tel. +43 5572 7365 oder +43 660 3759799 oder +43 664 3462929.
Hochälpelehütte, 1460 m: ÖAV, Ende Mai bis Ende Oktober (Di Ruhetag) und Anfang Dezember bis Ende März, 16 Schlafplätze, Tel. +43 664 4308881.
Lustenauer Hütte, 1250 m: ÖAV, Anfang Mai bis Ende Oktober (Mo Ruhetag), 16 Schlafplätze, Tel. +43 5512 4913, www.lustenauer-huette.at.

TOUREN

Freschenhaus, 1846 m: langer und am Binnelgrat auch anspruchsvoller Übergang via Weißenfluh-, Unter- und Obersehrenalpe, Mörzelspitze, Salzbödenkopf, Binnelalpe und Hoher Freschen (T3–4), 6.30 Std. ab Lustenauer Hütte.

Weg führt von dort durch eine kleine, bewaldete Grabensenke binnen 15 Minuten zur **Lustenauer Hütte** **4**, 1250 m. Den Rückweg nehmen wir über die komfortable Hangroute: vom Älpele kurz ansteigend, dann in mäßigem Gefälle meist durch Wald, später links haltend ins Skigebiet und zum **Bödele** **1**.

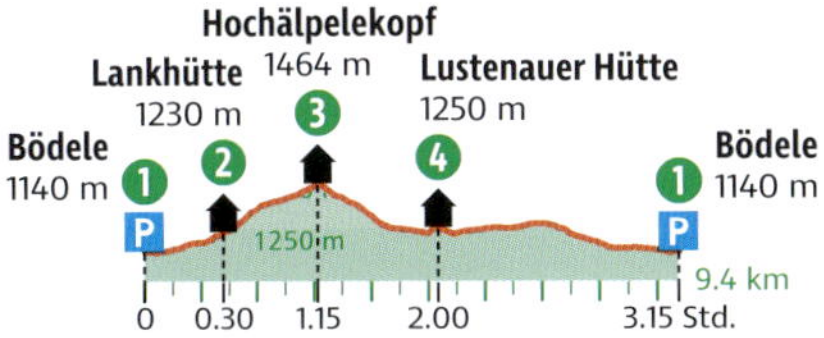

Auf der Hochälpelealpe steht die Benediktkapelle.

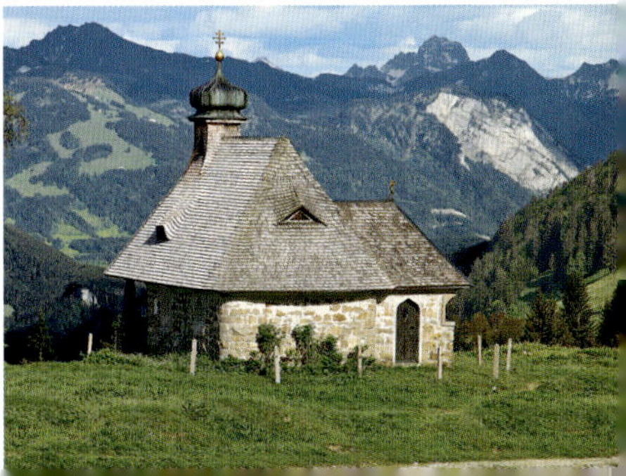

4 Schuttannen, 1148 m, und Staufenalpe
Der Staufen-Rundweg

2.30 Std. | 8,4 km | ↗ 380 m | ↘ 380 m

Klassischer Dornbirner Höhenspaziergang

Dornbirns erster Hausberg ist der Karren, nur knapp 1000 Meter hoch und mit einer Seilbahn erschlossen. Der zweite, topografisch übergeordnete heißt Staufen und soll auf der vorgestellten Wanderung umrundet werden. Dabei kommt man auch nach Schuttannen, wo sich ein weiterer Dreh- und Angelpunkt des regionalen Tourismus befindet, im Winter auch ein kleines Skigebiet. Der gemütliche Staufen-Rundweg ist eine der bekanntesten Genusswanderungen weit und breit.

Ausgangspunkt: Talstation der Karrenseilbahn, 458 m, in Dornbirn (Gütlestraße). Große, gebührenpflichtige Parkplätze und Bushaltestelle der Linien 46 und 47. Bergstation am Karren auf 971 m. Betriebszeiten im Sommer von 9 bis 23 Uhr, im Winter von 10 bis 19 Uhr.
Anforderungen: T1. Sehr leichte und wenig anstrengende Wanderung auf gepflegten Wegen. Mit Seilbahn nur ein Halbtagesprogramm.
Kinder: Auch für jüngere Kinder empfehlenswert, zumal ungefährlich und recht abwechslungsreich.
Karte: Freytag & Berndt 1:50.000, Blatt 364.

EINKEHR

Panoramarestaurant Karren, 971 m: geöffnet bei Seilbahnbetrieb, Tel. +43 5572 54711, www.karren.at.
Alpengasthaus Kühberg, 950 m: im Sommer täglich außer Mi, im Winter Di, Sa und So geöffnet, Tel. +43 5572 25858.
Gasthaus Schuttannen, 1148 m: ganzjährig geöffnet, Do Ruhetag, Tel. +43 664 3579576.
Schiheim Schuttannen, ca. 1185 m: ganzjährig geöffnet, Mo/Di Ruhetag, Tel. +43 664 3321255.
Staufenalpe, 1098 m: einfache Jausenstation während der Alpzeit.

TOUREN

Staufen, 1465 m: von verschiedenen Seiten des Rundwegs erreichbar, teils recht steil (T2 bis T3).
Bocksberg, 1461 m: von Schuttannen über den recht kniffligen, stellenweise gesicherten Leiterlisteig (T3–4), 1.00 Std.
Emser Hütte, 1283 m: über Hinterbergalpe und Schöner-Mann-Alpe (T1), gut 1.30 Std.

Vom **Karren** ❶, 971 m, kurz abwärts zum Gasthaus Kühberg und dann ansteigend zur Verzweigung am **Hochegg** ❷, 1020 m, wo wir den Staufen-

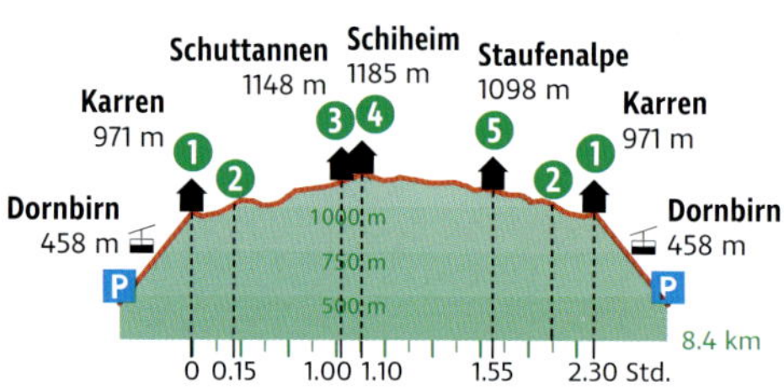

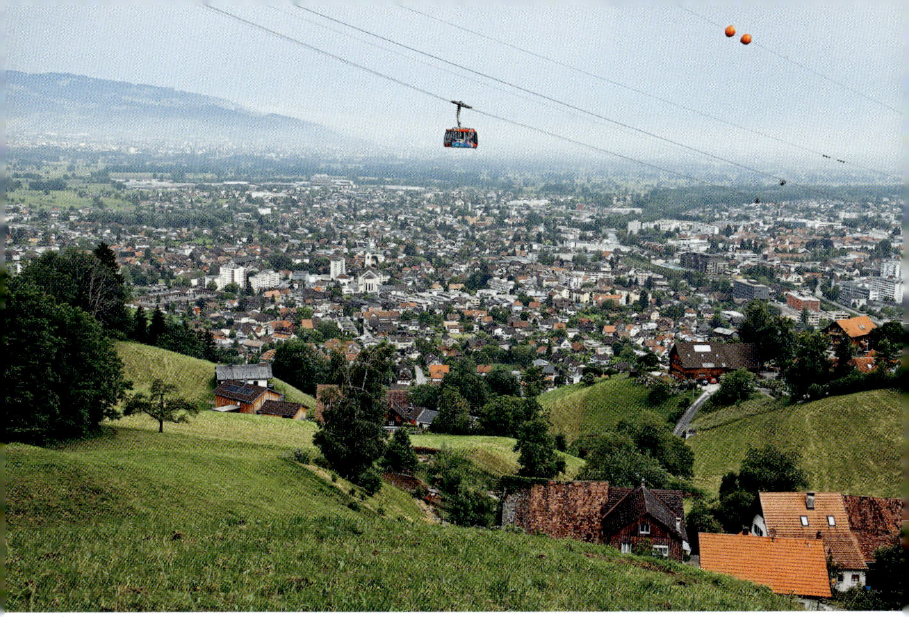

Mit der Karrenbahn schweben wir zunächst über den Dächern von Dornbirn.

Rundweg aufnehmen. Wir bleiben zunächst westseitig und kommen nach ein paar Kehren im Wald in offenes Gelände voran. Auf einem Wiesenweg geht es weiter nach **Schuttannen ❸**, 1148 m, wo uns bei den Parkplätzen das Berggasthaus empfängt. Wer mag, kann auch etwas höher im **Schiheim ❹** einkehren. Ansonsten folgen wir dem breiten Waldweg in die Ostflanke und kommen nach einem zwischenzeitlichen Steigabschnitt bei der **Staufenalpe ❺**, 1098 m, vorbei. Bald darauf gabelt sich der Weg – beide Varianten sind möglich. Mit etwas Auf und Ab quer durch die Nordflanke Richtung **Hochegg ❷** und rasch zurück zur **Karrenseilbahn**.

Der kegelförmige Staufen wird einmal umrundet.

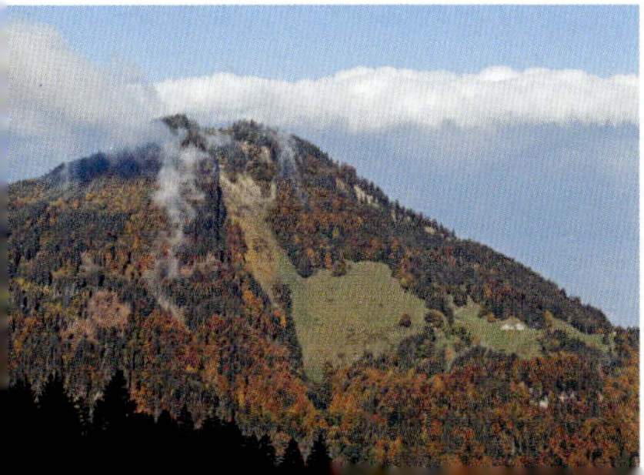

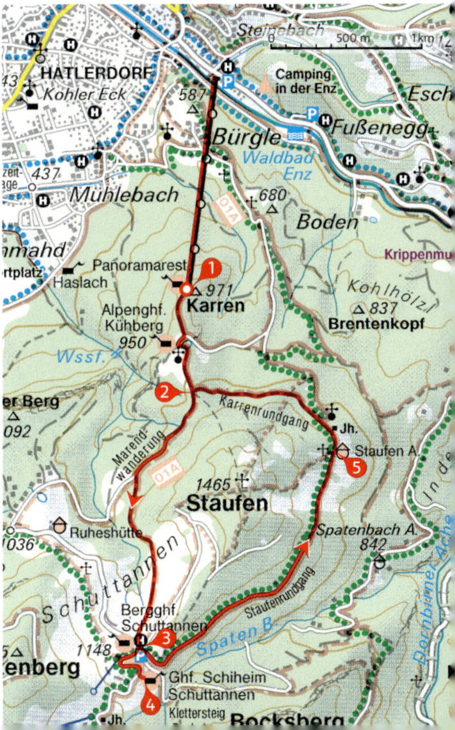

5 Weißenfluhalpe, 1368 m, und Bregenzer Hütte
Aus dem Ebniter Tal

4.50 Std. | 16,2 km | ↗900 m | ↘900 m

Durch die Alpgebiete unterm Dornbirner First

Der Bregenzerwald sei ein »von Tobeln durchtobelter Tobel« heißt es manchmal in Anspielung auf die komplizierte, stark verzweigte Grabenstruktur, die dieses Gebiet auszeichnet. Vielleicht mehr als auf den Gipfelhöhen kann man das alpine Element hier in den tief eingeschnittenen Tobeln finden – etwa im Einzugsbereich des Ebniter Tals. Das Bergdorf Ebnit versteckt sich regelrecht im Hinterland von Dornbirn. Wir bekommen es auf dieser Tour aus erhöhter Perspektive zu sehen und haben als erste Aufgabe bereits das Auffinden des Ausgangspunktes bei der Kobelalpe zu bestehen. Die eigentliche Tour führt uns durch das zwischen Dornbirner First und Hochälpele gelegene Areal, zunächst in den Bereich von Ober- und Untersehrenalpe (beide ohne Einkehrmöglichkeit), danach zur plateauartigen Weißenfluhalpe. Stärken kann man sich wahlweise hier oder in der Bregenzer Hütte, die verträumt wie ein Hexenhäuschen im Wald vor uns auftaucht. Sie wird vom Verein der Naturfreunde betrieben.

Ausgangspunkt: Parkplatz bei der Kobelalpe, ca. 985 m. Zufahrt von Dornbirn über die kurvenreiche Ebniter Straße, oberhalb des Staufensees links abzweigend und über Forststraßen verwinkelt hinauf.
Anforderungen: T2. Abschnittsweise erdige, bei Nässe eventuell unerquickliche Bergwege, sonst häufig Forststraßen. Selten besonders steile, aber fast schon tagfüllende Wanderung.
Kinder: Eher reduziert zu empfehlen, denn in voller Länge gibt es etliche monotone Forststraßen-Kilometer. Ge-

Hangspitze und Dornbirner First nach der Schneeschmelze ...

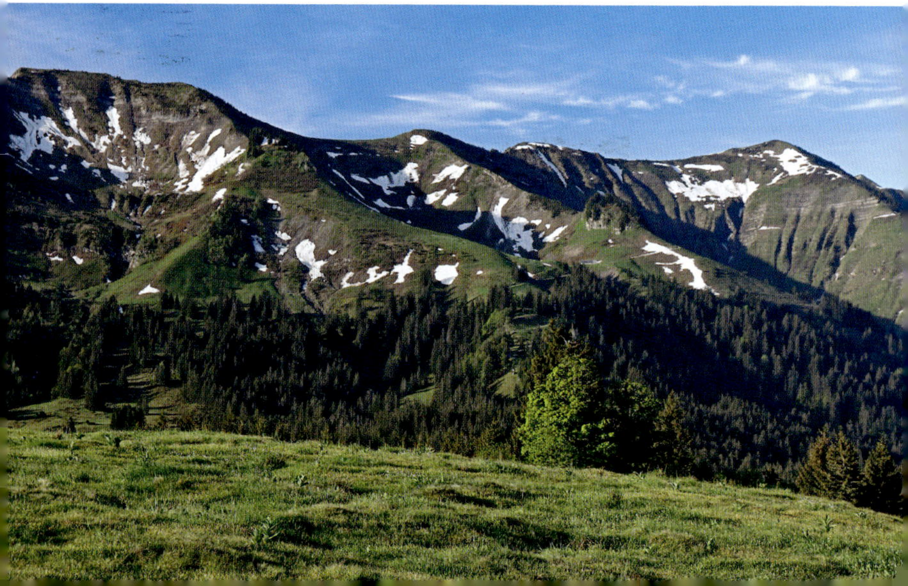

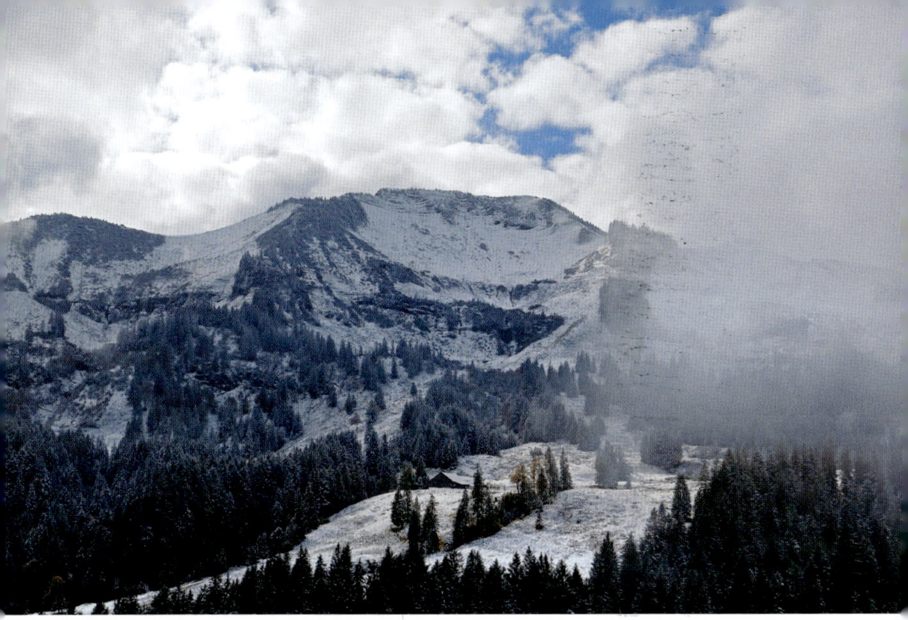

... und zu Beginn des Winters.

mütlich zum Verweilen bzw. Übernachten ist die Bregenzer Hütte, aussichtsreicher die Weißenfluhalpe.
Variante: Verkürzte Tour möglich, indem hinter der Untersehrenalpe westwärts abgebogen wird.
Karte: Freytag & Berndt 1:50.000, Blatt 364.

Aus dem Bereich der **Kobelalpe ❶** folgen wir dem Fahrweg hinauf zum **Gütler Bergheim ❷**, 1123 m (minimaler Abstecher) und weiter zur Hasengerachalpe, 1200 m, am freien Wiesenhang. Der anschließende

EINKEHR

Gütler Bergheim, 1123 m: bewirtschaftet normalerweise Fr bis So, Tel. +43 664 2055404.
Weißenfluhalpe, 1368 m: Anfang Mai bis Ende Oktober, Mo Ruhetag, im Herbst Do bis So geöffnet, Tel. +43 664 88368444, www.weissenfluh.at.
Bregenzer Hütte, 1290 m: TVN, Anfang Mai bis Ende Oktober, Do Ruhetag, in der Wintersaison am Wochenende geöffnet, 20 Schlafplätze, Tel. +43 664 4000864.

TOUREN

Leuenkopf und Mörzelspitze, 1830 m: von der Obersehrenalpe zur Kammlinie am Dornbirner First (T3) und hier auf die benachbarten Gipfelkuppen, 1.00 bis 1.15 Std.
Lustenauer Hütte, 1250 m: in ca. 20 Min. von der Bregenzer Hütte erreichbar.

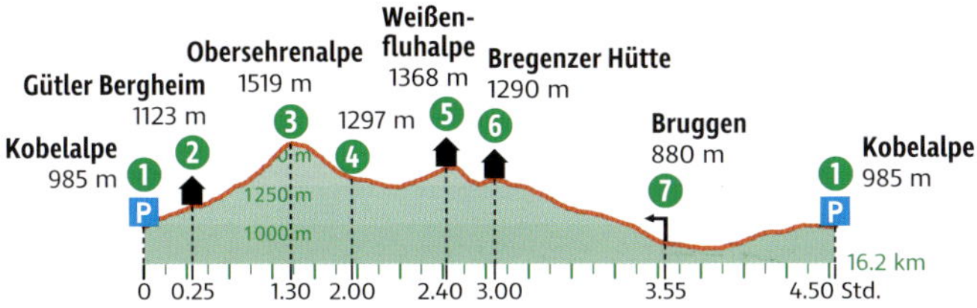

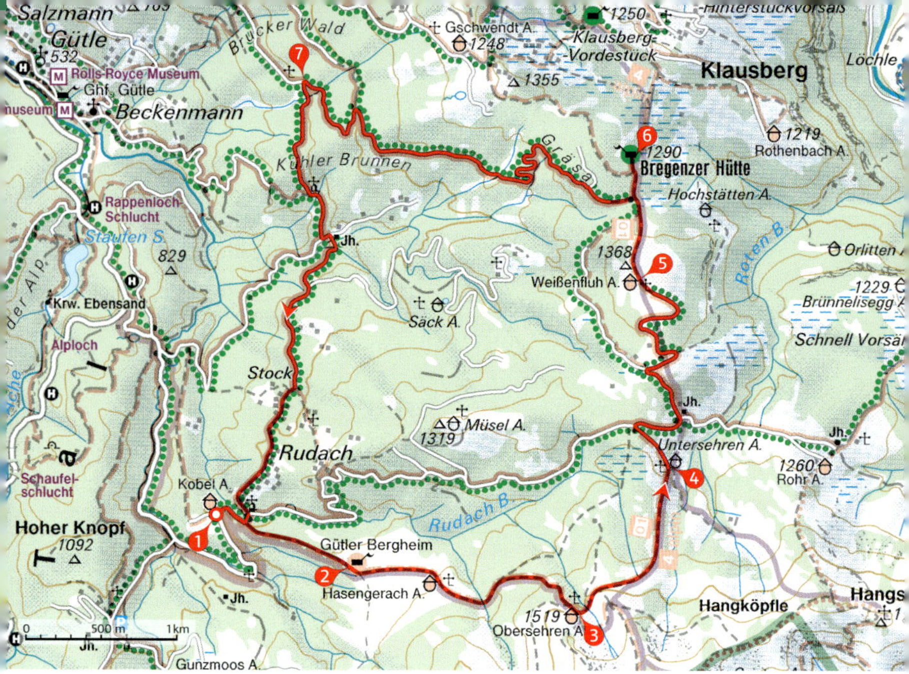

unbefestigte Alpweg führt zu einer Grabenquerung und zum Endpunkt einer Forststraße, wo man die Tour unmittelbar bergwärts fortsetzt und über gemischtes Wald- und Wiesengelände den Absatz mit der unbewirtschafteten **Obersehrenalpe ❸**, 1519 m, gewinnt. Wir begeben uns durch die Mulde gen Osten, ignorieren den Güterweg und wählen stattdessen den Steig, der zunächst fast quer verläuft und dann über die mit Bauminseln bestockten Weiden Richtung **Untersehrenalpe ❹**, 1297 m, hinabführt.

Nun auf dem Fahrweg nordwärts, bei der Gabelung rechts und durch die von Feuchtgebieten geprägte Sattelebene zum Gegenanstieg, der uns auf das Plateau der **Weißenfluhalpe ❺**, 1368 m, bringt. Zwei Schleifen können dorthin abgeschnitten werden (Pfadspur). Jenseits der ausgedehnten Wiesenhochfläche leitet ein lehmiger Weg wieder ein Stück abwärts. Im Wald treffen wir auf den Abzweig für den Rückweg, können aber binnen weniger Minuten auch die **Bregenzer Hütte ❻**, 1290 m, noch besuchen. Nach dem Abstecher geht es auf der Gräsa-Forststraße mit vielen Windungen bergab. Bei **Bruggen ❼** achte man auf den Linksabzweig Richtung Rudach! Damit queren wir nun kilometerweit durch die Flanken, zwischendurch einen markanten Grabeneinschnitt ausgehend, und nochmals ein Weilchen ansteigend, ehe man hinter Rudach schließlich einen weiteren Bach kreuzt und scharf rechts wieder zum Parkplatz ❶ kommt.

Wie ein verwunschenes Hexenhäuschen im Wald: die Bregenzer Hütte.

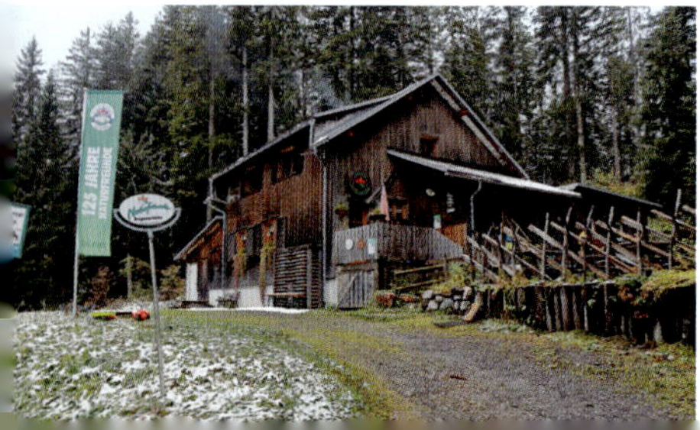

Emser Hütte und Alpe Schöner Mann, 1382 m

Höhenweg von der Millrütte

6

2.15 Std. | 7,9 km | ↗ 360 m | ↘ 360 m

Wanderhorizonte über dem Rheintal

Mit dieser Tour wenden wir uns den Hüttenzielen oberhalb von Götzis, Altach und Hohenems zu, dürfen also schöne Blicke ins Rheintal erwarten, später aber auch gegenüber in die Freschengruppe des Bregenzerwaldgebirges. Vorteilhaft erscheint der hohe Startpunkt bei der Millrütte, wo sich bereits das erste Gasthaus befindet, ein paar Schritte weiter die Naturfreundehütte der Ortsgruppe Götzis. Die Hohenemser Naturfreunde errichteten die ihrige in den 1950er-Jahren in romantischer Lage am Fluhereck. Bereits seit 1570 nachgewiesen ist indes die Schöner-Mann-Alpe, obwohl auf Dornbirner Boden gelegen, im Besitz der Marktgemeinde Lustenau. Hier umfängt uns ein wunderbares, gebietstypisches Alpflair.

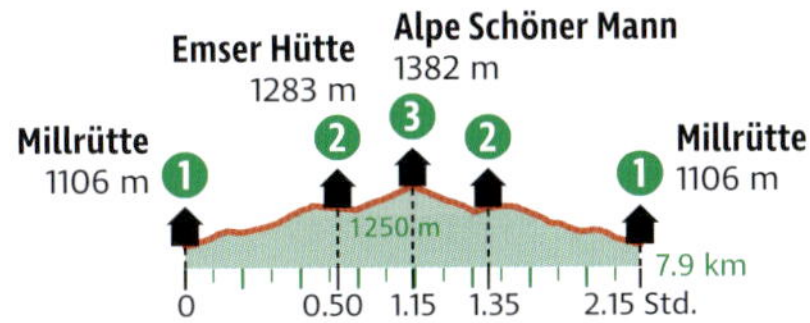

Ausgangspunkt: Millrütte, 1106 m, erreichbar über eine Bergstraße von Götzis, auch per Bus (Linie 6).
Anforderungen: T1. Durchwegs Güterwege, daher wandertechnisch völlig unproblematische Halbtagestour.
Kinder: Auch für Kleinere empfehlenswert, Spielmöglichkeiten beim Götzner Haus und der Emser Hütte.
Variante: Rundtour von Ebnit über Hinterbergalpe, Schöner Mann, Emser Hütte und Fluhereckalpe.
Karten: Freytag & Berndt 1:50.000, Blatt 364 oder 375.

Unterwegs öffnet sich ein tolles Rheintal-Panorama.

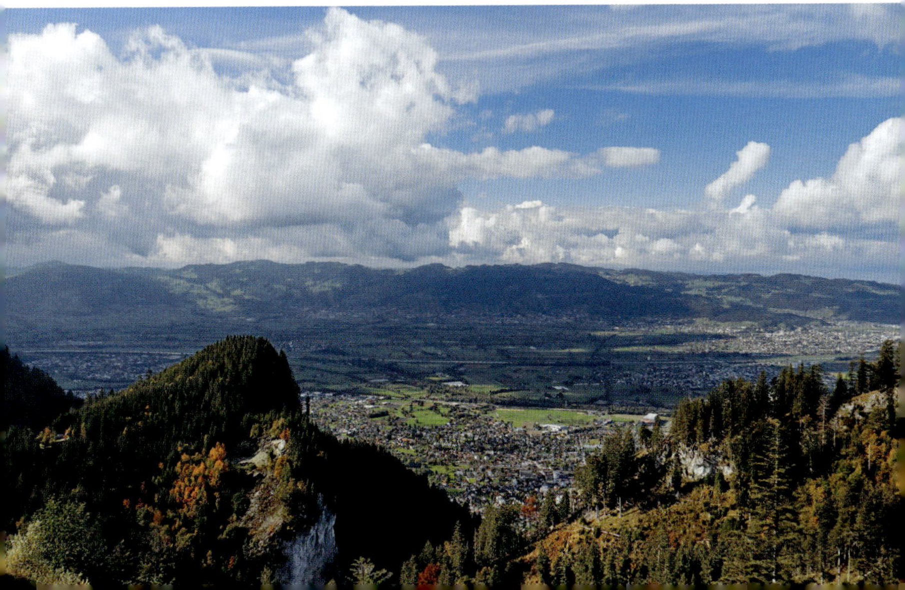

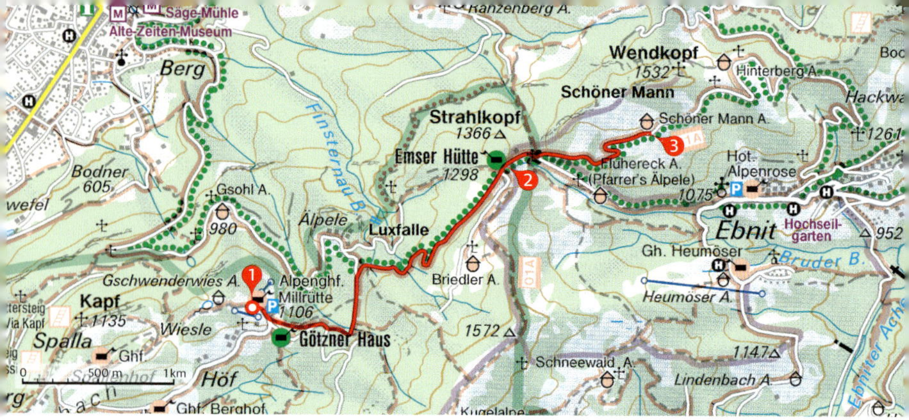

EINKEHR

Alpengasthaus Millrütte, 1106 m: Tel. +43 5523 62291, www.millruette.at.
Götzner Haus, 1140 m: TVN, fast ganzjährig, 26 Schlafplätze, Tel. +43 664 5594253.
Emser Hütte, 1283 m: TVN, fast ganzjährig, 28 Schlafplätze, Tel. +43 5576 74721 oder +43 664 1349319, emserhuette.naturfreunde.at.
Alpe Schöner Mann, 1382 m: Anfang Juni bis Mitte September, Tel. +43 664 5281244.

TOUREN

Schuttannen, 1148 m: leichter Weiterweg von der Alpe Schöner Mann, überwiegend abwärts (T1), 1.00 Std.
Hohe Kugel, 1645 m: von der Emser Hütte über den Nordrücken (T2–3), 1.00 Std. oder steiler bereits über die Westflanke.
Hoher Freschen, 2004 m: teils anspruchsvolle, schmale Kammwege via Hohe Kugel, Vorderes Hörnle, Dümelikopf und den luftigen Valüragrat (T4), 5.00 Std.

Von der **Millrütte** ❶ geht es schon nach wenigen Minuten am **Götzner Haus** vorbei. Der folgende Aufstieg durch ein Waldstück bringt uns zum ersten Abzweig Richtung Hohe Kugel, die anschließende Querung zur Einmündung in die Forststraße, die von Hohenems über die Gsohlalpe heraufkommt. Über der tiefen Runse des Finsternaugrabens gewinnt man noch ein paar Höhenmeter, erhascht derweil tolle Ausblicke übers Rheintal und wandert dann flach hinüber zur **Emser Hütte** ❷, 1283 m, am Fluhereck. Überragt vom felsigen Strahlkopf steigt die Forststraße weiter an, vollzieht eine Doppelkehre und trifft bei der **Alpe Schöner Mann** ❸, 1382 m, ein. Zurück geht es auf derselben Route.

Die Emser Hütte gehört dem Touristenverein Naturfreunde.

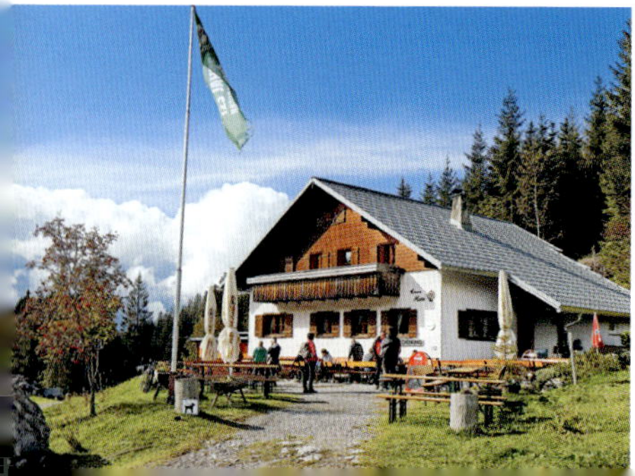

Die bewirtschaftete Schöner-Mann-Alpe bildet für uns den Umkehrpunkt.

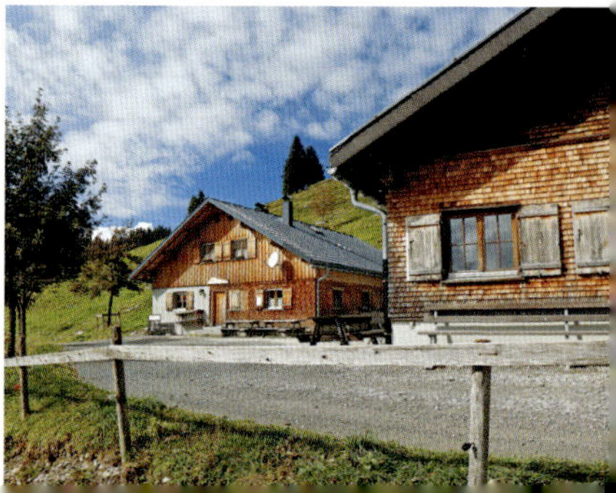

Freschenhaus, 1846 m

Aus dem Laternser Tal

5.00 Std. | 13,7 km | ↗ 900 m | ↘ 900 m

Auf der aussichtsreichen Südschulter des berühmten Hohen Freschen

Es fiel noch in die klassische erste Erschließungsphase des Alpenvereins, als der Ruf nach einer Unterkunft am Hohen Freschen laut wurde. Dieser Gipfel gehörte seiner hervorragenden Aussicht wegen schon damals zu den Aushängeschildern der Region und sollte fortan in seiner ganzen Schönheit erlebbar sein, wobei man nicht zuletzt auf die besonderen Stimmungen zu Sonnenauf- und Sonnenuntergang abzielte. Klar, dass man den Bau des Freschenhauses auf die sanfte südliche Seite des Berges legte, wo das Alpgelände genügend Raum bietet. So können wir auch fast 150 Jahre später noch von dieser Gunst profitieren und als Hüttengäste ganz unbeschwert in nur 40 Minuten zur großen Panoramawarte – die übrigens schon den Römern bekannt war – aufsteigen. Man überblickt vom Hohen Freschen das ganze Rheintal bis hinaus zum Bodensee! Unsere Hütte wird von verschiedenen Seiten angesteuert, am häufigsten natürlich aus dem Laternser Tal, wo auch eine Aufstiegshilfe zur Verfügung steht. Von Norden hingegen kommen die Weitwanderer auf einer langen, zünftigen Route über den Freschen selbst.

Ausgangspunkt: Kühboden, 1145 m, Talstation des Sessellifts in Innerlaterns. Großer Parkplatz und Bushaltestelle der Linie 65 vom Bahnhof Rankweil. Der Lift zur Bergstation Gapfohl, 1572 m, verkehrt im Sommer nur an Wochenenden und Feiertagen (von 9 bis 16.30 Uhr). In der Hauptsaison (Mitte Juli bis Anfang September) fährt mittwochs und donnerstags ein Wanderbus bis zur Unteren Saluveralpe (Abfahrt Kühboden um 8.50 und

Ein bequemer Weg zieht von der Saluveralpe zum Freschenhaus hinauf.

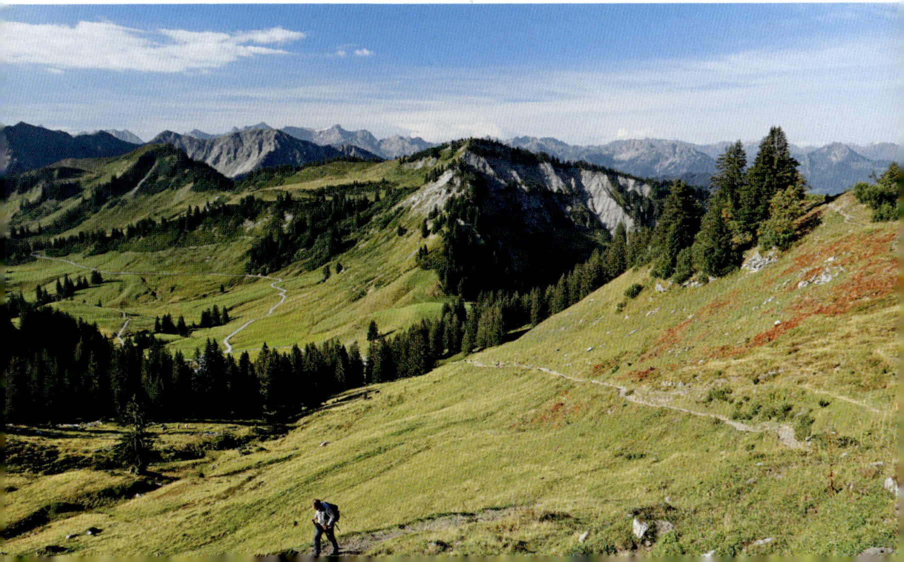

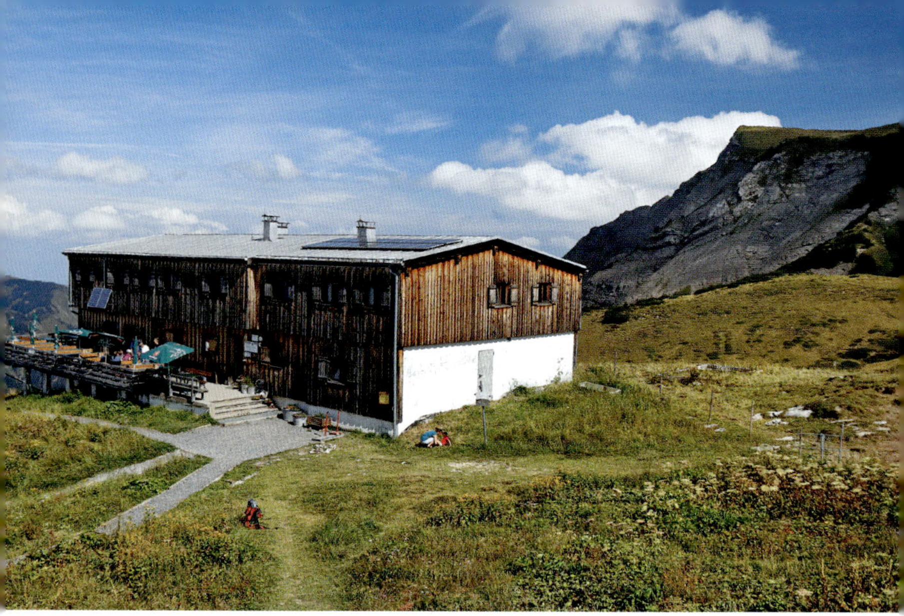

Das Freschenhaus mit dem Giebel des Hohen Freschen im Hintergrund.

15.50 Uhr; Anmeldung unter Tel. +43 676 846542881).
Anforderungen: T3 am Leseweg, sonst maximal T2. Die Normalroute verläuft auf durchwegs leichten Wander- und Güterwegen (blau). Etwas Trittsicherheit verlangt hingegen die Variante zwischen Lusbühel und Lesegatter, in der Flanke des Nob schmaler gepfadet und abschüssiger. Die Tagestour lässt sich mittels Lift oder Bus-Shuttle auf ein Halbtagesprogramm reduzieren.
Kinder: Insbesondere mit Lift- oder Wanderbus-Unterstützung empfehlenswert. Weitläufige Alpgebiete und ein tolles, zusätzliches Gipfelerlebnis am Hohen Freschen. Sommerrodelbahn Gapfohl.
Variante: Aufstieg ab Bad Laterns, 1147 m, Richtung Saluveralpe oder von der Furkastraße über die Gäviser Höhe und an der Matona vorbei (Höhenweg).
Karten: Freytag & Berndt 1:50.000, Blatt 364 oder 375.

Wir starten am **Kühboden** ❶ bei der Liftstation und Sommerrodelbahn, kommen links auf einen Wiesenweg und folgen stets den Hinweisen »Gapfohl« und damit den Abkürzungen des Güterwegs. Nach einem Waldgebiet wird das Gelände wieder freier. Wir lassen die Bergstation der Sesselbahn nun links liegen und steuern gleich die **Gapfohlalpe** ❷, 1608 m, an (vom Lift in 10 Min. dorthin). Auf einem Güterweg über-

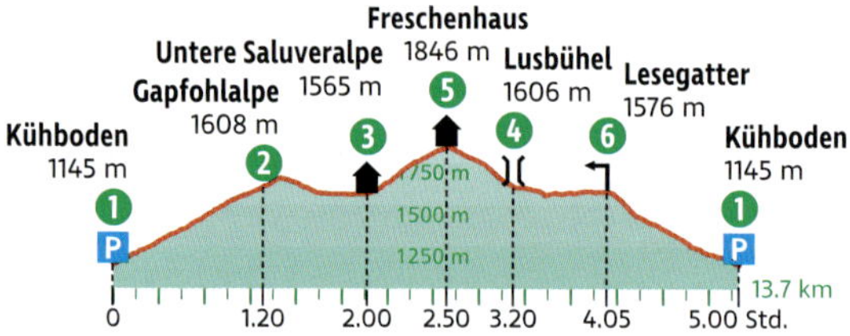

EINKEHR

Falba Stuba, 1570 m: im Liftgebiet Gapfohl, Tel. +43 5526 27186.
Alpe Saluver, 1565 m: Mitte Juni bis Anfang September, für Gruppen Sennereiführung, Tel. +43 664 1718179, www.freschengold.at.
Freschenhaus, 1846 m: ÖAV, Mitte Juni bis Anfang Oktober, 50 Schlafplätze, Tel. +43 664 3272725, www.freschenhaus.at.

TOUREN

Hoher Freschen, 2004 m: leichter Bergweg auf einen der besten Aussichtsgipfel ganz Vorarlbergs (T2), 40 Min. Tagfüllende Fortsetzung zur Lustenauer Hütte, 1250 m, insgesamt ca. 6.00 Std.
Matona, 1997 m: stillerer Nebengipfel, vom Gäviser Höhenweg auf kleinem Stichpfad zu erreichen (T3-), 30 Min. Fortsetzung Richtung Damüls insgesamt 4.00 Std.

schreiten wir die Kammlücke des Gapfohler Fürkele und büßen dahinter wieder rund 100 Höhenmeter ein. Anschließend hinein in den Wiesengrund der **Unteren Saluveralpe ❸**, 1565 m. Von der Jausenstation kurz links hoch zur Verzweigung am **Lusbühel ❹**, 1606 m, wo man sich nach rechts wendet. Ein guter Alpweg leitet hinauf zu einem Drehkreuz und weiter über die Obere Saluveralpe bis zum **Freschenhaus ❺**, 1846 m.
Der Rückweg ist entweder komplett identisch oder man folgt ab **Lusbühel ❹** dem Leseweg, der nun die abschüssige Nordwestflanke des Nob schneidet. Sein Verlauf ist schmal, durch etliche Rinnenstrukturen auch etwas verwinkelt, dabei licht mit Strauchwerk und Gehölz bestanden. Etwa eine Dreiviertelstunde später erreichen wir das **Lesegatter ❻**, 1576 m, und können von dort entweder auf einem Hangweg nach Gapfohl zurückkehren oder gleich den Weg talwärts einschlagen. Man bewegt sich dabei parallel zu einem Grabeneinschnitt und kommt später nach links über einen Bach hinweg zurück zum **Kühboden ❶**.

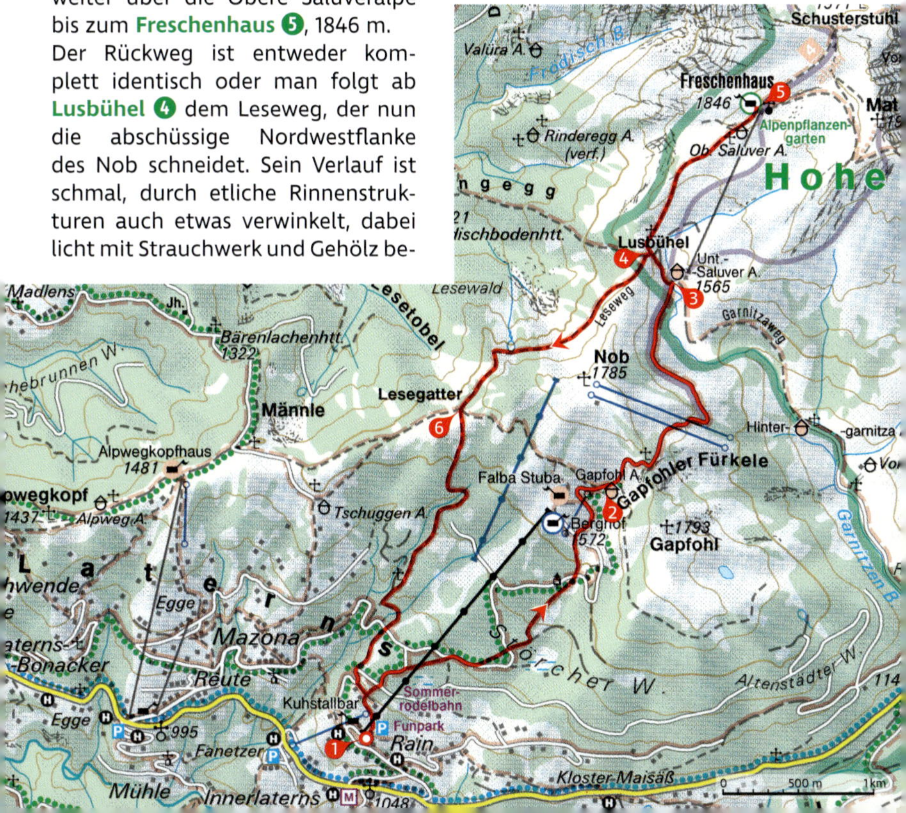

8 Berggasthaus Hochhäderich, 1556 m

Rundtour über Lochalpe und Urschlabodenalpe

3.30 Std. | 7,9 km | ↗ 680 m | ↘ 680 m

Einer der schönsten Wanderberge der Allgäuer Voralpen

Am nördlichen Alpenrand ist der Hochhäderich als herrliche Aussichtswarte bekannt – nicht zuletzt wegen seines gipfelnahen Gasthauses, das zu den besonders schön gelegenen in den Voralpen zählt. Für den Zustieg gibt es reichlich Optionen von deutscher wie von österreichischer Seite aus, auch recht schnelle, für die man bloß eine Stunde benötigt. Unser Vorschlag nimmt indes in Hittisau-Bolgenach seinen Ausgang und verlangt ein wenig mehr Einsatz, insbesondere wenn der Weg über die Lochalpe mit dem etwas kniffligeren via Urschlaboden kombiniert wird. Am Hochhäderich begeistern neben dem tollen Panorama auch die eigenartigen Konglomeratfelsen, die aus zusammengebackenen Flusskieseln bestehen. Das Gestein wird auch als »Nagelfluh« bezeichnet – ein Begriff, der sich im Übrigen auf die gesamte Bergkette vom Hochhäderich bis zum Mittagberg bei Immenstadt übertragen hat. Diese großartige, zweitägige Überschreitung ist ausführlich im Rother-Wanderbuch »Wochenendtouren Allgäu – Vorarlberg« beschrieben.

Ausgangspunkt: Leckenholz, 890 m, in der Streusiedlung Bolgenach, die zur Gemeinde Hittisau gehört (von dort erfolgt die Zufahrt über Reute Richtung Lecknertal). Direkt vor der Parkverbotsstrecke und ca. 500 Meter vor der Mautstelle besteht ein wenig Parkraum (ansonsten nach Augenmaß). Nächstgelegene Bushaltestelle ist Bolgenach Reute (Linie 30).

Anforderungen: T3- (stellenweise beim Abstieg), über die Lochalpe T2

Das Gasthaus befindet sich knapp unter dem Gipfel des Hochhäderich.

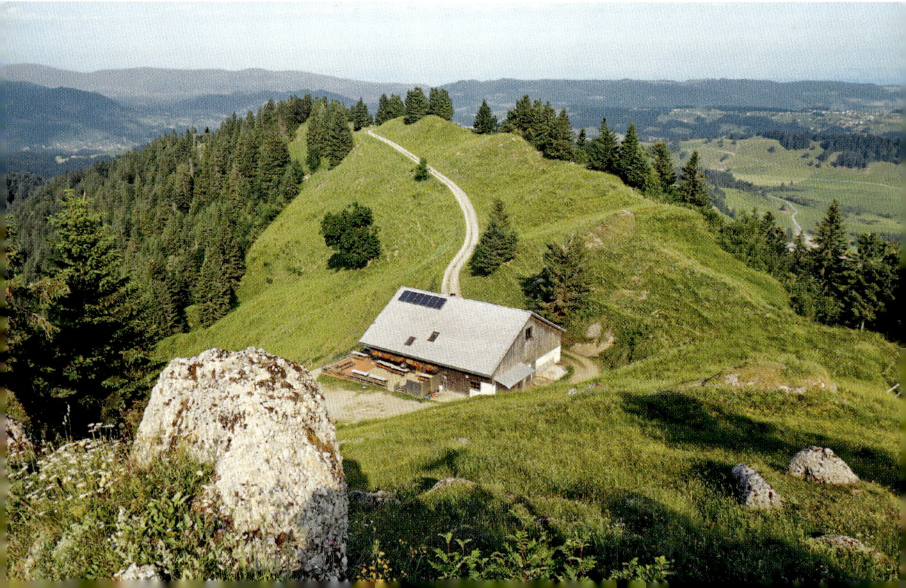

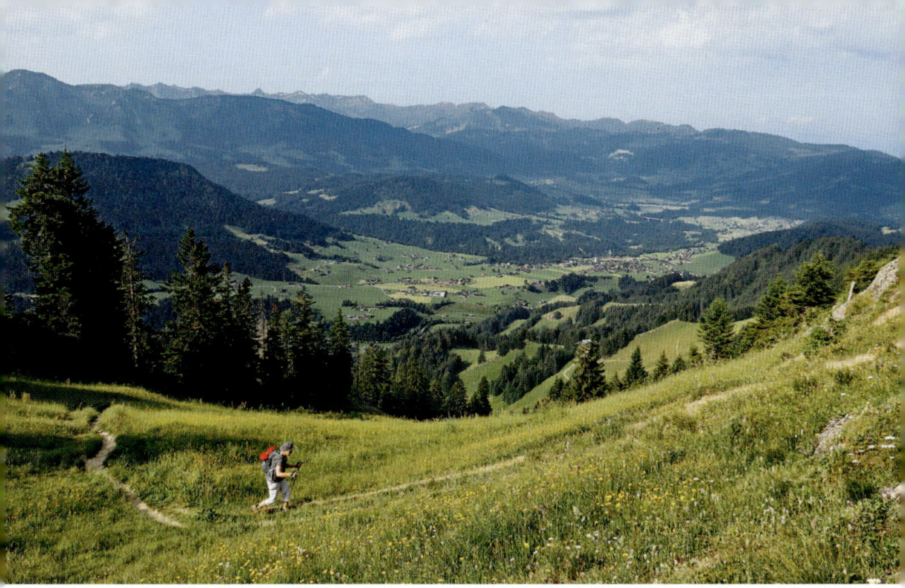

Die Tour zum Hochhäderich gehört zu den lohnendsten im Grenzgebiet zum Allgäu.

(blau). Abwechselnd Güterwege und Fußsteige, speziell im Abstieg zum Urschlaboden recht steil. Bei Nässe kann es in dichter Vegetation Erschwernisse geben. Halbtagestour, für die etwas Trittsicherheit angezeigt ist.
Kinder: Recht spannende Tour, wobei sich der vorgeschlagene Abstieg nur für bereits bergtaugliche Kinder eignet.

Variante: Leichter und kürzer ist der Aufstieg über den Versorgungsweg vom Kojenmoos.
Karte: Freytag & Berndt 1:50.000, Blatt 364.
Hinweis: Offiziell wird die Höhe des Gasthauses mit 1556 m angegeben – tatsächlich dürfte es (im Vergleich mit dem Gipfelpunkt) ein wenig tiefer liegen.

Kurz nach dem Parkverbotsschild im **Leckenholz ①** zweigt links unser Bergweg von der Straße ab. Durch Wald und über Lichtungen gelangen wir zur Streichbrunnenalpe und wandern bald auf einem Güterweg weiter zur schön gelegenen **Lochalpe ②**, ca. 1220 m. Nun an der steilen Wiese hoch zu einem Absatz, links haltend weiter und mit einem markanten Rechtsknick durch lichtbewaldetes Gelände, streckenweise gassenartig bis zum breiten Fahrweg, der von der Nordseite heraufkommt.

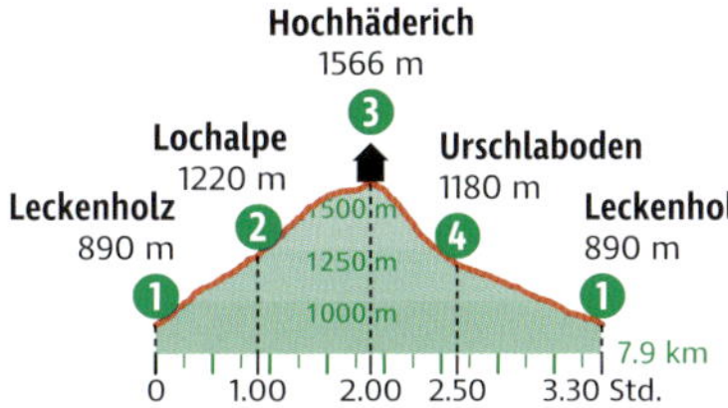

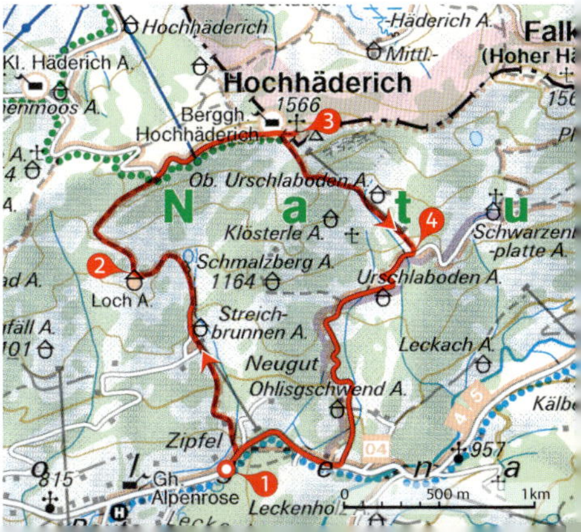

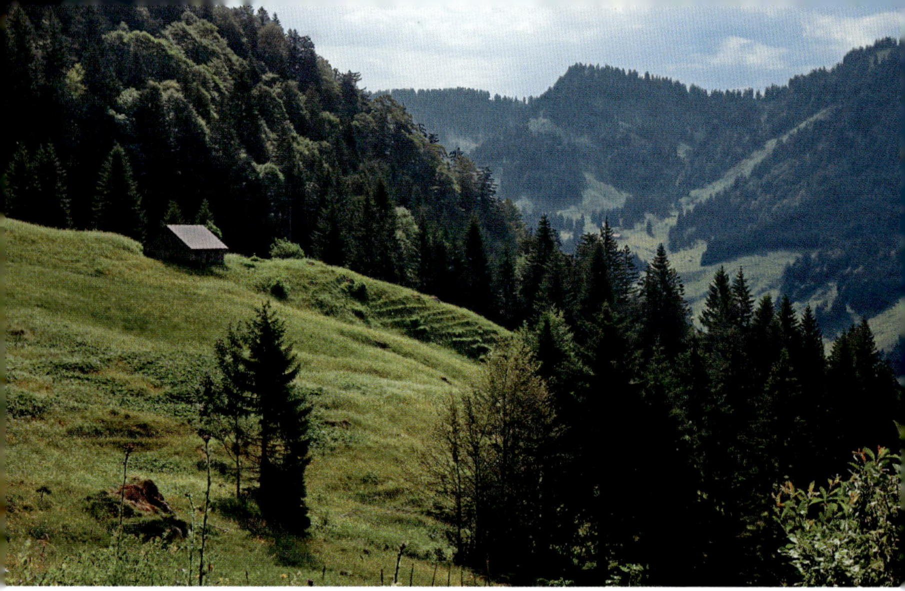

Eindrücke aus einem ursprünglichen Winkel der Voralpen.

Damit gen Osten zum Berggasthaus und noch wenige Minuten empor bis zum Gipfelkreuz am **Hochhäderich** ❸, 1566 m.

Die alternative Abstiegsroute beginnt direkt bei der Hütte und führt nach anfänglichen Schleifen im Wiesengelände über eine steile Geländestufe bergab. Es tauchen sogar ein paar Drahtseile auf. Der Baumbestand öffnet sich wieder zu einer Wiesenhangmulde, wo sich der erdige Steig zum **Urschlaboden** ❹, ca. 1180 m, hinunterwindet und dort in einen breiten Wirtschaftsweg einmündet (die obere Alpe bleibt derweil links abseits). Nun in Kehren zur Unteren Urschlabodenalpe und später an der Ohlisgschwendalpe vorbei zur Mautstelle. Mit dem Sträßchen schließt sich der Kreis.

Auf der Grattour zum Falken.

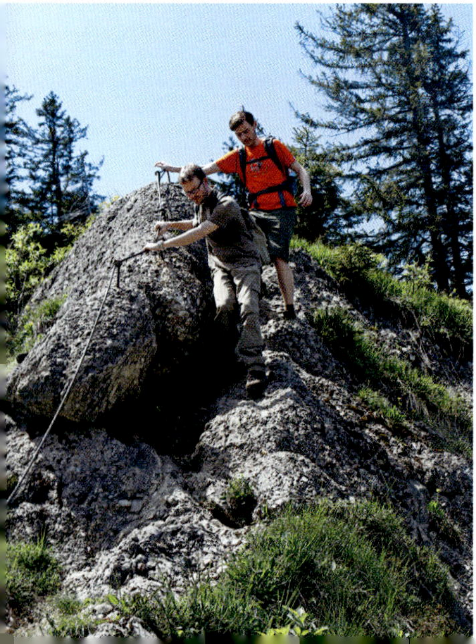

EINKEHR

Berggasthaus Hochhäderich, 1556 m: Ende Mai/Anfang Juni bis Ende Oktober, Mi Ruhetag, Tel. +43 664 9222410, www.hochhaederich.info.

TOUREN

Falken, 1564 m: spannende Kammüberschreitung vom Hochhäderich (T3), gut 45 Min.

Staufner Haus, 1634 m: Fortsetzung der Kammtour über Einegunt-, Hohenfluhalp- und Seelekopf, insgesamt ca. 3.00 Std.

Burglhütte, 1428 m, und Bergrast Wildries

Um und über den Feuerstätterkopf

5.10 Std. | 15,4 km | ↗ 920 m | ↘ 920 m

Im Winkel zwischen Sibratsgfäll und Balderschwang

Unweit der deutschen Grenze liegt im Ostteil des Bregenzerwaldes das hübsche Dorf Sibratsgfäll mit einem Hauch von Abgeschiedenheit. Die Umgebung ist sehr erholsam und bestens geeignet für einen sanften Tourismus, wie er auch jenseits des Feuerstätterkopfes im bayerischen Balderschwang betrieben wird. Auf den Wald- und Wiesenhöhen dazwischen spielt sich die vorgestellte Wanderung ab, die mit Burglhütte und Bergrast Wildries zwei gemütliche Bergunterkünfte integriert sowie mit dem besagten Feuerstätterkopf einen typisch voralpinen Gipfel.

Ausgangspunkt: Sibratsgfäll, 929 m. Parkplatz kurz hinter der Kirche, Buslinie 41 von Hittisau.

Anforderungen: T3 am Feuerstätterkopf, sonst höchstens T2. Wechsel von Alpwirtschaftswegen und kleineren Bergpfaden, stellenweise durch Feuchtwiesen. Am stark bewachsenen Feuerstätterkopf schmaler und steiler Verlauf, deshalb Trittsicherheit nötig, bei Nässe unangenehm rutschig. Abseits der Gipfelrouten aber deutlich leichter. Tagfüllende Tour.

Kinder: Bei guten Verhältnissen durchaus empfehlenswert, mit schon ausgereifter Kondition als Tagestour machbar, sonst mit Übernachtung.

Varianten: 1. Vor Gmeiners Burstalpe führt rechts ein Steig zum Feuerstätterkopf hinauf.

2. Leichtere, aber längere Umgehung des Gipfels ab Burglhütte via Sättele.

Karte: Freytag & Berndt 1:50.000, Blatt 364.

Auf Balderschwanger Seite des Feuerstätterkopfes empfängt uns die Burglhütte.

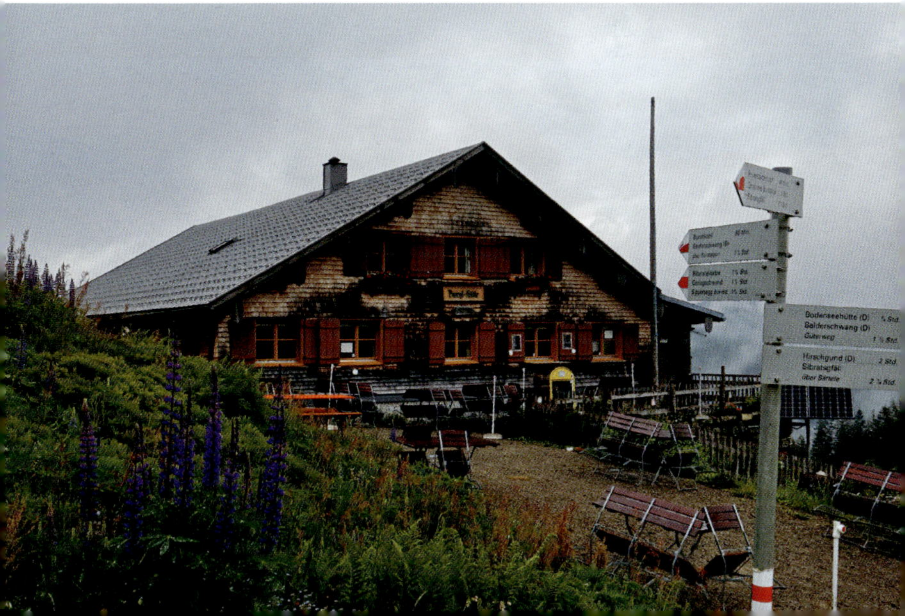

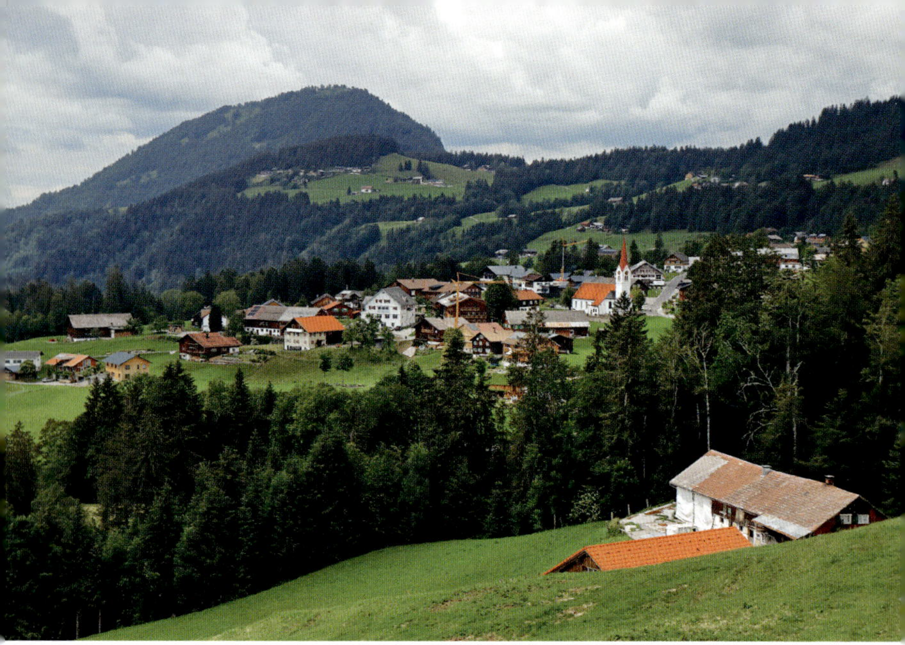

Sibratsgfäll heißt der Talort für diese recht ausgedehnte Wanderung.

EINKEHR

Hocheggalpe, 1169 m: Getränkeausschank während der Alpzeit von Mitte Juni bis Mitte September, Tel. +43 664 3746501.
Burglhütte, 1428 m: im Sommer und Winter bewirtschaftet, Mo/Di Ruhetag, Übernachtungsmöglichkeit, Tel. +49 8328 92492666, www.burglhuette.de
Bergrast Wildries, ca. 1220 m: Mitte Mai bis Mitte Oktober, Mi Ruhetag, 12 Schlafplätze, Tel. +43 664 9989608, www.wildries.at.

TOUREN

Hochschelpen, 1552 m: von der Burglhütte über das Sättele, 1.00 Std.

Von **Sibratsgfäll** ❶ folgen wir der Zufahrt zu einer ersten Hütte am Hang, wo ein steilerer Wiesenpfad einsetzt. Dieser bringt uns hinauf zur einfach bewirtschafteten **Hocheggalpe** ❷, 1169 m. Ein paar Schritte dahinter scharf nach links und mit den Schleifen eines Güterweges via Bereuters Riesalpe zur **Hochriesalpe** ❸, ca. 1370 m, auf einem Geländerücken. Hier gewahren wir rechter Hand einen etwas verschlungenen Pfad, der – zumeist im Gehölz – eine relativ abschüssige Traverse vollzieht. Bei der Neuburgalpe stoßen wir wieder auf einen breiten Alpfahrweg und haben nach geringfügigem

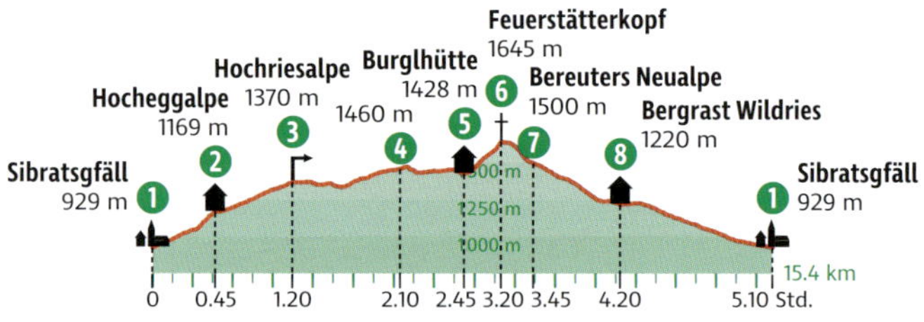

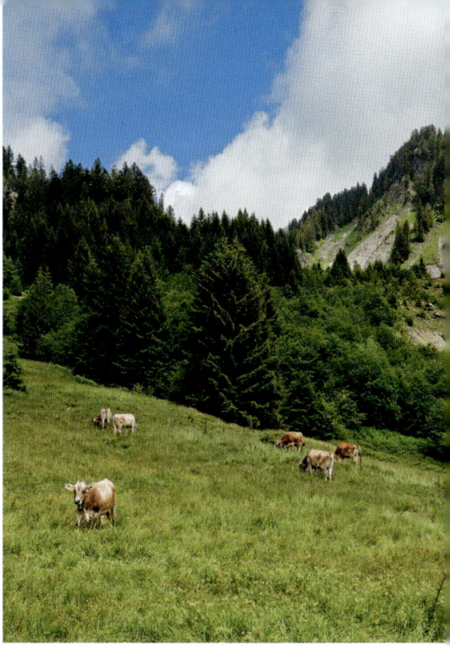

Ab Juni sieht man wieder allenthalben das Vieh auf den Bergweiden.

Höhenverlust ein dürftig gepfadetes Zwischenstück vor uns. Links haltend zu einer weiteren Verzweigung vor **Gmeiners Burstalpe** ❹, ca. 1460 m, die bald darauf erreicht ist. An der Kapelle vorbei wandern wir zum Rücken des Burstkopfes, der per Abstecher erstiegen werden könnte. Ansonsten auf der anderen Seite etwas undeutlich abwärts zur Oberen Galtburstalpe und dort auf einen schönen Hangweg. Im Verlauf Richtung **Burglhütte** ❺, 1428 m, gibt es aber auch einige feuchte Stellen.

Nun wenden wir uns rechts gegen die Kammhöhe aufwärts und gewinnen nochmals aufsteilend den **Feuerstätterkopf** ❻, 1645 m, über die ziemlich verwachsene Nordseite. Auch der Abstieg erfolgt auf kleinem Pfad, zumeist durch lichtes Gehölz, dann auf erdiger Spur zum Geländebalkon bei **Bereuters Neualpe** ❼, ca. 1500 m. Auf breitem Wirtschaftsweg kommt man anschließend zügiger voran, und zwar mit einigen Schleifen zur Lustenauer Riesalpe, 1256 m, und zur **Bergrast Wildries** ❽, ca. 1220 m, knapp unterhalb. Hier dem Hinweis »Sibratsgfäll« (nicht Rindberg) folgend und entweder über das Sträßchen Richtung Scheibladegg hinunter, um von dort binnen 5 Minuten das Dorf zu erreichen – oder mit etwas Gegenanstieg zur bereits bekannten Hocheggalpe und von dort talwärts.

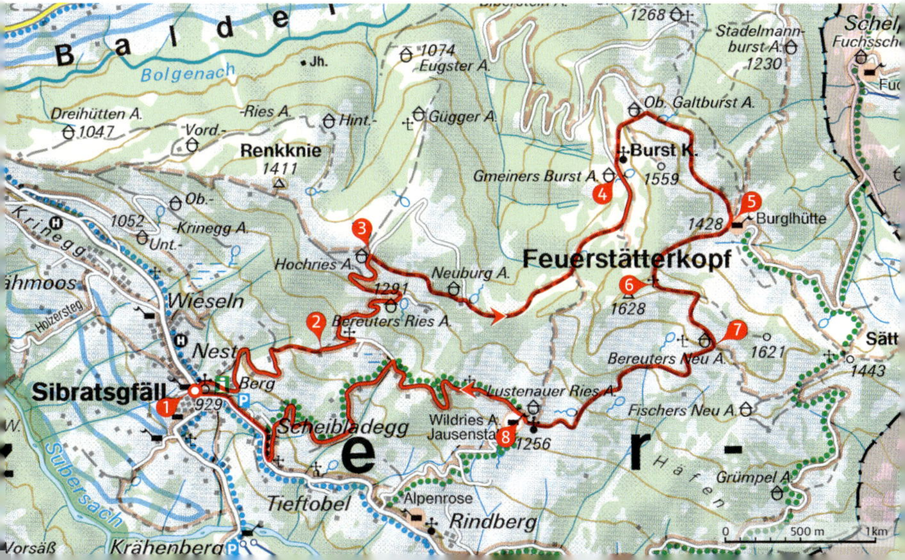

10 Obere Falzalpe, 1216 m, und Alpe Brongen

Kurztour im Wander- und Skipark Schetteregg

1.50 Std. | 6,4 km | ↗ 260 m | ↘ 260 m

Am Nordfuß der Winterstaude

Die Winterstaude, einer der markantesten Berge im mittleren Bregenzerwald, fällt nordseitig auf ein ausgedehntes Alpgebiet ab, in dem das kleine Skigebiet Schetteregg angelegt wurde. Sommers können wir hier die typische Vorarlberger Dreistufenwirtschaft entdecken, bestehend aus Talgut, Vorsäß und Sennalpe. Untere und Obere Falz sowie Brongen halten auch eigene Produkte zur Verköstigung bereit.

Ausgangspunkt: Schetteregg, 1066 m, im Flurgebiet von Amagmach. Zufahrt über die Bergstraße von Großdorf im Bregenzerwald, Buslinie 32 ab Egg.
Anforderungen: T1. Kurze Wanderung überwiegend auf breiten Wirtschaftswegen, lediglich vor der Brongenalpe ein Abschnitt auf Grasnarbe.
Kinder: Empfehlenswert auch mit jüngeren Kindern. Die Sennen gewähren Einblick in die Alpkäseherstellung, auf der Oberen Falzalpe samstags, auf Brongen mittwochs (Anmeldung erforderlich). Dort auch Spielmöglichkeiten.
Karte: Freytag & Berndt 1:50.000, Blatt 364.

Vom **Schetteregger Hof** ❶ ostwärts durch ein kleines Waldstück, dann in offener Umgebung fast eben zum Vorsäß **Hammeratsberg** ❷, ca. 1085 m. Bei der nächsten Gabelung halbrechts und weiterhin vorerst flach dahin, ab **Unterer Falzalpe**, 1144 m, allmählich ansteigend. Im Kessel unterhalb der Winterstaude stoßen wir auf die **Obere Falzalpe** ❸, 1216 m, und überschreiten anschließend eine Geländeschwelle. Gleich

In Kürze erreichen wir die Obere Falzalpe.

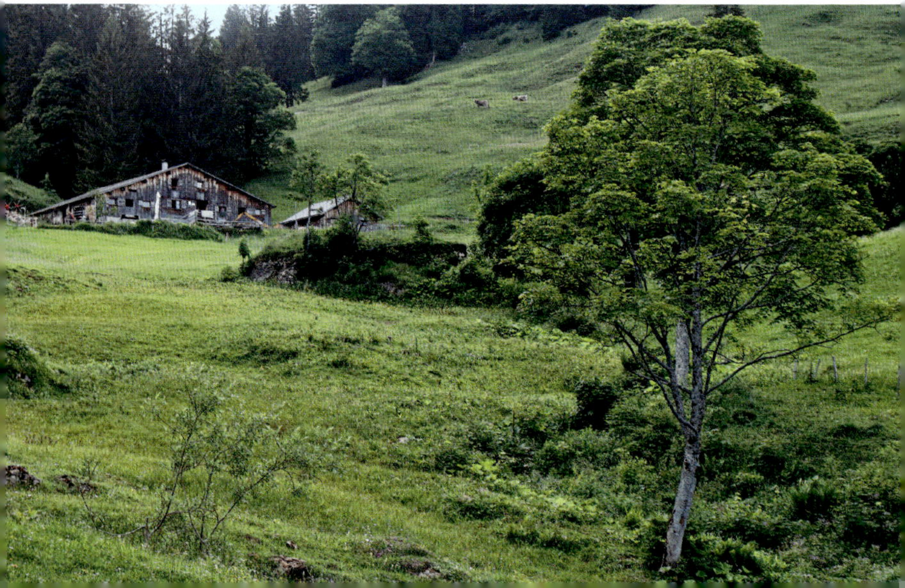

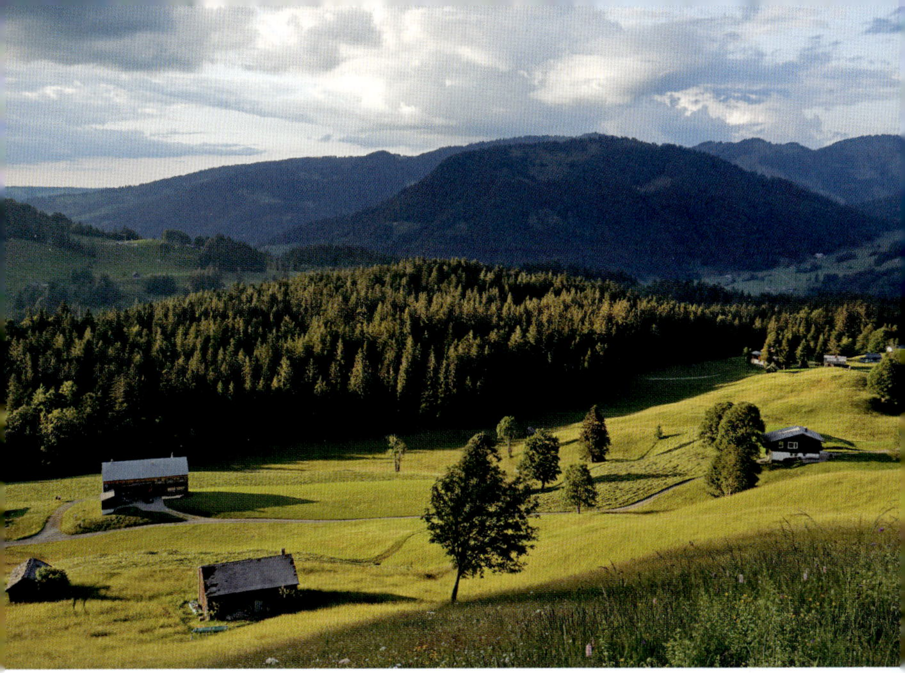

Am Abend legt sich eine zauberhafte Stimmung über die Landschaft.

EINKEHR

Untere Falzalpe, 1144 m: Anfang Juli bis Mitte September, Tel. +43 664 1367720.
Obere Falzalpe, 1216 m: Ende Mai bis Mitte September, Tel. +43 664 3744794.
Alpe Brongen, 1200 m: Mitte Mai bis Ende September, Übernachtungsmöglichkeit, Tel. +43 664 6304073, www.meusburger-kaese.at.

TOUREN

Winterstaude, 1877 m: von der Oberen Falzalpe führt ein Steig zum Südostgrat hinauf (T3), von der Alpe Brongen eine etwas anspruchsvollere, teilweise gesicherte Route zum Westgrat; bis zum Gipfel jeweils um die 2.00 Std. Damit ist auch eine Überschreitung möglich.

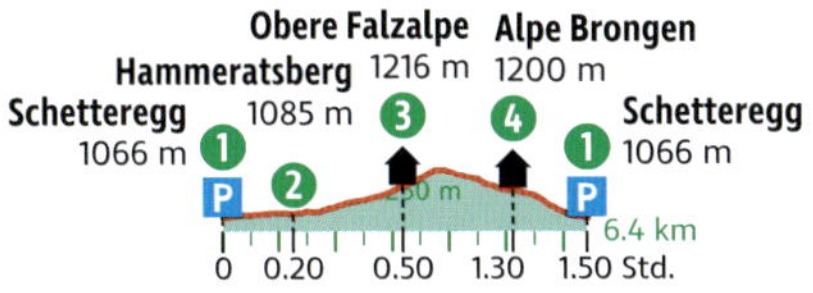

dahinter befindet sich Landammans Ochsenhofalpe. Auf der Verbindung Richtung Brongen wird die befestigte Trasse vorübergehend von einem Grasweg abgelöst. Damit in ein seichtes Tälchen und kurz aufwärts zur **Alpe Brongen** ④, 1200 m. Der Schlussteil der Wanderung verläuft auf der Zufahrt durch die Feriensiedlung zurück nach **Schetteregg** ①.

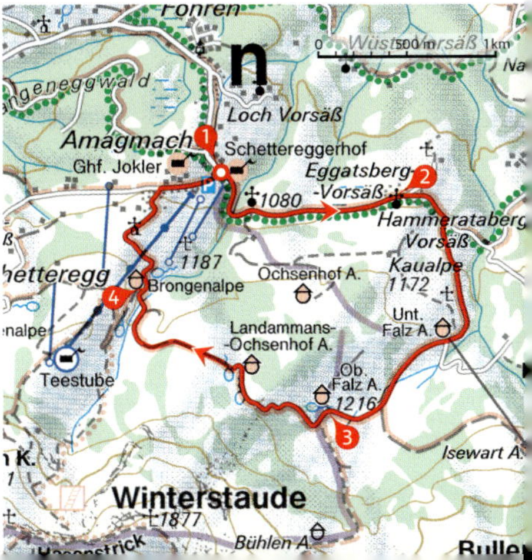

11 Stoggertennalpe, 1498 m, und Osterguntenalpe
Vom Vorsäß Schönenbach

TOP | 3.15 Std. | 11,6 km | ↗ 530 m | ↘ 530 m

Auf der stillen Seite des Diedamskopfes

Eine eindrucksvolle, aus gewissen Perspektiven überraschend stotzige Kulisse bildet der Diedamskopf, der als Seilbahnberg natürlich ein touristisches Aushängeschild im Bregenzerwald ist. Doch vom Trubel bekommen wir auf seiner Nordseite kaum etwas mit, vielmehr finden wir uns hier in einem abgeschiedenen Winkel fernab der Siedlungen wieder. Der große, idyllische Boden von Schönenbach dient als Vorsäß; gegen den Diedamskopf hin und außerdem flankiert vom nicht minder profilierten Hirschberg liegen die Alpgebiete Unterspitz, Almisgunten, Stoggertenn und Ostergunten, die sich vortrefflich zu einer Tour zusammenlegen lassen. »Echt Ländle« eben …

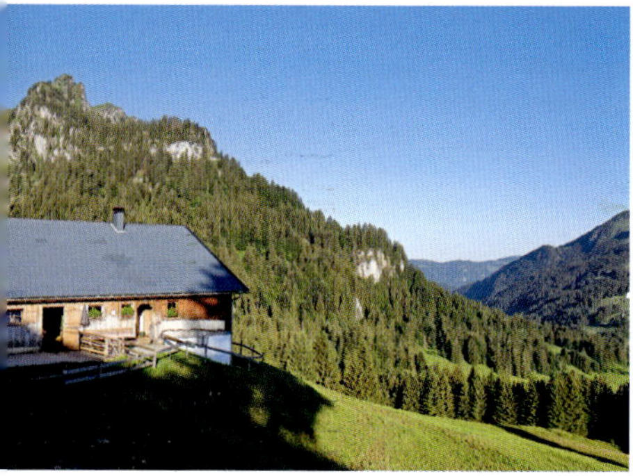

Erster Anlaufpunkt ist die Unterspitzalpe unterm Hirschberg.

Ausgangspunkt: Schönenbach, großer Parkplatz vor dem Alpdorf, 1025 m. Mautpflichtige Zufahrt von Bizau; auch Busverkehr der Linie 36 von Bezau über Bizau.
Anforderungen: Maximal T2. Mehrheitlich Güterwege, bis auf ein kurzes Stück oberhalb von Schönenbach sowie die Verbindung zwischen Almisgunten und Stoggertenn (Steige). Überschaubares Halbtagesprogramm.
Kinder: Sehr ursprüngliche und damit besonders sehenswerte Alpgebiete, problemlos erwanderbar.
Karte: Freytag & Berndt 1:50.000, Blatt 364.

Vom Parkplatz **Schönenbach ①** zunächst ostwärts bis ins Alpdorf und dort scharf rechts hoch. Bald haben wir einen Grasweg unter den Sohlen und stoßen im Gehölz auf eine Forststraße. Damit in den Einschnitt von Ostergunten hinein, schon bald aber scharf links zur **Unterspitzalpe ②**, 1243 m, abdrehend. Im Bogen geht es um die Ausläufer des Mohrenkopfes herum in den Kessel zwischen diesem und den Grünen Köpfen auf der linken Seite – im Blick voraus die felsige Diedamskopf-Nordwand.

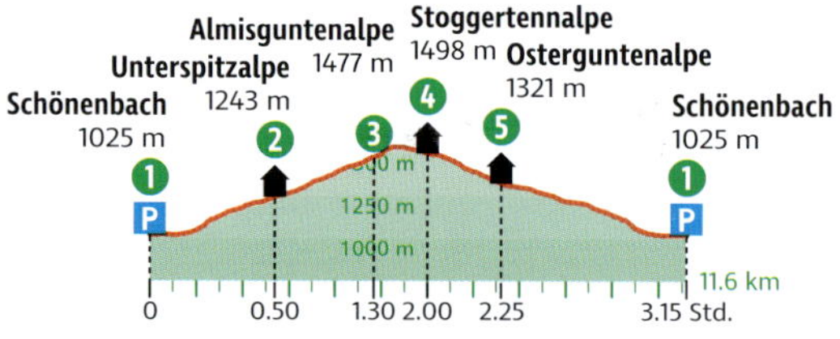

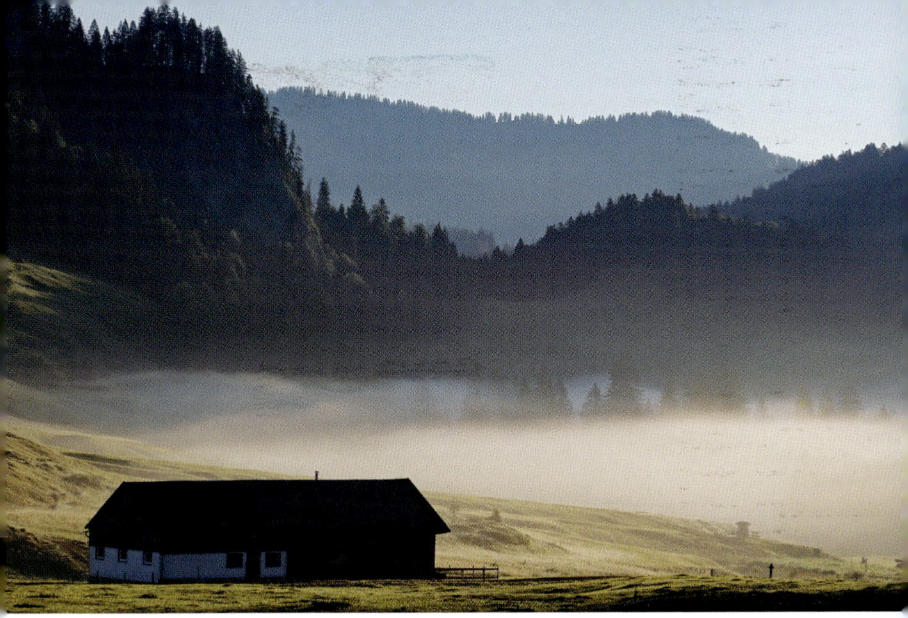

Mystischer Frühnebel liegt beim abgeschiedenen Vorsäß Schönenbach.

Der Güterweg bringt uns hinauf zur **Almisguntenalpe** ❸, 1477 m. Jetzt leiten dürftige Pfadspuren über eine Wiese aufwärts zu einer Traverse durch lichtes Gehölz und Buschwerk. Allmählich verliert man wieder etwas an Höhe und trifft bei der **Stoggertennalpe** ❹, 1498 m, ein. Herrlicher Blick auf Hirschberg und Kanisfluh sowie bis ins Lechquellengebirge! Auf typischem Wirtschaftsweg geht es nun stetig abwärts, nach einigen Kehren nordwärts eindrehend zur **Osterguntenalpe** ❺, 1321 m, und durch den Taleinschnitt – zwischendrin den Bach kreuzend – hinaus nach **Schönenbach** ❶.

EINKEHR

Jagdgasthaus Egender, 1025 m: Mai bis Oktober, Mo Ruhetag (in der Nebensaison Mo/Di), sowie in der Wintersaison, Übernachtungsmöglichkeit, Tel. +43 5514 28888, www.jagdgasthaus-egender.at.

Unterspitzalpe, 1243 m: Alpprodukte im Sommer.

Stoggertennalpe, 1498 m: bewirtschaftet während der Alpzeit, Tel. +43 664 1838092.

Osterguntenalpe, 1321 m: Ende Mai bis Anfang September, Tel. +43 664 9568934, www.metzlers-kaesegenuss.com.

TOUREN

Hirschberg, 1834 m: Von Ostergunten über die Südseite (T3), 1.30 Std.

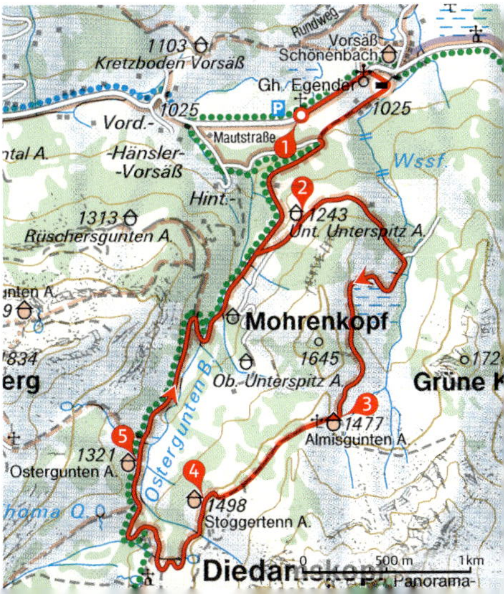

12 Alpe Stongen und Alpe Wildmoos, 1385 m

Mit der Bezauer Seilbahn

3.30 Std. | 10,5 km | ↗ 200 m | ↘ 1140 m

Panoramawanderung auf der Sonnseite der Winterstaude

Die Winterstaude ist von einem vielseitigen Wegenetz umgeben, besonders dicht im Einzugsbereich der Bezauer Seilbahn. Die Technik verschafft uns die Möglichkeit, einen echten Panoramaweg gleichsam erschwernisarm zu genießen. Häufig wird natürlich die Winterstaude selbst als Ziel auserkoren (was dann schon ein wenig mehr Schneid verlangt), doch bleibt die Unternehmung grundsätzlich einfach, wenn man sich nicht über den Horizont der Galtalpen hinausbewegt. Unterhalb laden die Sennalpen Stongen und Wildmoos in idyllischer Umgebung zur Einkehr ein. Besonderen Landschaftsreiz strahlt dabei das Stonger Moos aus.

Ausgangspunkt: Bezau, Talstation der Seilbahn, ca. 710 m, hinter der eigentlichen Ortschaft. Bergfahrt zur Station Baumgarten, 1648 m, Betriebszeiten 9 bis 17 Uhr. Nach Bezau verkehren die Buslinien 35, 37 und 40.
Anforderungen: T2. In der ersten Hälfte unschwierige Bergwege, später breite Wirtschaftswege, talwärts streckenweise ziemlich steil abfallend. Halbtagstour mit Seilbahnunterstützung.
Kinder: Abwechslungsreiche, nicht zu lange oder anstrengende Unternehmung. Spielplatz auf der Alpe Wildmoos.
Varianten: Abkürzung von der Alpe Stongerhöhe mit dem Güterweg (Auslassen der Lingenauer Alpe). Wer außerdem den längeren Talabstieg vermeiden möchte, kann von Wildmoos bequem am Hang entlang zur Mittelstation Sonderdach wandern.
Karte: Freytag & Berndt 1:50.000, Blatt 364.

EINKEHR

Panoramarestaurant Baumgarten, 1648 m: geöffnet während der Betriebszeiten der Seilbahn, Tel. +43 5514 2254-7, www.seilbahn-bezau.at.
Alpe Stongen, 1382 m: Anfang Juni bis Anfang September, Tel. +43 664 1131210.
Alpe Wildmoos, 1385 m: Ende Mai bis Mitte September, Tel. +43 664 5818400, www.wildmoos.at.

TOUREN

Winterstaude, 1877 m: über die Stongerhöhe und den Hasenstrick (Westgrat) zum Gipfel und Abstieg südwärts über die Lingenauer Alpe Richtung Stongen (T3), 1.30 Std. länger als die vorgestellte gipfellose Tour.

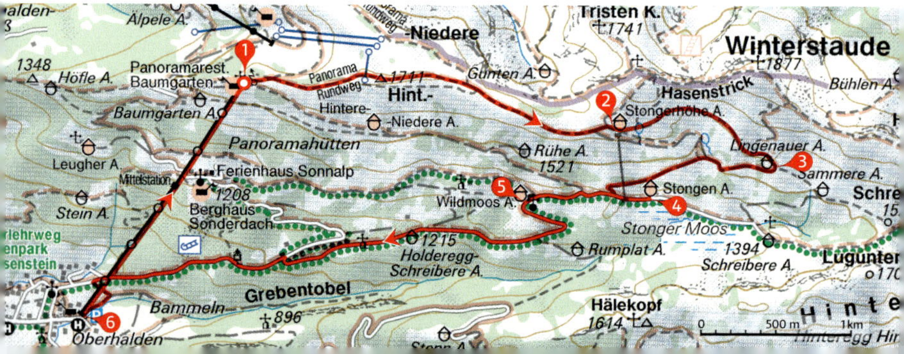

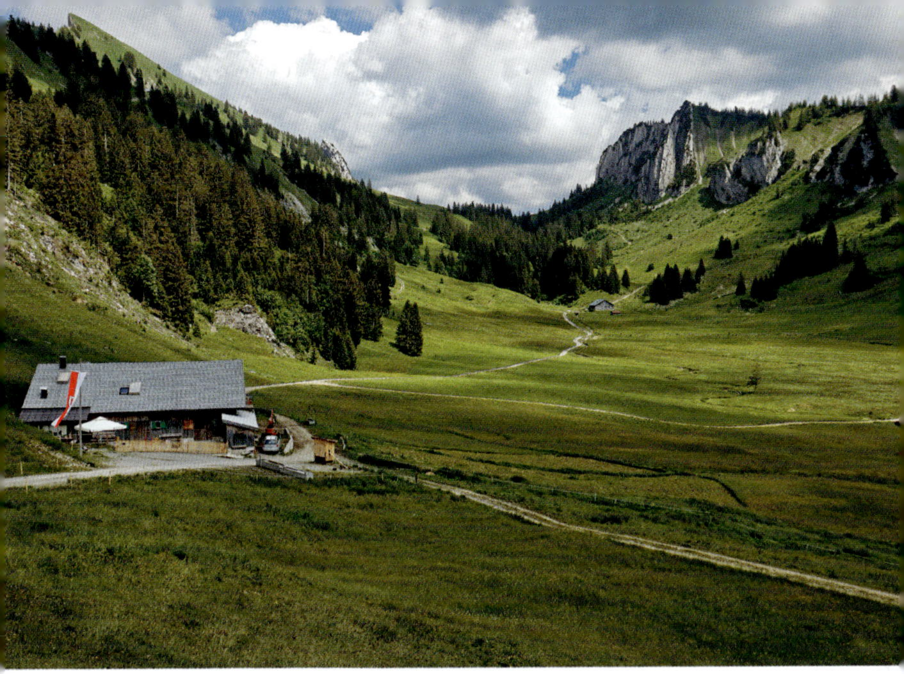

Im Alpgrund von Stongen gegen den Luguntenkopf.

Von der Bergstation **Baumgarten ①** geht es in östlicher Richtung auf der aussichtsreichen Kammlinie dahin. Wir überschreiten relativ sanft die Hintere Niedere, 1711 m, und verlieren danach wieder etwas an Höhe. Einem schroffen Gratabschnitt mit Felsen wird südseitig ausgewichen, anschließend im Gegenanstieg zur **Stongerhöhealpe ②**, 1644 m. Hier achten wir auf die nicht so deutlich bezeichnete Verbindung quer durch die Hangeinbuchtung hinüber zur **Lingenauer Alpe ③**, 1594 m. Der Güterweg führt uns nun abwärts, dabei die Abkürzung von der Stongerhöhe aufnehmend, bis auf einen flachen Geländebalkon. Etwas unterhalb ums Eck befindet sich die **Alpe Stongen ④**, 1382 m. Möchte man dort nicht einkehren, kann es gleich weiter Richtung **Alpe Wildmoos ⑤**, 1385 m, gehen. Deren Fahrweg talwärts beschreibt anfangs eine Schleife, zieht an der Holdereggalpe vorbei und danach mit Hartbelag ziemlich steil neben dem Grebentobel hinab Richtung Bezau. Zuletzt lässt sich über eine Wiese zur **Talstation ⑥** abkürzen.

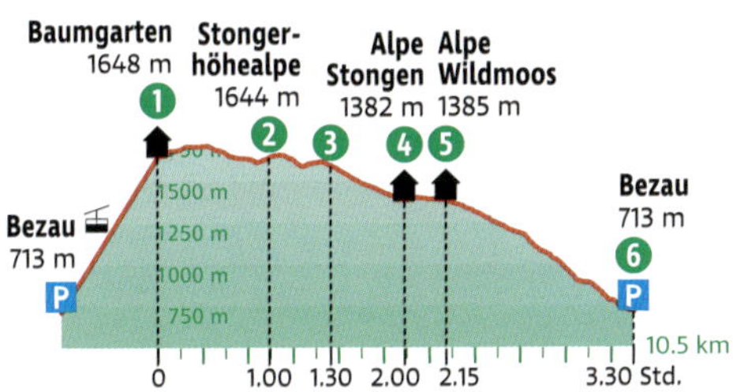

13 Alpe Wildgunten, 1610 m

Rundtour von Mellau

TOP | 4.50 Std. | 14,7 km | ↗950 m | ↘950 m

Im Bannkreis von Kanisfluh, Damülser Mittagspitze und Hochblanken

Rund um Mellau mag man das Herz des Bregenzerwaldes verorten, die Kulissen sind schon stattlich und werden vor allem vom Nordabbruch der Kanisfluh beherrscht. Westlich davon befinden sich mehrere Alpgründe, die im Winter als Mellauer Skigebiet fungieren und sommers die Genusswanderer anziehen. Dieser Vorschlag erwähnt die Seilbahn aber nur als Option und empfiehlt durchaus den Aufstieg über die schön gelegene Hofstättenhütte, die nur einen Nachteil besitzt: Sie ist leider nicht mehr bewirtschaftet … Gleichwohl bekommen wir noch Gelegenheit zur Einkehr, vorzugsweise oben auf Wildgunten, am höchsten Punkt der Wanderung zu Füßen des Hochblanken. Am besten baut man die Wanderung zu einer Runde aus.

Ausgangspunkt: Mellau, bei der Talstation der Seilbahn. Mit Vorteil startet man im oberen Teil der großen Parkflächen, ca. 735 m. Buslinien 40 von Dornbirn bzw. 37 von Bregenz.

Anforderungen: T2–3, meist aber nur T1. Oberhalb der Hofstättenhütte recht steiler Bergweg, für den etwas Trittsicherheit nicht schadet. Sonst leicht, ab Roßstelle über Wildgunten bis hinunter nach Mellau ausschließlich Fahrwege. Ohne Seilbahnnutzung ergibt sich eine Tagestour.

Kinder: Mit Seilbahn grundsätzlich empfehlenswert, sonst nur für ausdauernde Kinder.

Variante: Die Bergfahrt mit der Mellaubahn reduziert die Gehzeit auf 2.30 Std., eine zusätzliche Talfahrt sogar auf 1.15 Std.

Karten: Freytag & Berndt 1:50.000, Blatt 364 oder 375.

Wir sind am Fuße des Hochblanken unterwegs.

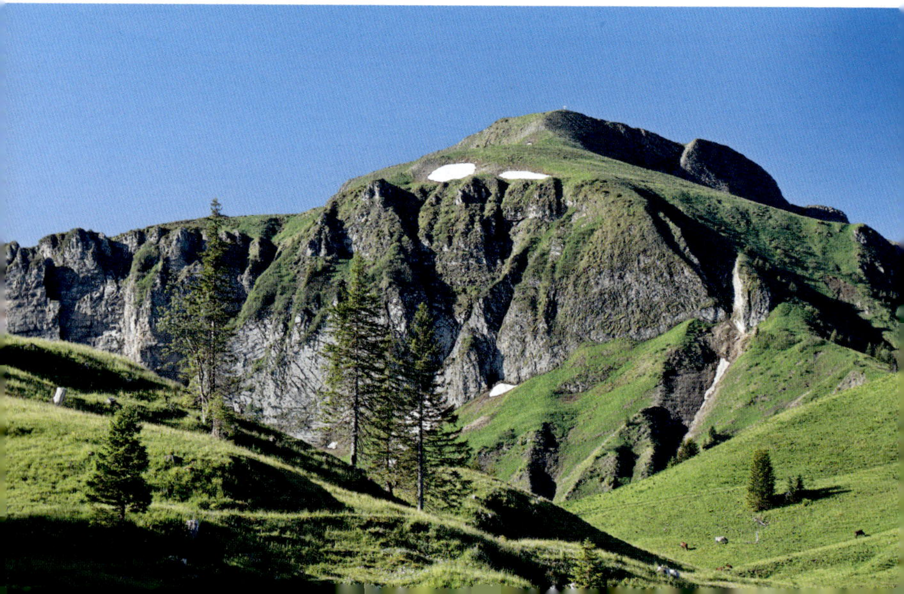

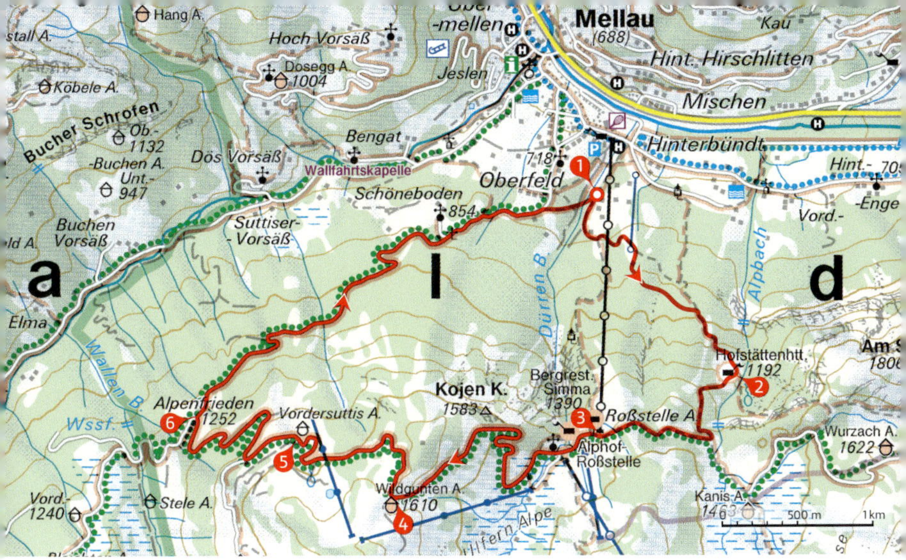

Am oberen Ende der Seilbahnparkplätze in **Mellau** ❶ nach links über den Bach, vom Graben abrückend zu einer Hangwiese (»Kitzenbühel«) und den Markierungspflöcken folgend in den Wald. Dort nutzen wir für einige Zeit eine Forststraße, bei der Gabelung links haltend. Später schließt sich ein Steig an, der in Schleifen bis zur verwaisten **Hofstättenhütte** ❷, 1192 m, noch relativ breit angelegt ist, danach aber deut-

EINKEHR

Alphof Roßstelle, 1390 m: Ende Mai bis Mitte Oktober sowie in der Wintersaison, Mo Ruhetag, Tel. +43 5518 2310, 50 Schlafplätze, www.alphofrossstelle.at.

Restaurant Simma, 1390 m: ebenfalls Sommer- und Winterbewirtschaftung während der Seilbahnbetriebszeiten, Di Ruhetag, Tel. +43 5518 2761, www.restaurant-simma.at.

Alpe Wildgunten, 1610 m: Mai bis September, Tel. +43 664 2404038, www.alpewildgunten.at.

Alpe Vordersuttis, 1451 m: Ende Juni bis Anfang September, Tel. +43 664 5031248.

TOUREN

Damülser Mittagspitze, 2095 m: streckenweise steiler Bergweg von der Bergstation über den Bettlerkopf und die Wannenalpe zur Kammhöhe, dahinter am ostseitigen Gipfelaufbau aufwärts (T3), 3.00 Std.

Der Tiefblick in den Talgrund von Mellau zählt zu den Highlights der Tour.

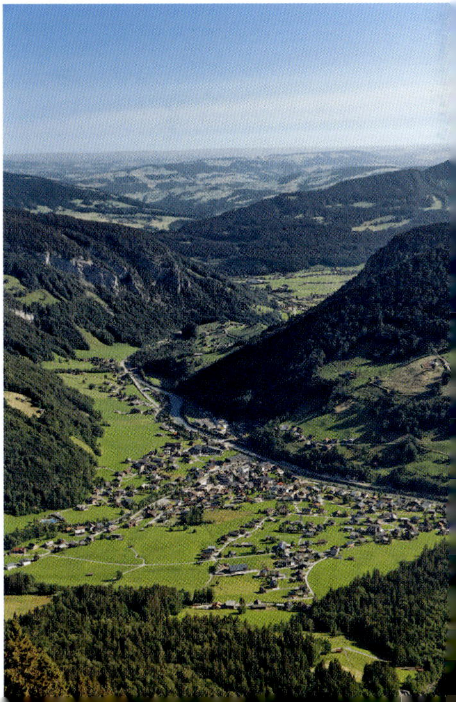

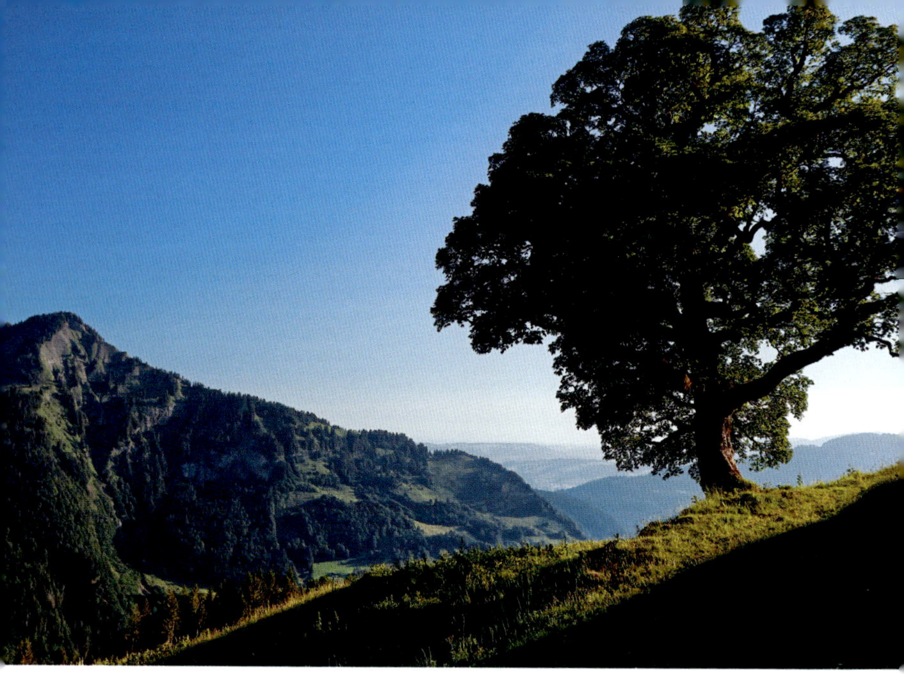

Wie lang mag dieser stolze Baum schon auf den Alpweiden stehen?

lich schmaler und gewundener am Rande des Alpbachtobels bergwärts führt. Wir gewinnen einen Geländeabsatz beim Kanissteg und stoßen hier auf einen gepflegten Wanderweg, der uns nach rechts nur mehr leicht aufwärts zur Bergstation der Mellauer Bergbahn **3**, 1390 m, bei der Örtlichkeit **Roßstelle** bringt. Hier befinden sich auch zwei Gastbetriebe. Im Skigebiet nutzen wir einen Fahrweg, kommen nach einigen Schleifen an einem grandiosen Aussichtspunkt oberhalb einer Felswand vorbei und allmählich aus dem Kessel heraus zur **Alpe Wildgunten** **4**, 1610 m, die auf einem plateauartigen Sattel liegt. Jenseits schraubt sich der Güterweg durch ausgedehnte Weidegebiete über die **Alpe Vordersuttis** **5**, 1451 m, zum ehemaligen Gasthaus **Alpenfrieden** **6**, 1252 m, hinab. Von dort in diagonaler Linie längere Zeit durch den Nordhang, dabei am Rimmler Egg und schon weit unten an der Aussichtskanzel »Bödelesegg« vorbei. Man geht noch kurz quer (also nicht ins Dorf hinunter) und gelangt damit direkt zurück zum Parkplatz **1**.

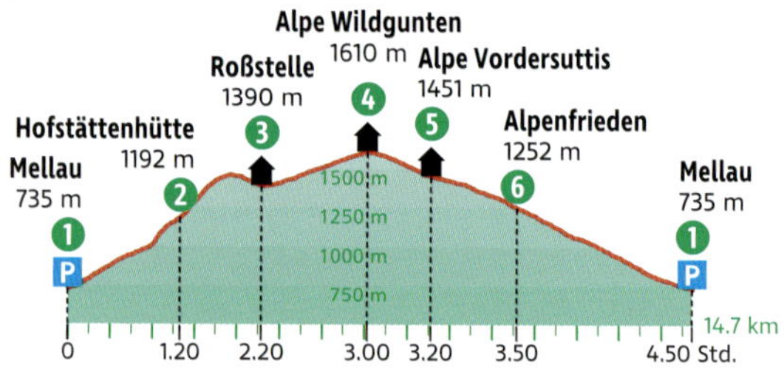

Ugaalpe, 1783 m, und Alpengasthof Edelweiß
Von Damüls hinunter nach Au

4.45 Std. | 14,4 km | ↗ 600 m | ↘ 1200 m

Herrliche Streckenwanderung am Fuß markanter Berggestalten
Damüls zählt zu den höchsten Dörfern in der Nordhälfte Vorarlbergs, wie viele meinen, auch zu den am schönsten gelegenen. Das Tourenumfeld ist recht ergiebig, obgleich große Teile der Infrastruktur vorrangig dem Skitourismus zugutekommen, etwa im Bereich der Ugaalpe unterhalb der Mittagspitze. Wir schweifen von dort weit nach Osten aus, nehmen die Alpe Mittelargen mit und finden am sogenannten Öberle ein gediegenes Plätzchen für gehobene Genüsse: das traditionsreiche Alpengasthaus Edelweiß. Vom Stil (und Preisniveau) her entspricht es freilich eher einem Hotel als einer Berghütte. Gipfelstürmer starten von hier zur Kanisfluh, die uns ihre moderatere, nach Süden orientierte Breitseite zeigt.

Ausgangspunkt: Talstation der Sesselbahn »Uga-Express«, ca. 1390 m, bei Damüls. Großer Parkplatz und Haltestelle der Buslinie 43 von Au.
Endpunkt: Au, 791 m, im Tal der Bregenzer Ache.
Anforderungen: T2. Wechsel von Güterwegen und kleineren Steigen im Alpgelände. Konditionell normales Tagespensum.
Kinder: Typisches, ungefährliches Alpgelände, die Mühen können anfangs mit dem Uga-Express reduziert werden.
Variante: Die Bergfahrt mit der Sesselbahn spart rund 1 Std. Aufstiegszeit. Sommerbetrieb von 9 bis 16.30 Uhr, zwischen Mitte Juni und Mitte Oktober täglich, zudem ca. zwei Wochenenden davor und danach.
Karten: Freytag & Berndt 1:50.000, Blatt 364 oder 375.

Aus dem Gebiet der Argenalpe schweift unser Blick zum Zitterklapfen.

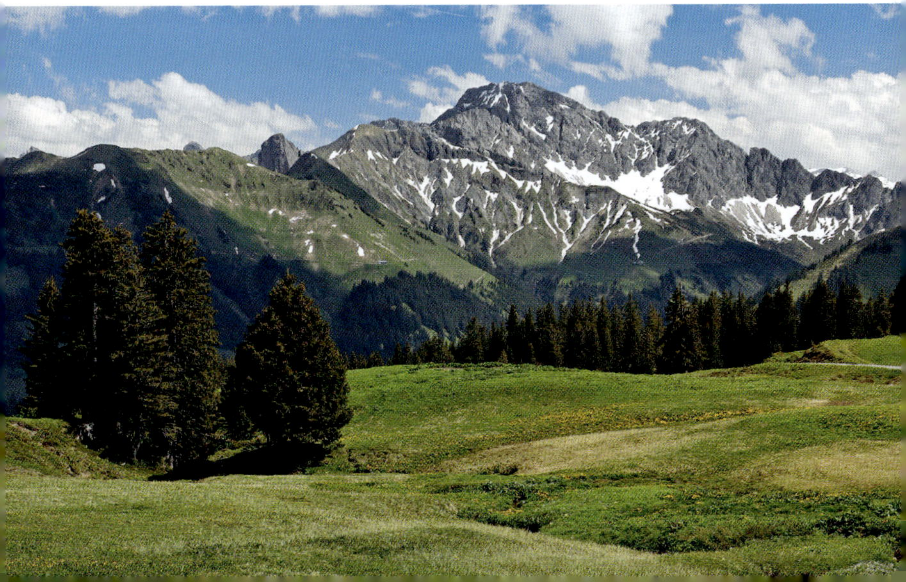

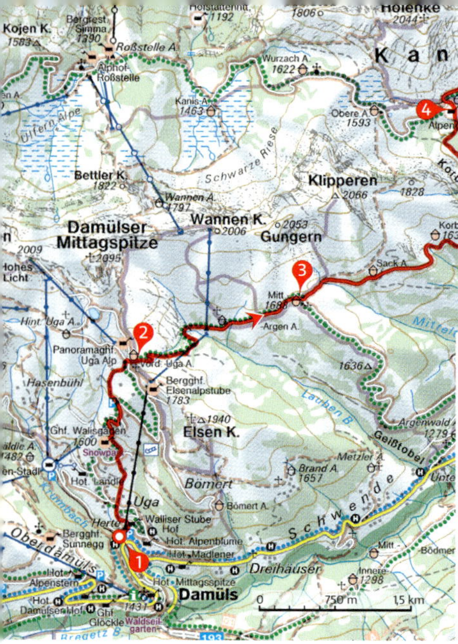

Wer die Aufstiegshilfe ausschlägt, folgt von der **Talstation** ❶ an sonnseitigen Bergwiesen den Abkürzungen der Erschließungsstraße, wandert am Hotel Walisgaden vorbei und später rechts eindrehend ins Gebiet der **Ugaalpe** ❷, 1783 m, wo der Zugang von der Bergstation in kurzem Bergab dazukommt. Dort steht ebenfalls ein modernes, komfortables Berggasthaus. Nun schlagen wir die Verbindung zur Hinterargenalpe ein. Am Geländebalkon verläuft ein breiter Güterweg. Die Fortsetzung bringt uns zur einfach bewirtschafteten **Mittelargenalpe** ❸, 1688 m, und anschließend via Sackalpe Richtung Korbalpe. Kurz davor auf einem Karrenweg rechts haltend etwas abwärts. Man achtet auf den Abzweig eines Steiges, der

Eine beliebte Bergtour führt auf die Holenke, den Hauptgipfel der Kanisfluh.

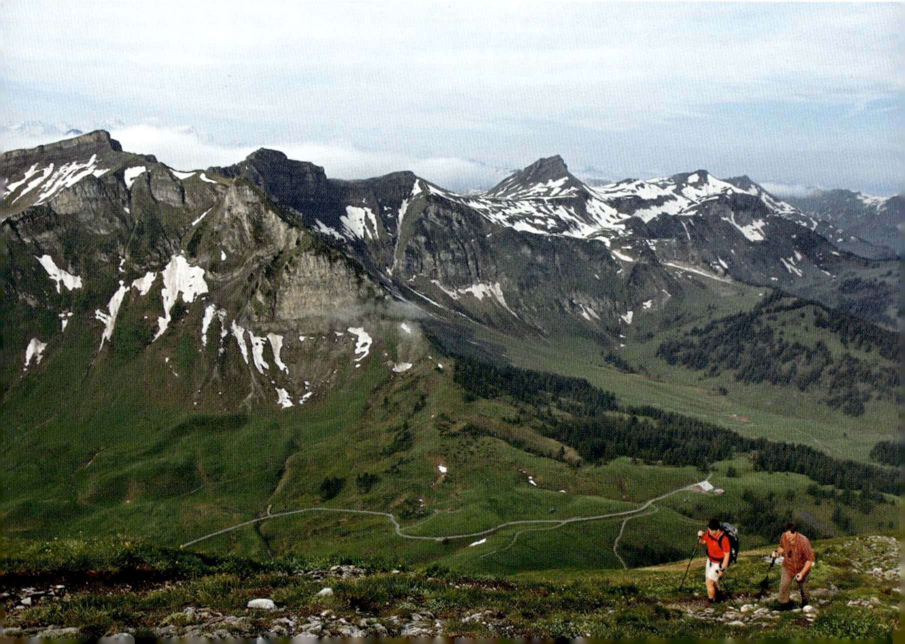

EINKEHR

Berggasthof Uga-Alp, 1783 m: im Sommer und Winter geöffnet Tel. +43 5510 3180, www.uga-alp.at. In der Nähe befinden sich außerdem Michl's Sennhütte und bei der Bergstation die Elsenalpstube.

Mittelargenalpe, 1688 m: während der Alpzeit einfach bewirtschaftet.

Alpengasthaus Edelweiß, 1495 m: Mitte Mai/Anfang Juni bis Anfang Oktober, Di Ruhetag, Übernachtungsmöglichkeit, Tel. +43 664 4324840, www.oeberle.com.

TOUREN

Damülser Mittagspitze, 2095 m: viel begangene Route von der Ugaalpe, am Gipfelaufbau etwas ausgesetzt (Fixseile, T3), 1.00 Std.

Kanisfluh, 2044 m: vom Gasthaus Edelweiß in die Südwestflanke und aus dem Hählesattel über den oberen Westgrat auf den Hauptgipfel namens Holenke (T3), 1.45 Std.

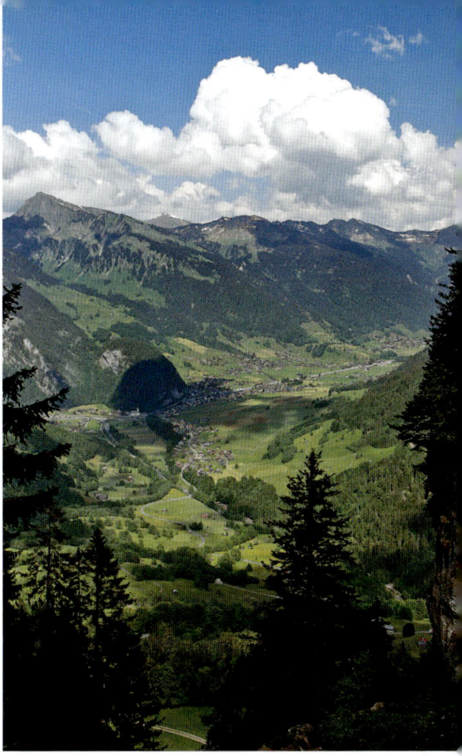

Wo sich Argenbach und Bregenzer Ache vereinigen, liegt die Ortschaft Au.

durch ein Waldstück tiefer leitet und dann links unter den Korbschrofen schwenkt (kurzzeitig abschüssige Traverse). Später durchqueren wir noch ein Bergsturzareal und laufen mit einer leichten Gegensteigung beim **Alpengasthaus Edelweiß** ❹, 1495 m, ein. Zur Feuersteinalpe am Fuß der Kanisfluh-Südflanke ist man zunächst wieder auf einem Güterweg unterwegs. Weiter geht es auf gutem Bergweg zu den malerischen Alpvorsäßen **Ahornen**, 1090 m, und **Berggut** hinab. Gleich darauf kommen wir zu einer Gabelung ❺, die uns Abstiege nach Argenzipfel bzw. Au offeriert. Wir entscheiden uns für Letzteres und wandern durch Mischwald in den Ortsteil Argenstein, schließlich auf dem Anliegersträßchen zur Brücke über die Bregenzer Ache und kurz einwärts nach **Au** ❻, 791 m.

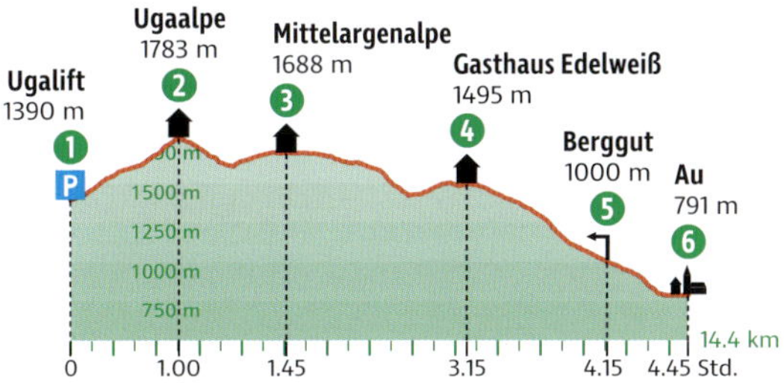

15 Brendleralpe, Annalp und Bergkristallhütte

Über das Annalper Joch

6.30 Std. | 20,4 km | ↗ 1240 m | ↘ 1240 m

Ausgedehnte Alprunde im Bannkreis des Zitterklapfen

Wer das archetypische Alpflair im Ländle schätzt und sich auch gern mal die Füße müde läuft, ist mit dieser Tour im Annalper Gebiet gut bedient. Buchstäblicher Höhepunkt ist dabei das Annalper Joch, wo die grüne Schneide schon an der 2000-Meter-Linie kratzt. Theoretisch dreimal können wir uns derweil auf einfachen Alphütten erfrischen (zumindest im Hochsommer, wenn auch das Vieh oben weidet), ehe wir mit der netten, privat geführten Bergkristallhütte im Dürrenbachtal noch einen echten touristischen Anlaufpunkt kennenlernen. Sie eignet sich sogar als Basislager (etwa für den überragenden Zitterklapfen), ist aber natürlich vorrangig auf Tageswanderer der gemütlichen Art ausgerichtet.

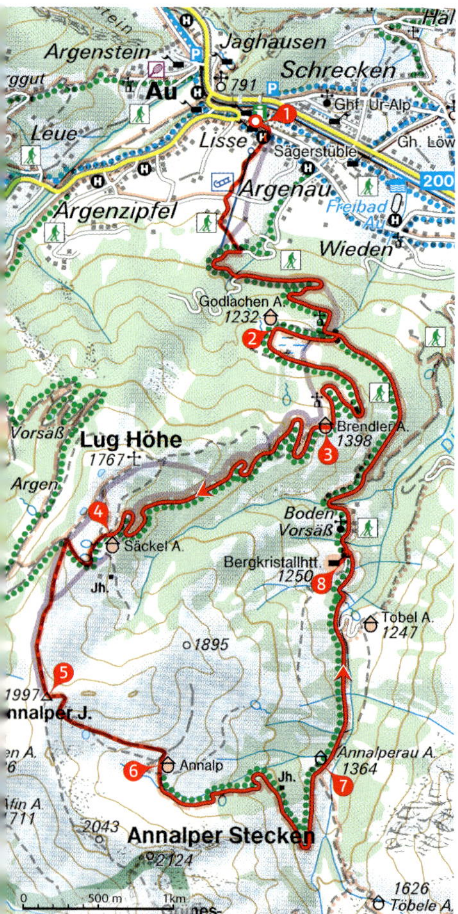

Ausgangspunkt: Au, im Tal der Bregenzer Ache. Parkplatz und Bushaltestelle (Linien 37 und 40) beim Gemeindehaus, 810 m.
Anforderungen: T2. Größtenteils breite Güterwege, rund ums Annalper Joch normale, wandertechnisch leichte Bergwege im Grasgelände. Die Tour ist allerdings ziemlich lang und tagfüllend, wegen dieses konditionellen Anspruchs hier »rot« eingestuft.
Kinder: Die komplette Runde ist normalerweise zu langwierig, ein Besuch der Bergkristallhütte erscheint aber lohnend (ggf. mit Übernachtung), Aufstieg ab Au ca. 1.40 Std.
Karten: Freytag & Berndt 1:50.000, Blatt 364 oder 375.

Von **Au** ❶ geht es auf Wirtschaftswegen bergauf und neben einem Skilift über die Weiden zum Waldrand, wo man auf die Zufahrt in die Alpgebiete trifft (diese kann man auch schon von Beginn an ab Argenau wählen). Mit einigen Schleifen zu einer Gabelung und hier rechts aufwärts mit einer weiteren Kehre ins freie Gelände der **Godlachenalpe** ❷, 1232 m. Nächstes Ziel ist nun die **Brendleralpe** ❸, 1398 m, zu der sich zuletzt eventuell ein Stück über die

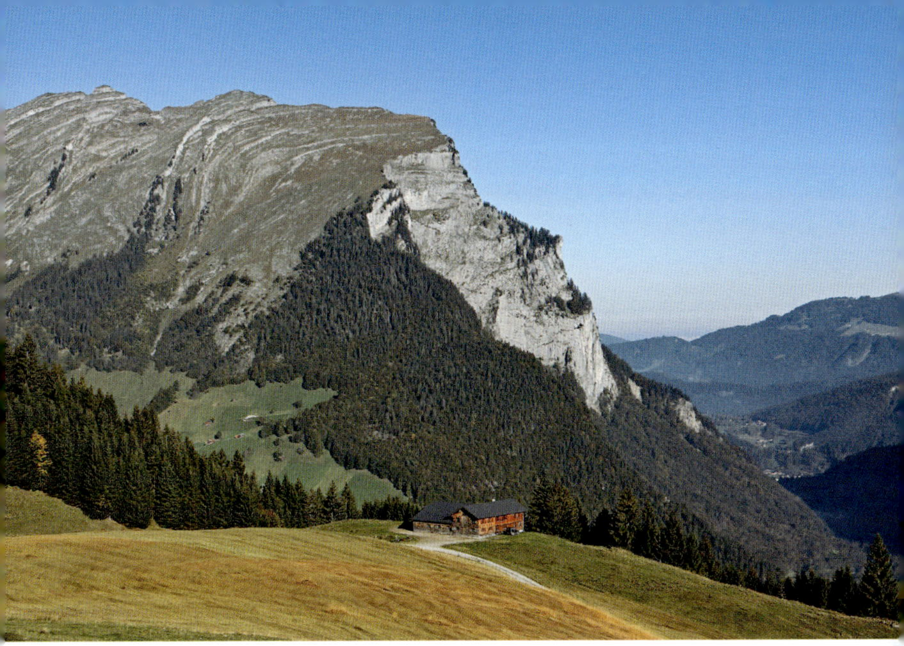

Die Godlachenalpe vor dem Südabsturz der Kanisfluh.

Wiesen abkürzen ließe. Unterhalb der Lughöhe, einem Waldrücken mit schönen Aussichtspunkt zuoberst, den man gegebenenfalls mitnehmen kann, zieht der Fahrweg weiter zur **Säckelalpe ④**, 1727 m, hinauf. Gleich oberhalb erreichen wir einen Kammsattel, zu dem auch von drüben ein Weg heraufkommt. Gemeinsam in angenehmer, mäßig ansteigender Kammwanderung – lediglich das letzte Stück steilt merklich auf – zum **Annalper Joch ⑤**, 1997 m, dem höchsten Punkt der Tour.

EINKEHR

Brendleralpe, 1398 m: Ende Juni bis Ende August, Tel. +43 664 2315586.
Alpe Säckel, 1727 m: Getränkeausschank während der Alpzeit.
Alpe Annalp, 1729 m: Anfang Juli bis Anfang September.
Bergkristallhütte, 1250 m: Mitte Mai bis Mitte Oktober und Ende Dezember bis Ende März, 21 Schlafplätze (nur im Sommer), Tel. +43 664 1808482, www.bergkristallhuette.com.

Hier drehen wir in die ostseitige Hangmulde ab und steuern dort die **Alpe Annalp ⑥**, 1729 m, an. Nun haben wir es wieder mit breiten Wirt-

Im Bergwald setzt die Laubfärbung ein.

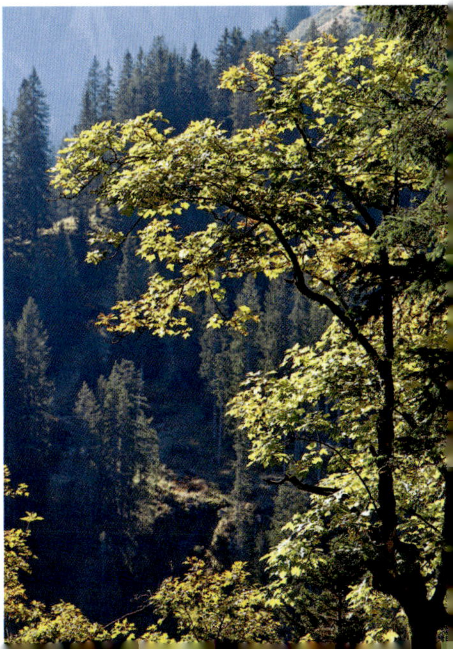

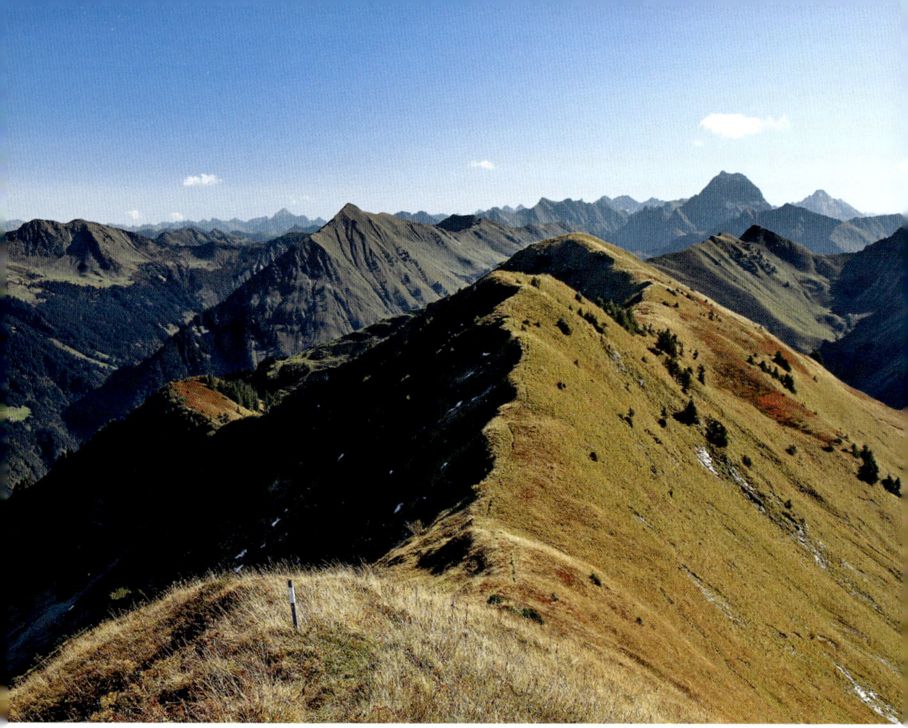

Am Kamm des Annalper Jochs haben wir völlig freien Rundumblick.

TOUREN

Annalper Stecken, 2124 m: markantes Felshorn, über steile Schrofen von der Westseite erreichbar (T4), 30 Min. Übergang vom Annalper Joch, ab Bergkristallhütte ca. 2.45 Std.

Zitterklapfen, 2403 m: anspruchsvolle Bergtour auf einen mächtigen Felsberg, durch die Nordflanke zum Ostgrat (T5), 4.00 Std.

Biberacher Hütte, 1842 m: über Annalperau- und Töbelealpe zum Töbelejoch, jenseits via Obere Ischkarneialpe (T3), 5.00 Std.

schaftswegen zu tun. Wir wandern gegen die Sohle des hinteren Dürrenbachtals hinunter und gelangen nach einer markanten Linksschleife zur **Alpe Annalperau** 7, 1364 m. Mit geringen Zwischensteigungen hinaus Richtung Boden Vorsäß und mit kurzem Abstecher zur **Bergkristallhütte** 8, 1250 m, links am Hang. Die Fortsetzung der Forststraße bringt uns wieder zur Gabelung unterhalb der Godlachenalpe und auf bekannter Strecke hinab nach **Au** 1.

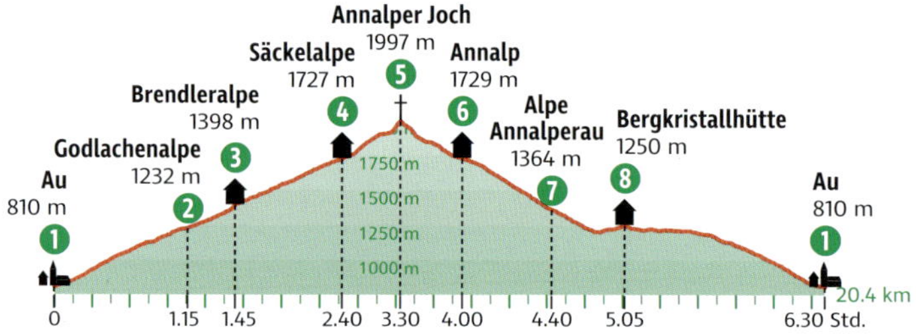

Neuhornbachhaus, 1650 m
Höhenweg von der Diedamskopfbahn

3.15 Std. | 11,5 km | ↗180 m | ↘1000 m

Der herrliche Schoppernauer Alpbalkon

Als voll bewirtschaftete Bergunterkunft dient das Neuhornbachhaus nicht nur Tageswanderern, die vorzugsweise von der Diedamskopfbahn herüberkommen, als Ziel, sondern auch als Basislager für richtige Bergferien. Wer sich hier einquartiert, schätzt die beschauliche Ruhe und wird höchstwahrscheinlich auch ein paar Gipfeloptionen wahrnehmen. Im Wesentlichen sind dies die Flyschberge im Übergangsbereich zum Kleinwalsertal, die sich auch für zünftige Gratüberschreitungen anbieten. Genusswanderer bleiben indes eine Etage tiefer am Alpbalkon und manche sogar schon bei der kleinen Falzalpe hängen …

Ausgangspunkt: Talstation der Diedamskopfbahn, 841 m, im vorderen Ortsbereich von Schoppernau. Buslinien 37 und 40 von Bregenz bzw. Dornbirn. Bergfahrt bis zur Mittelstation, 1663 m. Betriebszeiten 8.30 bis 16.30 Uhr.

Anforderungen: T1–2. Gut ausgebaute Wanderwege in den Hanglagen, dabei nur wenig auf und ab. Talwärts auf typischem Güterweg – wer diesen eher eintönigen Abschnitt scheut, kann natürlich auch zur Seilbahn zurückwandern. Halbtagesprogramm.

Kinder: Von Anfang an aussichtsreicher und kurzweiliger Höhenweg in ungefährlichem Gelände. Spielmöglichkeiten beim Neuhornbachhaus, davor und danach jeweils urige Alphütten.

Karten: Freytag & Berndt 1:50.000, Blatt 364 oder 375.

Der Höhenweg zum Neuhornbachhaus verspricht herrliche Ausblicke.

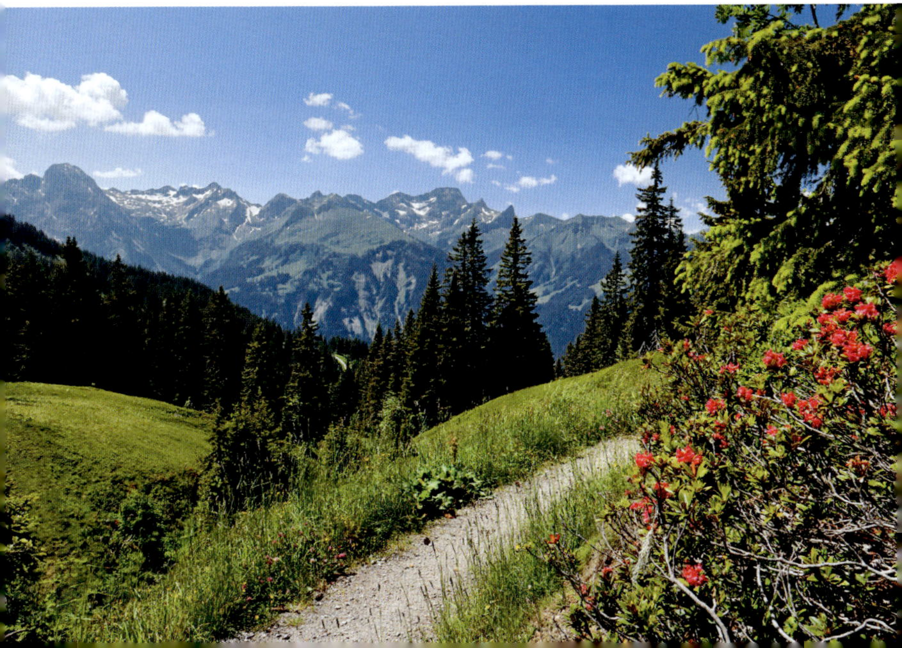

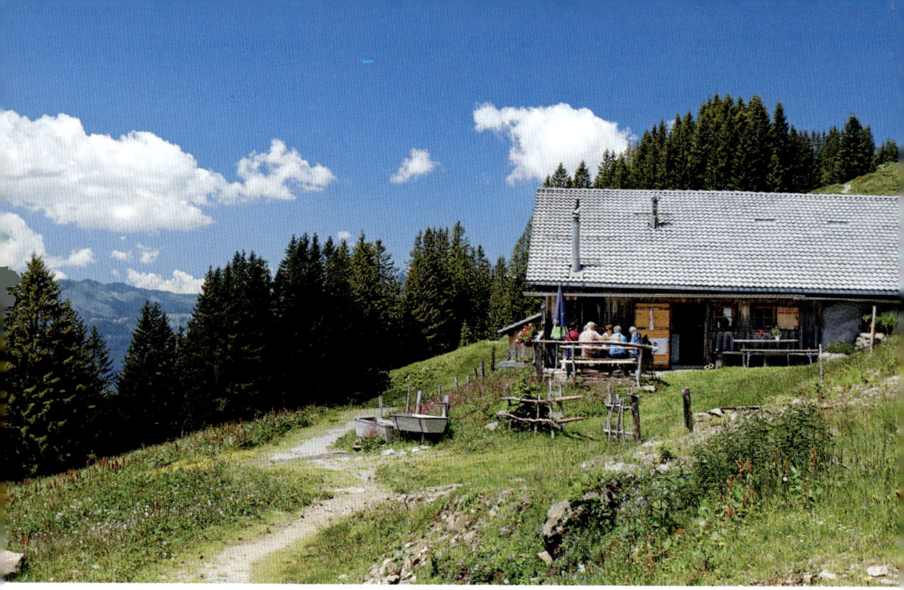

Auf Falzalpe (links) und Neuhornbachalpe wird im Sommer ausgeschenkt.

Von der **Mittelstation** ❶ zunächst mit einem Rechtsbogen leicht aufwärts, dann aber nicht weiter Richtung Diedamskopf, sondern rechts haltend auf schönem Weg in die weitläufige Hangmulde. Hier wird nochmals mit Gegensteigung ein Bogen unterm Falzer Kopf ausgegangen, ehe man zur **Breitenalpe** ❷, 1662 m, kommt. Ein wiederum

EINKEHR

Breitenalpe, 1662 m: zur Alpzeit eventuell einfach bewirtschaftet.
Falzalpe, 1647 m: Mitte Juni bis Mitte September, Tel. +43 664 2206403.
Neuhornbachhaus, 1650 m: fast ganzjährig, 60 Schlafplätze, Tel. +43 720 514264, www.neuhornbachhaus.com.
Neuhornbachalpe, 1629 m: während der Alpzeit einfach bewirtschaftet.

TOUREN

Schwarzwasserhütte, 1620 m: am leichtesten über Neuhornbachjoch und Gerachsattel (T2), 2.00 Std., anspruchsvoller über das Steinmandl.
Falzer Kopf, 1968 m: zum Neuhornbachjoch und am unschwierigen Ostgrat gipfelwärts (T2), 1.00 Std.
Steinmandl, 1982 m: über Neuhornbachjoch und Westgrat zum Kreuzmandl, danach ausgesetzt entlang der Krete (T3+), 1.30 Std., leichterer Abstieg durch die südseitige Hangmulde.
Grünhorn, 2039 m: über Neuhornbach- und Althornbachalpe zum Starzeljoch, anschließend über den Südgrat (T3), 1.30 Std.

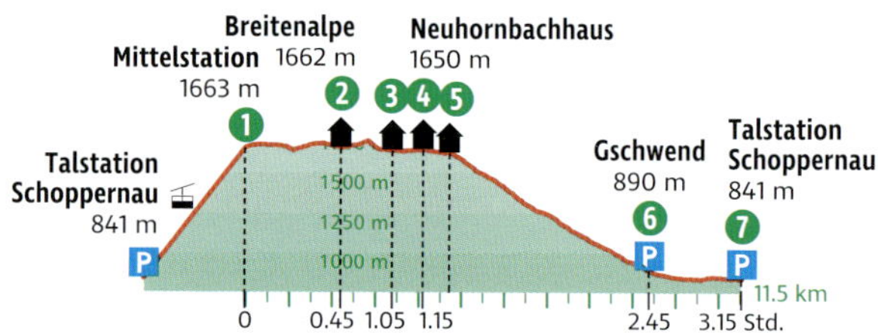

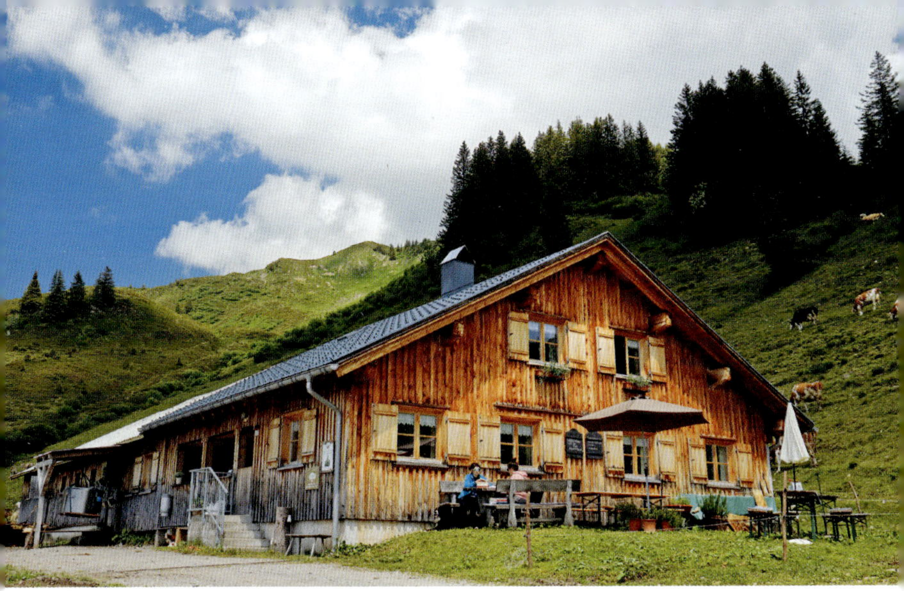

gut angelegter Weg überwindet einen vorspringenden Geländerücken und senkt sich dahinter sachte zur bewirtschafteten **Falzalpe** ❸, 1647 m, ab. Zehn Minuten später ist auch schon das **Neuhornbachhaus** ❹, 1650 m, erreicht und nach weiteren zehn Gehminuten die nur wenig tiefer gelegene **Neuhornbachalpe** ❺, 1629 m, wo man ebenfalls eine einfache Jause erhält. Auf dem Versorgungssträßchen geht es anschließend talwärts. Man steigt mit einigen Schleifen gegen den Tobel des Schrecksbachs ab und passiert bei einer Brücke den Abzweig zum Bergvorsäß. Beim Auslauf Richtung Talsohle kommen wir rechts haltend aus dem Wald in freies Gelände und zum Parkplatz **Gschwend** ❻. Schließlich hinein nach Schoppernau und noch ein gutes Stück bis zur **Talstation** ❼.

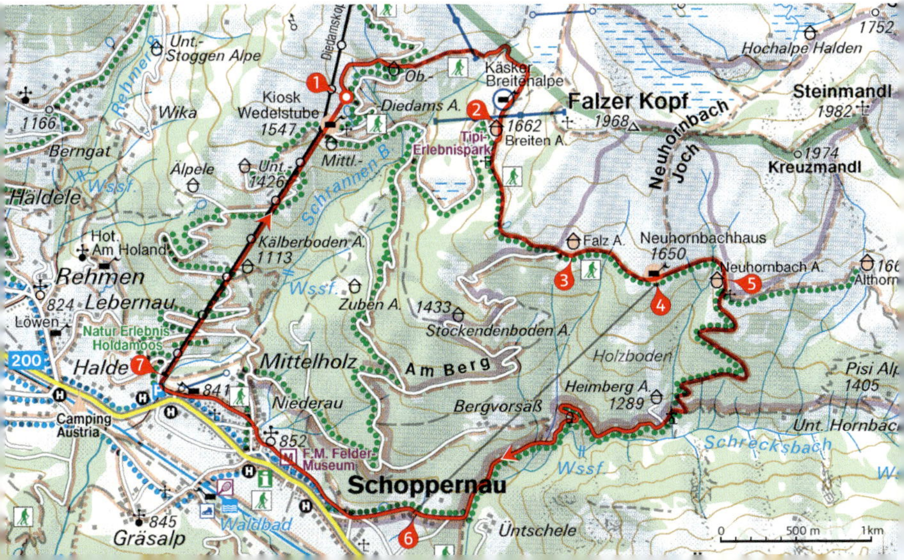

17 Schwarzwasserhütte, 1620 m

Von der Auenhütte über die Melköde

3.10 Std. | 10,4 km | ↗ 430 m | ↘ 430 m

Im Schwarzwassertal zwischen den Prominenzen Ifen und Walmendinger Horn

Wie alle Seitenäste des Kleinwalsertals ist ganz besonders auch das Schwarzwassertal eine beliebte »Fußgängerzone«, wo es sich gemütlich bummeln oder etwas strammer wandern lässt. Als Hauptanlaufpunkt fungiert hier die Schwarzwasserhütte, die vor rund hundert Jahren in den weitläufigen Mattenlagen errichtet worden ist. Das Flysch-Gelände eignet sich auch bestens für Skitouren, sodass im Winter ebenfalls aufgesperrt wird. Grünhorn, Steinmandl oder Hehlekopf heißen reizvolle Ziele im unmittelbaren Umfeld, egal ob auf grünem oder weißem Untergrund. Den geübten Wanderer wird sicherlich der Gratweg vom Walmendinger Horn über die Ochsenhofer Köpfe begeistern sowie nicht zuletzt der Paradeberg schlechthin: Mit seinem schrägen Gipfeldach zeigt der Hohe Ifen ein unverwechselbares Profil und verspricht eine Überschreitungsmöglichkeit, die fraglos zu den Top-Touren der gesamten Allgäuer Alpen zählt. Und »hitverdächtig« ist womöglich auch der Kaiserschmarrn auf der Schwarzwasserhütte, die sich den AV-Initiativen »So schmecken die Berge« und »Mit Kindern auf Hütten« angeschlossen hat.

Schwarzwasseralpe und die gleichnamige Alpenvereinshütte liegen im Angesicht des Hohen Ifen.

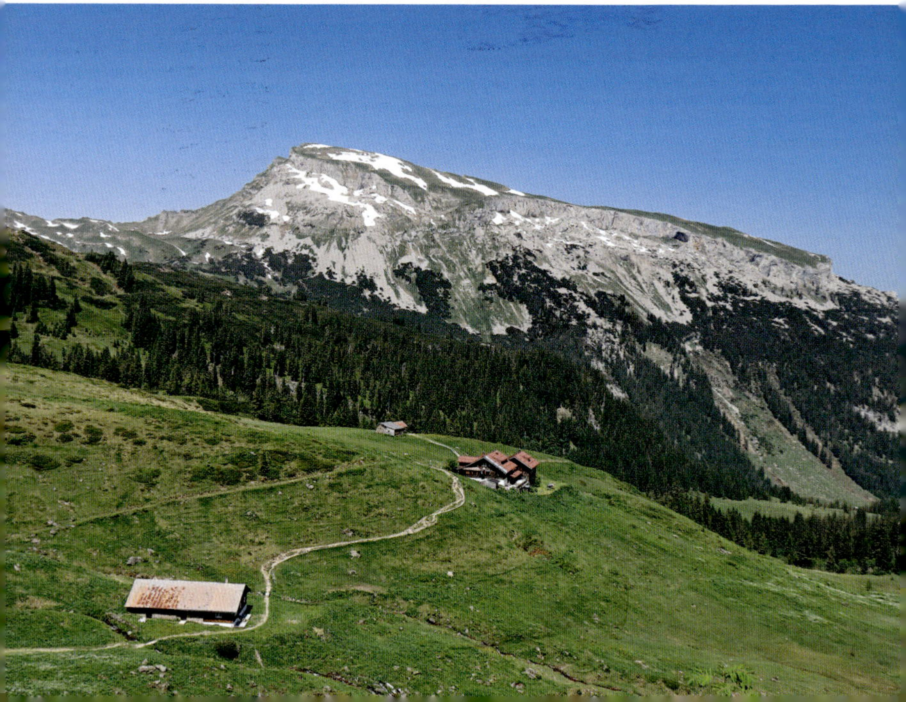

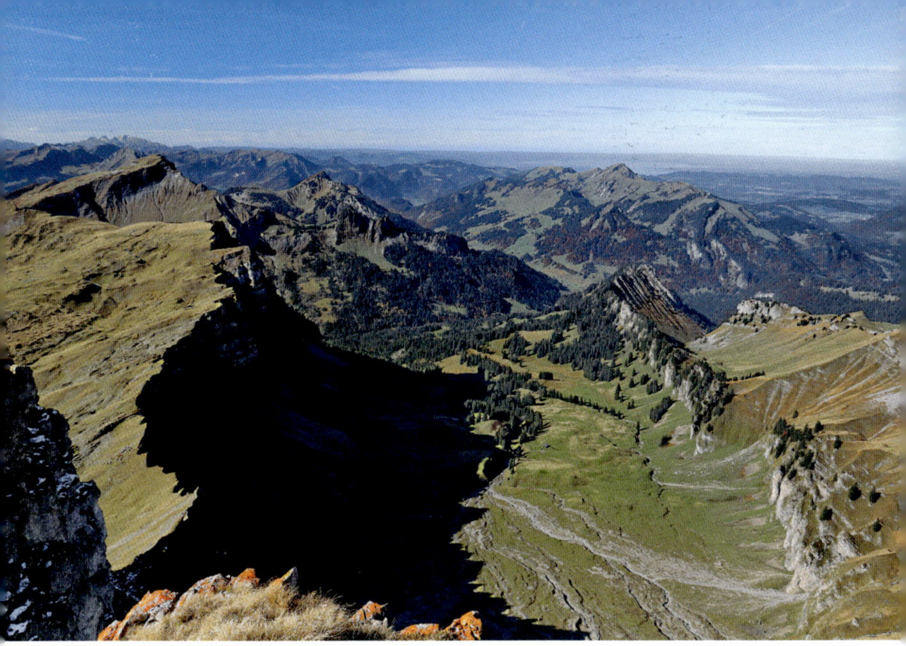

Wer den Hohen Ifen besteigt, ermisst ein gigantisches Panorama, hier westwärts über die Vorarlberger Gefilde.

Ausgangspunkt: Gasthof Auenhütte, 1275 m, im Schwarzwassertal. Zufahrt von Riezlern bis zu den gebührenpflichtigen Parkplätzen, auch regelmäßig per Bus (Kleinwalsertaler Linie 5).
Anforderungen: T2. Gut ausgebauter, nur mäßig steiler Bergwanderweg, auch konditionell moderates Pensum.
Kinder: Kurzweilige, gefahrlose, nicht besonders anstrengende Wanderung in ein schönes, vielseitiges Berggebiet mit familienfreundlicher Alpenvereinshütte.
Karte: Freytag & Berndt 1:50.000, Blatt 364.

EINKEHR
Auenhütte, 1275 m: fast ganzjährig (Hotelbetrieb), Tel. +43 5517 5265, www.auenhuette.at.
Alpe Melköde, 1346 m: Mitte Mai/Anfang Juni bis Ende Oktober, Tel. +43 5517 30226, www.alpe-melkoede.at.
Schwarzwasserhütte, 1620 m: DAV, Pfingsten bis Mitte Oktober und Weihnachten bis Ende März, 75 Schlafplätze, Tel. +43 5517 30210, www.alpenverein-schwaben.de (Online-Reservierung möglich).

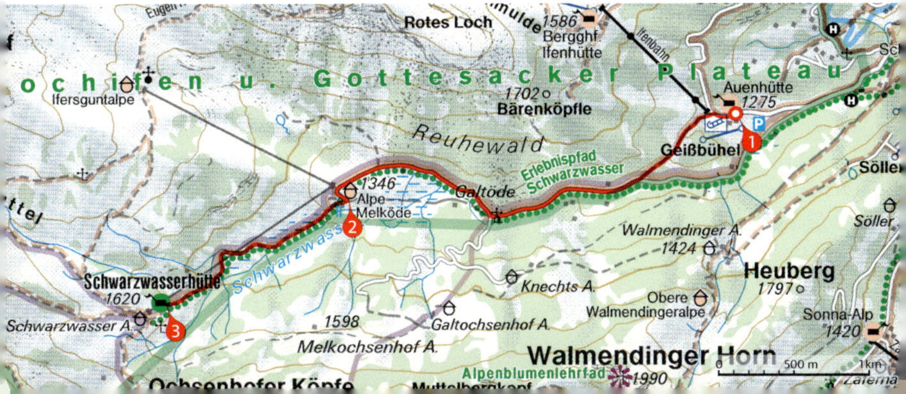

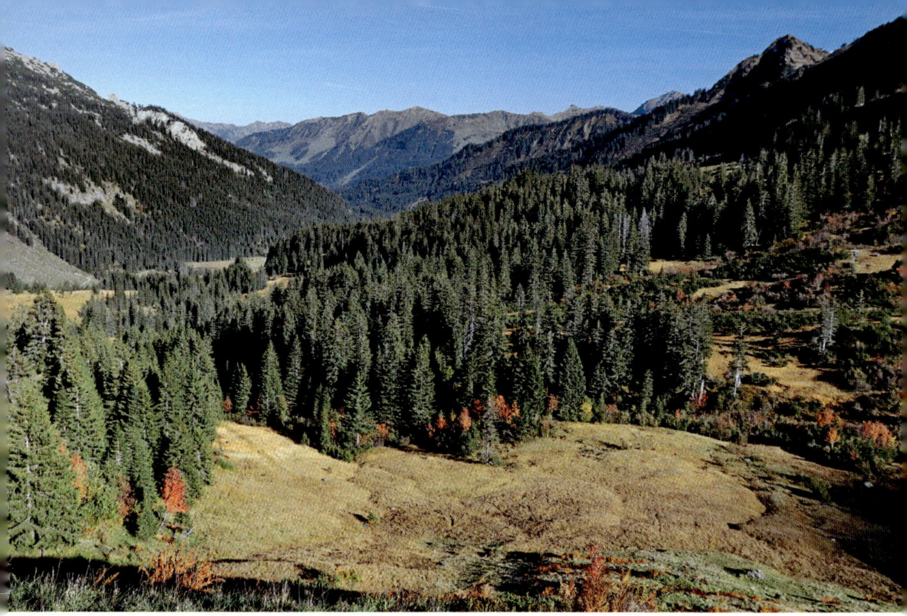

»Indian Summer« im Schwarzwassertal, fast wie in den Rocky Mountains.

TOUREN

Hoher Ifen, 2230 m: Eugen-Köhler-Weg über die Ifersguntalpe und den südseitigen Steilriegel (T3–4), 2.30 Std.

Steinmandl, 1982 m: über die Ostflanke (T3), 1.00 Std. Kombination mit dem Grünhorn am ausgesetzten Grat T4, von Gipfel zu Gipfel 1.00 Std.

Grünhorn, 2039 m: Normalweg über die Ochsenhofer Scharte und den Ostgrat (T3), 1.15 Std.

Ochsenhofer Köpfe, 1988 m: pfiffige Überschreitung des Gratkamms von der Ochsenhofer Scharte Richtung Walmendinger Horn (T3+), meist von dort aus unternommen.

Ein Sommertag erwacht bei der Schwarzwasserhütte.

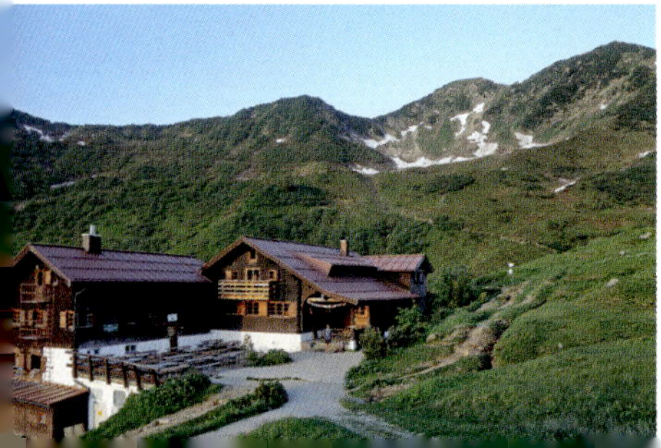

Von der **Auenhütte** ❶ geht es mit der ersten kleinen Steigung am Geißbühel vorbei. Der breite Wirtschaftsweg zieht weiter ins urtümliche Schwarzwassertal hinein, passiert den Beschneiungsteich für das Ifen-Skigebiet (auch »Herzsee« genannt) sowie eine Bergsturzzone und führt rechts am großen, auffällig flachen Wiesenboden entlang: übrigens ein verlandeter See. An dessen Ende empfängt uns die **Alpe Melköde** ❷, 1346 m. Gleich hinter der Jausenstation folgt die Hauptsteigung zur stattlichen **Schwarzwasserhütte** ❸, 1620 m, abwechslungsreich durch Waldparzellen, offene Wiesen und Hochmoore. Der Rückweg verläuft identisch.

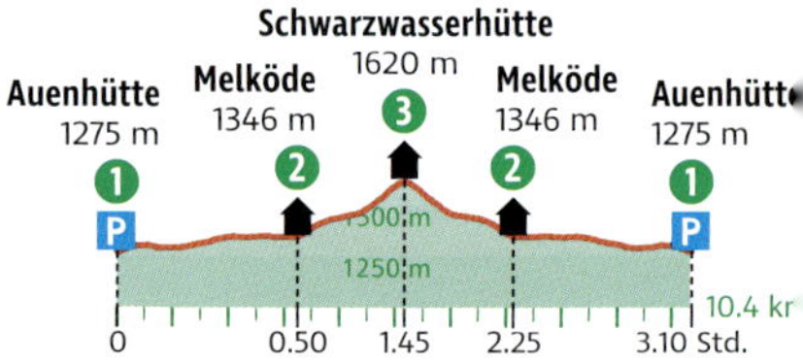

Stierhof-, Lüchle-, Stutz- und Bühlalpe
Rundtour von Baad

18

4.10 Std. | 11,5 km | ↗ 620 m | ↘ 620 m

TOP

Kleinwalsertaler Alpstafette unterm Walmendinger Horn
Wohl kaum eine Gegend ist so reich an Alphütten, die auch als Jausenstationen betrieben werden, wie das Kleinwalsertal. Auf dieser Tour im inneren Talbereich – sie bewegt sich an der Südflanke von Ochsenhofer Köpfen und Walmendinger Horn – lernen wir gleich eine ganze Handvoll kennen! Liebhabern deftiger Alpjausen steht also die Qual der Wahl bevor. Freilich beschränkt sich der Genuss nicht allein auf den Gaumen. Auch Auge und Seele bekommen ihr »Futter« im Angesicht des herrlichen Kleinwalsertaler Bergkranzes, in dem der felsige Widderstein besonders imposant aufragt.

Ausgangspunkt: Baad, 1224 m, im Kleinwalsertal. Große, gebührenpflichtige Parkplätze und Endpunkt der Buslinie 1 von Oberstdorf.
Anforderungen: T2. Durchwegs gutmütige Wanderwege ohne besonders steile Passagen. Zumindest etwas Grundausdauer ist aber angezeigt.
Kinder: Sehr lohnende Familientour durch diverse Alpgebiete mit feinen Hütten, manchmal auch Spielmöglichkeiten.
Variante: Verkürzte Runde möglich, wenn man eine der Abstiegsmöglichkeiten zwischendrin nutzt.
Karte: Freytag & Berndt 1:50.000, Blatt 364.

Am Kreisel in **Baad** ❶ wenden wir uns westwärts auf einem ansteigenden Sträßchen ins Turatal hinein, wobei man sich ein gutes Stück oberhalb der tiefen Sohle bewegt. Wir passieren die Äußere und **Innere Turaalpe** ❷, 1386 m, und setzen die Route auf einem Steig fort. Die-

Am Wanderweg zwischen Lüchle- und Stutzalpe, im Blick der Widderstein.

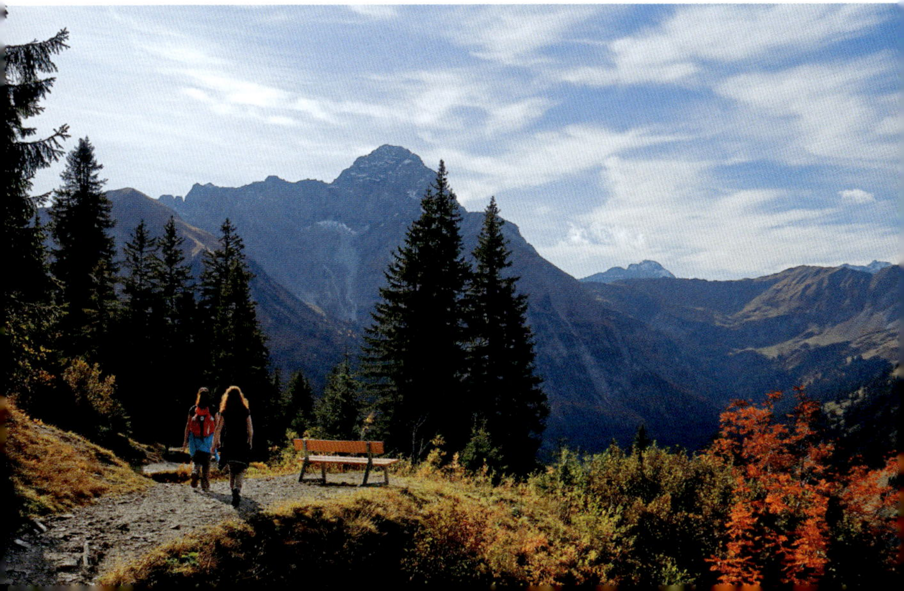

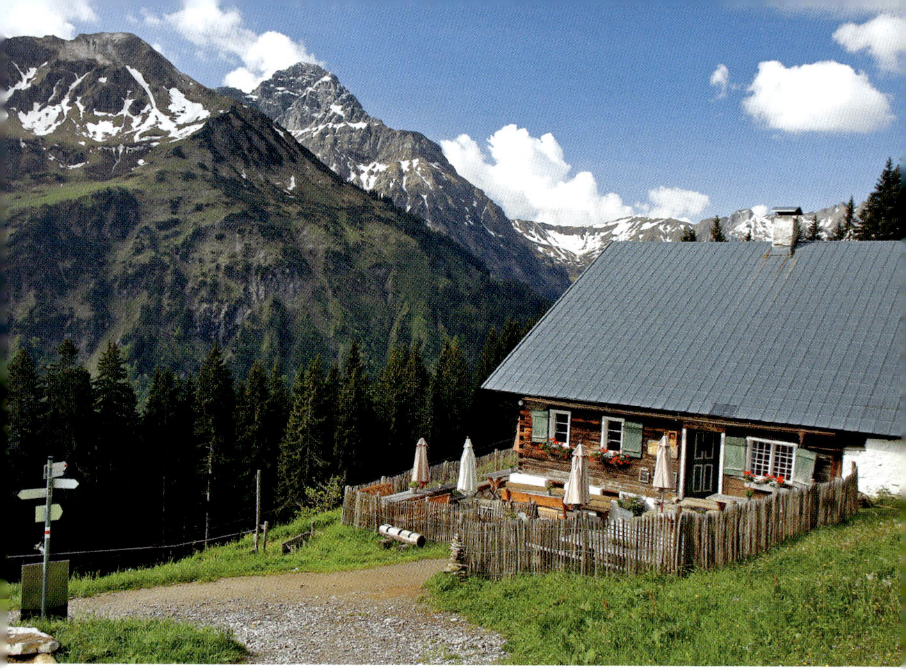

Die Stutzalpe besitzt einen veritablen Logenplatz.

EINKEHR

Innere Stierhofalpe, 1680 m: während der Alpsaison geöffnet, Tel. +43 650 3310240.
Obere Lüchlealpe, 1750 m: im Sommer und Winter geöffnet, Tel. +43 676 840636300.
Stutzalpe, 1490 m: Ende Mai bis Anfang Oktober, Tel. +43 664 3381654.
Gasthof Bühlalpe, 1435 m: fast ganzjährig, 20 Schlafplätze, Tel. +43 5517 5579 oder +43 650 5304551, www.buehlalpe.at.
Café Gasthof Alpenwald, ca. 1300 m: ganzjährig, 20 Schlafplätze, Tel. +43 5517 6353, www.alpenwald.de.

TOUREN

Ochsenhofer Köpfe, 1988 m: recht anspruchsvolle Überschreitung des Bergkamms oberhalb der Alphütten (T3+).

ser überwindet rechts haltend eine bewaldete, von kleineren Tobeln durchzogene Geländepartie und gewinnt den freien Balkon bei der **Starzelalpe** ❸, 1678 m, wo wir den recht komfortablen Querweg durch die Südflanke aufnehmen. Bei der **Inneren Stierhofalpe** ❹, ca. 1680 m, besteht die erste Möglichkeit zur Einkehr. Der bequeme Hangweg

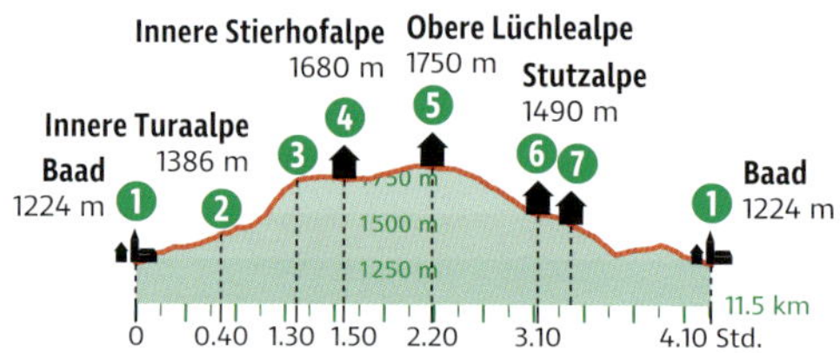

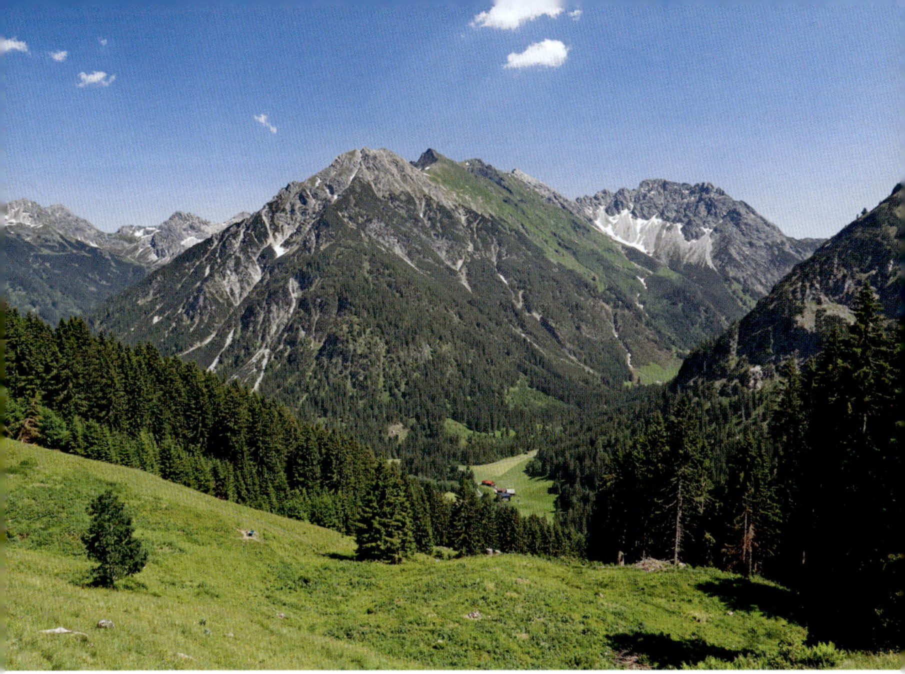

Die Kleinwalsertaler Landschaft verströmt unwiderstehliches Charisma.

bringt uns eine halbe Stunde später zur **Oberen Lüchlealpe** ❺, ca. 1750 m, der nächsten Jausenstation. Nach Ausgehen der Hangmulde unterhalb der Muttelbergscharte führt die Fortsetzung durch den lichtbewaldeten Südhang des Walmendinger Horns schräg abwärts zur ebenso gemütlichen **Stutzalpe** ❻, ca. 1490 m. Bereits zehn Minuten später ist der größere Gasthof **Bühlalpe** ❼, 1435 m, erreicht. Von dort zieht eine asphaltierte Trasse in Schleifen hinunter zum Erlenboden, wo man nach rechts in einen Fahrweg einbiegt. Dieser steigt via Alpenwald (Gasthaus mit Café) nochmals rund 50 Höhenmeter an und passiert das »Chälta Bächli«. Bald öffnet sich die Szenerie Richtung **Baad** ❶, wohin die Tour am Schluss gemütlich ausläuft.

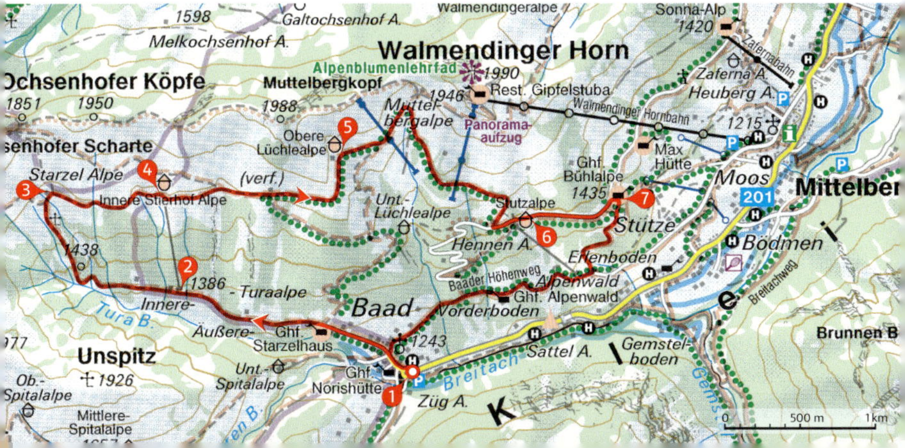

19 Fiderepasshütte, 2065 m
Mit Wies-, Flucht- und Innerkuhgehrenalpe

TOP | 4.45 Std. | 11,8 km | ↗850 m | ↘850 m

Zwischen Hammerspitzen und Schafalpenköpfen
Direkt auf der deutsch-österreichischen Grenze gelegen, lockt die Fiderepasshütte von beiden Seiten regelmäßig viele Wanderer an. Der Standort ist bezaubernd: im Rücken die profilierte Oberstdorfer Hammerspitze, schräg gegenüber der Kammzug der drei Schafalpenköpfe, über die der populäre Mindelheimer Klettersteig seinen ebenso eleganten wie spannenden Verlauf nimmt. Der Urbau der Fiderepasshütte geht in die NS-Zeit zurück und wurde damals von der Ordensburg Sonthofen realisiert, die – so überliefert es die Chronik – eine Idee des Allgäuer Extrembergsteigers Anderl Heckmair aufgriff. Nach dem Krieg ergab sich für die Alpenvereinssektion Oberstdorf die Chance zum Kauf. Der wichtige Stützpunkt wurde in den 1970er-Jahren zur heutigen Größe ausgebaut und danach noch mehrmals modernisiert. Wir steigen durchs Wildental auf und drehen beim Rückweg abwechslungshalber noch einen Schlenker über die schön gelegene Alpe Kuhgehren.

Ausgangspunkt: Parkplätze beim Bergheim Moser, ca. 1215 m, oder etwas tiefer im Weiler Schwendle. Abzweig der Zufahrt in Bödmen; Busanbindung bis knapp unterhalb (Linie 4 von Mittelberg nach Höfle).
Anforderungen: T2+. Gewöhnliche, zumeist recht gut ausgebaute Bergwege in mittelsteilem Gelände. Durchschnittliche Tagestour.
Kinder: Für bereits etwas bergerprobte Kinder empfehlenswert, für jüngere immerhin bis zu den tiefer gelegenen Alphütten, damit also flexibel gestaltbar.
Karten: Freytag & Berndt 1:50.000, Blatt 364 oder 351.

Die Fiderepasshütte, überragt von der Oberstdorfer Hammerspitze.

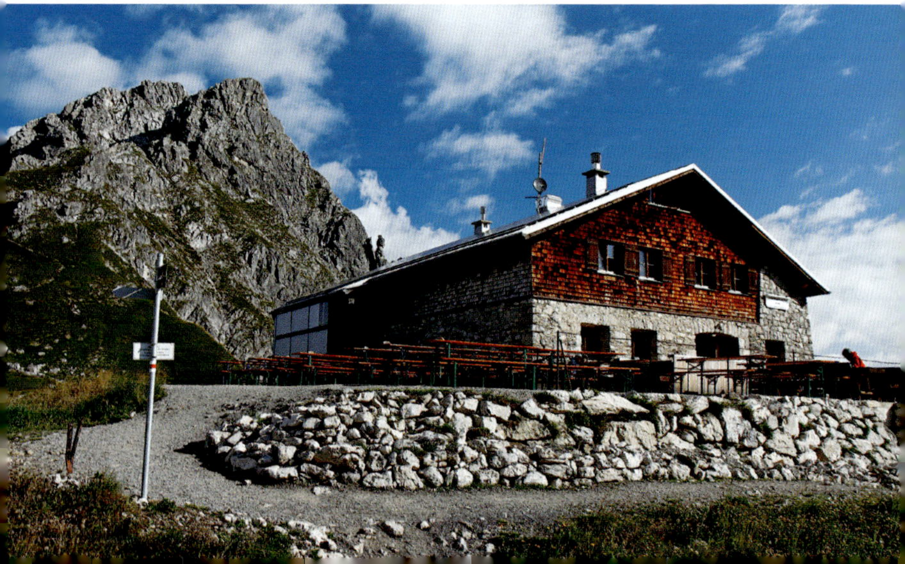

EINKEHR

Untere Wiesalpe, 1268 m: geöffnet während der Alpzeit, Mi Ruhetag, Tel. +43 650 3069668.
Innere Wiesalpe, 1298 m: Mai bis Oktober, Mo Ruhetag, Tel. +43 664 9208836, www.wiesalpe.de.
Fluchtalpe, 1390 m: Mitte Mai bis Mitte/Ende Oktober, Tel. +49 171 7876136, www.fluchtalpe-wildental.de.
Fiderepasshütte, 2065 m: DAV, Ende Mai bis Mitte Oktober, 120 Schlafplätze, Tel. +43 664 3203676, www.fiderepasshuette.de (Online-Reservierung obligatorisch).
Alpe Kuhgehren, 1673 m: Anfang Juni bis Mitte Oktober, Tel. +49 170 3287376, www.alpe-kuhgehren.at.

TOUREN

Mindelheimer Hütte, 2013 m: über Fiderescharte und Krumbacher Höhenweg (T2–3), 2.45 Std.
Schafalpenköpfe, bis 2320 m: über den ausgesetzten Mindelheimer Klettersteig (Grad C), ca. 4.00 Std. bis zur Mindelheimer Hütte.
Oberstdorfer Hammerspitze, 2259 m: Hausberg der Fiderepasshütte, am Gipfelaufbau senkrechte Schlüsselstelle im II. Grad mit Tritthilfen (T5–6), 1.00 Std.

Vom obersten Parkplatz beim **Bergheim Moser** ❶ geht es auf breitem Güterweg zuerst durch einen kleinen Grabenwinkel und dann über die **Untere** zur **Inneren Wiesalpe** ❷, 1298 m, beide als Jausenstationen gern besucht. Rechts haltend folgen wir dem Fahrweg weiter zur Materialseilbahn der Fiderepasshütte und

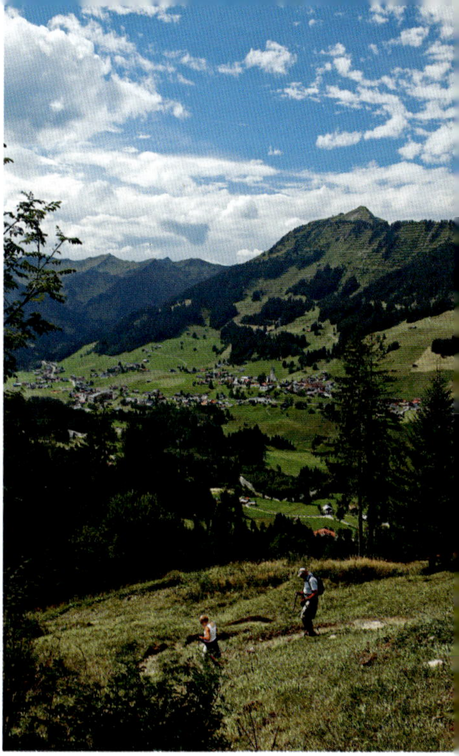

Blick auf Mittelberg beim Abstieg von der Kuhgehren- zur Wiesalpe.

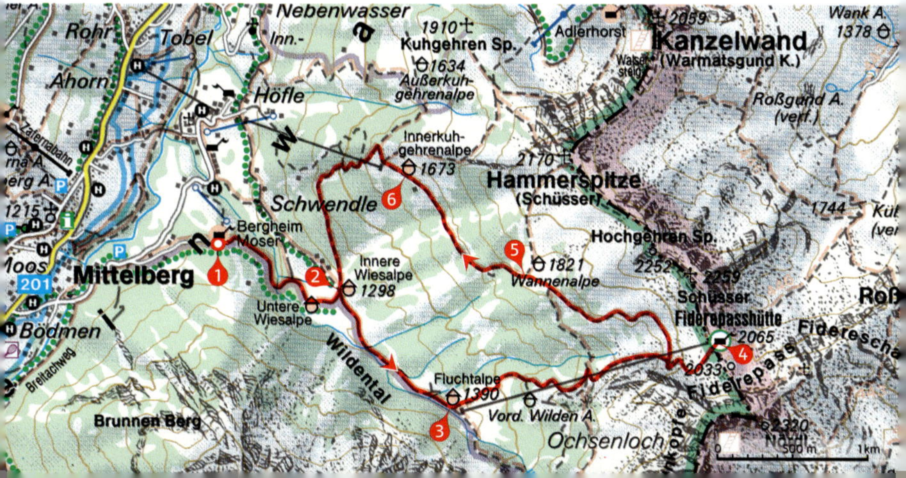

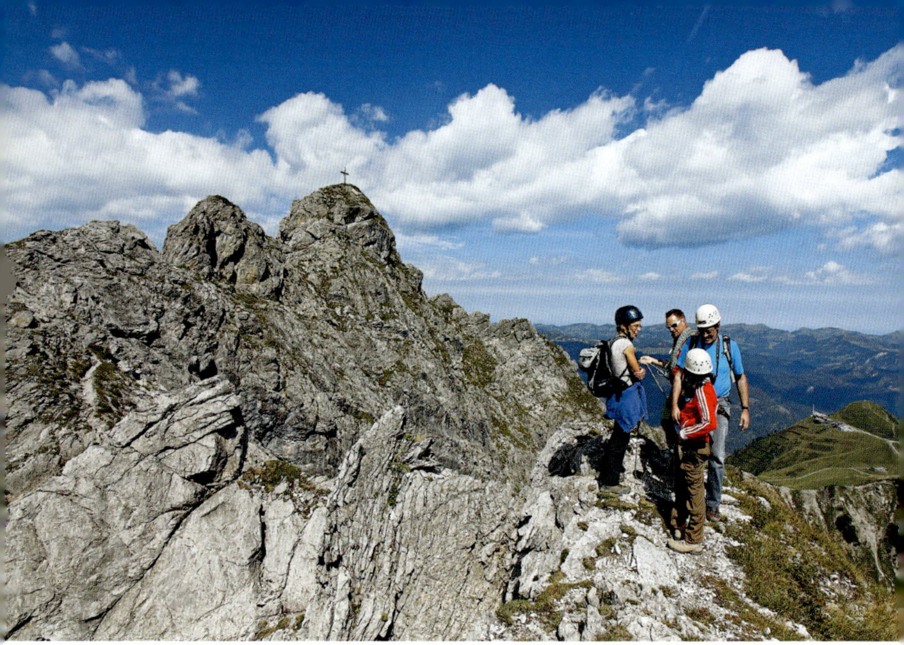

Zünftige Grattour von der Hammerspitze zur Hochgehrenspitze – aber nur für absolut Trittsichere und Schwindelfreie!

passieren kurz darauf die ebenfalls bewirtschaftete **Fluchtalpe ❸**, 1390 m, wo der eigentliche Steig beginnt. In Kehren über eine steilere, noch teils bewaldete Geländepartie und allmählich in eine weite Karwanne. Nach einem vorübergehend flacheren Stück führt ein ausgeprägter Zickzackkurs gegen den Fiderepass hinan, ehe uns etwas oberhalb zur Linken die **Fiderepasshütte ❹**, 2065 m, empfängt.
Den Rückweg wählen wir nur anfangs auf der gleichen Route, zweigen bei der ersten Gelegenheit rechts ab und durchqueren die Flanken unterhalb der Hammerspitzen schräg abwärts Richtung **Wannenalpe ❺**, 1821 m, sowie im weiteren Verlauf allmählich horizontal zur reizvoll am Hangrücken gelegenen **Innerkuhgehrenalpe ❻**, 1673 m. Etwas tiefer tauchen wir kurz nach dem Hinweis zur Außerkuhgehrenalpe in den Wald ein, vollziehen etliche Serpentinen auch über Lichtungen und kommen mittels einer Diagonalen wieder zur **Inneren Wiesalpe ❷**. Das verbleibende Stück ist identisch mit dem Hinweg.

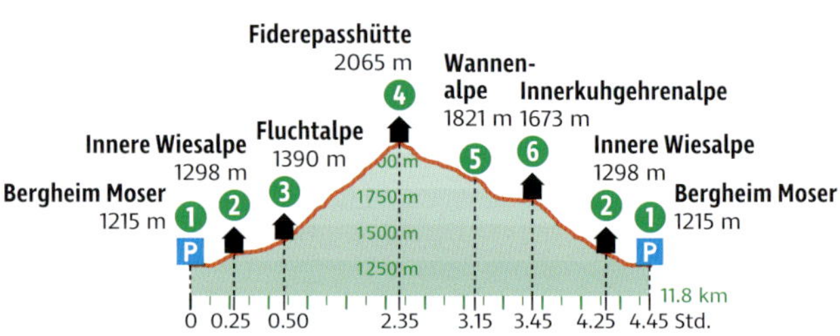

Hintere Gemstelhütte und Obergemstelalpe 20

Von Bödmen ins Gemsteltal

3.30 Std. | 9,8 km | ↗ 570 m | ↘ 570 m

Eindrucksvolle Seitenkammer des Kleinwalsertals

Das bei Bödmen ausmündende Gemsteltal ist eine der ursprünglichen Seitenfurchen, die im Gegensatz zum dicht besiedelten Haupttal ausschließlich von der Alpwirtschaft geprägt sind. Es liegt tief eingeschnitten zwischen der Masse des Widderstein und der Gruppe um Elfer und Liechelkopf – entsprechend wildromantisch ist das Antlitz. Bis zur Hinteren Gemstelhütte erwartet uns nur ein gemütlicher Alpbummel, zur Obergemstelalpe wird das Gelände spürbar alpiner.

Ausgangspunkt: Parkplatz »Weiher«, ca. 1180 m, an der Bödmerstraße zwischen Mittelberg und Baad im Kleinwalsertal (gebührenpflichtig). Per Bus wahlweise Haltestelle »Weiher« oder »Gemse« (Linie 1).

Anforderungen: T2–3. Im unteren Bereich meist breite Wirtschaftswege, zur Obergemstelalpe gut angelegter, merklich steilerer Bergweg. Etwas Trittsicherheit vorteilhaft, aber noch relativ moderat, auch in konditioneller Hinsicht.

Kinder: Flexibel gestaltbar, für die Kleinen gemütlich bis Hintere Gemstelhütte (Spielmöglichkeiten), für bergtaugliche Kinder ohne Weiteres höher hinaus.

Variante: Mit den Zielen von Tour 21 und 22 Kombination zu einer Umrundung des Widderstein, ca. 6.00 Std.

Karten: Freytag & Berndt 1:50.000, Blatt 364 oder 351.

Vom **Parkplatz »Weiher« 1** aus sind wir umgehend am Ufer der Breitach, gehen ostwärts zur Brücke am Gemstelboden, wo man den Zugang von der Haltestelle »Gemse« aufnimmt, und weiter zum Beginn des Gemsteltals. Wir bleiben am besten gleich rechts vom Bach, treten

Bis zur Hinteren Gemstelhütte schafft es auch ein ungeübter Wanderer.

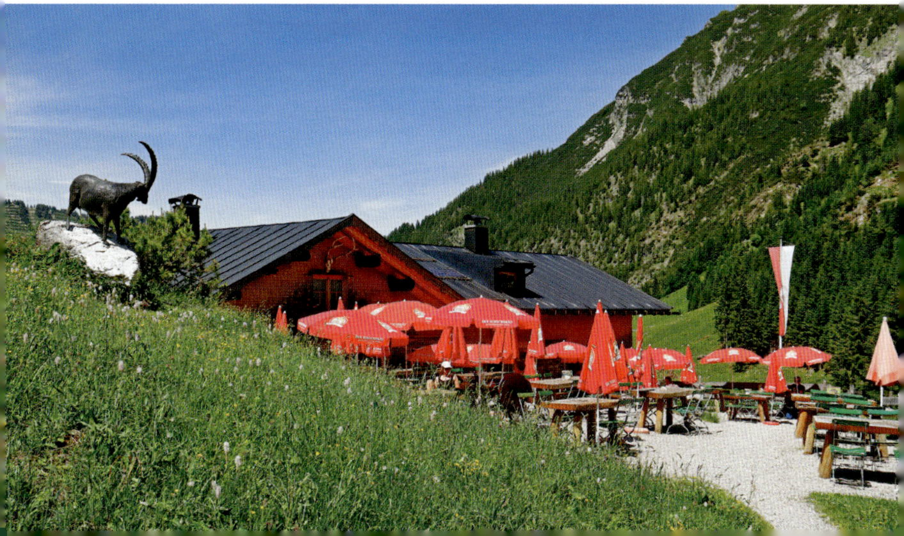

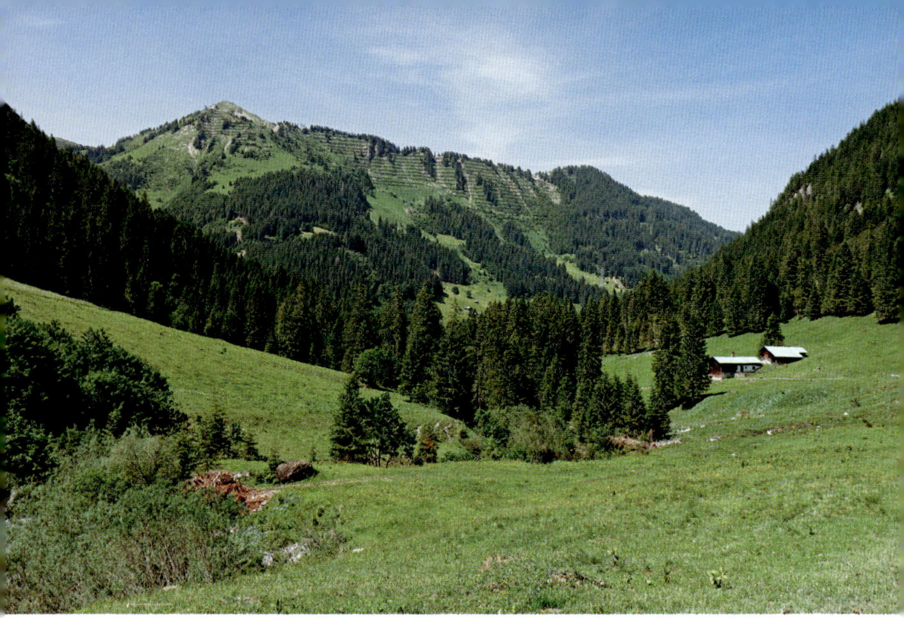

Im heiteren Gemsteltal mit Blick auf Walmendinger Horn und Heuberggrat.

bald aus dem Wald und steuern auf dem sachte ansteigenden Fahrweg **Bernhard's Gemstelalpe**, ca. 1290 m, an. 10 Minuten später beginnt bei der **Hinteren Gemstelhütte** ❷, 1321 m, mit dem eigentlichen Bergweg die Hauptsteigung. Nach einer Passage im Schotter rechts haltend gegen den Steilriegel hinauf, anschließend am »Gsprengten Weg«, wo der Fels künstlich ausgehauen wurde und Seile zur Absicherung aufgespannt sind, direkt über dem Einschnitt der Klamm entlang. Man kommt in einen Kessel voran, holt wiederum nach rechts aus und gewinnt den Bichl mit der **Obergemstelalpe** ❸, 1694 m.

Beim Rückweg wechseln wir knapp unterhalb der **Hinteren Gemstelhütte** ❷ auf die andere Seite, besuchen je nach Lust und Laune auch die etwas abseits gelegene Naturalpe

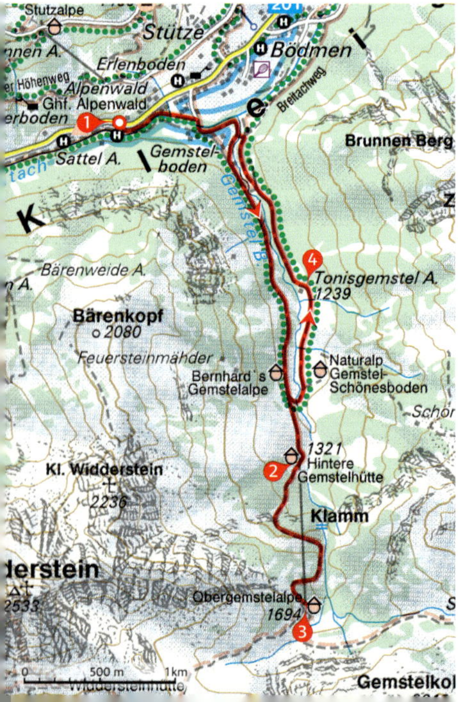

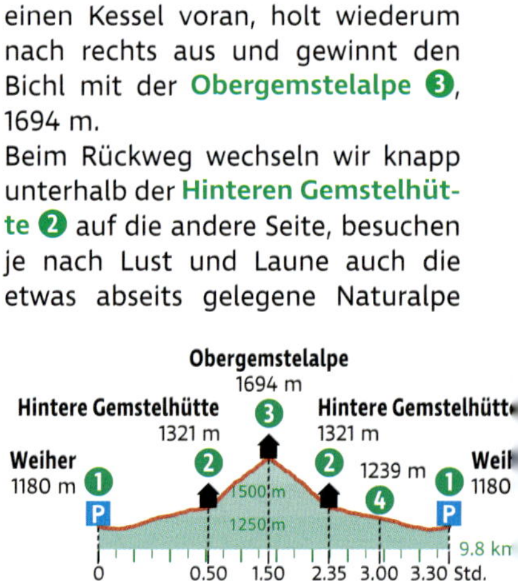

EINKEHR

Bernhard's Gemstelalpe, 1290 m: im Sommer bewirtschaftet, Tel. +43 664 8774341, www.bernhards-gemstelalp.at.

Hintere Gemstelhütte, 1321 m: Ende Mai bis Anfang November, Tel. +43 664 2510289.

Obergemstelalpe, 1694 m: im Sommer bewirtschaftet, Tel. +43 5517 5682 oder +43 664 1636206.

Naturalpe Gemstel-Schönesboden, 1310 m: im Sommer bewirtschaftet, Tel. +43 650 9810028.

TOUREN

Walser Geißhorn, 2366 m: von Obergemstel Richtung Koblatpass und anschließend über den recht steilen Südrücken (T3), 2.10 Std.

Widderstein, 2533 m: normaler Bergweg zur Widdersteinhütte und weiter bis zum Einstieg am südseitigen Bergfuß, dann anspruchsvolleres Steilgelände mit einzelnen Kraxelstellen (T4), 2.45 Std.

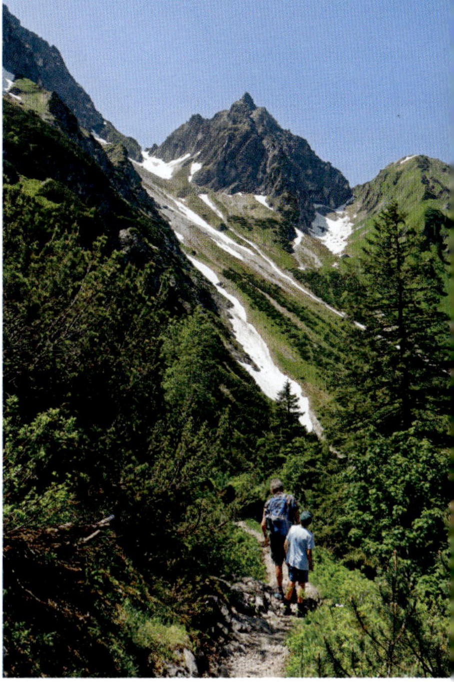

Spannender Bergweg in eindrucksvoller Umgebung.

Gemstel-Schönesboden und bummeln dann gemächlich bergab zur **Tonisgemstelalpe** ❹, 1239 m, die als einzige nicht touristisch genutzt wird. Im weiteren Verlauf wieder in den Wald eintauchend und später über die Brücke zurück zum Gemstelboden bzw. zum Ausgangspunkt.

Auf der Obergemstelalpe geht's noch urig zu.

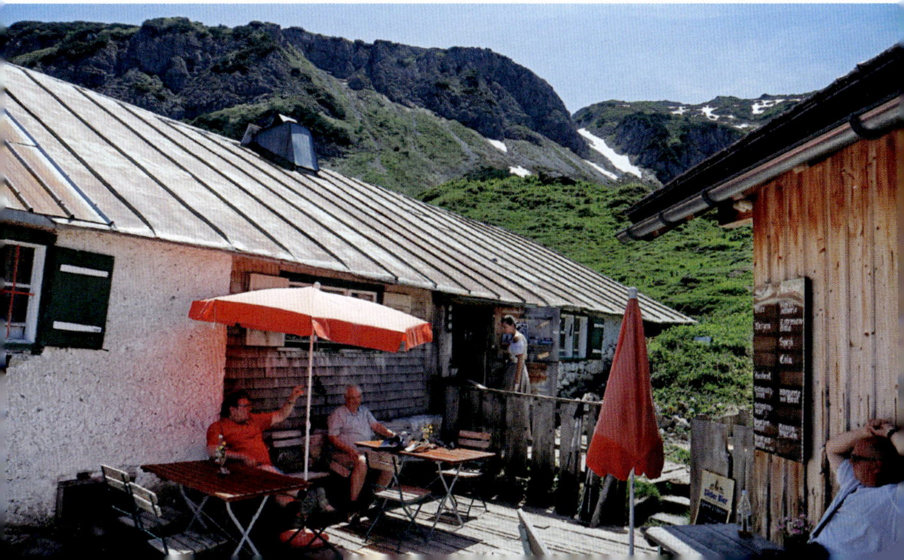

21 Alpe Widderstein und Bärgunthütte, 1408 m

Von Baad ins Bärgunttal

1.30 Std. | 4,8 km | ↗ 200 m | ↘ 200 m

Ein ganz beschaulicher Alpspaziergang

Parallel zum Gemsteltal, das im vorherigen Kapitel vorgestellt wurde, liegt auf der Westseite des gewaltigen Widderstein-Massivs das nicht minder romantische Bärgunttal eingeschnitten. Es hinterlässt insgesamt sogar noch einen wilderen Eindruck. Um unsere Einkehrziele, zwei an der Zahl, zu erreichen, können wir uns freilich auf den vorderen Bereich beschränken und haben keinerlei Mühen zu erwarten. Dieser »Spaziergang« eignet sich tatsächlich für jeden, vom Buggy-Piloten bis zum rüstigen Senior. Alle freuen sich über die Alptiere sowie die urigen Hütten mit ihren Leckereien.

Ausgangspunkt: Baad, 1224 m, im Kleinwalsertal. Große, gebührenpflichtige Parkplätze und Endpunkt der Buslinie 1 von Oberstdorf.
Anforderungen: T1. Problemlose Wirtschaftswege ohne größere Steigungen und eine der kürzesten Touren in diesem Band.
Kinder: Kinderwagentaugliche Wege, Tiere und Spielmöglichkeiten bei den beiden Hütten.

Karten: Freytag & Berndt 1:50.000, Blatt 364 oder 351.

EINKEHR

Alpe Widderstein, ca. 1340 m: Mai bis Oktober, Mi Ruhetag, Tel. +43 5517 3473, www.alpe-widderstein.at.
Bärgunthütte, 1408 m: fast ganzjährig geöffnet, Tel. +43 664 3110453, www.baergunthuette.de.

Die Tour im Bärgunttal ist eigentlich nur ein ausgedehnter Spaziergang.

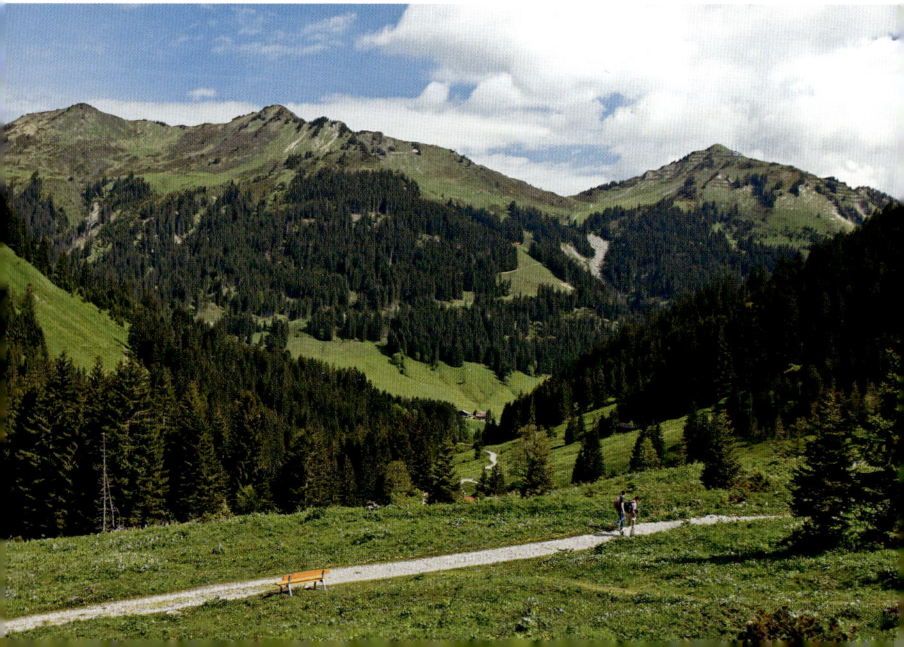

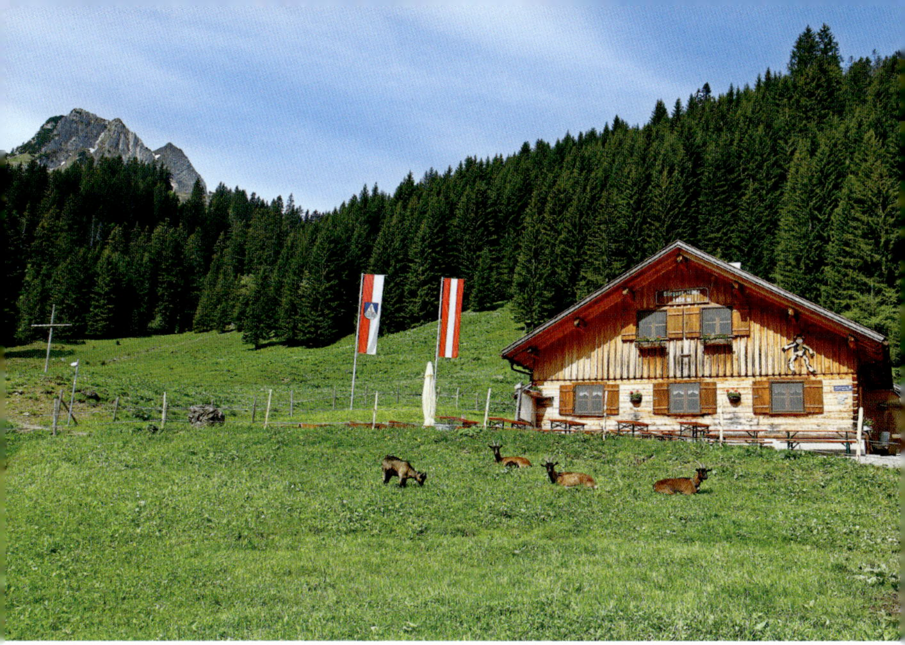

Zu den beliebtesten Anlaufpunkten im Kleinwalsertal zählt die Bärgunthütte.

Von **Baad** ❶ wandern wir südwärts ins Bärgunttal hinein und bei der Wegverzweigung links zunächst zur unbewirtschafteten Äußeren Widdersteinalpe. Schon bald darauf empfängt uns die Jausenstation der **Inneren Widdersteinalpe** ❷, ca. 1340 m. Die Fortsetzung verläuft weiterhin auf dem breiten Güterweg, kreuzt einen seitlichen Tobel und führt mit einem Bogen auf die andere Seite des Hauptbachs, wo sich die **Bärgunthütte** ❸, 1408 m, befindet. Der Rückweg nutzt den direkten Kurs, sprich schnurstracks talauswärts und dabei sachte fallend bis nach **Baad** ❶.

TOUREN

Widdersteinhütte, 2009 m: über den Hochalppass und unmittelbar südlich am Widderstein vorbei (T2–3), 2.30 Std. ab Bärgunthütte, mit Abstieg ins Gemsteltal zur großen Runde um den Widderstein erweiterbar.
Bärenkopf, 2080 m: unbezeichneter, spärlich gepfadeter Aufstieg (ehemaliger Heuersteig) auf einen exzellenten Aussichtsberg (T3–4), gut 2.00 Std. ab Alpe Widderstein.

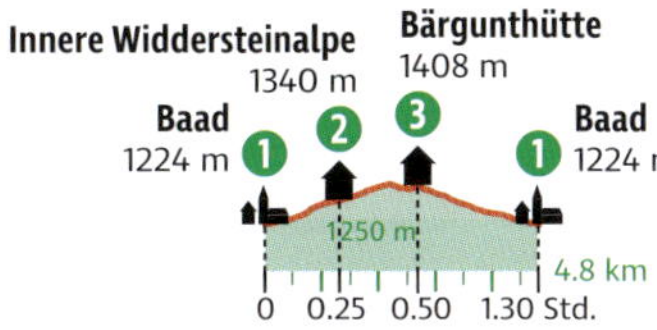

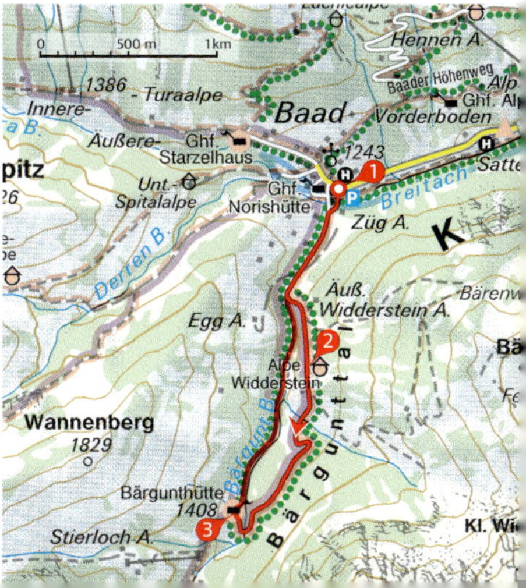

22 Widdersteinhütte, 2009 m

Kurzer Aufstieg vom Hochtannberg

1.40 Std. | 3,2 km | ↗340 m | ↘340 m

Sonnseitiger Geländebalkon am Fuße des Widderstein
Im heiteren Mattengelände auf der Südseite des mächtigen Widderstein liegt die gleichnamige Hütte, die in Privatregie unterhalten wird und nicht annähernd die Größe typischer Alpenvereinshäuser in den Allgäuer Alpen erreicht. Dabei laufen hier immerhin vier Wege zusammen: der kürzeste Zustieg vom Hochtannberg (der fast einer Spritztour gleichkommt), der Übergang von der Mindelheimer Hütte übers Koblat sowie zwei verschiedene Routen aus dem Kleinwalsertal (die via Bärgunt- und Gemsteltal zu einer idealen, tagfüllenden »Hufeisenrunde« zusammengelegt werden können). Und dann ist da natürlich noch – kaum zu übersehen – der Widderstein höchst selbst, Wächter über dem Hochtannberg, alpines Prunkstück des Kleinwalsertals und nicht zuletzt unser Hausberg, der sich in weniger als zwei Stunden erklimmen lässt.

Ausgangspunkt: Hochtannbergpass, 1670 m, an der Straßenverbindung zwischen Schröcken und Warth. Kostenfreie Parkmöglichkeiten und Buslinie 40a (Schoppernau – Lech).
Anforderungen: T2. Unkomplizierter, nicht besonders steiler Bergweg, damit sowohl wandertechnisch als auch konditionell geringer Anspruch.
Kinder: Angesichts der Kürze gut geeignet für erste »Gehversuche« im Gebirge. Die Umgebung ist herrlich zum Toben und Spielen.
Variante: Mit Aufstieg durchs Bärgunttal und Abstieg durchs Gemsteltal oder umgekehrt ergibt sich eine ausgedehnte Tagestour von Baad aus (vgl. Touren 20 und 21).
Karten: Freytag & Berndt 1:50.000, Blatt 364. AV-Karte 1:25.000, Blatt 3/2.

Weit schweift der Blick über das Hochtannberggebiet.

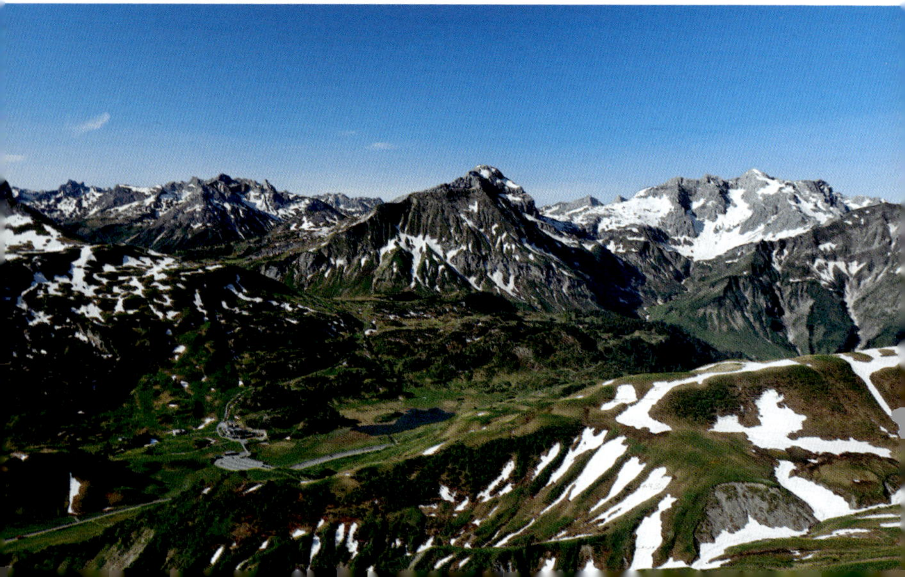

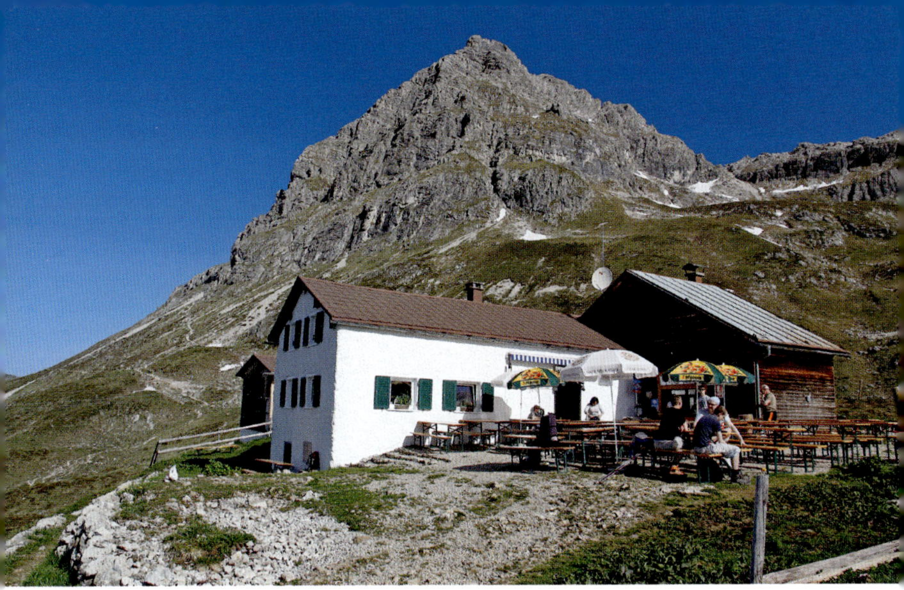

Die Widdersteinhütte mit ihrem formgewaltigen Hausberg.

EINKEHR

Widdersteinhütte, 2009 m: Anfang Juni bis Mitte Oktober, 26 Schlafplätze, Tel. +43 664 3912524, widdersteinhuette.at (Reservierung online).

TOUREN

Widderstein, 2533 m: durch den Steiltrichter der Südflanke zum Gipfelgrat und nach rechts zum höchsten Punkt, Schrofen- und Felsgelände mit Stellen im I. Grad, aber auch steigartig und markiert (T4), 1.40 Std.

Mindelheimer Hütte, 2013 m: übers Koblat und unter dem Walser Geißhorn entlang zum Wildengundsattel, dahinter Abstieg und Querung zur Hütte (T2+), 3.00 Std.

Am **Hochtannberg** ❶ beginnt gegenüber dem Hotel Adler sowie rechts von einem Bachtobel der Hüttenweg. Viel ist darüber nicht zu berichten, steigt man doch einfach an der offenen, südseitigen Flanke bergauf und erreicht bereits nach knapp einer Stunde rechts eindrehend den Geländebalkon, wo die **Widdersteinhütte** ❷, 2009 m, ihren Platz hat. Retour geht es normalerweise auf derselben Route – oder man begeht den Höhenweg westwärts bis zum Hochalppass und wandert von dort durch die seichte Eintalung zurück zum Ausgangspunkt (etwa 45 Min. länger).

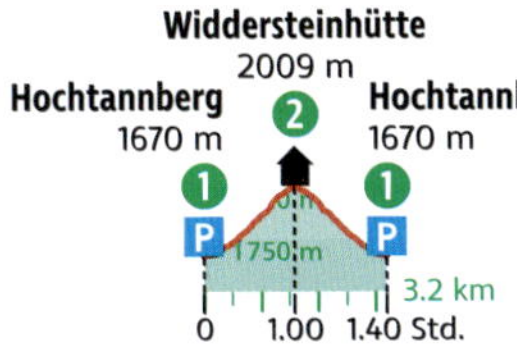

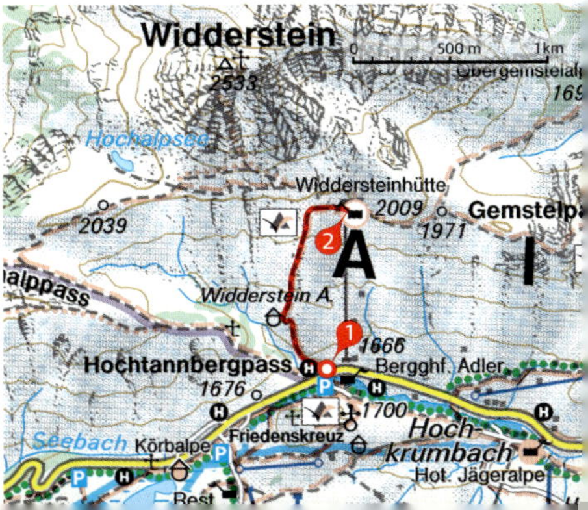

23 Auenfelder Hütte und Bürstegg, 1719 m

Rund um das Karhorn

TOP | 4.20 Std. | 14,4 km | ↗ 670 m | ↘ 670 m

Im historisch bedeutsamen Siedlungsgebiet der Walser

Auch wenn wir zuweilen Skigebiete berühren, ist die Umrundung des Karhorns bei Warth eine der interessantesten Wanderungen in diesem Band. Der Rundkurs schenkt uns nämlich ganz unterschiedliche Perspektiven und überhaupt die meiste Zeit ein tolles Panorama. Das Karhorn selbst beäugen wir meist aus der Froschperspektive; Widderstein, Juppenspitze, Biberkopf und die westlichsten Gipfel der Lechtaler Alpen kommen hingegen wundervoll aus der Halbdistanz zur Geltung. Von Hochkrumbach schlagen wir zunächst den Bogen ins Auenfeldgebiet und entdecken später einen ganz bezaubernden Fleck: die einst von Walsern gegründete Siedlung Bürstegg. Mit Verlassen ihrer angestammten Heimat im schweizerischen Wallis stießen sie im späten 13. und 14. Jahrhundert ostwärts bis ins heutige Vorarlberg vor, unter anderem auch in die Gegend rund um den Hochtannberg. Seit 1890 fungiert das hübsche, anheimelnde Ensemble auf der grünen Anhöhe nur noch als Alpe, das dem heiligen Martin geweihte Kirchlein steht unter Denkmalschutz.

Ausgangspunkt: Hotel Jägeralpe, 1584 m, an der Ostrampe zum Hochtannbergpass (Örtlichkeit Hochkrumbach). Buslinie 40a zwischen Warth und Schoppernau.
Anforderungen: T2. Stets gut ausgebaute Bergwanderwege, streckenweise auch befahrbare Trassen. Im Tourenverlauf drei stets gemäßigte Steigungen. Lockere Tagestour.
Kinder: Für einigermaßen marschtüchtige Kinder empfehlenswert, immer

Blick zum Lecher Ortsteil Stubenbach; dahinter schließt das Wöstertäli Richtung Rüfispitze und Wösterspitzen auf.

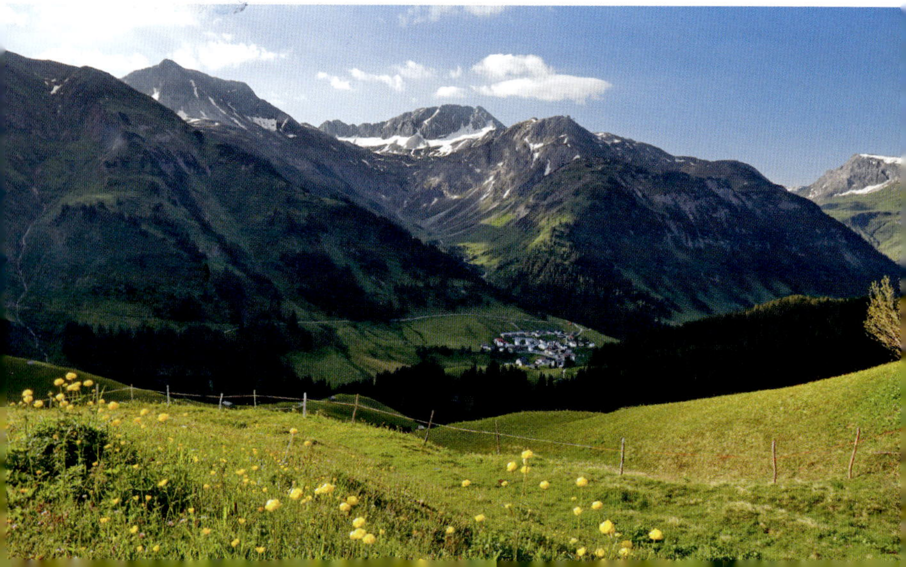

wieder schöne Flecken zum Verweilen.
Variante: Start in Warth möglich, eventuell auch mit der Steffisalpbahn.
Karten: Freytag & Berndt 1:50.000, Blatt 364. AV-Karte 1:25.000, Blatt 3/2.

EINKEHR

Auenfelder Hütte, ca. 1740 m: Mitte Juni bis Mitte Oktober und Anfang Dezember bis Mitte April, Mi Ruhetag, Übernachtungsmöglichkeit auf Anfrage, Tel. +43 664 4111251, www.auenfelder.at.
Untere Auenfeldalpe, 1660 m: Alpprodukte im Sommer.
Alpe Bürstegg, 1719 m: ebenfalls im Sommer einfach bewirtschaftet.
Punschhütte, ca. 1830 m: im Sommer und Winter geöffnet, Tel. +43 5583 3557 oder +43 664 3930952, www.walserstube.at.

TOUREN

Karhorn, 2416 m: vielseitiger Felsgipfel mit Normalweg über die Südseite (T3–4) und Klettersteigen auf der Nordseite (A/B) sowie am Westgrat (C/D). Ausgangspunkt ist meist die Steffisalpbahn.

Vom Hotel **Jägeralpe** ❶ starten wir in westlicher Richtung (Wegweiser »Hochtannberg«) und haben bald zwei Möglichkeiten. Wir wählen die Fortsetzung über die Kuchealpe, also südlich an der Kuppe des Simmel (mit dem Bergkirchlein St. Jakob) entlang durch die Geländemulde und später bei einer Seilbahnstation links aufwärts. Die Route führt über den seichten **Salobersattel** ❷, 1794 m, und senkt

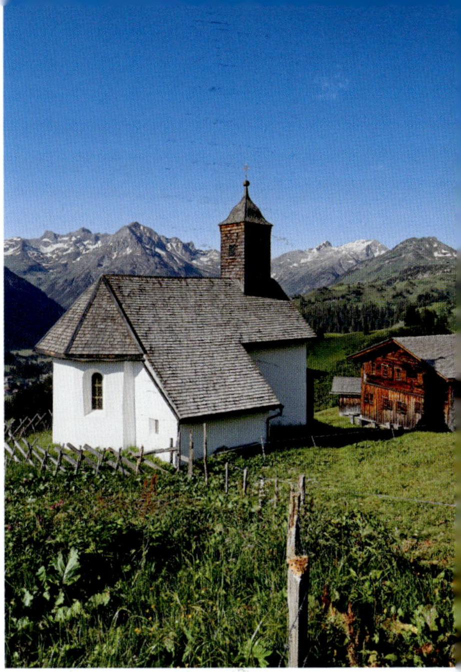

Die einstige Walsersiedlung Bürstegg bietet ein zauberhaftes Ambiente.

sich dahinter zur **Auenfelder Hütte** ❸, ca. 1740 m, ab. Auf einem Güterweg zur Oberen und **Unteren Auenfeldalpe** ❹ und im Hochtälchen anschließend leicht ansteigend zum Auenfeldsattel, 1710 m. Bei der Gabelung halten wir uns links aufwärts zum Karbühel und tangieren damit die Karhorn-Südseite, um jenseits der Anhöhe bis zur Zufahrt nach **Bürstegg** ❺, 1719 m, abzusteigen. Von der einstigen Walsersiedlung geht es an der Ostflanke des Massivs eine Weile beständig bergauf zum **Wannenkopfsattel** ❻, ca. 1900 m, und linker Hand noch etwas höher

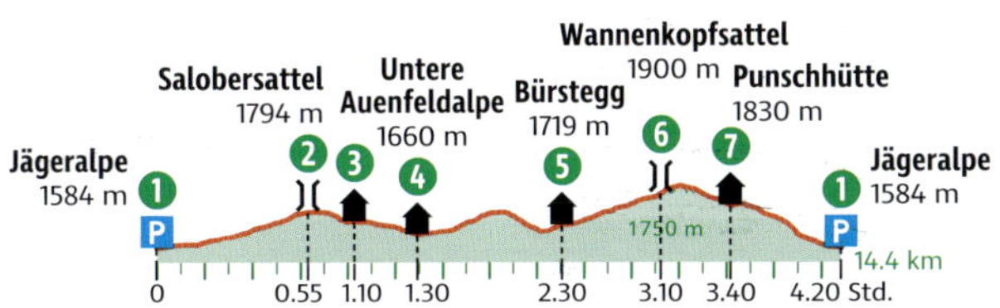

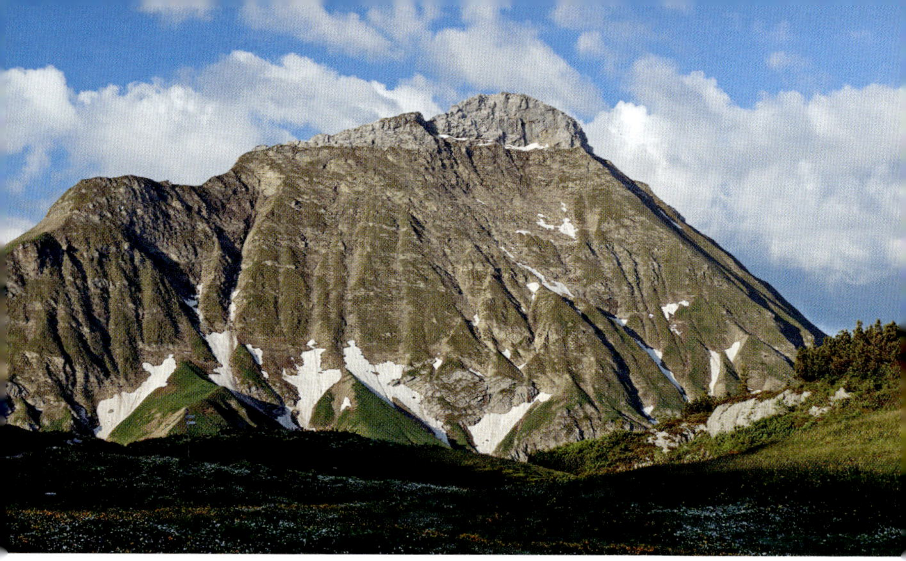

Jenseits des Salobersattels setzt sich die Nordwand der Juppenspitze in Szene.

bis unter die Lawinenverbauung am Warther Horn. Knapp unterhalb befindet sich die Bergstation der **Steffisalpbahn**, 1884 m. Wir kreuzen absteigend die Piste und queren von der **Punschhütte** ⑦, ca. 1830 m, hinüber zum finalen Abstiegsweg, der sich kurzfristig rechts hält und dann links einschwenkt. Zur Holzbodenalpe können wir eine steile Abkürzung einschlagen (ansonsten vom Horizontalweg rechts hinunter), ehe die Tour schließlich sachte zu den Weiden bei der **Jägeralpe** ① ausläuft.

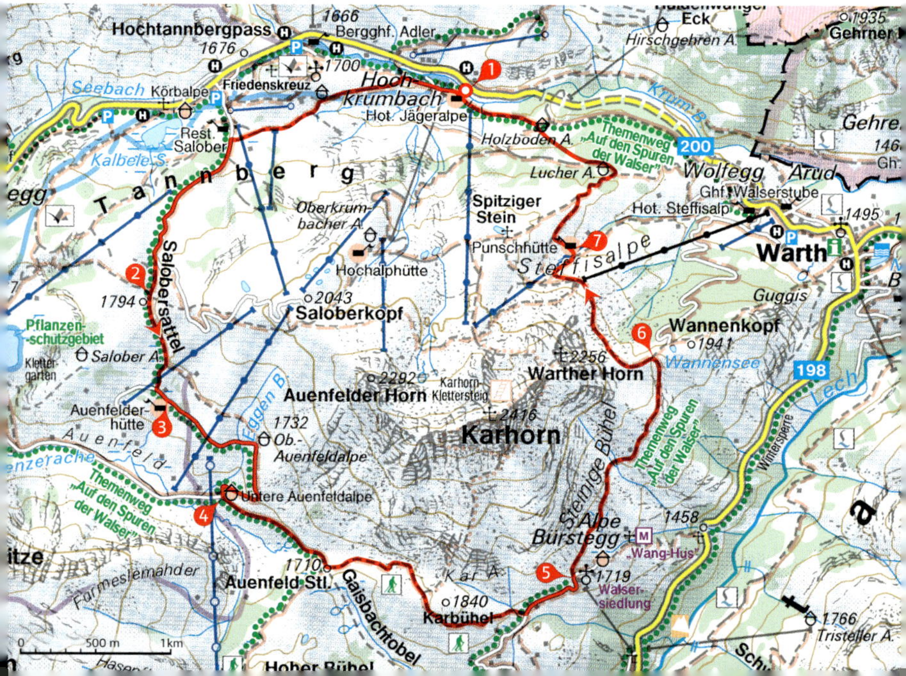

Stuttgarter Hütte
Von der Rüfikopfbahn über die Rauhekopfscharte nach Zürs

3.45 Std. | 10,5 km | ↗ 350 m | ↘ 980 m

Am äußersten Westrand der Lechtaler Alpen

Dass die Stuttgarter Hütte am Krabachjoch streng genommen knapp auf Tiroler Boden liegt, dürfte dem Besucher erstens kaum auffallen und soll sie diesem Band auch nicht vorenthalten. Tatsächlich angesteuert wird sie in den meisten Fällen ohnehin von Vorarlberger Seite. Als vom Arlberggebiet ausgehend Anfang des 20. Jahrhunderts der erste Skiboom in den Alpen Einzug hielt, wurde die Stuttgarter Hütte aus der Taufe gehoben. In der Wintersaison ist sie jedoch längst nicht mehr geöffnet, sondern ganz auf das sommerliche Wanderpublikum ausgerichtet. Dabei gilt die hier vorgestellte Tour von der Rüfikopfbahn mit Mittagspause in der Stuttgarter Hütte und anschließendem Abstieg nach Zürs als klassische Unternehmung der Tagestouristen.

Ausgangspunkt: Lech am Arlberg, 1444 m. Busverbindungen von den Bahnhöfen Langen und St. Anton, außerdem aus dem Bregenzerwald (Schoppernau). Mit der Rüfikopfbahn zur Bergstation, 2350 m. Betriebszeiten von 8.30 bis 17 Uhr.
Endpunkt: Zürs, 1717 m, Hotelsiedlung an der Straße zum Flexenpass. Die Buslinien 91 und 92 verkehren Richtung Lech.

Anforderungen: T2. Gute Bergwege, die nur bei Nässe stellenweise unangenehm rutschig werden können, im Wesentlichen auch ohne Absturzgefahr. Gegen Ende Hartbelag. Dank der Seilbahn auch konditionell moderat.
Kinder: Landschaftlich sehr lohnende, ungefährliche Höhenwanderung mit Seilbahnunterstützung.
Karten: Freytag & Berndt 1:50.000, Blatt 351. AV-Karte 1:25.000, Blatt 3/2.

Ein sonniger Sommertag lockt viele Wanderer zur Stuttgarter Hütte.

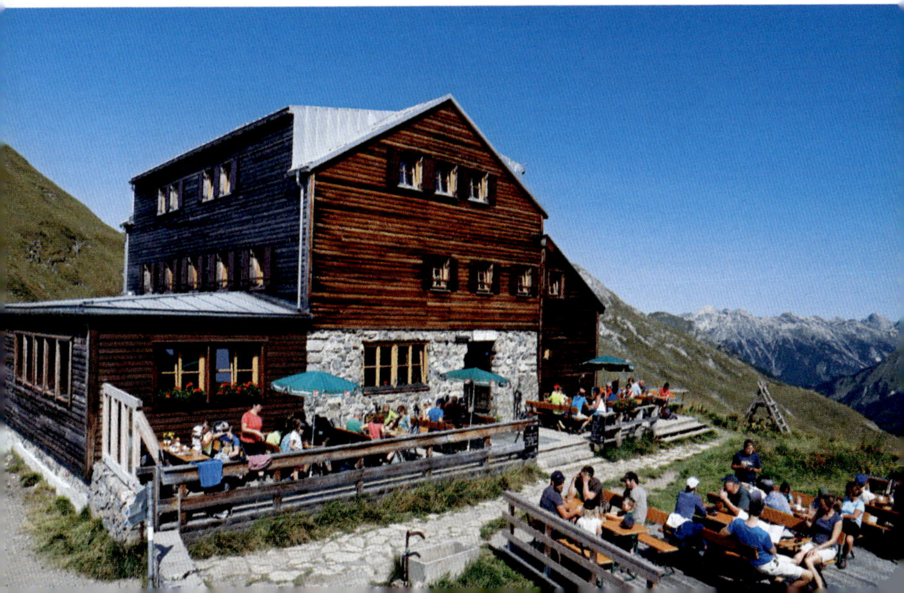

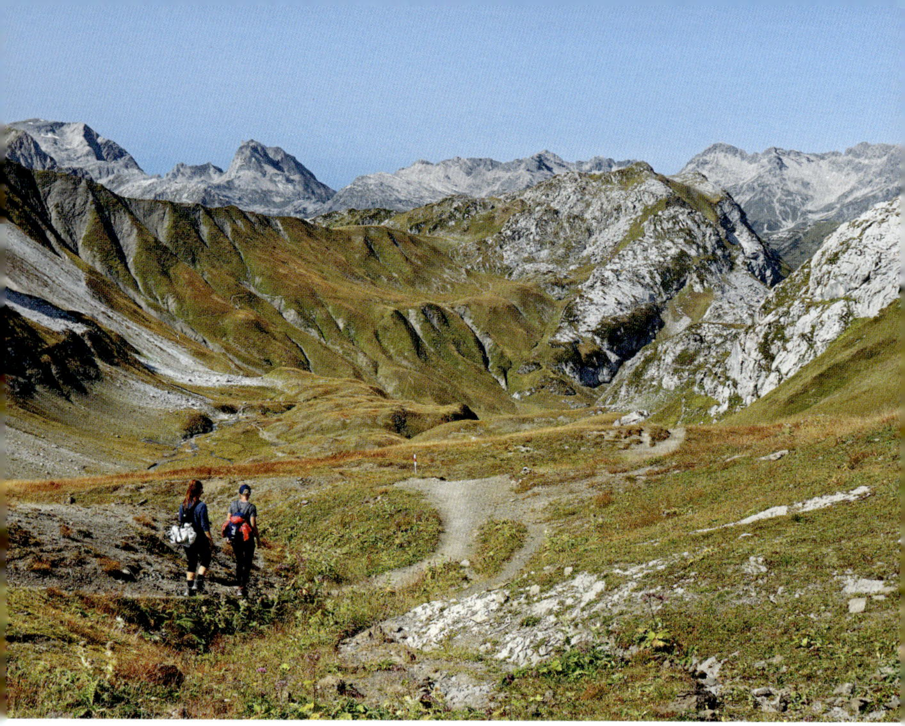

Als Zugang wählen wir den Höhenweg über die Rauhekopfscharte.

Rund 900 Höhenmeter überwindet die Seilbahn von Lech zum **Rüfikopf** ❶, 2350 m, wo sich besonders das östliche Lechquellengebirge im Panorama entfaltet. Nach Wegweiser »Stuttgarter Hütte« geht es auf breiter Trasse zunächst einmal abwärts. Ein Linksabzweig bringt uns kurz hinauf zu einem Sattel, hinter dem sich der Abstieg zum **Monzabonjoch** ❷, 2270 m, fortsetzt. In diesem Bereich verzweigen sich mehrere Routen, wobei wir uns zuerst nach Osten orientieren und in Kürze rechts den nahezu horizontalen Hangweg Richtung Ochsengümple (Nr. 43) einschlagen. Über die Böden ostwärts und allmählich gegen den Bockbachsattel hinan. Noch unterhalb der grünen Kammlinie gabelt sich die Spur, wobei wir rechts haltend vom erdigen Mattengelände vorübergehend in eine steinigere Umgebung geraten und die **Rauhe-**

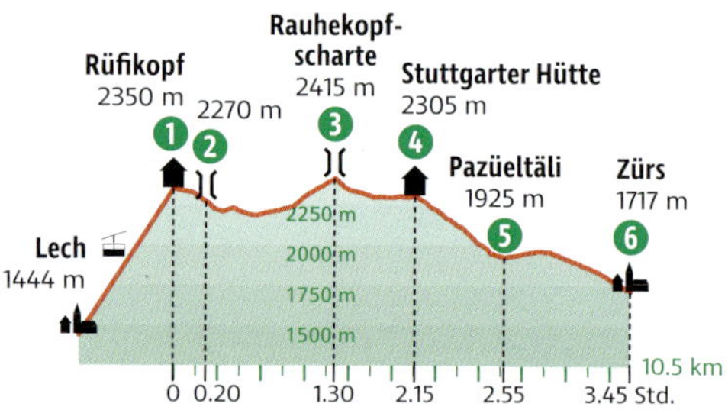

kopfscharte ❸, 2415 m, überschreiten. Auf der Südseite wechselt man aus den Schrofen wieder zurück auf einen lehmigen Weg, der mit geringen Höhenunterschieden die Hänge südwärts Richtung Krabachjoch quert. Unmittelbar dahinter treffen wir bei der **Stuttgarter Hütte ❹**, 2305 m, ein.

Der Abstieg führt auf dem gut ausgebauten Endressweg diagonal bergab. Zwischendurch gehen wir einen Grabeneinschnitt aus und kommen auf den weiten Boden im **Pazüeltäli ❺**, ca. 1925 m, wo eine Alphütte abseits bleibt. Über die Brücke auf die linke Seite und rund 50 Höhenmeter aufwärts zu einer Anhöhe. Jetzt übernimmt ein Sträßchen den Kurs und bringt uns an der Trittalpe vorbei hinab nach **Zürs ❻**, 1717 m.

EINKEHR

Panoramarestaurant Rüfikopf, 2350 m: geöffnet während der Seilbahnbetriebszeiten, Tel. +43 5583 2336278.

Stuttgarter Hütte, 2305 m: DAV, Ende Juni bis Ende September, 56 Schlafplätze, Tel. +43 676 7580250, www.alpenverein-schwaben.de (Online-Reservierung möglich).

TOUREN

Fanggekarspitze, 2640 m: auf dem Calwer Steig vom Erlijoch (T3), 1.00 Std.

Leutkircher Hütte, 2262 m: über Erlijoch, Erlachalm, Stampflestobel und Almajurjoch (T3), 3.30 Std.

Ulmer Hütte, 2279 m: über den Boschweg, Valluga und Valfagehrjoch, schuttreich und stellenweise gesichert (T3–4), 3.30 Std. Die früher übliche Route via Trittjoch ist gesperrt!

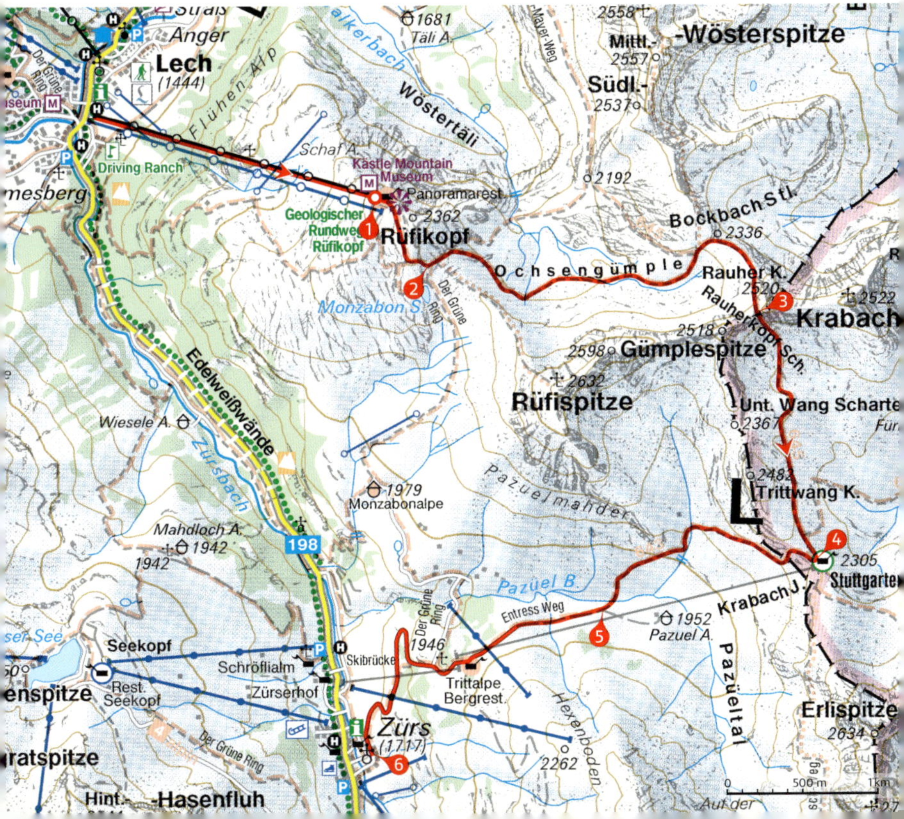

25 Monzabonalpe, 1979 m

Spritztour bei Zürs

2.15 Std. | 6,2 km | ↗ 370 m | ↘ 370 m

Vis-à-vis der Wildgruben-Skyline

Die Monzabonalpe hat ihren Platz auf einem weitläufigen Mattenbalkon oberhalb der Flexenstraße. Hauptrolle spielt hier eindeutig der Weidebetrieb, Wanderer dürfen sich aber auch zur Rast niederlassen und in ruhiger Atmosphäre von den Alpprodukten kosten. Denn große Touristenströme verlaufen sich nicht hierher. Dabei kann sich das Panorama wirklich sehen lassen. Gegenüber baut sich die Ostfront des Lechquellengebirges mit der zackigen Gruppe der Wildgrubenspitzen auf: eine tolle Kulisse!

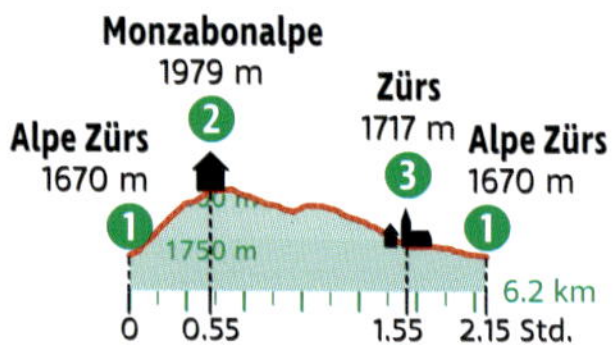

Ausgangspunkt: Beginn des Bergwegs bei »Alpe Zürs«, ca. 1670 m, gut 1 km nördlich der Hotelsiedlung nahe dem Holzschnitzelwerk. Beschränkter Parkraum, ggf. wie mit Öffis (Buslinien 91 und 92) in Zürs starten.

Anforderungen: T2+ (Aufstieg) bzw. T1 (Abstieg). Vergleichsweise steiler Steig auf direktem Kurs, retour vollkommen leicht auf Fahrwegen. Kurzprogramm.

Kinder: Wegen der Kürze gut geeignet, elementare Bergtauglichkeit und Trittsicherheit sollten aber für den (spannenderen) Aufstieg gewährleistet sein.

Karten: Freytag & Berndt 1:50.000, Blatt 351. AV-Karte 1:25.000, Blatt 3/2.

Von dort schweift der Blick übers Zürser Hochtal zur Hasenfluh.

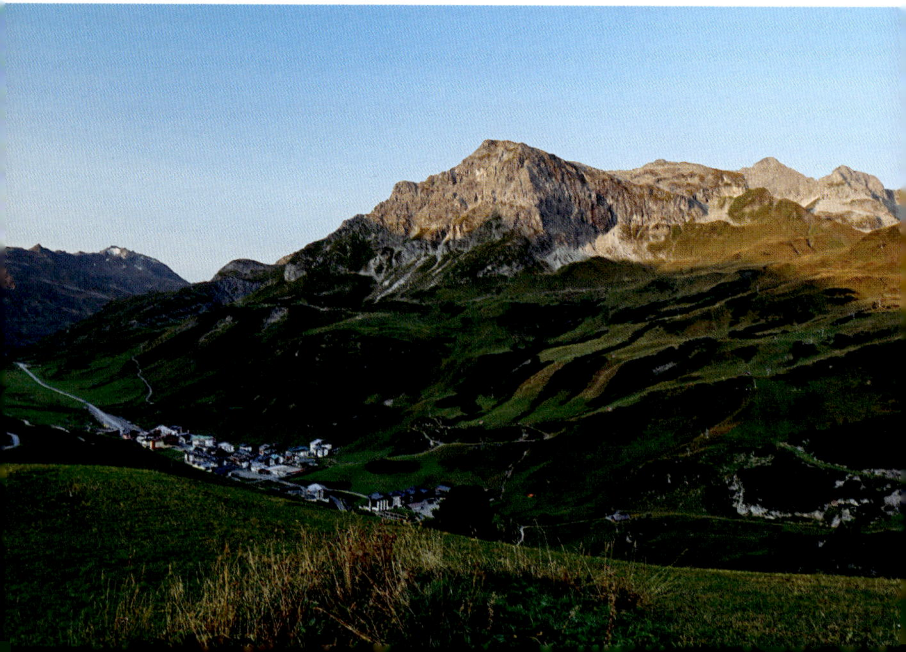

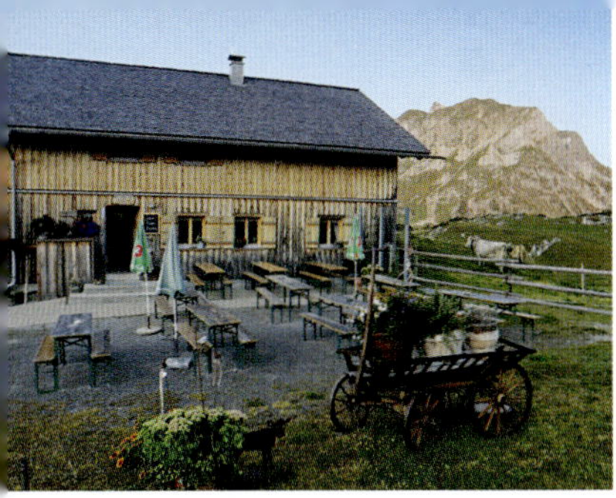

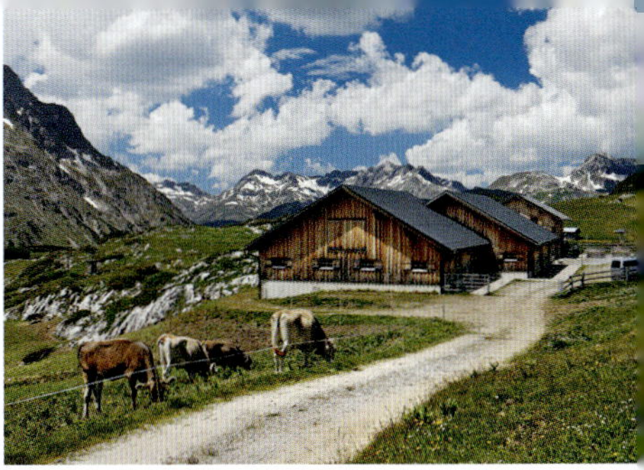

Die Monzabonalpe liegt auf einem freien Geländebalkon.

EINKEHR

Monzabonalpe, 1979 m: einfache Jausenstation während der Alpzeit.

TOUREN

Rüfispitze, 2632 m: über die sanften Matten hinauf zum Monzabonsee und -joch, anschließend am zunehmend felsigen Nordwestgrat (T4), 2.00 Std.

Wösterspitzen, 2558 m: über das Monzabonjoch bis fast zum Bockbachsattel, dann links abzweigend auf den Grasrücken und über einen Aufschwung zum Südgipfel, weiter am schrofigen, z. T. schmalen Grat über den Mittel- zum Nordgipfel (T3+), ca. 2.30 Std.

Gleich ab Einstieg ❶ geht es kräftig in die Höhe. Unser Steig ist in Schleifen angelegt und zieht rechts von einer Felsfluh aufwärts, zwischendurch mehrmals über einen Bachgraben und schließlich links haltend zu den Wiesen der **Monzabonalpe** ❷, 1979 m, deren Ställe in Kürze erreicht sind. Auf der Zufahrt schweifen wir anschließend nach Süden ab, gelangen mit einem Bogen ins Pazüeltal und wechseln bei der Trittalpbahn (nur im Winter in Betrieb) vom Schotter auf Asphalt. Nach einer kleinen Gegensteigung windet sich das Sträßchen ins Hoteldorf **Zürs** ❸, 1717 m, hinunter. Im Tal wandert man noch ein Weilchen sachte abwärts bis zum Ausgangspunkt.

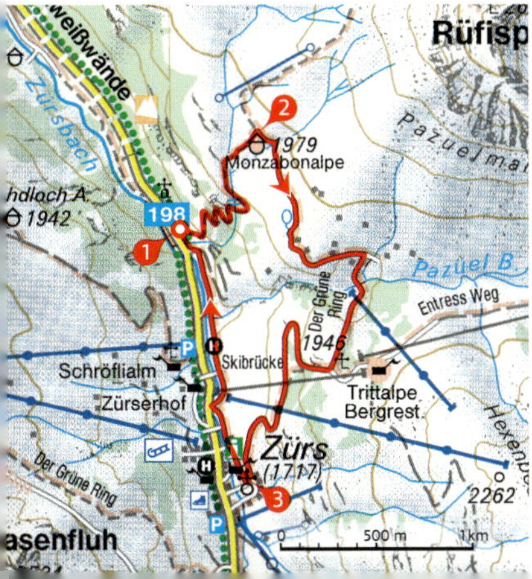

Der Aufstieg ist kurz, der Weg aber recht schmal und steil.

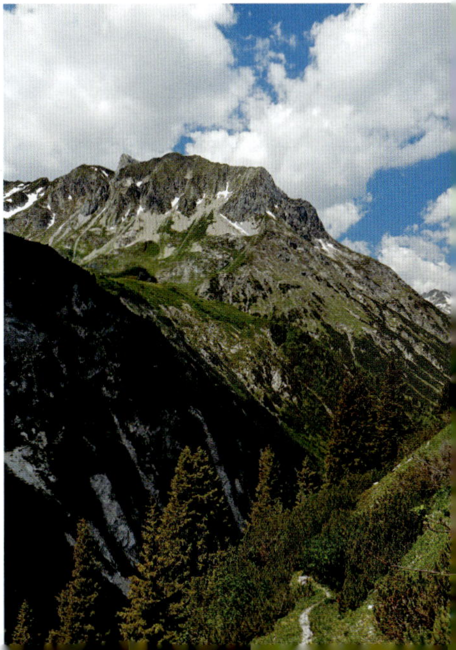

26 Ravensburger Hütte, 1947 m

Von Zug nach Langen am Arlberg

4.00 Std. | 13,4 km | ↗ 600 m | ↘ 880 m

Ins großartige Spullersee-Revier

Vor rund 100 Jahren wurde mitten im Lechquellengebirge der Spullersee zwecks Stromgewinnung und Elektrifizierung der Arlbergbahn aufgestaut. Trotz seines künstlichen Ursprungs fügt er sich harmonisch ins Landschaftsbild ein und vermittelt eine starke Anziehungskraft, von der sicher auch die unweit gelegene, 1912 eröffnete Ravensburger Hütte profitiert. Mit den umfangreichen Skierschließungen der Arlbergregion sieht man sich hier zum Glück nicht konfrontiert, stattdessen zeigt sich zwischen Spuller Schafberg und der Gruppe der Wildgrubenspitzen eine urtümliche Mischung aus Mattengrün und wildem Felsengeschröf. Die imposante Roggalkante oder der Ostgrat der Plattnitzer Jochspitze besitzen in Kletterkreisen den Nimbus von Klassikern. Mittlerweile geht es dort etwas ruhiger zu als noch in den wilden Sechzigern, während der nahe Klettergarten jedoch permanent an Zulauf gewinnt. Die meisten Gäste sind aber wohl auf der Lechquellenrunde unterwegs, besteigen den Spuller Schafberg als Wegegipfel oder verbringen einfach ein paar gemütliche Stunden in der lieblichen Umgebung. Die Ravensburger Hütte trägt den Alpenvereinsinitiativen zur Familienfreundlichkeit und Verwendung regionaler Produkte Rechnung, ist also mit zwei Gütesiegeln ausgezeichnet. Der bequeme Zugang vom Spullersee ist sogar mit kleinen Kindern möglich. Wer hingegen etwas ausgiebiger wandern möchte, kann wie nachfolgend beschrieben die Routen von Zug und Langen am Arlberg zu einer Überschreitung zusammenlegen.

Unweit der Hütte fasziniert uns der tiefblaue Spullersee.

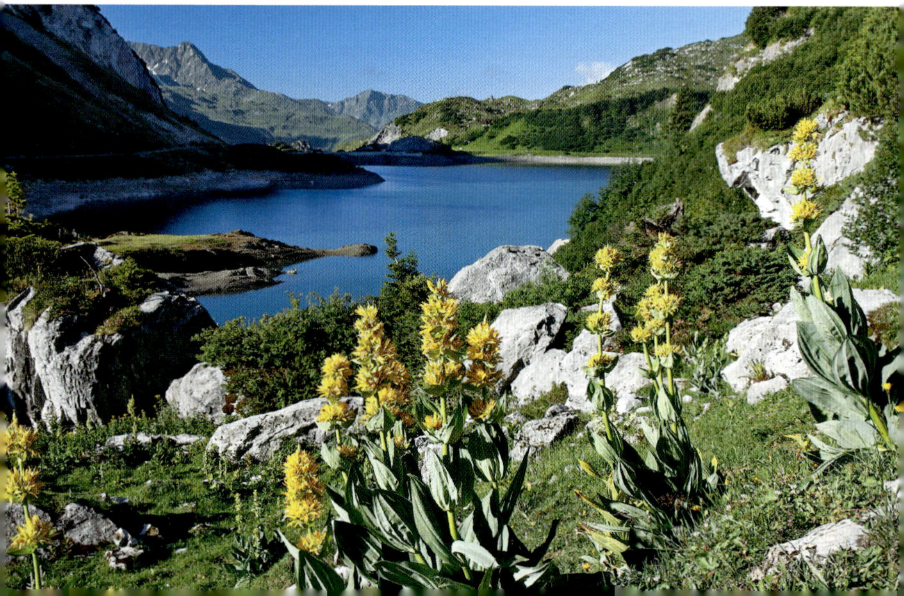

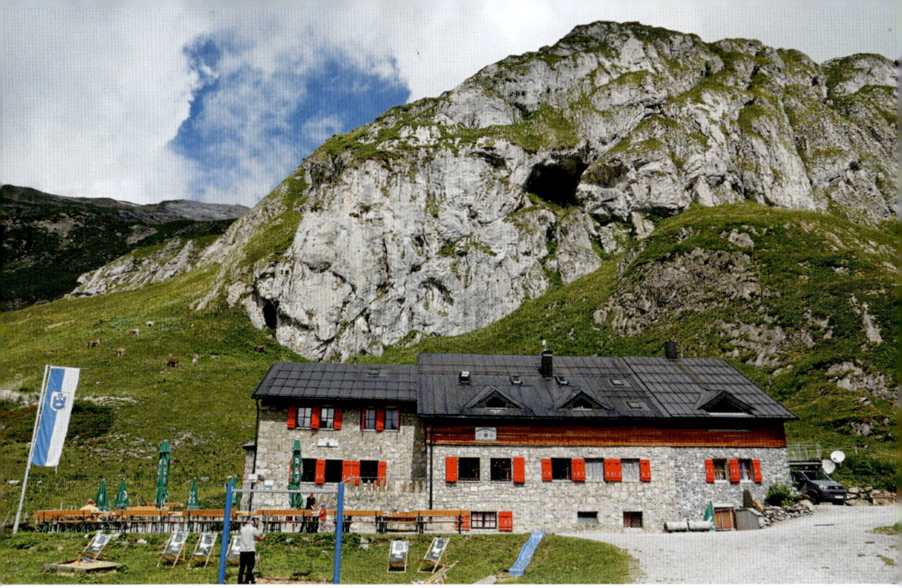

Die Ravensburger Hütte – Stützpunkt auf der beliebten Lechquellenrunde.

Ausgangspunkt: Zug, 1509 m. Am besten mit dem Ortsbus von Lech; gebührenpflichtige Parkmöglichkeit beim Fischteich.
Endpunkt: Langen am Arlberg, 1228 m. Vom Bahnhof verkehrt die Buslinie 91 zurück nach Lech.
Anforderungen: T2. Gut angelegte Bergwege ohne sonderlich steile Passagen, etwas Grundausdauer angezeigt.
Kinder: Auch für Kinder gut machbar, etwas kürzer ist der Rückweg nach Zug und am schnellsten lässt sich das Ziel vom Parkplatz am Spullersee in ca. 45 Min. her erreichen (Mautstraße, zwischen 8 und 17 Uhr nur per Wanderbus). Familienfreundliche Hütte mit Spielmöglichkeiten und Klettergarten.
Karten: Freytag & Berndt 1:50.000, Blatt 374. AV-Karte 1:25.000, Blatt 3/2.

Von der Kirche in **Zug** ❶ zuerst zum nahen Parkplatz am Fischteich hinab und links davon über die Lechbrücke. Nach einigen Serpentinen am Fahrweg rechts abzweigend auf den guten Wanderweg, der im Stierloch aufwärtszieht. Anfangs noch bewaldet, öffnet sich das Alphochtal bald. Im hinteren Teil drehen wir links ein und überschreiten das **Stierlochjoch** ❷, 2009 m. Jenseits geht es noch rund einen Kilometer in leichtem Gefälle über Alpweiden beim Brazer Stafel zur **Ravensburger Hütte** ❸, 1947 m; linker Hand die imposante, bei Kletterern berühmte Roggalkante.

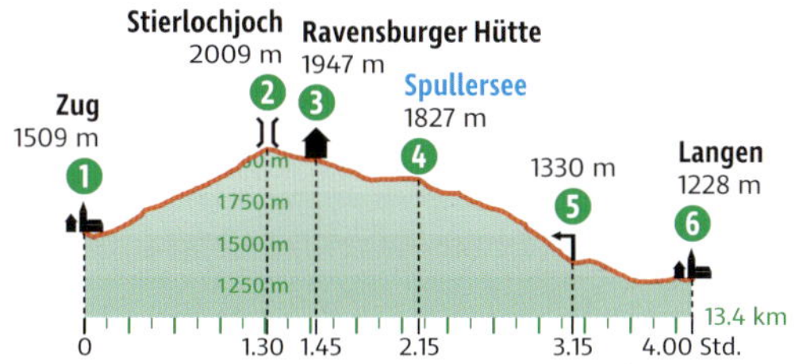

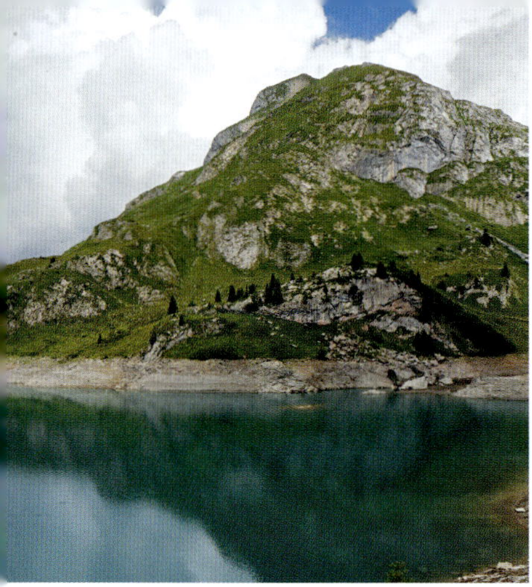

Am Fuß des Spuller Schafbergs wurde der Spullersee aufgestaut.

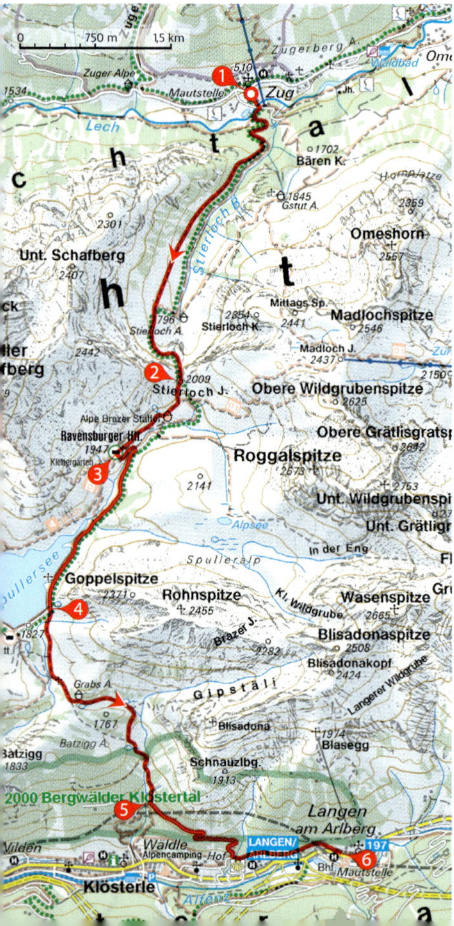

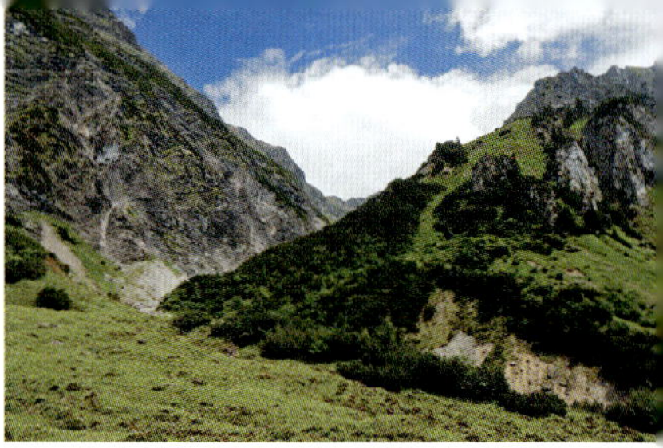

Wer den Übergang ins Klostertal absolviert, erlebt auch wildromantische Passagen.

Wer die Fortsetzung ins Klostertal plant, nimmt entweder den Steig oder die Fahrbahn zum Ostufer des **Spullersees**, den man bis zur südlichen Staumauer **4**, 1827 m, begleitet. Nun auf den Grabsboden, an der Grabsalpe vorbei und via Schafloch und Rindertäli links um den Geländebuckel P. 1767 herum. Der gute Bergweg windet sich in den Wäldertobel hinunter, kreuzt zwischendurch den Bach und stößt weiter unten auf eine Forststraße mit Abzweig nach Klösterle **5**. Wir folgen indes der breiten Trasse nach links, vollziehen noch ein paar Kehren und treffen schließlich in **Langen** **6** ein.

EINKEHR

Ravensburger Hütte, 1947 m: DAV, Mitte Juni bis Anfang Oktober, 102 Schlafplätze, Tel. +43 664 5005526, www.ravensburgerhuette.at (Online-Reservierung obligatorisch).

TOUREN

Spuller Schafberg, 2679 m: Hausberg der Ravensburger Hütte mit bezeichneter Normalroute, die am Südgrat in steileres Schrofengelände führt (T3), 2.00 Std.
Freiburger Hütte, 1931 m: spannender Übergang via Spullersee, Dalaaser Schütz, Gehrengrat und Steinernes Meer (T3), 4.45 Std.
Übergang nach Zürs, 1717 m: über das Madlochjoch und den Zürser See (T2+), 3.15 Std.

Göppinger Hütte, 2245 m
Via Unteres und Oberes Älpele

3.40 Std. | 9,0 km | ↗700 m | ↘700 m

Die höchstgelegene Hütte im Lechquellengebirge

Auf der Verebnung des Gamsbodens, quasi an der Jochhöhe zwischen dem Quelltal des Lechs einerseits und den innersten Gebirgskammern des Großen Walsertals andererseits, hat die Göppinger Hütte ihren Platz. Es handelt sich um eine gemütliche Bleibe schlichter, holzschindelverkleideter Architektur, die noch echtes Bergsteigerflair verströmt. Ringsum steht freilich die passende Kulisse: respektable Felsgesellen, deren Besteigung in keinem Fall einfach ist. Markierte Routen gibt es ohnehin nur auf den hüttennächsten Gipfel, die Hochlichtspitze, sowie auf die Braunarlspitze beim Übergang zur Biberacher Hütte. Eine Hauptrolle spielen somit die Verbindungen auf der Lechquellenrunde, die den Trekkingfreund in handlichen Etappen von einer Hütte zur nächsten bringen. Tageswanderer kommen in der Regel lockeren Fußes aus dem Zugertal herauf; der Zustieg aus dem inneren Großen Walsertal ist wesentlich zeitaufwendiger, für Ausdauernde freilich durchaus auch eine Empfehlung wert. Mit etwas Glück erspäht man in der Hüttenumgebung Steinböcke.

Ausgangspunkt: Unteres Älpele, 1562 m, an der Mautstraße durchs Zugertal (hinter Zug für Privatfahrzeuge zwischen 8 und 17 Uhr gesperrt). Ohnehin nimmt man am besten den regelmäßig verkehrenden Wanderbus ab Lech (oder ggf. auch per Bike).

Anforderungen: T2. Bis zum Oberen Älpele Güterweg, anschließend gut ausgebauter, niemals besonders steiler Bergweg. Wandertechnisch und konditionell also gemäßigt.

Solche Lichtstimmungen fängt nur ein, wer oben übernachtet.

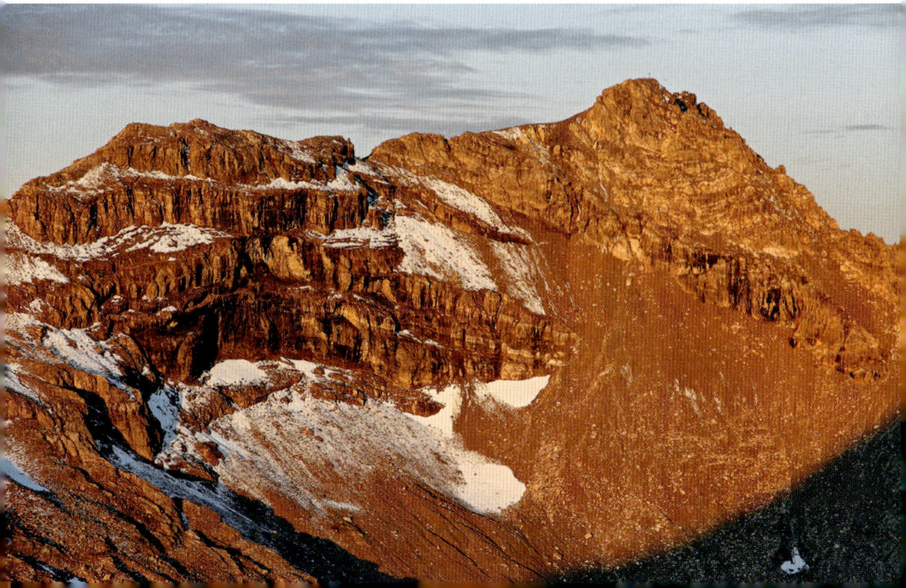

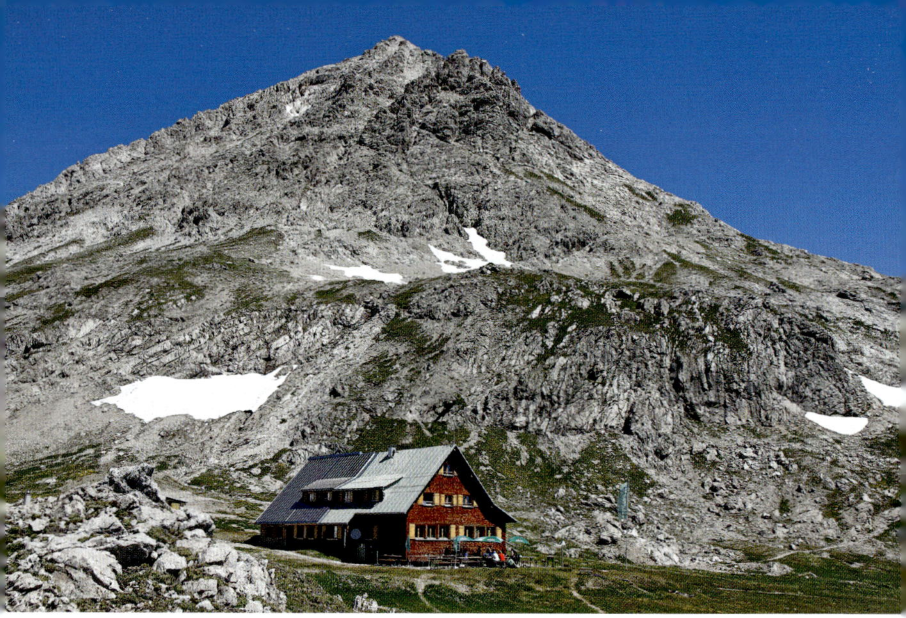

Direkt unterhalb der wuchtigen Hochlichtspitze hat die Göppinger Hütte ihren Standort.

Kinder: Die Hütte liegt schon in hochalpiner Umgebung, ist aber von halbwegs berggewohnten Kindern leicht zu erreichen.

Karten: Freytag & Berndt 1:50.000, Blatt 375. AV-Karte 1:25.000, Blatt 3/2.

Vom **Unteren Älpele ❶** starten wir auf dem Güterweg zu einer Rechtskehre, durchqueren ein Waldstück mit einem Linksknick und kommen zum **Oberen Älpele ❷**, 1770 m, wo ein Steig beginnt. Dieser zieht in den kleinen Grabentrichter hinein und rechts haltend zum Laubegg. An der grasigen Geländeabdachung geht es mit einigen Bögen und Kehren höher, später zu einer vorspringenden Nase und schließlich nur mehr geringfügig ansteigend bis zur **Göp-**

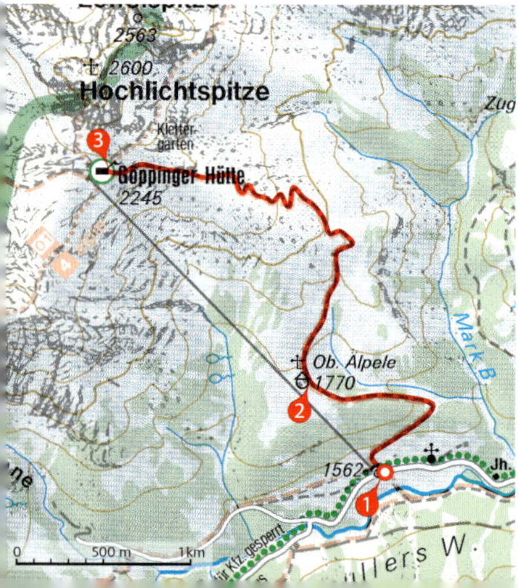

Rund um die Hütte lassen sich oft Steinböcke sehen.

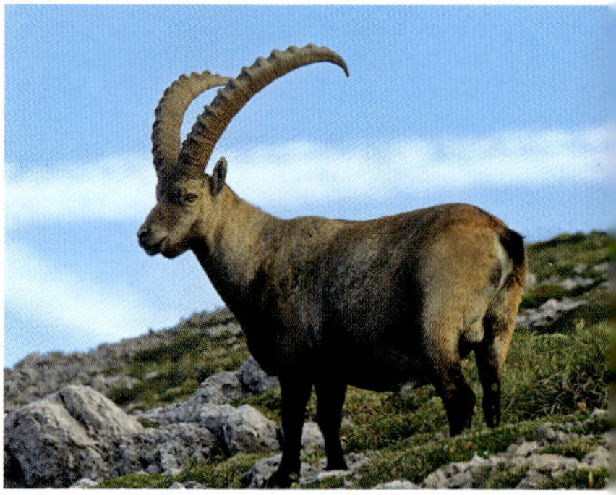

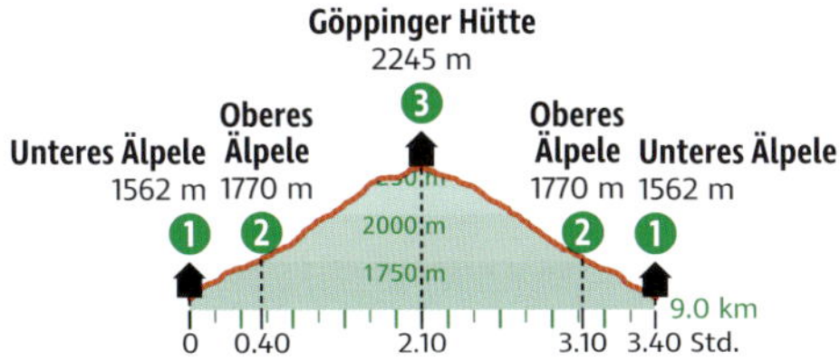

EINKEHR

Gasthaus Älpele, 1562 m: im Sommer und Winter bewirtschaftet, Mo Ruhetag, Tel. +43 676 4311283, www.aelpele-lech.at.
Göppinger Hütte, 2245 m: DAV, Mitte Juni bis Ende September/Anfang Oktober, 75 Schlafplätze, Tel. +43 5583 3540, www.goeppinger-huette.at (Online-Reservierung möglich).

TOUREN

Hochlichtspitze, 2600 m: steiler Felssteig über die Südseite (T4), 1.00 Std.
Braunarlspitze, 2649 m: über den Theodor-Prassler-Weg bis unter die Südflanke, dann in steilerem Gelände mit Kletterstellen I. Grades gipfelwärts (T4), 2.00 Std. Übergang zur Biberacher Hütte (via Weimarer Steig, Fürggele und Litehütte) weitere 2.30 Std.
Höhenweg nach Oberlech: der Theodor-Prassler-Weg führt unterhalb von Löffel-, Orgel- und Braunarlspitze entlang, über die Butzenschulter zum Butzensattel und weiter am Zuger Hochlicht vorbei Richtung Gipslöcher und Oberlech (T3), ca. 4.00 Std.
Freiburger Hütte, 1931 m: spannende Verbindung über den Steinmayerweg, durch mehrere Karbuchten und teils abschüssige Flanken (T3), 4.15 Std.

pinger Hütte ❸, 2245 m, im Bereich des weitläufigen Gamsbodenjochs. Zurück auf dem gleichen Weg, es sei denn, man möchte einen der beiden ausschweifenden Höhenwege begehen (siehe Kasten »Touren«).

Der Normalzustieg kommt aus dem Zugertal bei Lech.

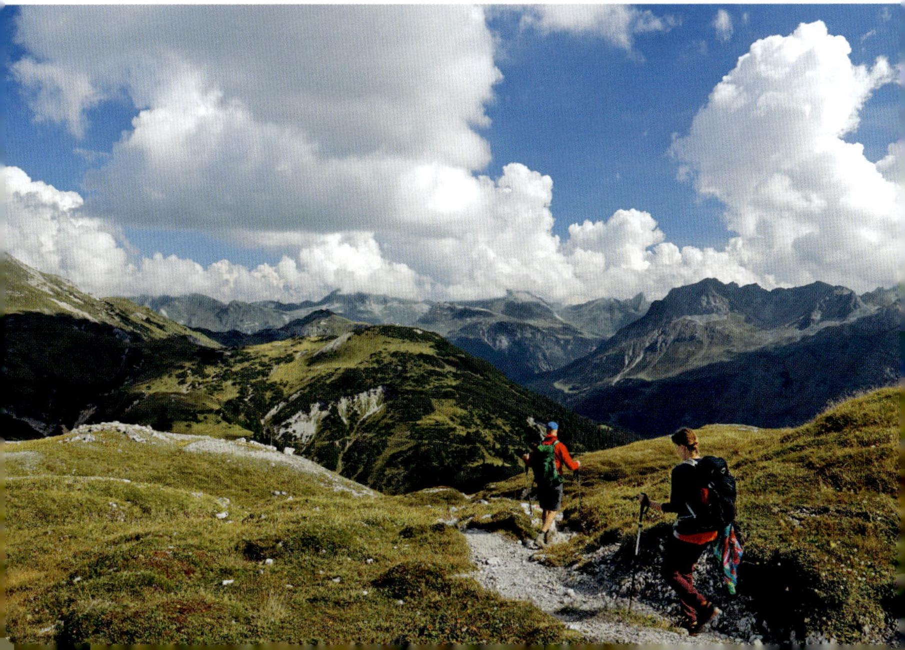

28 Biberacher Hütte, 1846 m

Der Brent-Arlen-Weg über die Ischkarneialpe

5.15 Std. | 11,8 km | ↗ 930 m | ↘ 930 m

Zum reizvollen Schadonapass zwischen Hoher Künzel und Rothorn

Die Biberacher Hütte erschließt den nordöstlichen Bereich des Lechquellengebirges. Ihre Lage am Schadonapass ist vorteilhaft gewählt. Denn sie lässt sich sowohl aus dem hinteren Bregenzerwald als auch aus dem Großen Walsertal ansteuern und bildet somit eine Art Brückenglied zwischen diesen beiden Vorarlberger Talschaften. Beidseitig bieten sich sogar interessante Rundwandermöglichkeiten, etwa wenn man die Route über das Fürggele mit dem Normalweg von Landsteg kombiniert oder aus dem Großen Walsertal kommend auch den Metzgertobelweg einbezieht. Die absoluten Highlights für ambitionierte Wanderer stellen freilich die großen Höhenwege dar: zum einen der Hochschereweg Richtung Faschinaberge, zum anderen der Übergang zur Göppinger Hütte, der direkt über den Gipfel der Braunarlspitze führt. Damit ist bereits der beherrschende Felsgipfel im Einzugsbereich der Biberacher Hütte angesprochen. Ein weiteres beliebtes Gipfelziel und eigentlicher Hausberg ist die Hochkünzelspitze. Das auffällige Rothorn fungiert hingegen meist nur als Kulissenbild, welches die reizvolle Mattenlandschaft um den Schadonapass prägt.

Ausgangspunkt: Parkplatz Kessana, 918 m, im innersten Großen Walsertal. Busverkehr nur bis Buchboden (Linie 77a von Sonntag im Anschluss an die Linie 77 von Thüringen); zusätzlicher Anmarsch ca. 2 km.
Anforderungen: T2–3. Relativ kleiner, streckenweise nicht ganz einfacher Bergweg in manchmal steilen, meist grasigen Hanglagen, dabei mehrere Tobel und Rinnen querend. Bei feuchten Bodenverhältnissen, vor allem oberhalb der Ischkarneialpe teils rutschig; etwas Trittsicherheit vorteilhaft. Hin und zurück normales Tagespensum.
Kinder: Schönes Hüttenziel mit Gütesiegeln zur Familienfreundlichkeit und regionalen Kulinarik. Auf der beschriebenen Route sollten Kinder schon elementare Bergerfahrung und Ausdauer mitbringen.
Varianten: 1. Für den Rückweg auf dem Fürggeleweg zum Geländeeck bei der Litehütte und beim nächsten Abzweig abwärts in den Metzgertobel. Nach zwei kleinen Gegensteigungen gelangt man ins Gebiet der Unteren Alpschellenalpe und folgt dem Fahrweg über die Metzgertobelalpe noch weit talauswärts, gegen Ende am Kessitobel vorbei. Gehzeit bis zum Parkplatz ca. 3.00 Std.
2. Der kürzeste Hüttenzugang kommt

Aufbruch zur Hochkünzelspitze, auf die ein gut angelegter Schrofensteig führt.

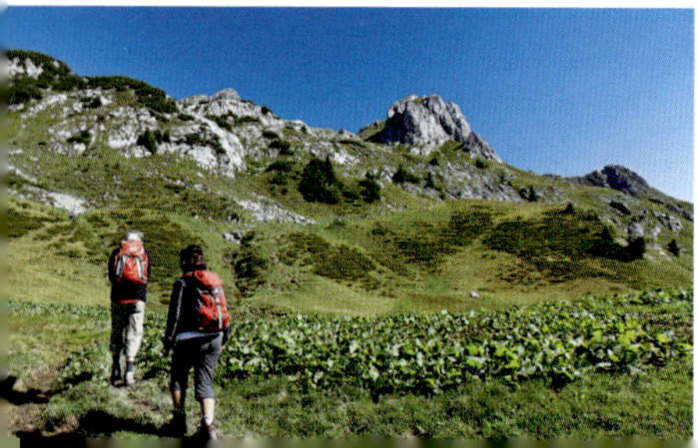

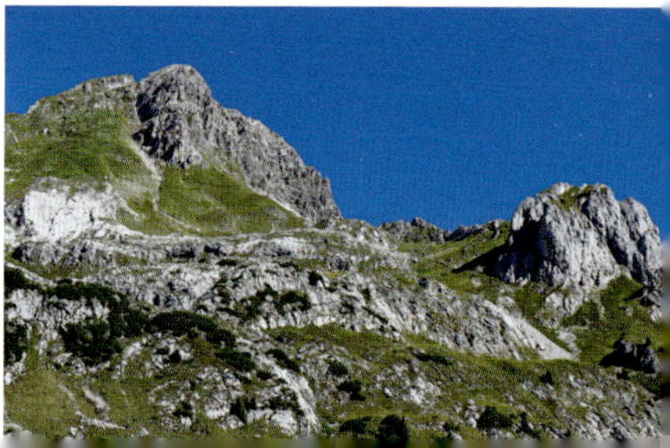

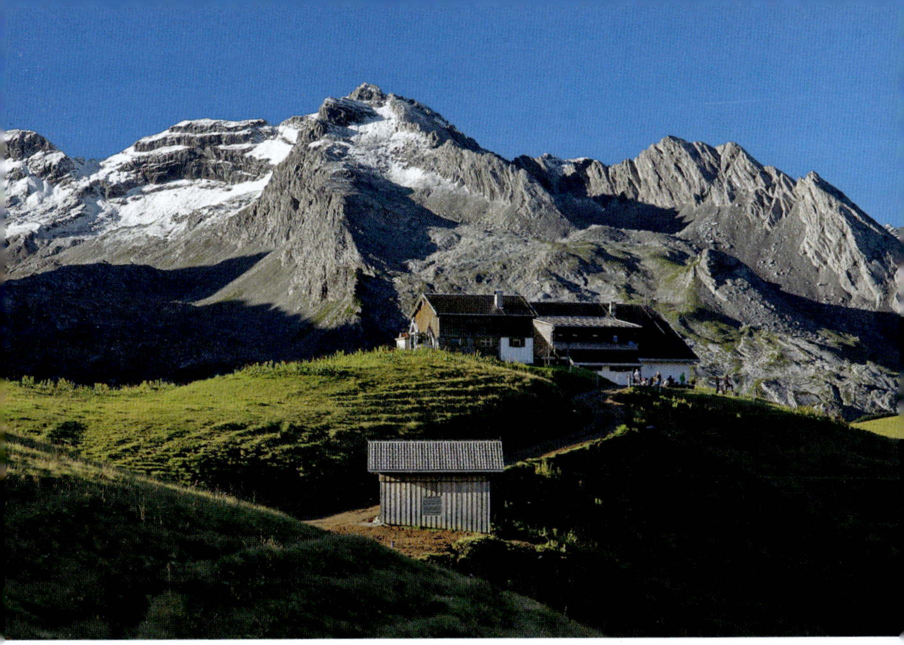

Inmitten einer tollen alpinen Kulisse empfängt uns die Biberacher Hütte.

vom Landsteg im Tal der Bregenzer Ache zwischen Schoppernau und Schröcken. Über den Güterweg benötigt man etwa 2.00 Std.

Karten: Freytag & Berndt 1:50.000, Blatt 375 oder 364.

EINKEHR

Alpe Ischkarnei, 1486 m: Alpprodukte in der Sennerei von Mitte Juni bis Anfang September (keine eigentliche Jausenstation), Tel. +43 664 4493077.

Biberacher Hütte, 1846 m: DAV, Mitte Juni bis Anfang Oktober, 74 Schlafplätze, Tel. +43 5519 257, www.dav-biberach.de (Online-Reservierung obligatorisch).

TOUREN

Hochkünzelspitze, 2397 m: gesicherter Schrofensteig durch die Südflanke, nach oben hin tendenziell ausgesetzt (T3–4), 1.45 Std.

Braunarlspitze, 2649 m: auf dem Höhenweg über die Litehütte allmählich ansteigend zum Fürggele, anschließend am stellenweise gesicherten Weimarer Steig im felsigen Gelände über die Nordseite gipfelwärts (T4), 3.30 Std.

Göppinger Hütte, 2245 m: Überschreitung der Braunarlspitze nach Süden (Stellen I) und weiter über den Theodor-Prassler-Weg (T4), insgesamt 5.00 Std.

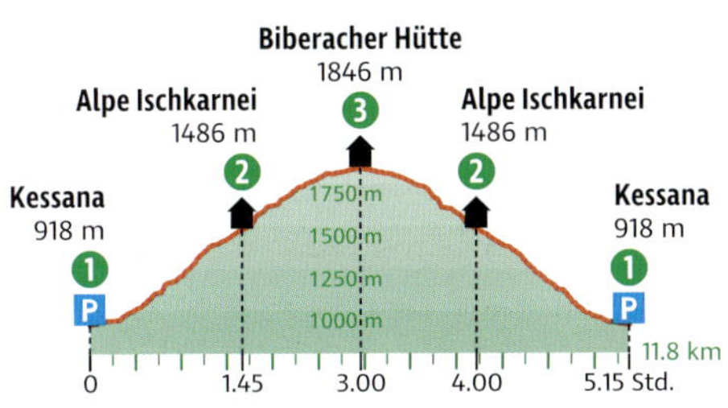

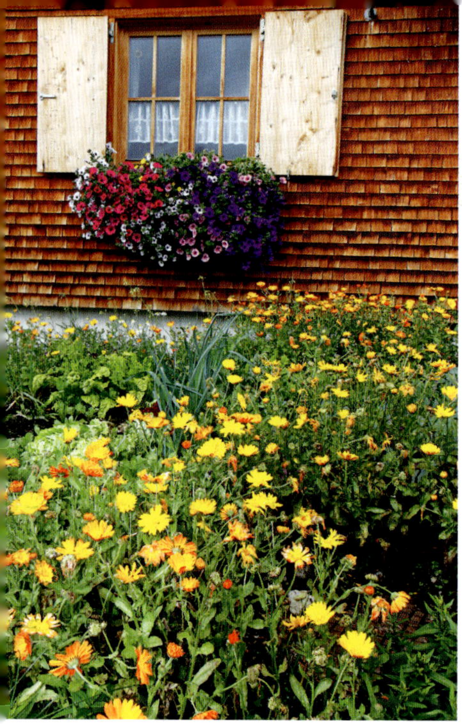

Farbenfrohe Ischkarneialpe.

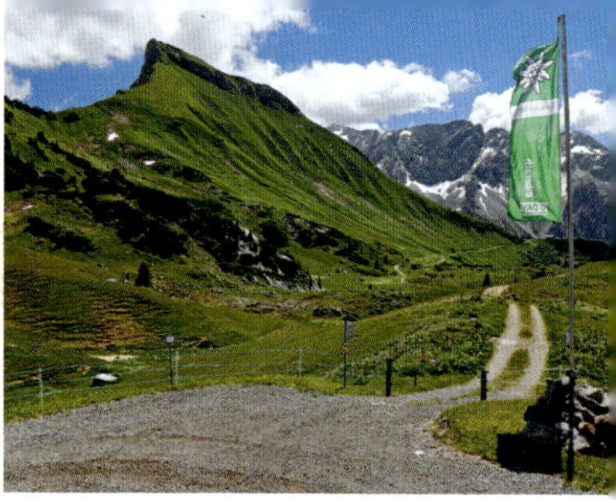

Dieser Ausblick bietet sich uns auf der Hüttenterrasse; links das Rothorn.

Vom letzten **Parkplatz Kessana** ❶ hinter Buchboden geht es an den Kessilöchern vorbei weiter taleinwärts und gleich hinter der Klamm vom Fahrweg über die Gurgabrücke nach links. Ein kleiner Steig zieht nun an den teils bewaldeten Flanken schräg bergauf und kann teilweise etwas überwuchert sein. Mehrere Gräben werden gekreuzt, unter anderem bald der markante Giretobel. Nach einem Waldstück geht man den Einschnitt des Pregimelbachs aus und kommt zur **Unteren Ischkarneialpe** ❷, 1486 m. Durch das Alpdorf kurzfristig auf breitem Weg weiter bis zur nächsten Verzweigung, wo man den Güterweg zur Oberen Ischkarneialpe abziehen lässt und dem Hinweis »Biberacher Hütte« folgt. Im Mattengelände führt ein lehmiger, aber auch felsdurchsetzter und bei feuchten Bedingungen damit recht unerquicklicher Pfad zum auffälligen Hangrücken, der von der Glattjöchlspitze absetzt, empor. Die anschließende Traverse abschüssiger Flanken bringt uns zum Schadonapass, von wo es nur noch wenige Schritte bis zur **Biberacher Hütte** ❸, 1846 m, sind. Retour über die gleiche Route oder alternativ durch den Metzgertobel.

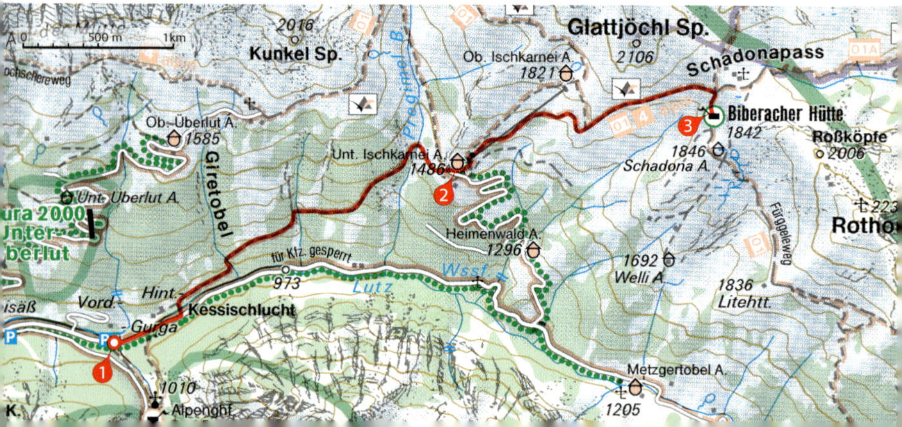

Bad Rothenbrunnen und Gadenalpe, 1317 m

Spritztour im hinteren Großen Walsertal

2.20 Std. | 7,0 km | ↗400 m | ↘400 m

Ins Natura-2000-Areal des Gadentals

Der Biosphärenpark Großes Walsertal birgt viele interessante Winkel, etwa die versteckte Geländekammer des Gadentals, die ihrer besonderen Ursprünglichkeit wegen den Schutzstatus eines Natura-2000-Gebiets erhielt. Der Kessel ist wie ein Hufeisen eingerahmt von profilierten Gipfelgestalten wie den Klesenzahörnern, dem Misthaufen, Westlichem Johanneskopf und Feuerstein. Unsere Kurzwanderung führt am stilvollen Gasthof Bad Rothenbrunnen vorbei und endet bei der Gadenalpe, obgleich es auch zwei »Auswege« aus dem Kessel gäbe, einerseits über den Wangsattel, andererseits über das Mutterwangsjoch.

Ausgangspunkt: Parkplatz Kessana, 918 m, im innersten Großen Walsertal. Busverkehr nur bis Buchboden (Linie 77a von Sonntag im Anschluss an die Linie 77 von Thüringen); zusätzlicher Anmarsch ca. 2 km.
Anforderungen: T1. Harmlose Wanderung auf komfortablem, nicht besonders steilem Weg. Eine der kürzesten Touren in diesem Buch.
Kinder: Als relativ kurze, unkomplizierte Wanderung auch für jüngere Kinder geeignet. Es gibt eine schöne, stille Natur ringsum zu entdecken.
Karten: Freytag & Berndt 1:50.000, Blatt 375 oder 364.

Schon beim **Parkplatz Kessana** ❶ verlassen wir die Talsohle der Lutz und wandern parallel zum Gadenbach rasch hinauf nach **Bad Rothenbrunnen** ❷, 1010 m, einem romantischen Fleck in Waldeinsamkeit.

Die schmucke Gadenalpe in ihrem abgeschiedenen Kessel.

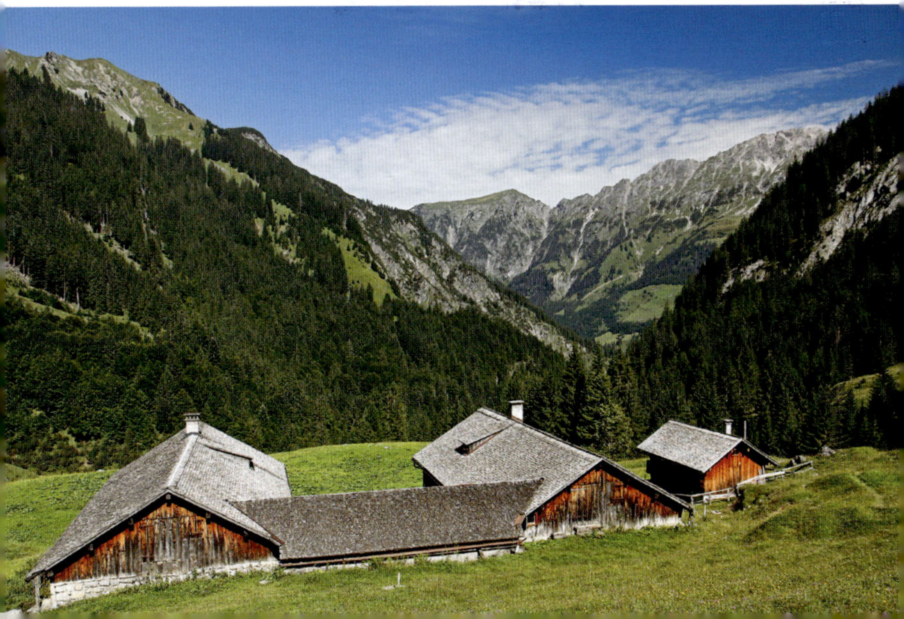

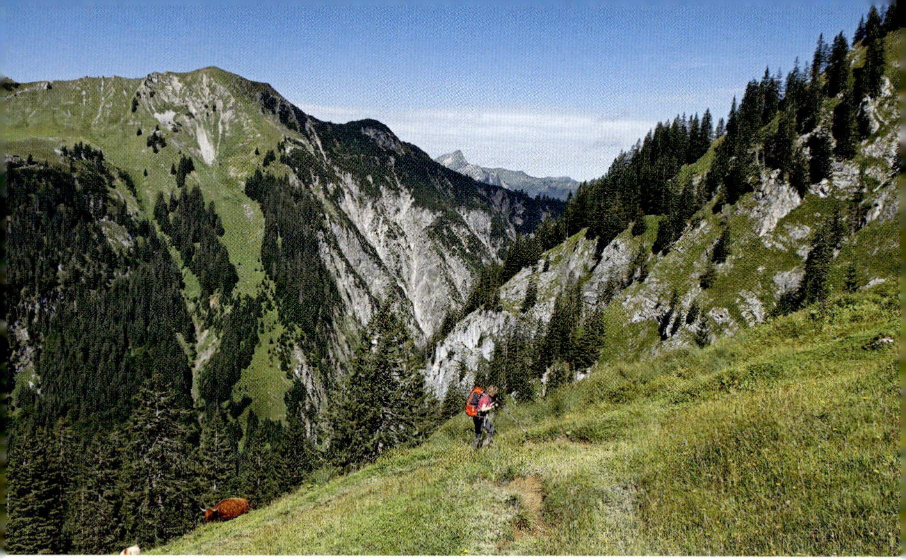

Von der Gadenalpe kann man den Aufstieg Richtung Mutterwangsjoch fortsetzen.

Eisenhaltige Quellen begründeten hier einst den Bau eines Badehauses, wobei der Überlieferung zufolge auch die Marienerscheinung eines Hirten eine Rolle spielte. Jedenfalls bietet sich dem Wanderer heutzutage eine nette Einkehr oder auch die Möglichkeit, ein paar erholsame Urlaubstage in Abgeschiedenheit zu verbringen. Der Weiterweg führt uns nun mäßig steil ins Gadental hinein, mehrheitlich bewaldet, ehe wir uns bei der **Gadenalpe ❸**, 1317 m, in einem herrlichen, offenen Weidegebiet wiederfinden. Der Rückweg ist identisch.

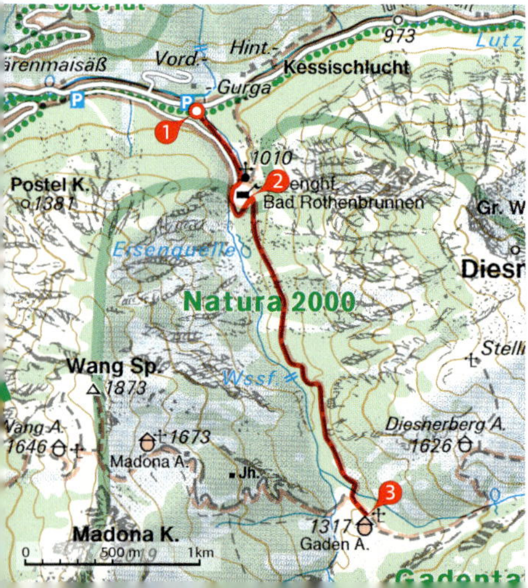

EINKEHR

Alpengasthof Bad Rothenbrunnen, 1010 m: Mai bis Ende Oktober, Mo Ruhetag (außer im Juli/August), für Tagesgäste 10 bis 18 Uhr, für Hausgäste auch abends, Tel. +43 5554, 20104, www.rothenbrunnen.at.

Gadenalpe, 1317 m: von Mitte Juni bis Mitte September einfach bewirtschaftet.

TOUREN

Wangspitze, 1873 m: von der Gadenalpe über die Madonaalpe zum Wangsattel und dann über den kurzen Südgrat (T2), 1.30 Std.

Göppinger Hütte, 2245 m: über das Mutterwangsjoch und den Jägersteig (T3), 4.00 Std.

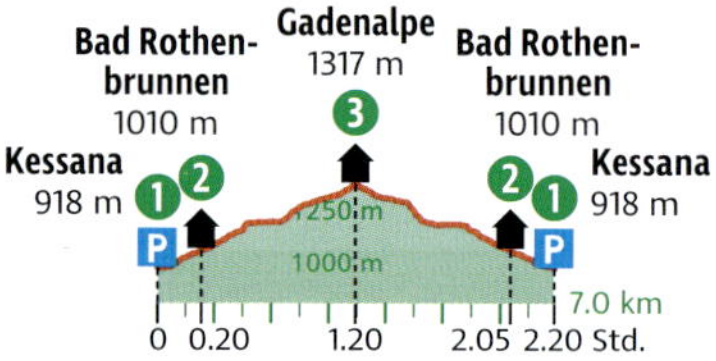

Laguzalpe und Breithornhütte, 1680 m

Fünf-Alpen-Wanderung rund ums Breithorn

30

7.30 Std. | 23,7 km | ↗ 1150 m | ↘ 1150 m

TOP

Von Marul über Hintertöbel, Laguz, Oberpartnom, Steris und Stafelfeder

Die wohl vielversprechendste Alpwanderung im Bereich des Großen Walsertals führt in großem Bogen einmal vollständig um das Breithorn samt Trabanten. Dieser Verlauf offenbart ganz unterschiedliche Perspektiven, zuweilen sogar fantastische Ausblicke, etwa zur Kette von Gamsfreiheit und Schafberg, zur mächtigen Roten Wand oder hinüber zum langen Walserkamm. Insgesamt werden nicht weniger als fünf Alpgebiete berührt, eines heimeliger als das andere. Laguz wäre theoretisch auch mit dem Wanderbus erreichbar, doch würde man damit die urwüchsige südliche Traverse verpassen. Auf der Nordseite liegen Steris sowie Oberpartnom, wo sich mit der Breithornhütte auch eine vollwertige Bergunterkunft eingerichtet hat.

Ausgangspunkt: Marul, 976 m, in einem Seitental des Großen Walsertals (Abzweig von der Raggaler Straße). Haltestelle der Landbuslinie 78.
Anforderungen: T2+. Häufig breite Alpwirtschaftswege, abschnittsweise aber auch kleinere Steige, dies besonders auf der südlichen Traverse zwischen Ahorn und Laguz. Rein wandertechnisch eher noch leicht, aber sehr lange, absolut tagfüllende Runde, daher »rot« eingestuft.
Kinder: Sehr lohnende Unternehmung, um die gebietstypische Alpkultur ausgiebig kennenzulernen. Als Tagestour allerdings zu lang, besser mit Übernachtung in der Breithornhütte.
Variante: Ein Einstieg in die Rundtour ist auch mit der Seilbahn von Sonntag nach Stein möglich. Von dort in ca. 1.00 Std. hinauf zur Alpe Oberpartnom.
Karte: Freytag & Berndt 1:50.000, Blatt 375.

Besonders eindrucksvoll erscheint die Kette der Klesenzahörner.

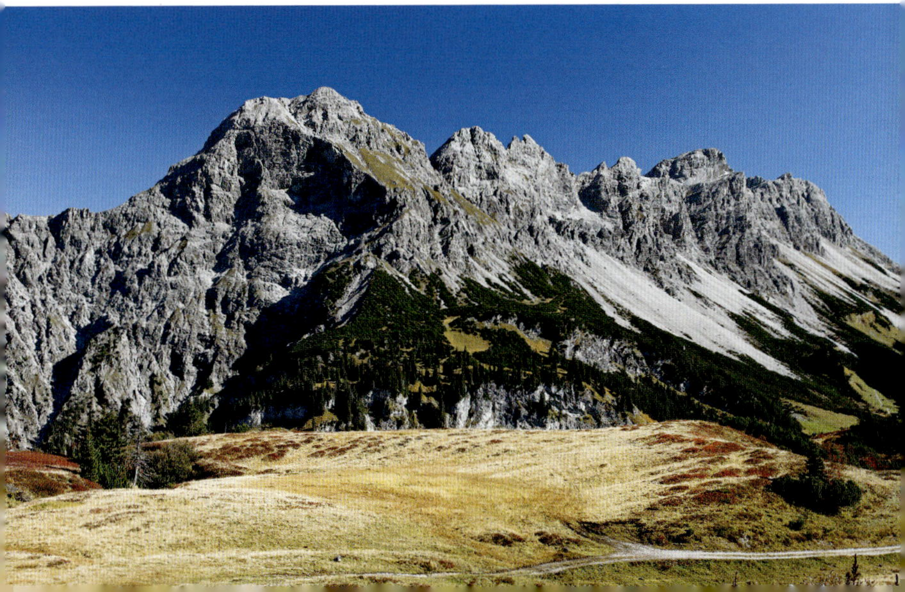

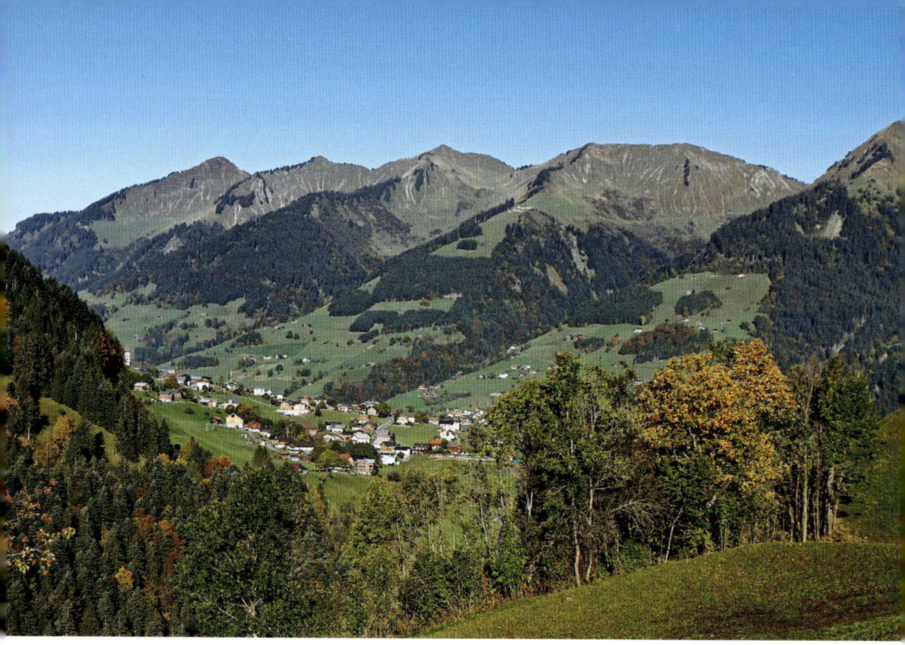

Das Große Walsertal ist von malerischer Schönheit; hier der Blick über die Ortschaft Raggal zum westlichen Teil des Walserkamms.

EINKEHR

Laguzstüble, 1584 m: während der Alpzeit ab Juni bewirtschaftet, Tel. +43 680 3284411.

Breithornhütte, 1680 m: Mitte Mai bis Mitte Oktober sowie zeitweise im Winter, 20 Schlafplätze, Tel. +43 5554 5601 oder +43 664 8710296, www.breithornhuette.at.

Sterisalpe, 1441 m: Anfang Juni bis Anfang September einfach bewirtschaftet, Tel. +43 664 6349253.

TOUREN

Freiburger Hütte, 1931 m: von der Laguzalpe über die Schwarze Furka (T3), 3.15 Std.

Glattmar, 1930 m: von Oberpartnom über die Westflanke (T2), 45 Min.

Breithorn, 2081 m: entweder von Oberpartnom diagonal durch die Nordflanke oder von der Sterisalpe durch die Hangmulden jeweils hinauf zum Südwestgrat und dann recht anspruchsvoll mit Kraxelei zum Gipfel (T4), 2.00 Std.

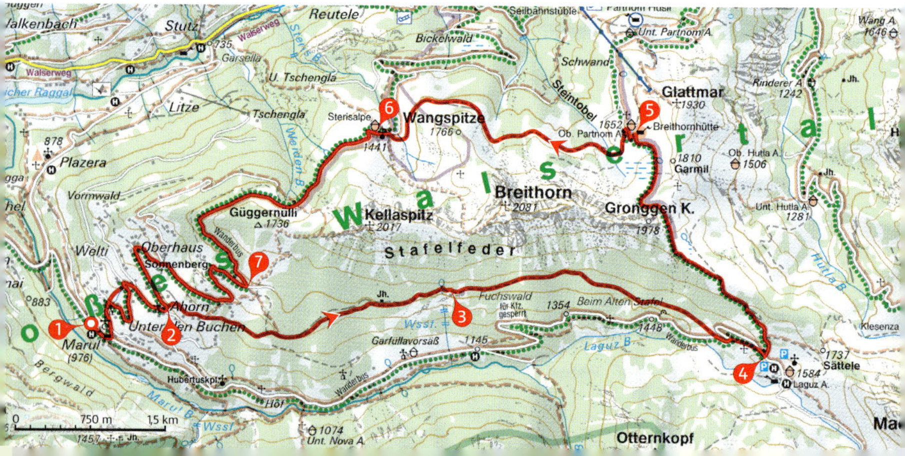

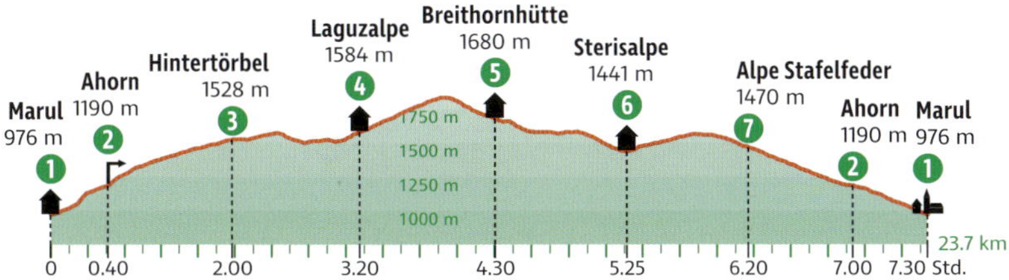

Von **Marul** ❶ geht es mit der Höfestraße aufwärts, teils in Schleifen, teils auch auf abkürzenden Wiesenpfaden. Bei **Ahorn** ❷ rechts haltend auf den Verbindungsweg nach **Hintertörbel** ❸. Dabei prägt sich ein recht urwüchsiger Steig aus, der durch lichten Wald und Latschen weithin die Südflanken des Breithornkammes schneidet – zunächst tendenziell ansteigend, später auch wieder mit etwas Höhenverlust. Ein Stück weit vor der **Laguzalpe** kommt man auf die Straße und benutzt diese bis ins Alpdorf ❹, 1584 m, am Fuße der Roten Wand. Nun auf einem breiten, streckenweise kurvigen Güterweg in Grundrichtung Nord bis zum höchsten Punkt der Wanderung am Garmilsattel. Derweil ergeben sich herrliche Ausblicke, etwa Richtung Klesenzahörner und später auch nordwärts über das Große Walsertal hinweg. An einem Seeauge vorbei verlieren wir bis zur **Alpe Oberpartnom** ❺, 1652 m, wieder rund 200 Höhenmeter und finden dort die **Breithornhütte** zur Einkehr. Als Nächstes schlagen wir die Verbindung zur **Sterisalpe** ❻, 1441 m, ein. Sie verläuft bald für eine Weile als schöner Steig, später um die Wangspitze herum auch wieder als Güterweg. Ein letztes Mal geht es merklich aufwärts, um den Guggernülli am Westeck der Kette zu umkurven. Nach diesem Bogen leitet der Fahrweg zur **Alpe Stafelfeder** ❼ und mit einigen Schleifen tiefer. Bei **Ahorn** ❷ schließt sich der Kreis – das letzte Stück hinunter nach **Marul** ❶ ist bekannt.

Nordseitig liegt das anheimelnde Alpdorf Steris.

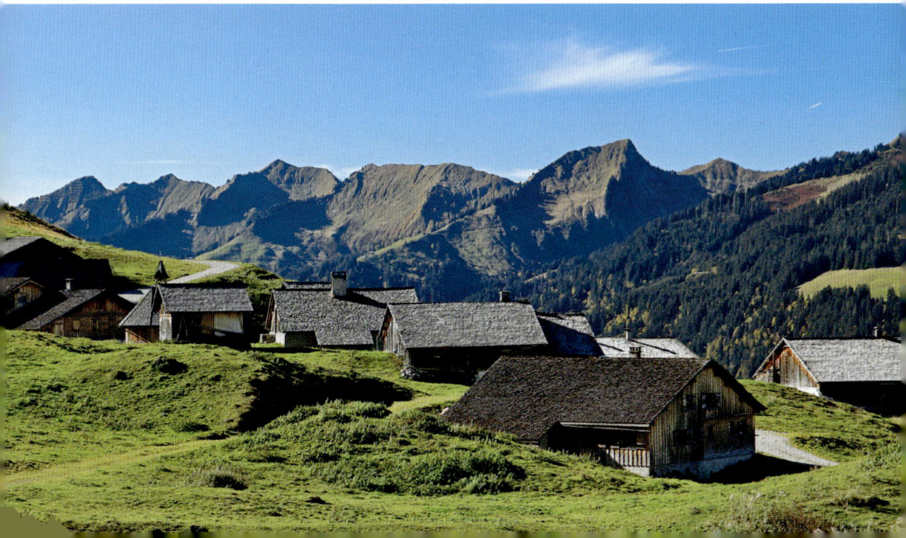

31 Gaßneralpe, 1562 m

Zwei Wege von St. Gerold

3.30 Std. | 10,9 km | ↗ 680 m | ↘ 680 m

An der Südflanke des langen Walserkamms

Die Propstei St. Gerold im Großen Walsertal ist ein kultureller Anziehungspunkt von Rang. Erstaunlich geringen Bekanntheitsgrad genießen hingegen die Berggefilde der unmittelbaren Umgebung. Sonnseitig erstreckt sich auf breiter Front der Walserkamm mit seinen Steilwiesen und zahlreichen Tobeln, auf halber Höhe naturgemäß von einem Alphorizont begleitet. Auf der rustikalen Gaßneralpe, wo sich eine ganze Handvoll einzelner Hütten zusammenballt, lädt auch eine kleine Jausenstation zur Einkehr. Von dort überblickt man weite Bereiche des Großen Walsertals, während in der Ferne der Rätikon beeindruckt.

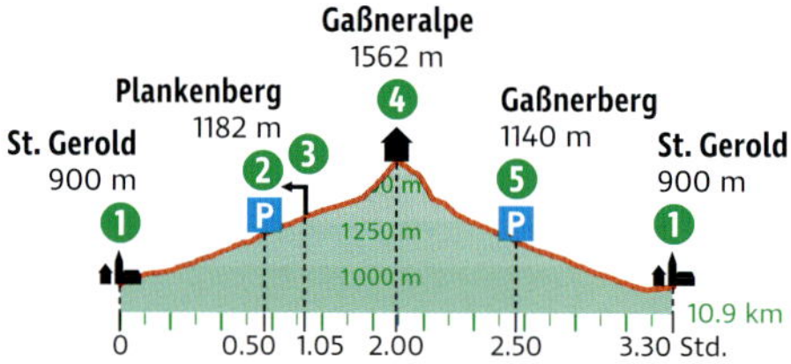

Ausgangspunkt: St. Gerold im Großen Walsertal, Parkmöglichkeit beim Geroldshus, ca. 900 m; nächste Bushaltestelle beim Gemeindeamt (Linie 77 zwischen Thüringen und Damüls).
Anforderungen: T2+. In den unteren

Auf der Gaßneralpe.

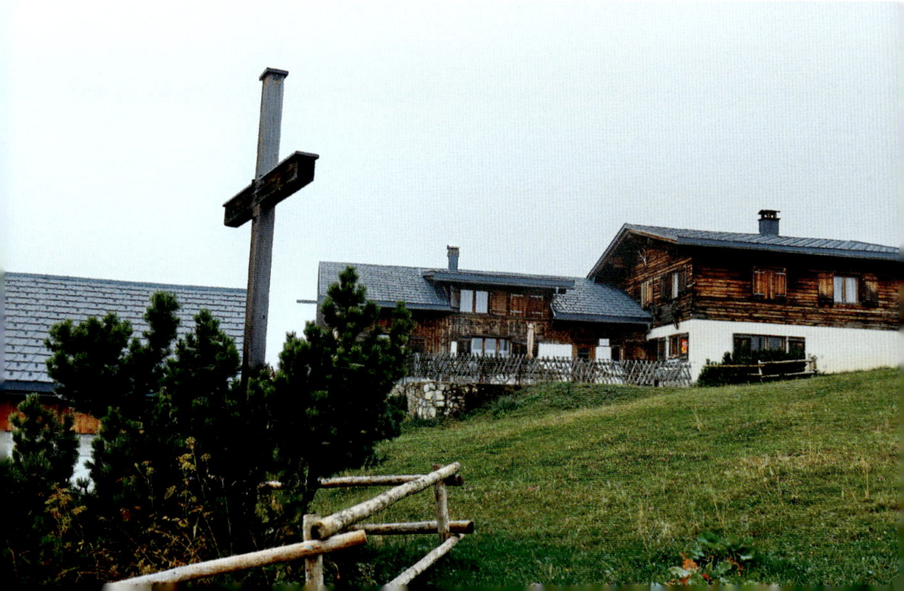

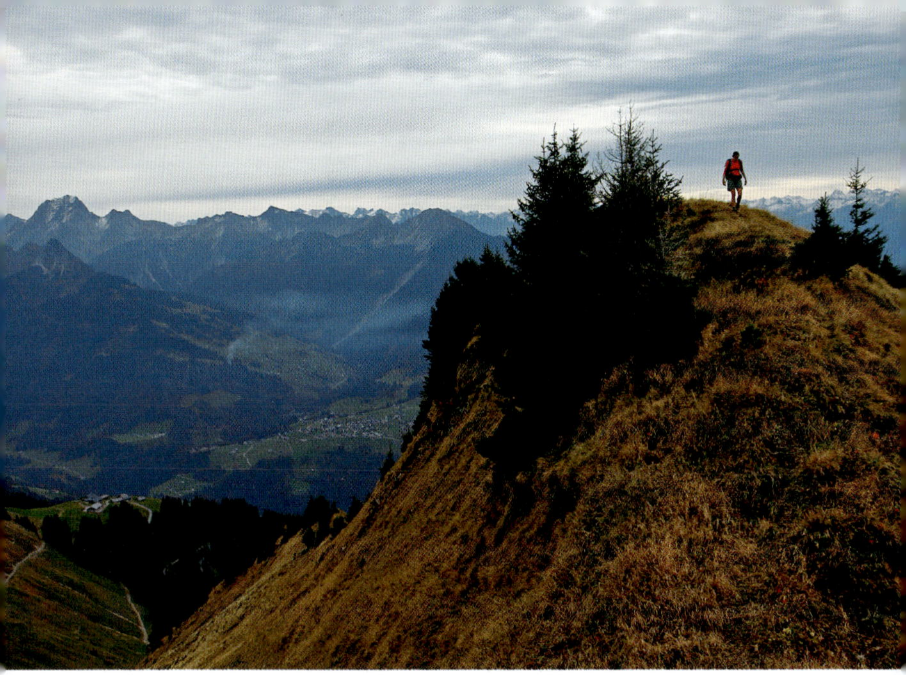

Gipfelstürmer setzen ab Gaßneralpe gern noch die Tällispitze aufs Programm.

Bereichen bis ca. 1300 m jeweils Fahrwege, im Bergauf danach etwas verwachsener, aber doch deutlicher Steig, talwärts über die Wiesen kaum gepfadet und bei spärlicher Markierung nicht leicht zu verfolgen. Daher Orientierungsvermögen vorteilhaft, vom Gelände her und konditionell aber eher leichte Tour.
Kinder: Nicht zu anstrengende, ungefährliche Wanderung zu einem sehr urtümlichen Alp-Ensemble.
Variante: Wer es kürzer bevorzugt, kann entweder vom Parkplatz Plankenberg, 1182 m, oder vom Parkplatz Gaßnerberg, ca. 1140 m, starten (dann jeweils auf demselben Weg zurück).
Karten: Freytag & Berndt 1:50.000, Blatt 375 oder 364.

Beim Geroldshus in **St. Gerold** ❶ beginnt die Bergstraße in die Streusiedlung **Plankenberg** am offenen Südhang. Wir absolvieren fünf weit ausholende Serpentinen, die letzte davon kurz nach dem Parkplatz ❷, 1182 m, beim Fahrverbot bereits im Wald. Einige Gehminuten später scheren wir in einer Rechtskehre vom Fahrweg aus ❸ und nähern uns auf einem unbefestigten Karrenweg, bald von einem schmalen Steig abgelöst, dem Hölltobel. Die anschließende Traverse im stark bewachsenen Gelände gewinnt bis zur Querung des Hauptbachs kaum an

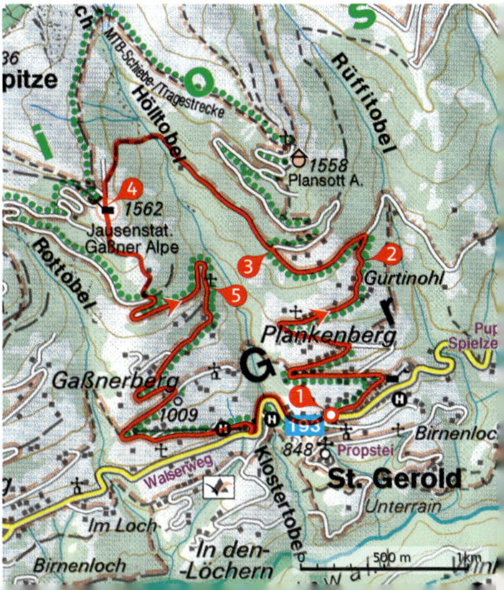

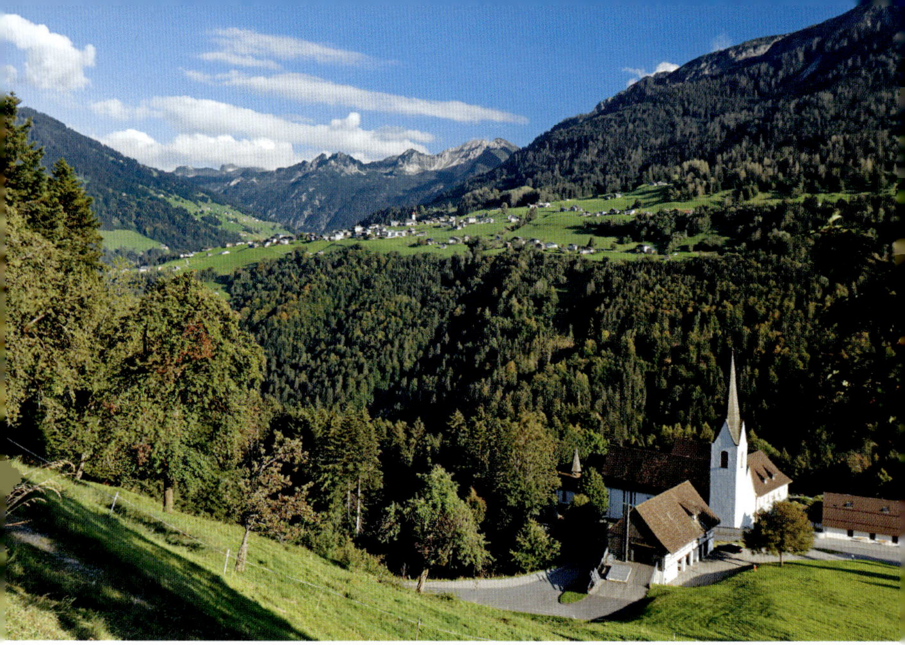

Im Tal liegt die Propstei St. Gerold, am Hang gegenüber Raggal.

Höhe, dahinter aber umso deutlicher. Später treten wir wieder in offene Weideareale hinaus und erreichen schließlich die idyllische **Gaßneralpe** ❹, 1562 m.

Am unteren Rand des Alpdorfes beginnt die Wiesenroute, die gegenüber dem Güterweg eine erhebliche Abkürzung bedeutet, aber nur anfangs gut zu erkennen ist. Zwischendurch stehen einige undeutliche Richtungswechsel bevor – man holt

Im Morgentau zeigt sich ein dicht und kunstvoll gesponnenes Netz.

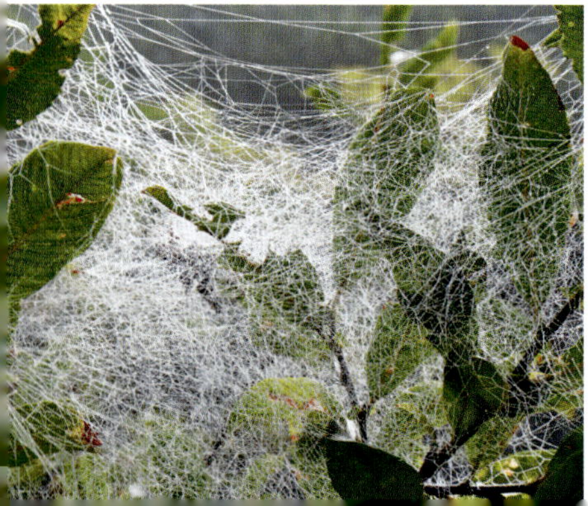

dabei etwas nach rechts aus, quert tiefer aber nach links zurück und taucht bei einer Jagdeinrichtung unterhalb in den Wald ein. Bald treffen wir auf einen Güterweg (mit Hinweis auf unsere soeben begangene Abkürzung). Ähnlich wie beim Aufstieg geht es jetzt am **Gaßnerberg** in großzügigen Schleifen bergab; zwischendurch befindet sich eine Parkmöglichkeit am Ende der öffentlichen Straße ❺, ca. 1140 m. Über diverse Streuhöfe schließlich hinab bis **St. Gerold** und noch kurz entlang der Hauptstraße – den Hölltobel kreuzend – zurück zum Startpunkt ❶.

EINKEHR

Gaßneralpe, 1562 m: Juni bis September, Tel. +43 5550 2133, www.gasthaus-kreuz.com.

TOUREN

Tälispitze, 2000 m: unschwieriger Aufstieg direkt über die Südostseite (T2–3), 1.15 Std.

Dünser Älpele, 1554 m
Rundtour am Dünser- und Schnifnerberg

32

2.45 Std. | 8,7 km | ↗400 m | ↘400 m

TOP

Einfache Panoramawanderung mit reichlich Abwechslung
Es hat schon seinen Grund, warum der ORF am Dünserberg einen riesigen Sendeturm aufgestellt hat. Natürlich will man eine möglichst großflächige Verbreitung der Signale im Land gewährleisten, was für uns Wanderer bedeutet, dass vom Dünser Älpele ein ganz fantastisches Walgau-Panorama zu bewundern ist. Dieser Tourenvorschlag unternimmt dafür einen abwechslungsreichen Rundkurs, berührt zunächst das beliebte Ausflugslokal Hensler (mit der Bergstation der Schnifner Seilbahn), danach die urige Äußere Alpila unterm Hochgerach und am höchsten Punkt schließlich das erwähnte Dünser Älpele. Die Bewirtschafter kümmern sich nebenbei auch um das nicht weit entfernte Gerachhaus, das den Naturfreunden gehört.

Ausgangspunkt: Parkplatz Boden, 1260 m, an der Bergstraße Dünserberg – Älpele. Falls dieser belegt ist, weiche man auf den größeren, gebührenpflichtigen Parkplatz Winkel, ca. 1320 m, aus (ab dort Fahrverbot). Kleinbusverkehr von Nenzing über Düns und Dünserberg bis zum Älpele (Linie 75a).

Anforderungen: T2. Zwei Traversen verlaufen auf Steigen, ansonsten breite Forstwege und Alpstraßen. Halbtagestour ohne besondere Ansprüche.

Kinder: Ideale, ziemlich gemütliche Familienwanderung durch gebietstypische Älplergebiete. Auf weiten Strecken tolle Ausblicke.

Varianten: 1. Ein Start ist auch beim

Die Äußere Alpila ist eine jener liebreizenden Alphütten, wo man gerne »hängenbleibt«.

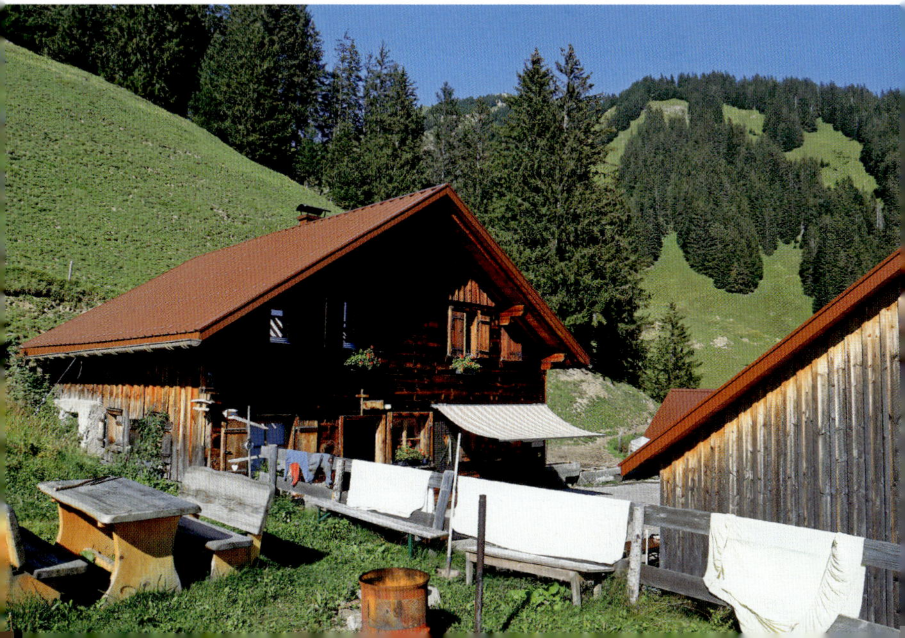

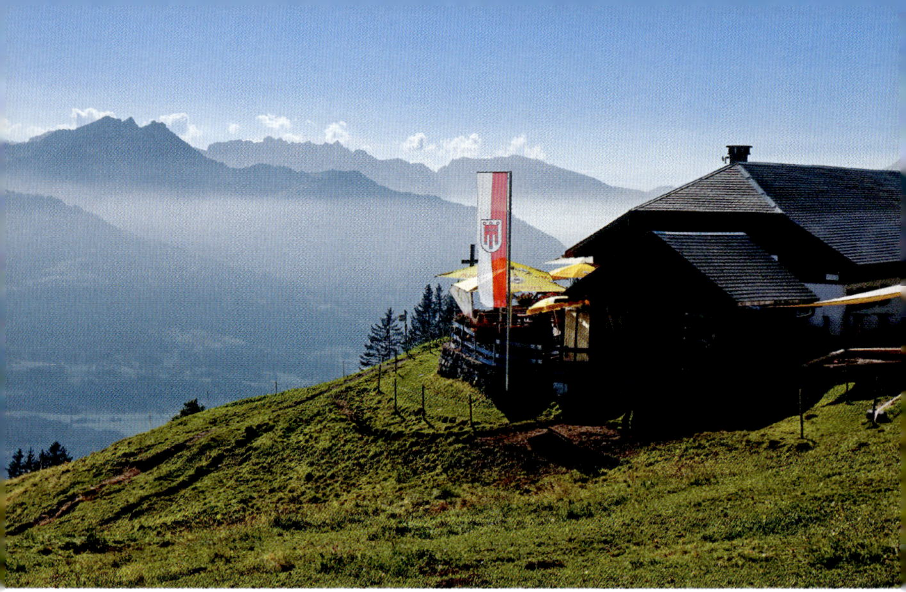

Balkonloge: Vom Dünser Älpele blicken wir weit in die Rätikonberge.

Hensler möglich, erreichbar entweder mit der Seilbahn von Schnifis oder mit Pkw über die schmale Zufahrt.
2. Es gibt auch einen Direktweg vom Hensler über die südseitigen Wiesen hinauf zum Älpele.
Karten: Freytag & Berndt 1:50.000, Blatt 375 oder 364.

Von **Boden** ❶ auf dem Karrenweg allmählich ansteigend, später in eine horizontale Hangquerung überleitend und damit zur Alpe Pfänder. Dahinter wird der Weg schmaler und taucht vorübergehend in Waldbestände ein. Die Traverse leitet zum **Hensler** ❷, 1334 m, mit Jausenstation und Seilbahnanschluss. Nun folgen wir dem Güterweg hinauf zur **Äußeren Alpila** ❸, 1531 m, ein gutes Stück durch Wald, ansonsten durch Weidegelände und zuletzt mit zwei, drei Kurven hinauf zur Alphütte. Über die Wiese wandern wir noch kurz schräg bergauf, vollziehen erneut eine teils wurzlige Hangtraverse im Gehölz, ehe sich die Szenerie hinüber zum Sender Dünserberg bzw. dem **Dünser Älpele** ❹, 1554 m, öffnet. Die Verbindung zum **Gerachhaus** ❺, 1550 m, ist nur kurz, und zwar rechts von der Straße abrückend. Gleich unterhalb kommen wir wieder darauf zurück, holen ziemlich weit nach Westen aus und passieren hinter der Kehre den Parkplatz **Winkel** ❻. Eine Viertelstunde später ist der Kreis geschlossen.

Den Kühen ist der grandiose Walgaublick wahrscheinlich egal – uns hingegen geht das Herz auf.

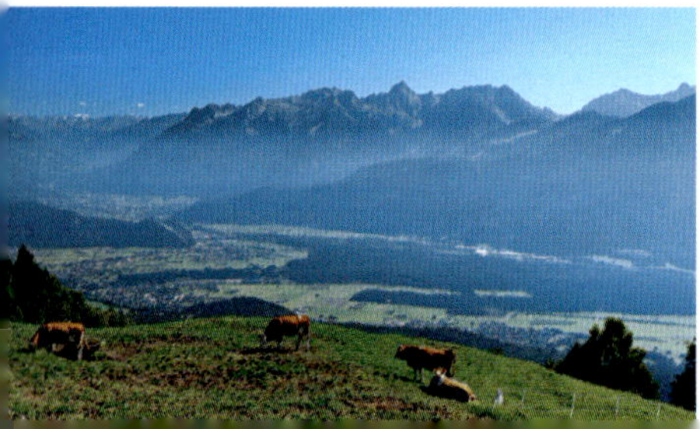

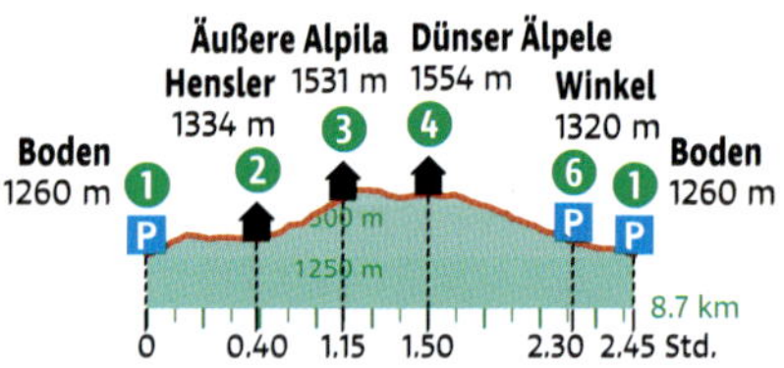

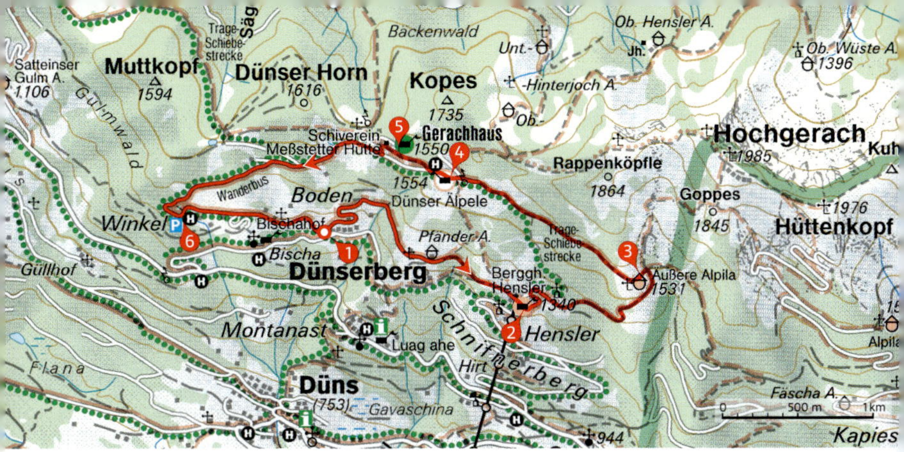

EINKEHR

Henslerstüble, 1334 m: in der Sommersaison (bis 1. November) Mi bis So geöffnet, im Winter Fr bis So, Tel. +43 664 8760034, henslerstueble.at.
Äußere Alpila, 1531 m: während der Alpzeit einfach bewirtschaftet.
Dünser Älpele, 1554 m: im Sommer bewirtschaftet, Mo Ruhetag, Tel. +43 664 1411842, www.dünser-älpele.at.
Gerachhaus, 1550 m: TVN, im Sommer nur als Unterkunft gemeinsam mit dem Älpele, im Winter voll bewirtschaftet, 29 Schlafplätze, Tel. +43 664 1411842, www.gerachhaus.at.

TOUREN

Hochgerach, 1985 m: von der Äußeren Alpila über Goppes und die Südflanke (T3), 1.30 Std., etwas anspruchsvoller vom Gerachhaus über den Westgrat via Rappenköpfle.

Streusiedlungen am sonnigen Dünserberg; unten erstreckt sich der Walgau wie ein aufgeschlagenes Buch.

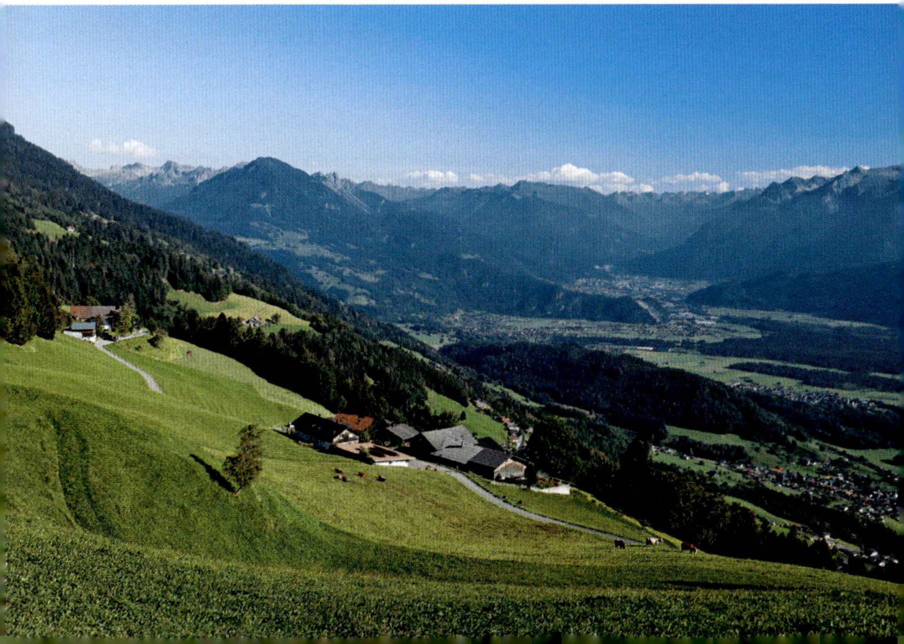

33 Feldkircher Hütte, 1204 m

Von Maria Ebene über Geißweg und Plattenweg

3.00 Std. | 6,2 km | ↗ 640 m | ↘ 640 m

Beim Vorderälpele, am Nordabfall des Rätikon

An seinen äußersten Nordausläufern, wo der Rätikon im Zwickel zwischen Rheintal und Walgau unspektakulär gegen das Feldkircher Becken absinkt, hat die Feldkircher Hütte ihren Standort direkt im Übergangsbereich vom Bergwald zum freien Alpgelände. Wie beim Verein der Naturfreunde häufiger zu sehen, besteht in der Standortwahl keine vorrangige Ausrichtung auf alpine Touren. Gleichwohl gelangt man binnen anderthalb Stunden an den Fuß des Drei-Schwestern-Massivs, mit dem der Rätikon von Norden betrachtet erste hochalpine Akzente setzt. Damit ist der Aktionskreis tatsächlich viel größer als vorderhand vielleicht vermutet: Vom beschaulichen Alpbummel bis zu Klettertouren an Volland- und Jahnturm ist allerhand möglich.

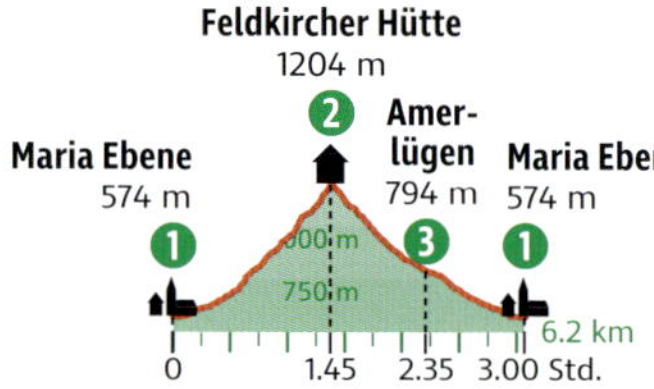

Ausgangspunkt: Maria Ebene, 574 m, oberhalb von Feldkirch. Parkmöglichkeit kurz vor der Kirche, erreichbar auch mit dem Stadtbus (Linie 7).

Anforderungen: T2+ (am Plattenweg etwas leichter). Beide Routen führen fast nur durch Wald; der Geißweg ziemlich steil, der Plattenweg normal. Halbtagestour ohne besondere Anforderungen.

Kinder: Überschaubare Wanderung ohne längere monotone Forstwege. Nettes Hüttenflair unmittelbar an der Waldgrenze.

Variante: Abstieg über den Kuhweg nach Amerlügen (30 Min. länger). Man kann auch den Wanderparkplatz oberhalb von Amerlügen als Ausgangspunkt wählen (in diesem Fall nicht über den Geißweg).

Karte: Freytag & Berndt 1:50.000, Blatt 375.

Weiter südlich schwingt sich das Drei-Schwestern-Massiv felsig auf.

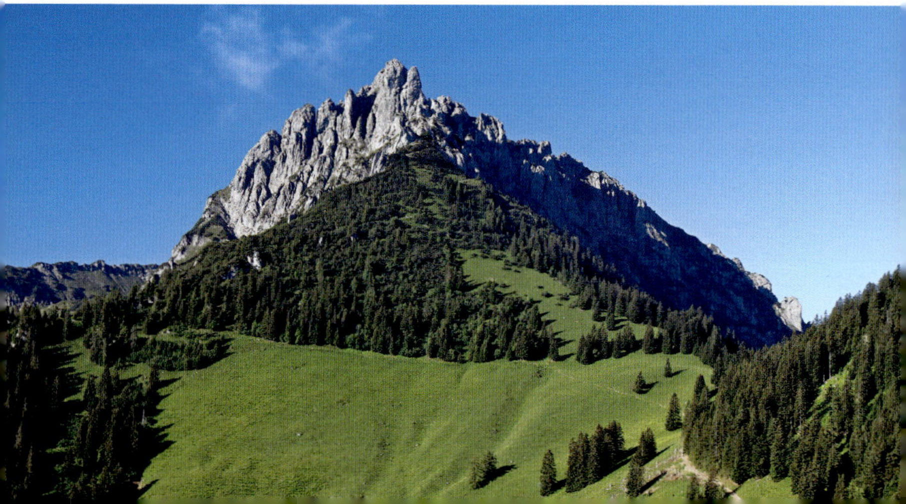

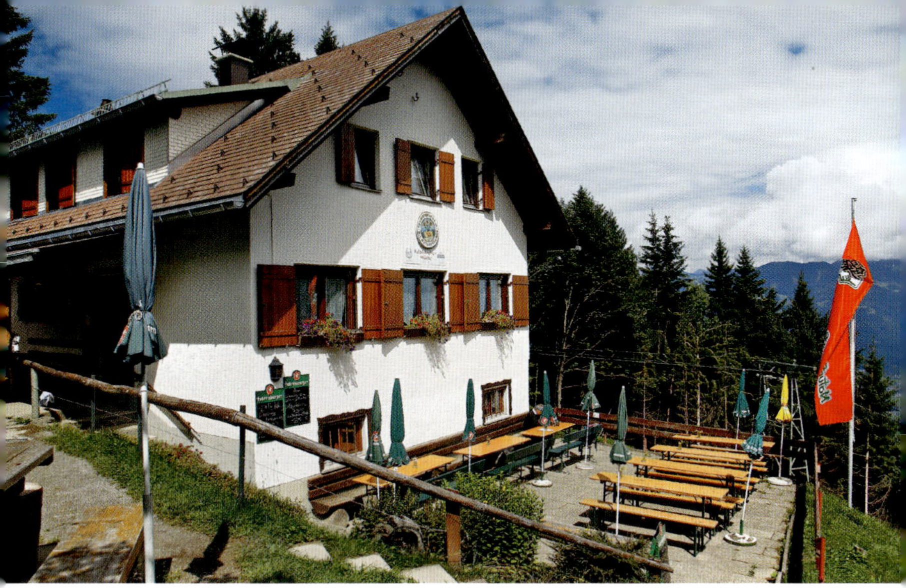

Die Feldkircher Hütte empfängt uns an der Waldgrenze.

Vom Parkplatz bei **Maria Ebene** ❶ auf der Straße kurz zurück, dann aufwärts zum Wegweiser »Kreuzberg«, 617 m, und hier rechts auf den Geißweg, der alsbald in den nordseitigen Waldhang eintaucht und ziemlich steil anzieht. Mehrfach werden Forststraßen gekreuzt (einmal links versetzt), zwischendurch schräg links bergauf und nach der letzten Berührung wieder rechts haltend noch eine halbe Stunde bis zur **Feldkircher Hütte** ❷, 1204 m.

Für den Abstieg wählen wir den Plattenweg an der Ostseite, ebenfalls praktisch durchgängig im Wald verlaufend, aber dank der zahlreichen Windungen weniger steil. Man kommt beim Wanderparkplatz, ca. 850 m, oberhalb von **Amerlügen** heraus, folgt der Zufahrt und dann dem Hinweis »Fellengatter« geradeaus ❸, womit die eigentliche Ortschaft rechts bleibt. Bald ist auch »Maria Ebene« angeschrieben – nach einem kurzen Wiesenabschnitt kommen wir über einen geteerten Wirtschaftsweg wieder zum bekannten Kreuzungspunkt und vollenden in Kürze die Tour.

EINKEHR

Feldkircher Hütte, 1204 m: TVN, Anfang Mai bis Mitte Oktober, Mo Ruhetag, in der übrigen Zeit Do bis So, 31 Schlafplätze, Tel. +43 664 3111115 oder +43 664 9730027, www.feldkircherhuette.net.

TOUREN

Gafadurahütte, 1428 m: via Hinterälpele zum Sarojasattel und auf Liechtensteiner Seite 200 Hm bergab (T2), knapp 2.00 Std.

Drei Schwestern, 2053 m: ab Prafazei/Sarojasattel klettersteigartig ausgebaute Felsroute mit originellen, ausgesetzten Passagen (T4), 2.45 Std.

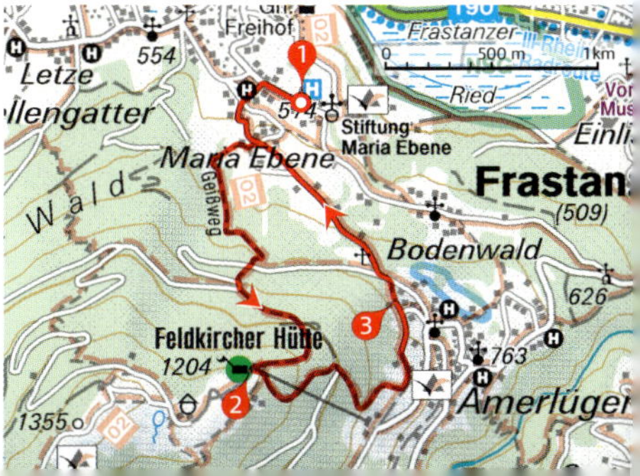

34 Berghaus Mattajoch, 1562 m
Zum Alpdorf Vordergamp im Walgau

2.40 Std. | 10,4 km | ↗540 m | ↘540 m

Eine Szenerie wie aus dem Bilderbuch
Bei einem imaginären Wettbewerb um die am schönsten gelegenen Alpgebiete Vorarlbergs hätte Vordergamp sicher gute Chancen auf einen der vorderen Ränge. Die herausgehobene Lage zwischen Galina- und Gamptal ist einfach herrlich, die Begleitkulisse durchaus respektabel, wenn man beispielsweise den Grat der Hohen Köpfe betrachtet. Nördlich liegt der Walgau zu Füßen. Mit dem Berghaus Mattajoch besitzt der Fleck das gewisse Etwas, um auch ein breiteres Wanderpublikum anzulocken. Dabei ist der Aufstieg – zumindest auf dem kürzesten Weg – keine große Sache und wirklich von jedem zu schaffen.

Ausgangspunkt: Wanderparkplatz am Beschlinger Berg, 1030 m. Zufahrt vom Nenzinger Ortsteil Beschling über die Latzwiesen, ohne Busanschluss.
Anforderungen: T1 oder T2 (Abkürzungen). Durchgängiger Güterweg, abschnittsweise Abkürzungen möglich. In jeder Hinsicht leichtes Halbtagesprogramm.
Kinder: Die Wanderstrecke selbst ist vielleicht etwas eintönig, das Zielgebiet aber erlebenswert.
Variante: Mit Öffis startet man am besten in Latz oder Gurtis (Buslinie 74).
Karte: Freytag & Berndt 1:50.000, Blatt 375.

Vom Parkplatz am **Beschlinger Berg** ❶ lassen wir das Fahrverbotsschild hinter uns und folgen den Schleifen der Forststraße, können diese einige Male nach Bedarf auch abkürzen. Links vom Galinatal geht es damit am Brünneleeck aufwärts. Etwa beim Roßboden gelangt man in offenes Gelände, vollzieht noch einige Kurven und trifft schließlich auf der stattlichen **Alpe Vordergamp**, am Sattel zwischen Gampberg und Lohnspitze, ein. Wenige Schritte jenseits des Scheitelpunkts befindet sich das **Berghaus Mattajoch** ❷, 1562 m. Der Rückweg ist identisch.

Auf Vordergamp stehen die Hütten in Reih und Glied.

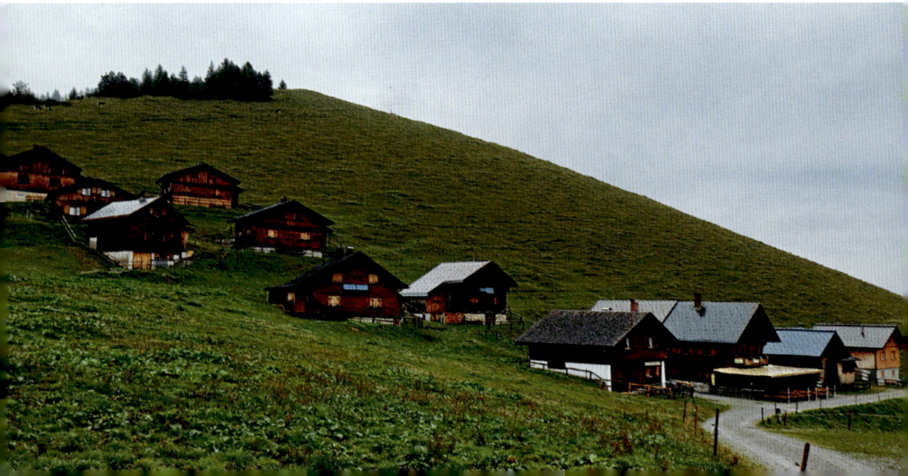

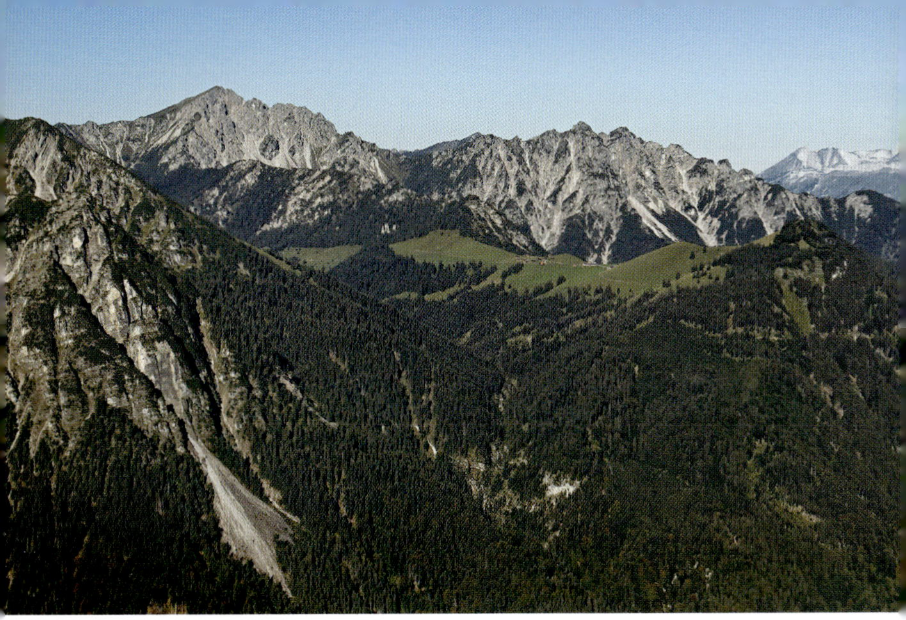

Aus der Distanz erkennt man die Alpe Gamp am grünen Geländeriegel in der Bildmitte, dahinter die Hohen Köpfe (rechts) und der Galinakopf (links).

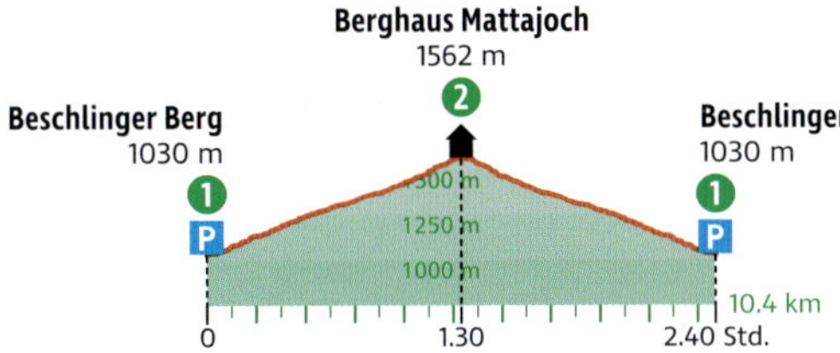

EINKEHR

Berghaus Mattajoch, 1562 m: Juni bis Oktober (ab Mitte Mai an Wochenenden), Mo/Di Ruhetag, 40 Schlafplätze, Tel. +43 680 3125108 oder +43 664 9153469, www.gamp.at. Alpprodukte können nebenan im »Käselädle« gekauft werden.

TOUREN

Gampberg, 1708 m: kurzer, problemloser Aufstieg über die Südseite (T2), 25 Min.
Übergang nach Malbun, 1599 m: leichter Höhenweg via Innergampalpe, Mattlaalpe, Mattlerjoch (Liechtensteiner Grenze) und Sassförkle (T2), ca. 3.00 Std.

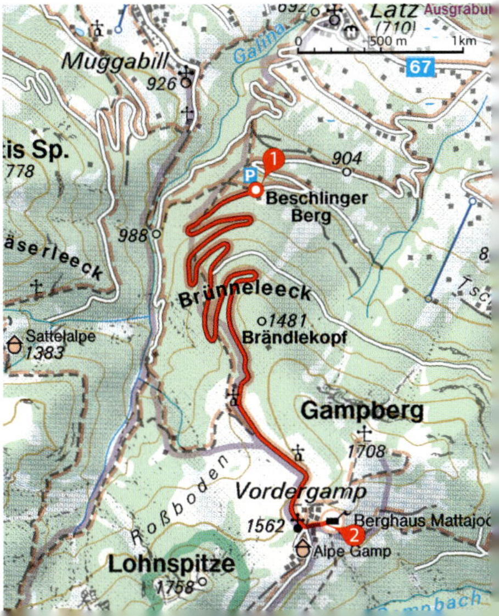

35 Pfälzer Hütte, 2108 m

Vom Nenzinger Himmel über den Augstenberg

TOP | 5.15 Std. | 12,5 km | ↗1050 m | ↘1050 m

Zur Hütte des Liechtensteiner Alpenvereins am Bettlerjoch

Der Bau einer Bergunterkunft auf dem Bettlerjoch, oben am Grenzsattel zwischen Vorarlberg und dem Fürstentum Liechtenstein, geht auf die Initiative des Verbandes Pfälzischer Sektionen in den 1920er-Jahren zurück. Doch währte die verheißungsvolle Aufbruchszeit nur ein gutes Jahrzehnt, denn der Zweite Weltkrieg hinterließ die aussichtsreich gelegene Pfälzer Hütte verwahrlost und zunächst in rechtlicher Unsicherheit. Nachdem Deutschland schließlich auf alle Ansprüche zu verzichten hatte, konnte der Liechtensteiner Alpenverein die Substanz erwerben, sanieren und wieder ihrer eigentlichen Bestimmung zuführen. Das aus Naturstein errichtete Haus fügt sich sehr gut in die Umgebung ein. Variantenreiche Zugänge, unter denen der Fürstin-Gina-Weg besonders starken Reiz ausstrahlt, machen die Pfälzer Hütte zu einem der beliebtesten Wanderziele in Liechtenstein. Aus Vorarlberger Perspektive besuchen wir sie vom bezaubernden Nenzinger Himmel, wie der Alpgrund im hinteren Gamperdonatal fantasievoll heißt. Dabei fädeln wir am Sareiserjoch in den Fürstin-Gina-Weg ein und überschreiten mit dem Augstenberg einen vorzüglichen Aussichtsberg. Der eigentliche Hüttenweg wird dann nur im Abstieg genutzt.

Auf dem Fürstin-Gina-Weg passieren wir den vorgelagerten Spitz und steuern anschließend den Augstenberg im Hintergrund an.

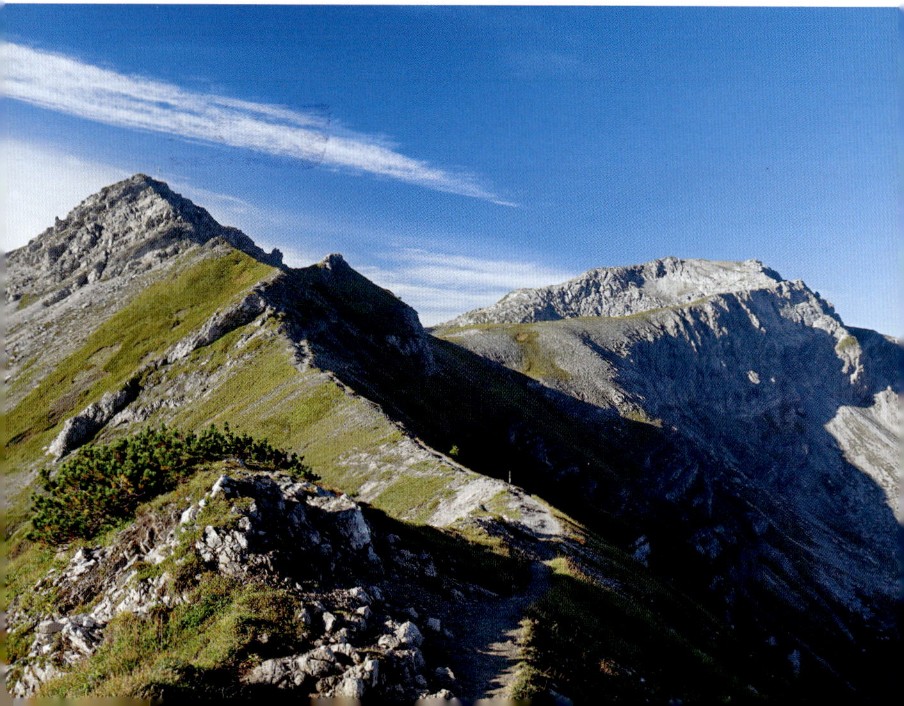

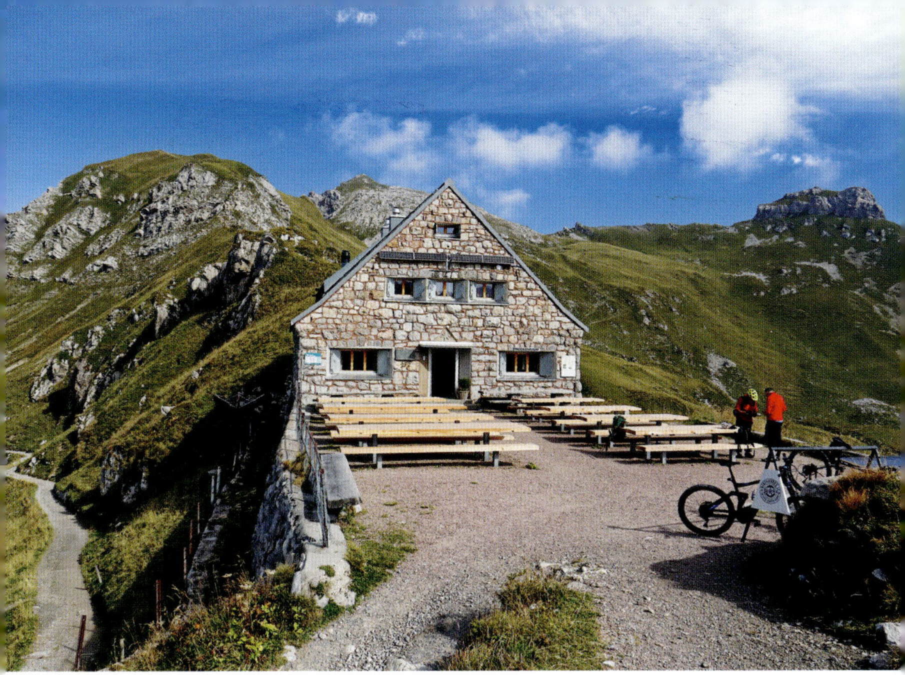

Die Pfälzer Hütte am Bettlerjoch gegen den Augstenberg.

Ausgangspunkt: Nenzinger Himmel, 1358 m, im inneren Gamperdonatal. Keine öffentliche Zufahrt, erreichbar mit dem Wanderbus von Nenzing (Infos und Reservierung unter Tel. +43 5525 62217 oder 62594).
Anforderungen: T2–3. Zumeist ordentliche Bergwege in mittelsteilem Gelände, die bei trockenen Bedingungen kaum Schwierigkeiten bereiten. Über den Augstenberg einige leicht ausgesetzte Stellen mit Stufen und Halteseilen. Durchschnittliche Tagestour.
Kinder: Für ausdauernde Kinder sehr interessante Überschreitung, sonst ggf. Beschränkung auf den Normalweg bzw. Übernachtung erwägen. Bereits der Nenzinger Himmel lohnt einen Besuch.
Variante: Wählt man den Abstiegsweg schon fürs Bergauf, benötigt man bis zur Hütte 2.20 Std., insgesamt 4.00 Std.
Karten: Freytag & Berndt 1:50.000, Blatt 374 oder 375.

EINKEHR

Alpengasthof Gamperdona, 2061 m: im Sommer bewirtschaftet, 40 Schlafplätze, Tel. +43 5525 64606.
Pfälzer Hütte, 2108 m: LAV, Anfang/Mitte Juni bis Mitte/Ende Oktober, 70 Schlafplätze, Tel. +423 2633679, www.alpenverein.li.

TOUREN

Naafkopf, 2571 m: markierter Steig über die Nordostseite (T3), 1.20 Std.
Augstenberg, 2359 m: von der Hütte im Aufstieg über den Südrücken ca. 50 Min.
Mannheimer Hütte, 2679 m: über Barthümeljoch, Hochjoch und Salarueljoch normaler Höhenweg, anschließend jedoch hochalpiner Übergang mit ausgesetzten Passagen und ab Schaflochsattel einer Traverse des flachen Brandner Gletschers (T4), 4.45 Std.
Schesaplanahütte, 1908 m: ebenfalls bis zum Salarueljoch (Kleine Furka), dann leichteres Bergab auf Schweizer Seite (T3), 3.20 Std.

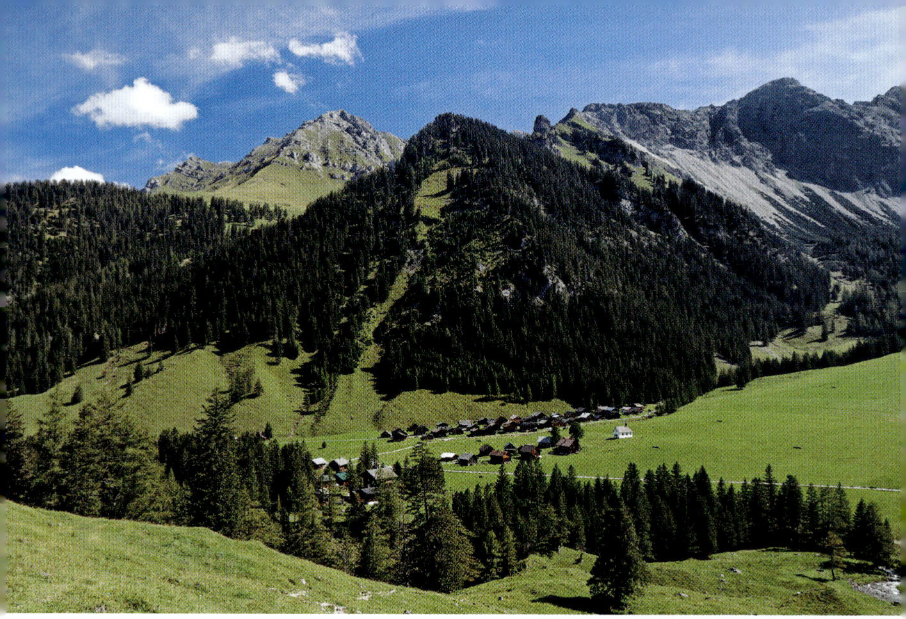

Einfach bezaubernd, wie der Nenzinger Himmel inmitten der Bergwelt eingebettet liegt.

Am **Nenzinger Himmel** ❶ geht es wenige Minuten taleinwärts, dann nach rechts über den Bach und an der nach Osten gerichteten Talflanke bergauf. Nach anfänglichen Wiesen tauchen wir zeitweise in lichten Wald ein. Später rechts haltend wieder freier zur Landesgrenze, die kurioserweise mitten im Hang verläuft. Hinter einer markanten Geländeschwelle passiert man die **Alpe Säss**, 1859 m, setzt den Aufstieg rechts haltend fort und gewinnt nach einem scharfen Linksknick das **Sareiserjoch** ❷, 2000 m. Jetzt mit dem Fürstin-Gina-Weg kammnah aufwärts, dicht unterm Felsaufbau des Spitz entlang und durch eine schwache Senke an die blockdurchsetzte Gipfelflanke des **Augstenberg** ❸, 2359 m, heran. Ohne größere Hindernisse erreichen wir diesen damit von Nordosten her. In Südrichtung geht es an P. 2365 vorbei zu einer deutlichen Abwärtspassage links vom Kamm. Nach einer kurzen Wiesentraverse liegt noch ein mit Stufen ausgebautes steiles Stück vor uns, ehe wir bei der **Pfälzer Hütte** ❹, 2108 m, am Bettlerjoch eintreffen. Die weitere Abstiegsroute wendet sich in den ostseitigen Hangkessel, zieht bald auf die linke Seite

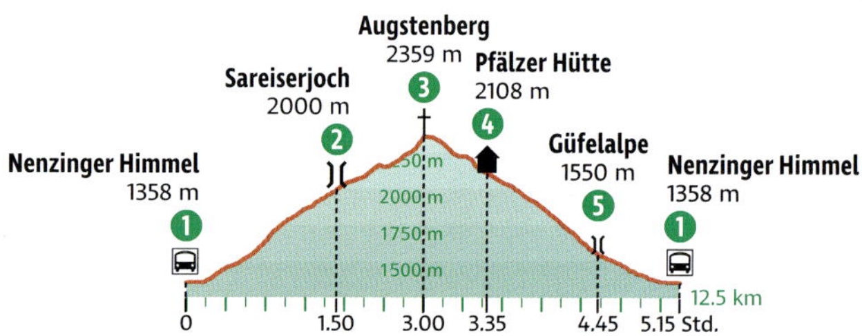

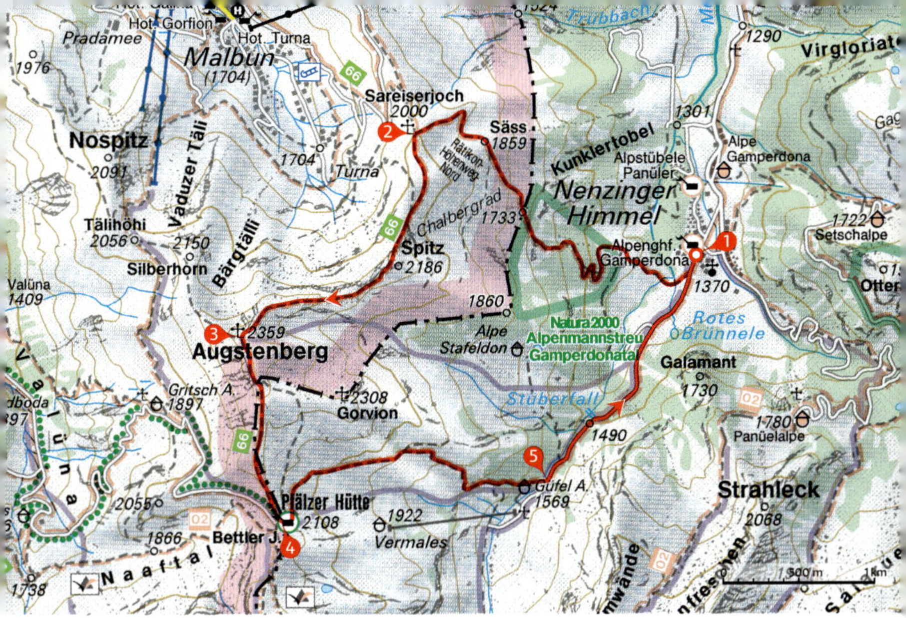

hinüber (unterhalb des Gorvion) und dort beständig tiefer. Die Alpe Vermales wird unterdessen nicht berührt. Schon weit unten treten wir in ein Waldgebiet ein und stoßen nahe der **Güfelalpe** auf den Bach und den parallelen Fahrweg **5**. Damit am Stubenfall vorbei zunächst noch deutlich bergab, später dann sachte Richtung **Nenzinger Himmel** **1** auslaufend.

Im Gamperdona-Talschluss, auf Höhe der Güfelalpe.

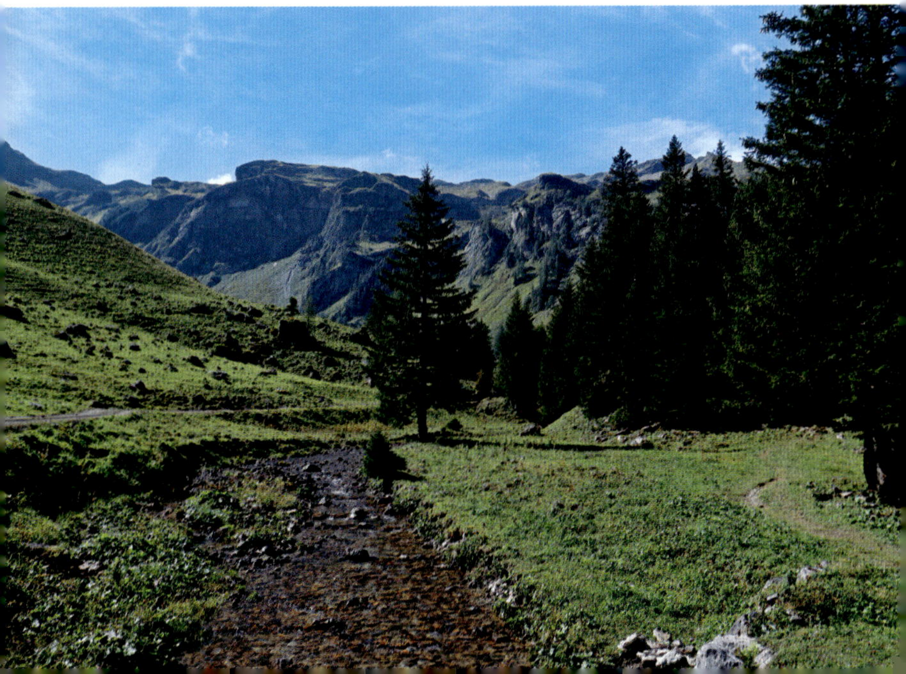

36 Alpe Rona, Alpe Furkla und Frööd, 1667 m
Rundwanderung von Tschengla

3.45 Std. | 12,3 km | ↗550 m | ↘550 m

Im Bludenzer Freizeitgebiet um den Loischkopf
Bludenz ist gleichsam die »Alpenstadt« Vorarlbergs, treffen hier doch Klostertal, Montafon und Brandnertal zusammen. Begeben wir uns in Letzteres hinauf, empfängt uns zunächst die Siedlung Bürserberg, flankiert von einem für allerhand Freizeitaktivitäten erschlossenen Bergareal. Im Winter stehen natürlich Ski und Rodel auf dem Programm, im Sommer befindet sich hier augenscheinlich einer der attraktivsten Bike-Parks weit und breit. Wandern kann man natürlich auch – ein dicht gesponnenes Wegenetz verschafft uns einigen Spielraum. Unter dem Motto »Alp- und Hüttenwandern« legen wir eine Route über die mit einschlägigen Preisen ausgezeichnete Alpe Rona, die bescheidene Alpe Furkla weiter oben sowie die Restaurants Frööd und Fuchsbau rund um den Loischkopf. Manchmal mag die technische Erschließung hier etwas stören, doch mangelt es keineswegs an idyllischen Eindrücken.

Ausgangspunkt: Parkplatz P3 in Tschengla, ca. 1220 m. Zufahrt von Bürserberg im vorderen Brandnertal über eine gut ausgebaute Bergstraße. Es verkehrt auch ein spezieller Wanderbus von Bludenz (Tschenglabus, Tel. +43 5552 65000).
Anforderungen: T1–2. Auf weiten Strecken breite Güterwege, Steigabschnitte hinauf zur Furklaalpe sowie zwischen Frööd und Fuchsbau (hier gelegentlich etwas matschig). Lockeres Tagespensum.
Kinder: Durchwegs ungefährliche Wanderung mit viel Entdeckungspotenzial, Schausennerei auf der Alpe Rona (täglich zwischen 8 und 9 Uhr), rund um den Loischkopf stärker touristisch erschlossen (Lifte).
Variante: Anstatt über die Furklaalpe kann man auch den Weg durchs Muhlebachtal Richtung Parpfienzsattel wählen.
Karten: Freytag & Berndt 1:50.000, Blatt 374 oder 375.

Schon nach wenigen Minuten treffen wir bei der Alpe Rona ein.

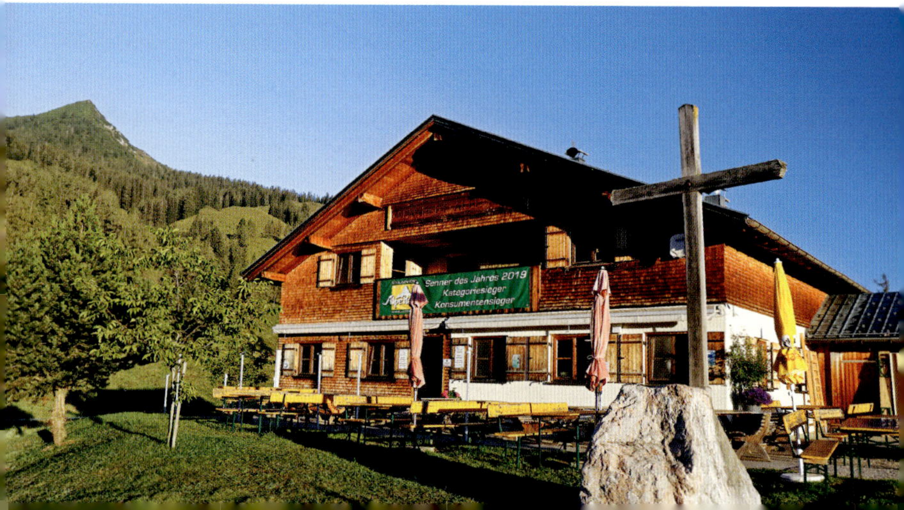

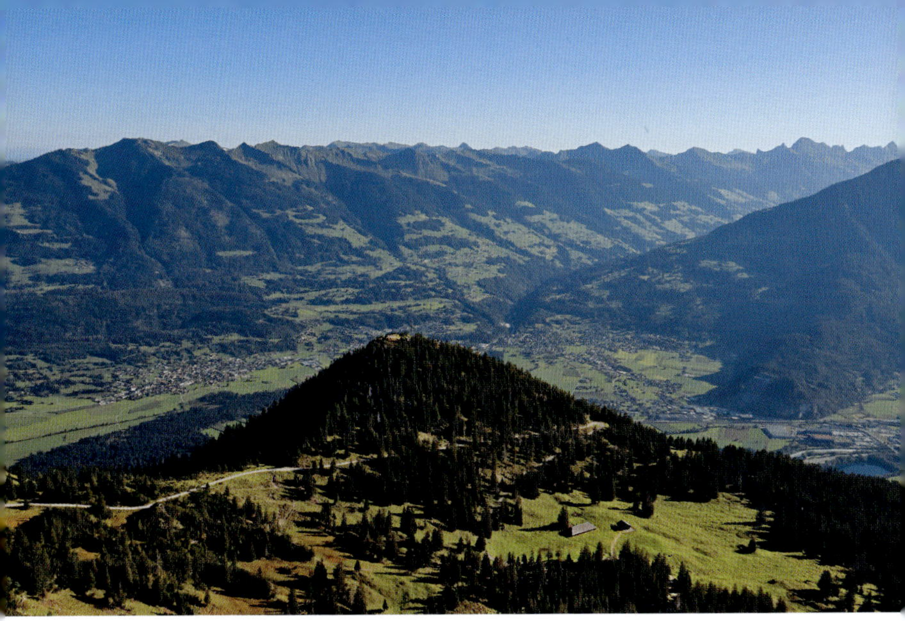

Diese Panoramaperspektive zeigt die Furklaalpe am Schwarzkopf (unten) und im Hintergrund den vom Walserkamm flankierten Einschnitt des Großen Walsertals.

Vom **Parkplatz Tschengla** ❶ sind wir rasch bei der **Alpe Rona** ❷, 1231 m, die bereits mit einer tollen Aussicht aufwartet. Vorerst weiter auf der breiten Trasse sachte bergauf, abgelöst von einem Wiesensteig, der die **Alpe Furkla** ❸, 1619 m, ansteuert. Hier drehen wir links (südwärts) ab und begehen für längere Zeit einen Alpwirtschaftsweg, der unterhalb von Mondspitze und Schillerkopf fast höhengleich dahinzieht. Nach einer deutlichen Linksbiegung überschreiten wir den **Parpfienzsattel** ❹, 1675 m, auch als Faregg bezeichnet. Nun geht es auf viel begangenem Weg an der Südseite des Loischkopfes entlang. Mit etwas Auf und Ab zum Restaurant **Fröód** ❺, 1667 m, das sich am Burtschasattel direkt neben der Bergstation der Panoramabahn von Brand befindet. An der Wegspinne achten wir auf den

EINKEHR

Alpe Rona, 1231 m: Ende Mai bis Mitte September, Tel. +43 664 9496711 oder 4117517, www.alpe-rona.at.
Alpe Furkla, 1619 m: während der Alpzeit ab Juni einfach bewirtschaftet, Tel. +43 5525 62144.
Restaurant Fröód, 1667 m: im Sommer und Winter geöffnet, Tel. +43 664 88907626, www.fröód.at.
Schihütte Fuchsbau, 1400 m: im Sommer Do bis So, im Winter täglich geöffnet, Tel. +43 664 2564152.

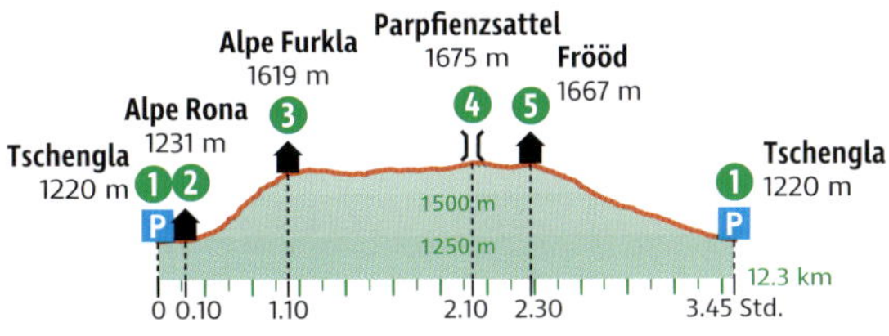

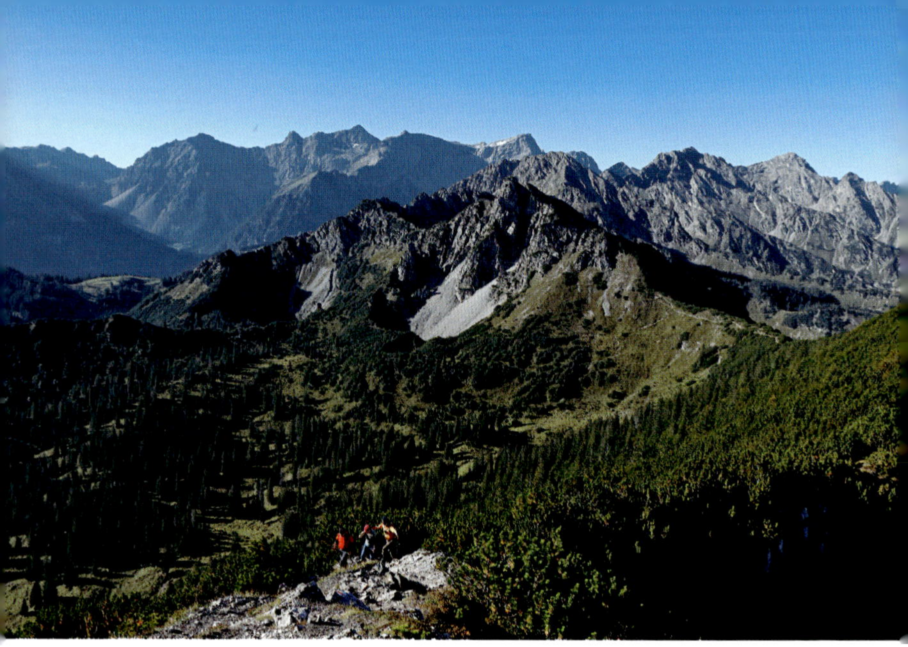

Eine Zugabe mit phänomenaler Aussicht wäre die Mondspitze.

Hinweis »Tschengla/Fuchsbau« und schlagen einen relativ kleinen Steig ein, der abwechselnd durch Wald- und Wiesenbereiche sukzessive

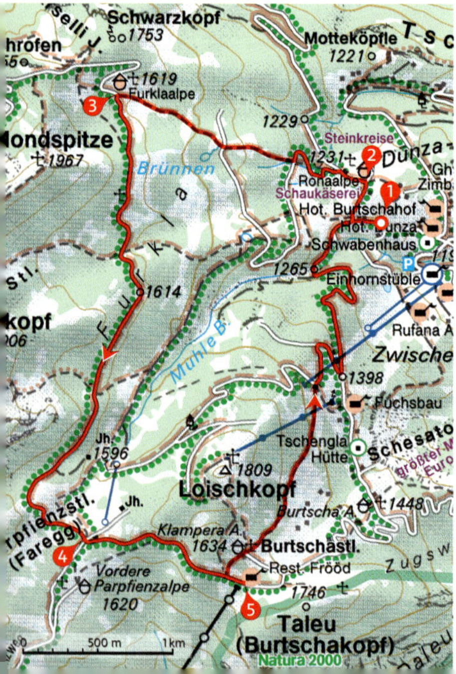

schräg bergab führt. Feuchte Passagen werden meist gut mit Brettern und Bohlen überbrückt; dennoch kann es stellenweise glitschig sein. Bei der Einhornbahn treffen wir wieder auf einen Fahrweg. Etwas tiefer liegt die **Schihütte Fuchsbau** knapp abseits. Wir orientieren uns aber schließlich gen Norden und wandern im Bereich des Bike-Parks allmählich weiter bergab, den Muhlebach kreuzend ins Gebiet von Dunza-Tschengla und zurück zum Ausgangspunkt ❶.

TOUREN

Mondspitze, 1967 m: von der Furklaalpe zum Klamperasattel und über die Nordseite auf den großartigen Aussichtsgipfel (T3), 1.00 Std. Überschreitungsmöglichkeit zum Schillersattel und dort abwärts oder noch über den luftigen Schillerkopf, 2006 m (ebenfalls T3). Im Rahmen unserer Tour Aufstockung auf insgesamt 6.00 Std.

Loischkopf, 1809 m: von Frööd ca. 30 Min.

Oberzalimhütte und Mannheimer Hütte, 2679 m

Von Brand über den Leibersteig

8.50 Std. | 20,2 km | ↗1620 m | ↘1620 m

TOP

Zum Wolkenhaus am Brandner Gletscher

Auf dieser Tour besuchen wir das höchste Haus Vorarlbergs. Als das Elsass noch zu Deutschland gehörte, plante die Sektion Straßburg einen Stützpunkt im Umfeld des höchsten Rätikongipfels, der Schesaplana, und zwar möglichst weit oben. Den ebenso spektakulären wie gewagten Standort fand man schließlich auf der himmelhohen Verbindung zwischen Panüeler und Wildberg, direkt an der Schwelle zum Brandner Gletscher, der vor 100 Jahren noch recht mächtige Eisdecken getragen hat. Durch die Folgen des Ersten Weltkrieges fiel das Haus der Sektion Pfalzgau (bald darauf in Mannheim umbenannt) zu, doch sollten noch über 50 Jahre und viele witterungsbedingte Renovierungsarbeiten vergehen, ehe sich dies auch im jetzt gültigen Namen niederschlug. Nachdem das Vorhaben eines Gletscherskigebiets glücklicherweise scheiterte und selbst unsere moderne Zeit die Wege nicht wesentlich verkürzt hat, ist es noch immer ein voller, zünftiger Tagesmarsch zu diesem abgeschiedenen »Wolkenhaus«: aus dem lieblichen Zalimtal – wo übrigens die Oberzalimhütte als zweite Hütte des Mannheimer Alpenvereins eine wesentlich gemäßigtere Gästeschar anlockt – hinein in die hohe Schrofenbarriere, die am Leibersteig geschickt überwunden wird. Heute mag die gleißende Weite des Brandner Gletschers nicht mehr ganz die Pracht früherer Tage besitzen, doch die Stimmungen bleiben zuweilen unvergleichlich. Und die Schesaplana lockt wie eh und je ...

Ausgangspunkt: Brand, 1037 m, im gleichnamigen Seitental des Montafon. Diverse Parkmöglichkeiten im lang gestreckten Ort; die eigentliche Bergwanderung beginnt im inneren Bereich, ca. 1070 m. Bushaltestelle »Palüdbahn« der

Am Weg von Brand ins malerische Zalimtal.

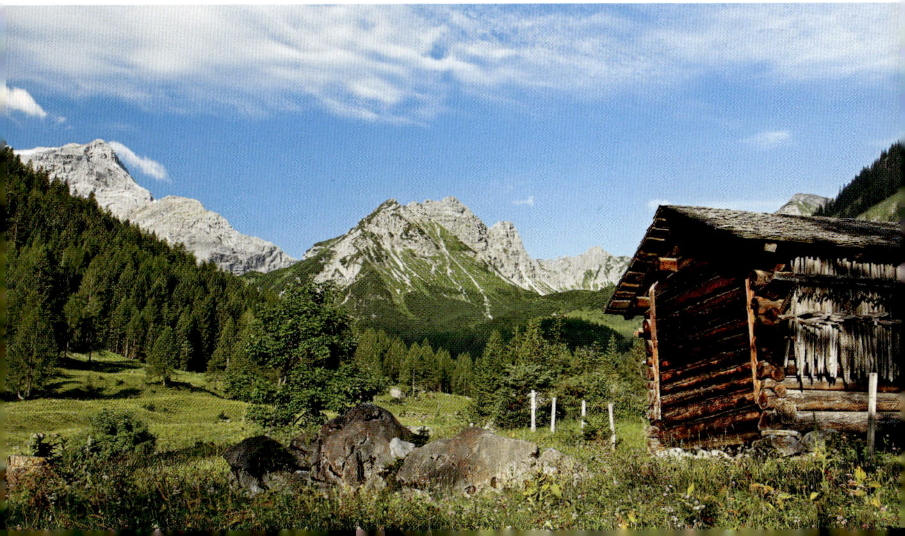

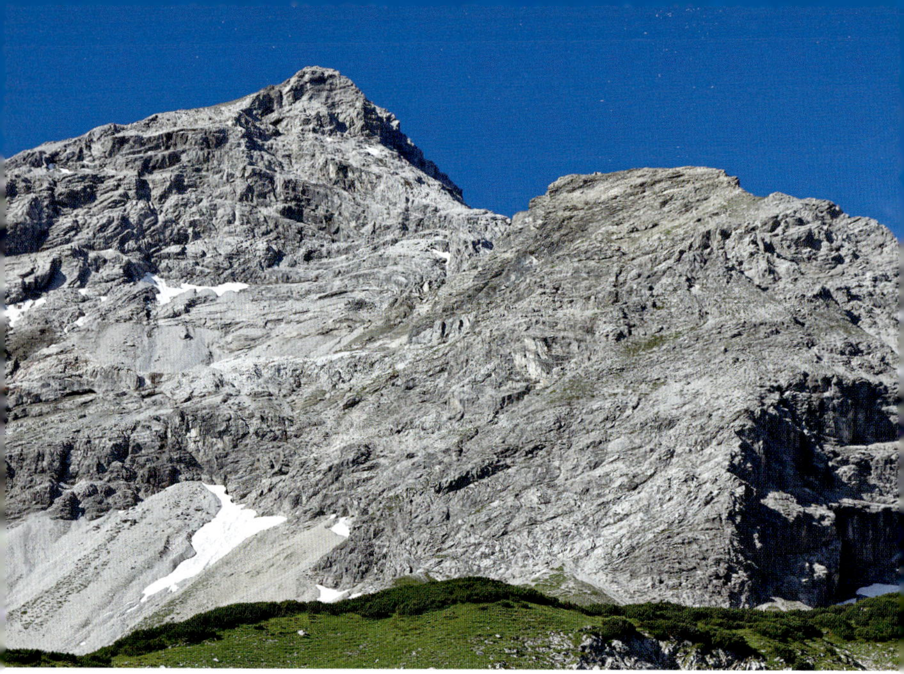

In der Felsflanke des Panüelerkopfes verläuft der weitere Aufstieg.

Linie 81 vom Bahnhof Bludenz.
Anforderungen: T4. Bis Oberzalimhütte sehr einfache Wanderung (T1), am Leibersteig hingegen anspruchsvolles, ausgesetztes Felsgelände (mehrfach Sicherungen), bei ungünstigen Verhältnissen heikel. Man bewegt sich längere Zeit im Absturzgelände! Deshalb nur für absolut trittsichere, schwindelfreie und ausdauernde Bergwanderer. Hin und zurück an einem Tag sehr lang.
Kinder: Bis Oberzalimhütte problemlose Familienwanderung, zur Mannheimer Hütte hingegen normalerweise zu streng für Kinder, es sei denn, die gesamte Familie verfügt über entsprechende Bergerfahrung und plant eine Übernachtung.
Karten: Freytag & Berndt 1:50.000, Blatt 374 oder 375.

In **Brand** ❶ begeben wir uns aus dem hinteren Ortsteil auf den Zalimweg. Anstelle des Alpsträßchens kann man anfangs auch den Glingaweg am Bach entlang einschlagen.

Unterwegs im Randbereich des Brandner Gletschers.

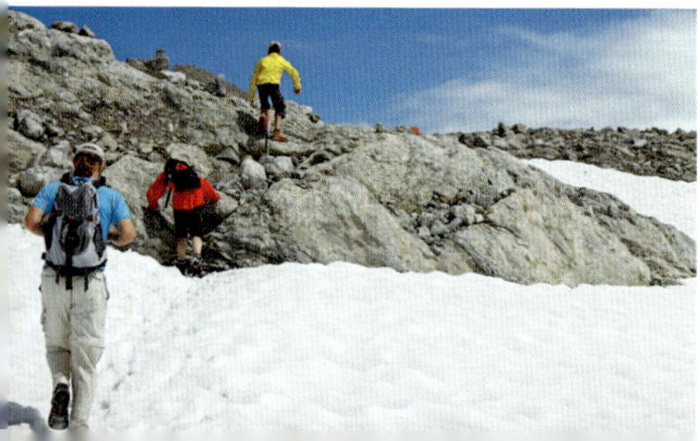

Mit einigen Kurven kommen wir zur **Unterzalimalpe**, 1366 m, und zu einer Gabelung ❷ voran. Hier links weiter Richtung **Mittelzalimalpe**, 1603 m, wobei im Talschluss der Panüelerkopf imponiert. Wir folgen den Schleifen des Güterwegs in den hinteren Kessel und erreichen dort die **Oberzalimhütte** ❸, 1889 m, die organisatorisch gemeinsam mit der Mannheimer Hütte bewirtschaftet wird.
Dorthin wandelt sich der Tourencharakter grundlegend. Anhand einer blau-weißen Markierung nähert man

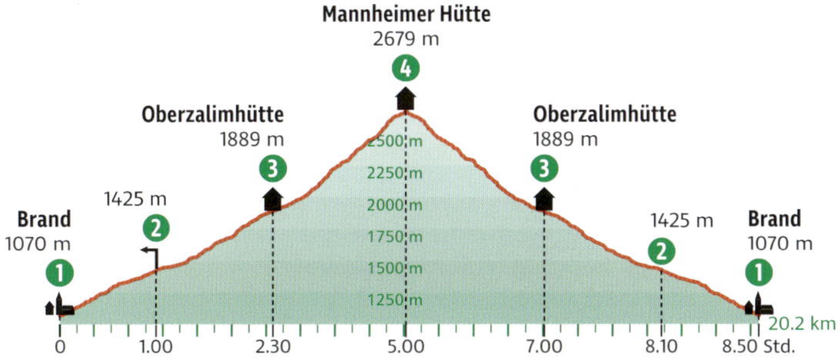

EINKEHR

Oberzalimhütte, 1889 m: DAV, Mitte Juni bis Anfang Oktober, 42 Schlafplätze, Tel. +43 664 1900691.
Mannheimer Hütte, 2679 m: DAV, Ende Juni bis Mitte September, 130 Schlafplätze, Tel. +43 664 1900691, mannheimerhuette.co.at.

TOUREN

Wildberg, 2788 m: kurzer Aufstieg über Schutt und Felsen auf den Hausberg (T3), 25 Min.
Panüelerkopf, 2859 m: zur anderen Seite ebenfalls relativ rasch zu erreichen (T3), 40 Min.
Schesaplana, 2965 m: über den Brandner Gletscher ziemlich genau nach Süden zum Grenzkamm (Schafköpfe), dann in die Senke des Schesaplanasattels und diagonal durch den Südhang mit einer Spitzkehre zum Gipfel (T3–4), 1.45 Std.
Schesaplanahütte, 1908 m: zum Schesaplanasattel und südseitig über den exponierten Schweizerweg abwärts (T4), 3.00 Std.
Totalphütte, 2385 m: entweder über die Schesaplana hinweg oder auf dem kaum leichteren Südwandsteig umgehend (T3–4), 3.00 Std.

sich über Gras-Latschen-Gelände dem markanten Felssporn, wo auf gut 2100 Meter Höhe der in Abständen immer wieder gesicherte **Lei-**

Nach fast fünf Stunden empfängt uns die Mannheimer Hütte.

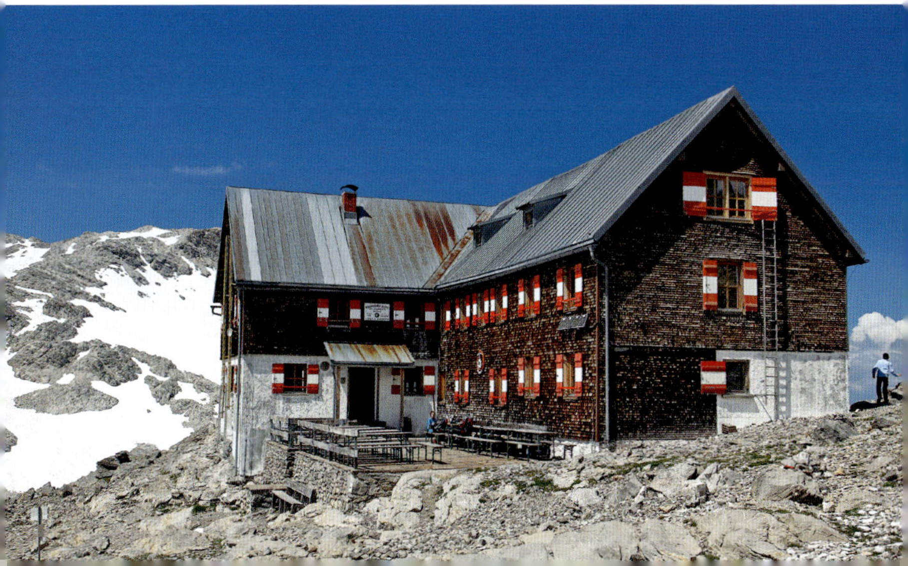

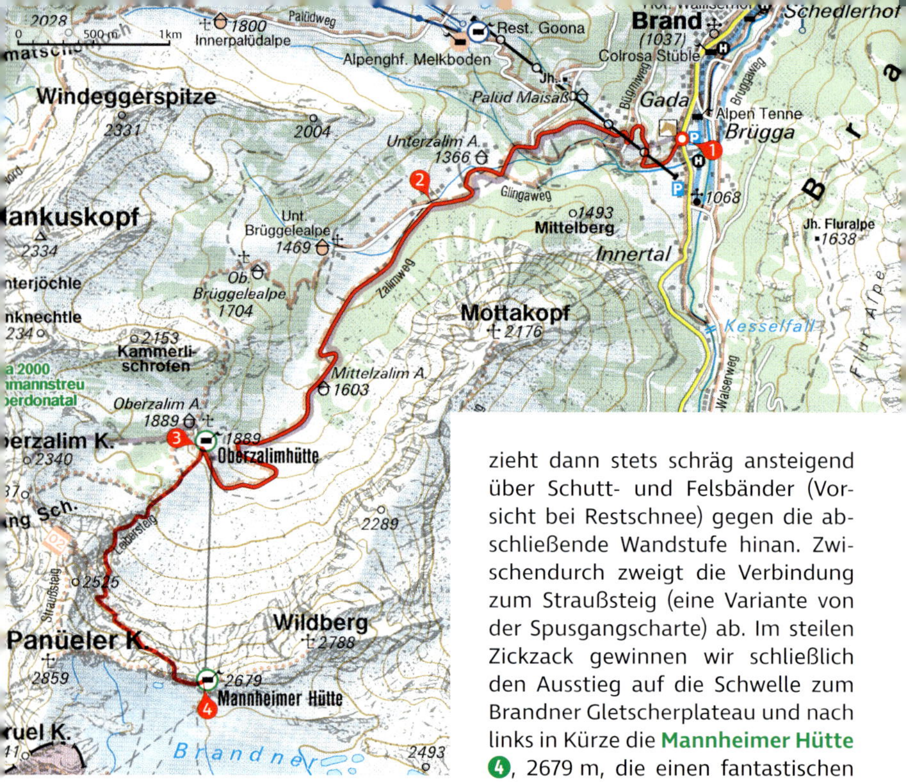

bersteig ansetzt. Geschickt, wenngleich mitunter exponiert leitet die Route im Hin und Her höher und zieht dann stets schräg ansteigend über Schutt- und Felsbänder (Vorsicht bei Restschnee) gegen die abschließende Wandstufe hinan. Zwischendurch zweigt die Verbindung zum Straußsteig (eine Variante von der Spusgangscharte) ab. Im steilen Zickzack gewinnen wir schließlich den Ausstieg auf die Schwelle zum Brandner Gletscherplateau und nach links in Kürze die **Mannheimer Hütte** **4**, 2679 m, die einen fantastischen Logenplatz innehat: zur einen Seite die weite Eisfläche, zur anderen der nordseitige Abbruch ins Zalimtal. Retour geht es auf derselben Route.

Paradeziel für Gipfelstümer: die Schesaplana.

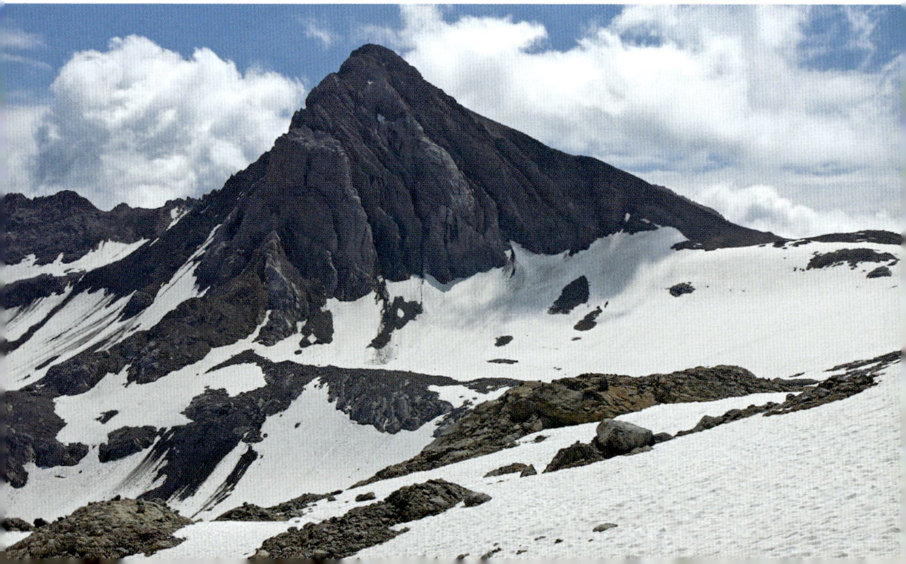

Totalphütte, 2385 m

Rund um den Lünersee

3.15 Std. | 9,0 km | ↗ 550 m | ↘ 550 m

Auf der Ostseite des Schesaplana

Auch die Totalphütte gehört zu den wichtigen Schesaplana-Stützpunkten; der Hauptgipfel des Rätikon ist von dort in weniger als zwei Stunden zu erreichen. Gebaut wurde das Haus ursprünglich allerdings von den Illwerken, die hier oben Erschließungen zur Energiegewinnung durchführten (etwa eine Stollenleitung vom Brandner Gletscher). Als die Arbeiter abgezogen waren, übernahm der Vorarlberger Alpenverein die Baubaracke und funktionierte sie zu einer Bergsteigerunterkunft um, die heute vor allem auch viele Tagesgäste empfängt. Wir wandern gemütlich vom Lünersee herauf und erleben auf der steinigen Geländeterrasse ein hochalpines Ambiente ohne ebensolchen Anspruch. Anfang 2019 schockierte die Meldung, dass die Totalphütte durch einen Lawinenabgang vom Zirmenkopf schwer beschädigt worden ist. Der rasch vorangetriebene Neubau verschlang nach Angaben der Sektion über drei Millionen Euro.

Ausgangspunkt: Talstation der Lünerseebahn, 1566 m, im Talschluss von Brand, erreichbar auch per Bus (Linie 81 vom Bahnhof Bludenz). Mit der Seilbahn zur Douglasshütte, 1979 m, am Stausee. Betriebszeiten von Mitte Mai bis Ende Oktober, täglich von 8 bis 17 Uhr.

Anforderungen: T2. Zur Totalphütte tendenziell etwas steiniger Weg, aber ohne nennenswerte Hindernisse. Rund um den See vollkommen leichte Wanderung mit geringen Höhenunterschieden. Halbtagespensum.

Kinder: Hochalpine Eindrücke bei relativ geringem Aufwand und auch nirgends sonderlich gefährlich. Der große Lünersee entfaltet natürlich besondere Anziehungskraft.

Variante: Mittelschwierig wird die Tour, wenn man die Seilbahn sausen lässt und über den Bösen Tritt zum Lünersee aufsteigt.

Karten: Freytag & Berndt 1:50.000, Blatt 374 oder 375.

Direkt am Lünersee befindet sich die gleichnamige Alpe.

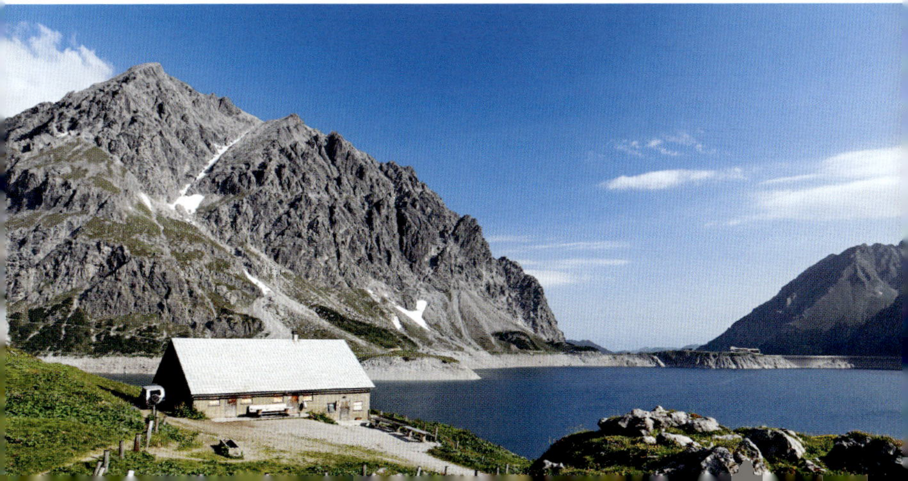

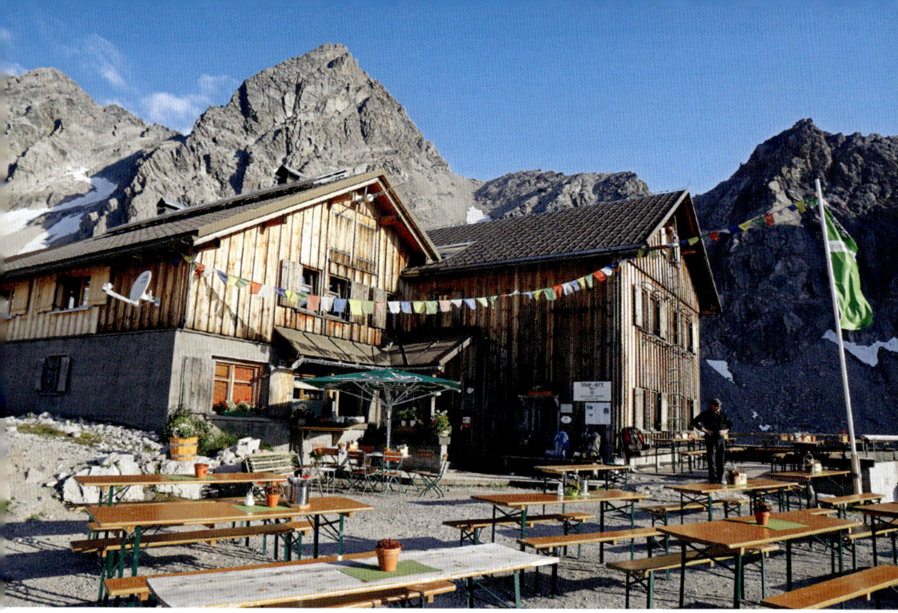

Die Totalphütte zählt zu den wichtigsten Alpinstützpunkten im Rätikon.

EINKEHR

Douglasshütte, 1979 m: ÖAV, Juni bis Oktober, 144 Schlafplätze, Tel. +43 664 4412378 oder +43 5556 70180448, www.douglasshuette.at.
Totalphütte, 2385 m: ÖAV, Mitte Juni bis Anfang/Mitte Oktober, 88 Schlafplätze Tel. +43 664 2400260, www.totalp.at (Online-Reservierung möglich).
Alpe Lünersee, 2000 m: Anfang Juli bis Anfang September einfach bewirtschaftet, Tel. +43 5556 75645.

TOUREN

Schesaplana, 2965 m: über die kargen Böden der Totalpe in das aufsteilende Gelände der Ostseite und über eine Gratrippe hinweg gipfelwärts (T3–4), 1.45 Std.
Mannheimer Hütte, 2679 m: über die Schesaplana oder den Südwandsteig zum Schesaplanasattel, anschließend Traverse des relativ flachen Brandner Gletschers (T3–4), ca. 3.30 Std.
Lindauer Hütte, 1744 m: von der Douglass- oder Totalphütte zuerst zur Lünerseealpe, dann über Verajöchli und Öfapass Richtung Obere Sporaalpe (T2), ca. 4.00 Std.
Heinrich-Hueter-Hütte, 1766 m: wahlweise über das Saulajoch oder über die Lünerkrinne (T2–3), ca. 2.00 Std. ab Douglasshütte.

Von der Bergstation der Lünerseebahn bei der **Douglasshütte** ❶ nehmen wir den Uferweg entgegen dem Uhrzeigersinn auf und kommen

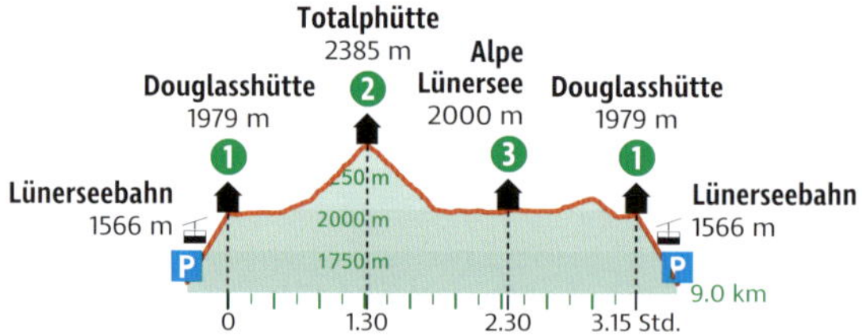

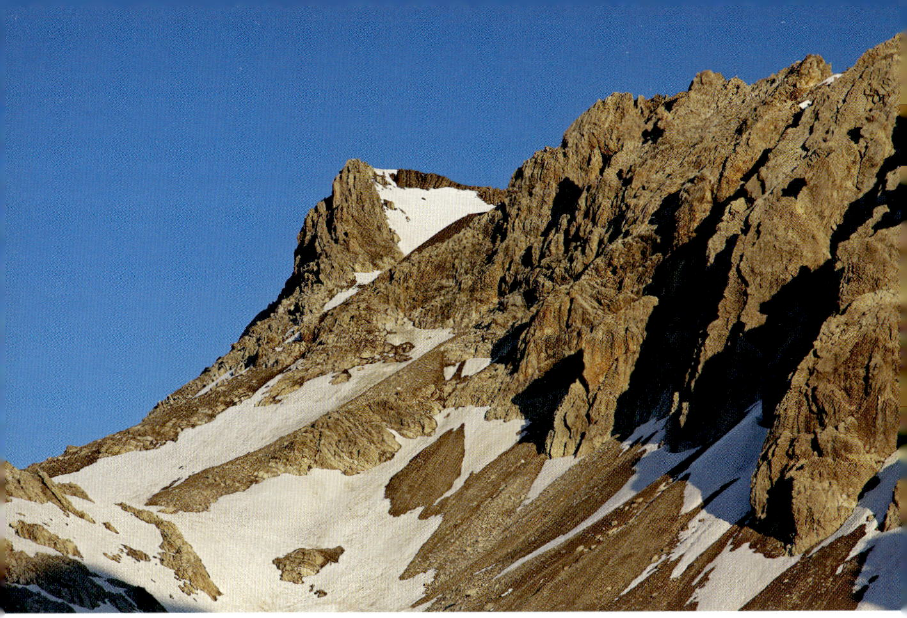

Die Schesaplana ist leichter zu erklimmen, als es den Anschein hat.

damit auf die Westseite, unterhalb des Seekopfes, voran. Nach Passieren einer kleinen Halbinsel zweigt der Hüttenweg ab und gewinnt zunächst diagonal, später in der Hangmulde des Totalpsee-Abflusses direkter an Höhe. Im Bereich der Geländeschwelle drehen wir links ein und erreichen schon bald die **Totalphütte ❷**, 2385 m. Beim Rückweg scheren wir auf ca. 2080 Metern rechts aus, um direkter zum südlichen Uferbereich zu gelangen. Als Nächstes geht es dort zur **Alpe Lünersee ❸**, 2000 m, und allmählich auf die Ostseite. Später entfernt man sich vorübergehend ein wenig vom Ufer und kommt nach einer Gegensteigung am Fuße des Schafgafall schließlich auf die Staumauer. Über diese zurück zur **Douglasshütte ❶** respektive zur Seilbahn.

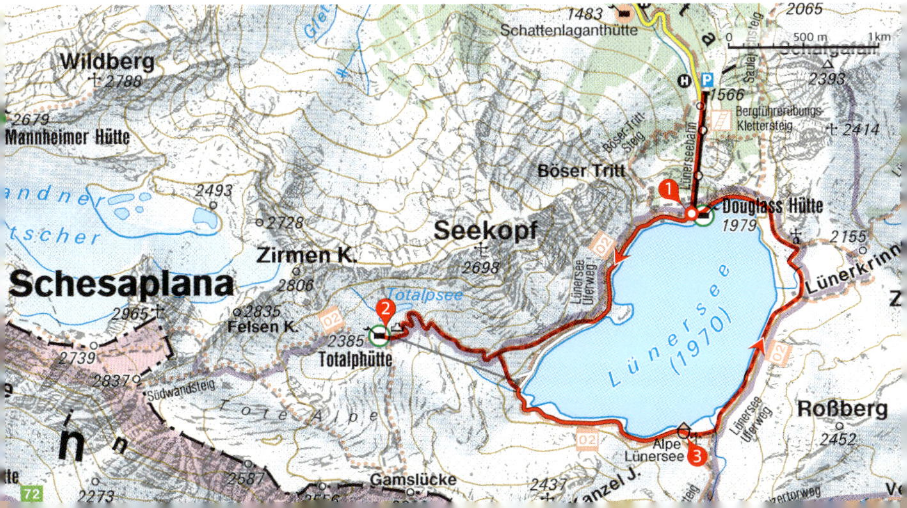

39 Sarotlahütte, 1645 m
Von Brand durchs Sarotlatal

4.00 Std. | 10,3 km | ↗750 m | ↘750 m

Imposanter Bergkessel zu Füßen der Zimba

Die Sarotlahütte befindet sich in einem eher versteckten Winkel der ansonsten rege besuchten Brandner Bergwelt. Umgeben von einem Zirkel steil aufstrebender Fels- und Schrofenberge, unter denen die Zimba als Aushängeschild nicht umsonst mit dem Beinamen »Vorarlberger Matterhorn« geadelt wird, bleibt diese Kammer von vielen Touristen erstaunlicherweise unentdeckt. Vielleicht auch deshalb, weil der Aktionsradius für den gemäßigten Wanderfreund vergleichsweise eingeschränkt ist. Doch ein Besuch der Sarotlahütte, die Anfang des 20. Jahrhunderts ursprünglich aus einem Alpgebäude hervorging und im Jahre 2000 nach einem Lawinenschaden neu aufgebaut werden musste, lohnt schon für sich allein. Und wer es zünftig mag, findet garantiert auch Ausbaupotenzial, etwa mit dem Großen Valkastiel oder einem Übergang zur Heinrich-Hueter-Hütte.

Ausgangspunkt: Brand, Parkplätze im vorderen Ortsbereich, ca. 1000 m. Nächstgelegene Bushaltestelle »Hotel Zimba« (Linie 81 von Bludenz).
Anforderungen: T2+. Kehrenreicher, meistens mittelsteiler Bergweg ohne besondere Problemstellen. Relativ lockeres Tagesprogramm.
Kinder: Auch halbwegs berggewohnte Kinder schaffen den Aufstieg zu diesem schönen, verhältnismäßig ruhigem Hüttenziel.
Variante: Start in Tschappina, 924 m, weiter vorn im Brandnertal. Zunächst hinunter zum Fluss, jenseits der Brücke auf einem Fahrweg Richtung Klostermaisäß und links haltend zur Vereinigung mit dem Zugang von Brand.
Karten: Freytag & Berndt 1:50.000, Blatt 374 oder 375.

Wild schaut die Umgebung aus ...

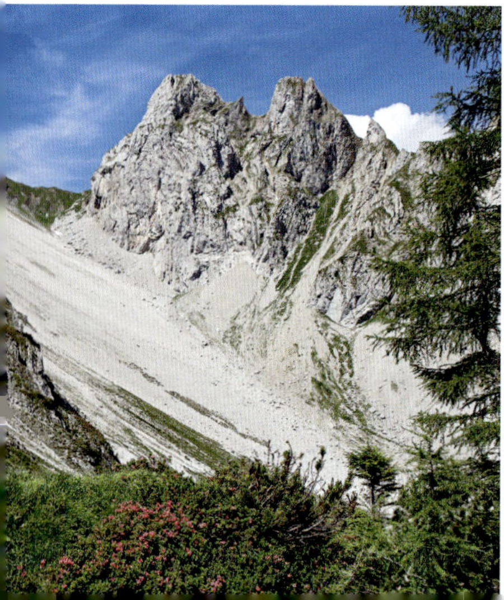

EINKEHR

Sarotlahütte, 1645 m: ÖAV, Mitte Juni bis Ende September/Anfang Oktober, 44 Schlafplätze, Tel. +43 664 9652995.

TOUREN

Heinrich-Hueter-Hütte, 1766 m: recht anspruchsvolle Verbindung über das Zimbajoch (T3–4), 3.20 Std.
Gottvaterspitze, 2439 m, und Großer Valkastiel, 2449 m: ins Steintäli und links aufwärts zum Eisernen Törle, das von den beiden Gipfelzielen flankiert wird (T4), 2.30 Std.
Zimba, 2643 m: reiner Kletterberg, dessen leichteste Route vom Zimbajoch immerhin den III. Grad verlangt. Entsprechend nur für Bergerfahrene mit Kletterausrüstung, ca. 3.00 Std.

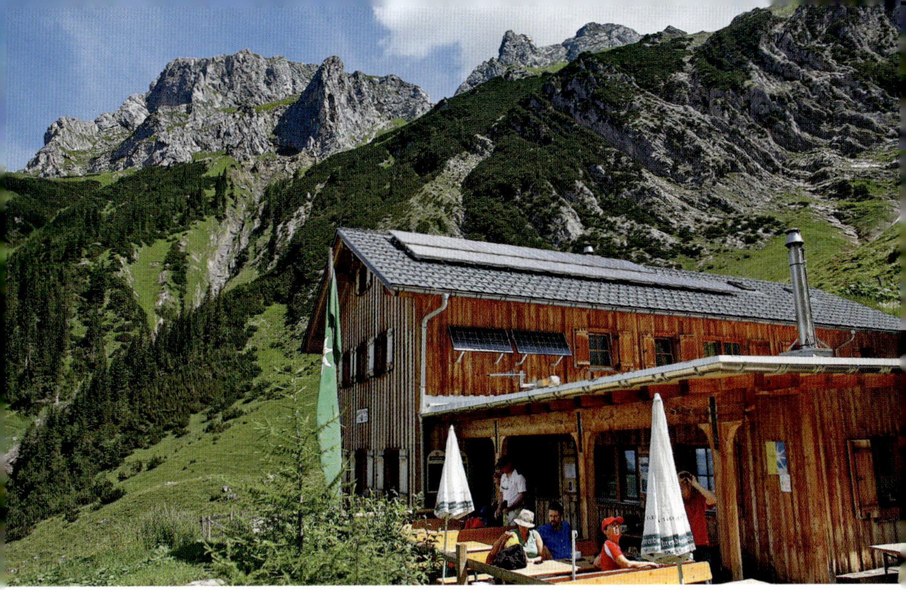

… aber die Sarotlahütte liegt noch im »grünen Bereich«.

In **Brand** ❶ wechseln wir sofort auf die andere Seite des Flusses Alvier und wandern auf dem teils geschotterten, teils asphaltierten Fahrweg am Golfplatz entlang eine Weile talauswärts. Nach etwas Ab- und Wiederaufstieg halten wir uns auf Höhe von Stachelhof rechts und nehmen den alternativen Zugang von Tschappina auf ❷. Nun zieht der Bergweg ins enge Sarotlatal hinein, wechselt dort zweimal die Bachseite sowie zwischen bewaldeten und offenen Abschnitten. Weiter oben wird der Zickzack ausgiebiger, womit die Steigung aber stets erträglich bleibt. In einem fast ringsum von Felsgipfeln eingefassten Wiesenkessel empfängt uns schließlich die **Sarotlahütte** ❸, 1645 m. Der Rückweg ist identisch.

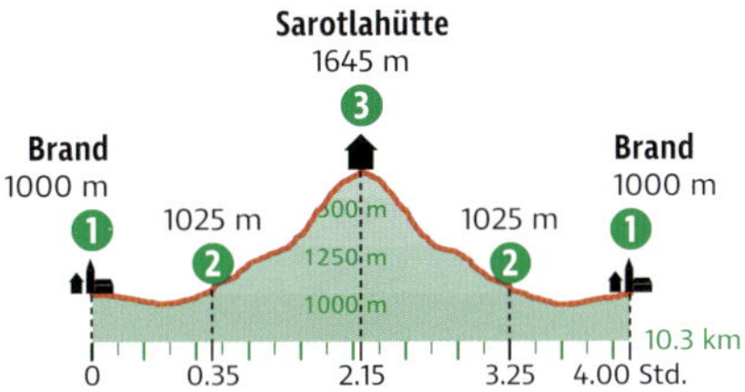

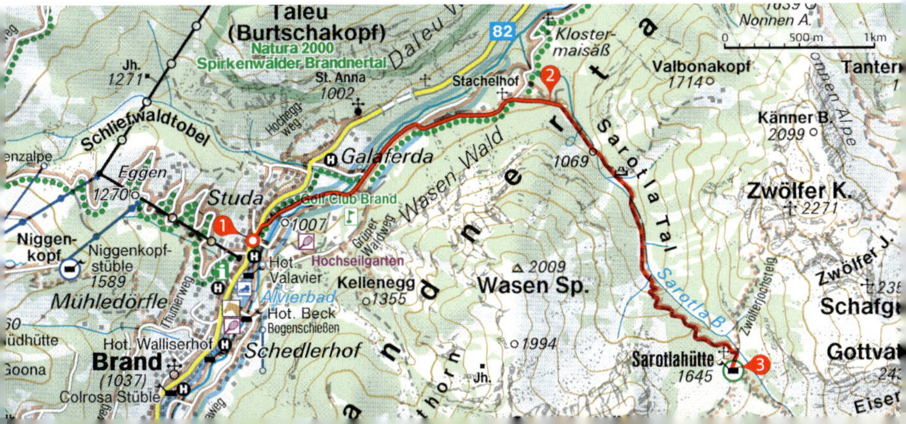

40 Frassenhütte, 1725 m
Rundtour von der Muttersbergbahn

3.00 Std. | 8,3 km | ↗530 m | ↘530 m

Formidabler Logenplatz am Hohen Frassen

Wer den Walgau und die Gebirgsgruppe des Rätikon mit einem Blick erfassen möchte, der sollte unbedingt einmal die Berghütte am Hohen Frassen besuchen. Der Standort besitzt eine lange Tradition, denn schon 1894 übernachteten dort die ersten Touristen, nachdem eine 1863 erbaute Alphütte entsprechend eingerichtet wurde. 1927 kam sie dann in die Hände des Vorarlberger Alpenvereins und überdauerte in ihrem historischen Zustand weitere fast fünf Jahrzehnte, ehe man in den 1980ern einen Neubau lancierte. Als zeitlos schön darf wohl das Panorama bezeichnet werden, welches dank der Muttersbergbahn heute von vielen Wanderern nach relativ kurzem Aufstieg genossen wird. Wer indes zur Nacht bleibt, erlebt den Fleck auch noch in relativer Stille und mit etwas Wetterglück eine traumhafte Stimmung obendrein.

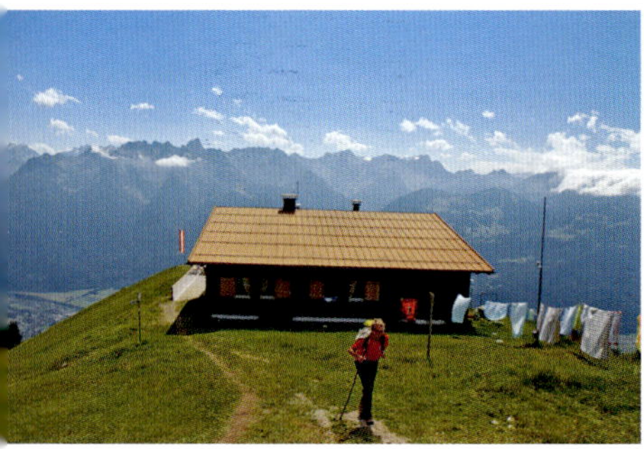

Auf einer freien Bergschulter thront die Frassenhütte.

Ausgangspunkt: Talstation der Muttersbergbahn in Bludenz. Kostenfreie Parkplätze, erreichbar auch mit dem Stadtbus (Linie 1). Bergstation auf dem Madeisakopf, 1402 m. Betriebszeiten von 9 bis 17 Uhr.
Anforderungen: T2. Gewöhnliche, gut ausgebaute Bergwege in meist mittelsteilem Gelände. Überschaubares, flexibles Halbtagesprogramm.
Kinder: Mit Seilbahnunterstützung eine ideale, nicht sehr anstrengende Familientour zu einem tollen Aussichtsziel. Eventuell Beschränkung auf den Direktweg zur Hütte (ca. 1.15 Std. im Bergauf) und zusätzlich auf den Hohen Frassen. Neben heimischen werden auch nepalesische Gerichte angeboten.
Karten: Freytag & Berndt 1:50.000, Blatt 374 oder 375.

Nach der Bergfahrt mit der Muttersbergbahn geht es vom **Madeisakopf** ❶ zunächst ein Stück bergab in einen Sattel. Während sich der

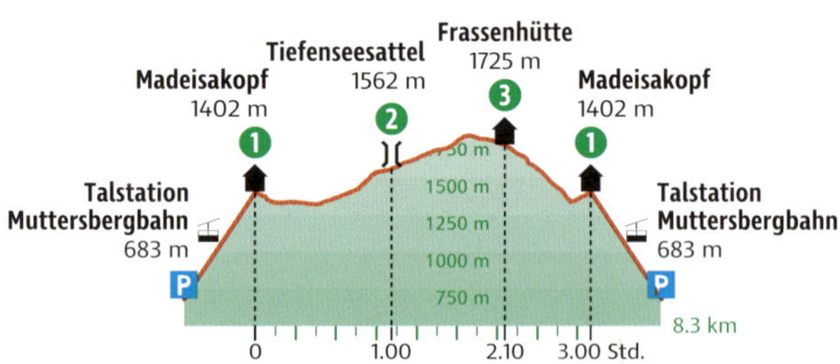

EINKEHR

Alpengasthof Muttersberg, 1401 m: geöffnet während der Seilbahn-Betriebszeiten, Tel. +43 5552 6803536, www.muttersberg.at.
Frassenhütte, 1725 m: ÖAV, Ende Mai bis Mitte Oktober, 46 Schlafplätze, Tel. +43 664 1412437, www.frassenhuette.at.

TOUREN

Hoher Frassen, 1979 m: gewöhnlicher Steig auf den Hausberg (T2+), 40 Min.
Freiburger Hütte, 1931 m: langer, abwechslungsreicher Übergang via Tiefenseesattel, Elsalpe, Gamsfreiheit, Faludrigaalpe und Schwarze Furka (T3), 7.15 Std.

Hüttenweg nun aufwärts wendet, folgen wir dem Fahrweg quer durch die Flanken in Grundrichtung Ost. Allmählich gewinnt man wieder an Höhe. Eine weite Schleife kann abgekürzt werden, ehe am **Tiefenseesattel** ❷, 1562 m, ein scharfer Linksschwenk vollzogen wird. Jetzt befinden wir uns auf dem Rappenschrofenweg, und zwar in entgegengesetzter Westrichtung. Einem leichten Aufstieg folgt ein wenig Höhenverlust. Quer durch die Südflanke des Hohen Frassen wandern

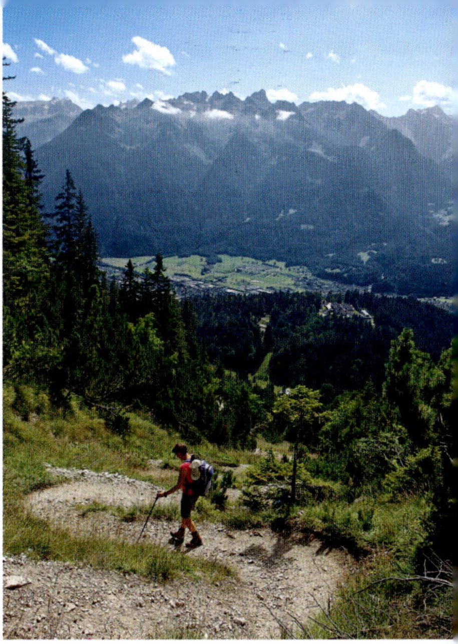

Beim Abstieg über den Normalweg zur Muttersbergbahn.

wir ohne Schwierigkeiten hinüber zur Wiesenschulter mit der **Frassenhütte** ❸, 1725 m. Der gut ausgebaute Normalweg führt anschließend durch latschenbewachsene Hänge, später auch im Wald bergab und aus dem erwähnten Sattel kurz hinauf zur Bergstation ❶.

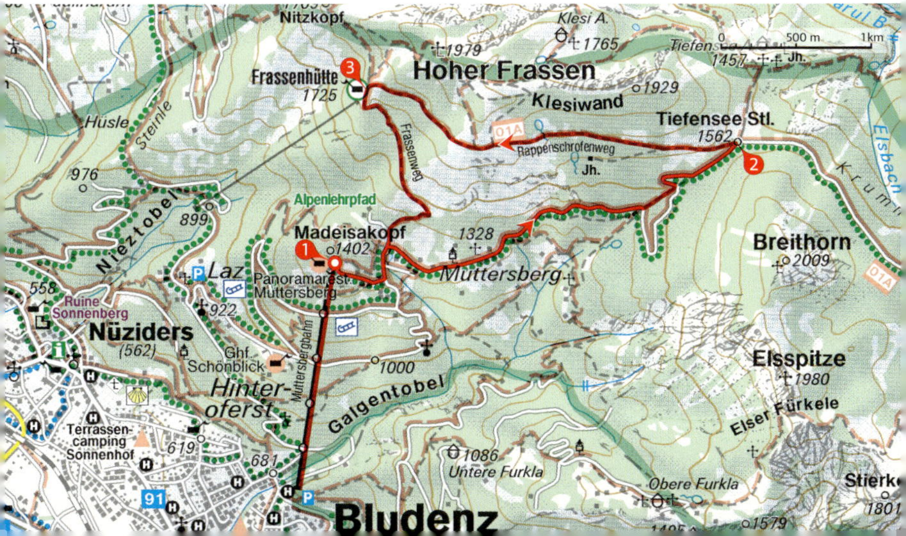

41 Freiburger Hütte, 1931 m
Von Dalaas über die Mustrinalpe

5.40 Std. | 16,2 km | ↗1100 m | ↘1100 m

Herrlicher Fleck am Quellsee des Lech

Am Rauhen Joch besitzt die Freiburger Hütte einen begeisternden Standort: Einerseits liegt ihr der blaue, fast kreisrunde Formarinsee (in dem der Lech entspringt) direkt zu Füßen und die gleich einer überdimensionale Torte aus sieben verschiedenen Gesteinsschichten aufgebaute Rote Wand vis-à-vis, andererseits reicht die Aussicht im Süden weit bis zu den Rätikongipfeln. Auch das Tourenangebot darf als besonders vielseitig gelten. Einige kecke Gipfelziele wie Fensterlewand, Saladinaspitze, Roggelskopf oder der leichtere Formaletsch verlangen keinen allzu großen konditionellen Aufwand, wogegen die alles beherrschende Rote Wand als großes Tourenziel einen vollen Tag beansprucht. Auch eine Umrundung dieses Massivs zählt zu den lohnenden Unternehmungen, nicht zu vergessen die Übergänge zu drei Nachbarhütten im Lechquellengebirge, besonders ausschweifend jener zur Fraßenhütte. Wenn in unserer Auswahl zumeist die üblichen Hüttenwege näher beschrieben werden, so erscheint mir der kurze Zustieg von Lecher Seite in diesem Fall doch zu primitiv, zumal man mit Motorkraft bis auf eine halbe Gehstunde an das Hüttenziel heranrückt. Eine gute Gelegenheit, den stillen, landschaftlich durchaus attraktiven Aufstieg aus dem Klostertal einmal näher zu beleuchten …

Ausgangspunkt: Dalaas, 836 m, im Klostertal. Parkmöglichkeit im Ort, Landbuslinie 90 vom Bahnhof Bludenz.

Anforderungen: T2. Gewöhnlicher, meist nicht übermäßig steiler Bergweg, allerdings mit beachtlicher Höhendiffe-

Die 1912 errichtete Freiburger Hütte wurde noch dreimal erweitert.

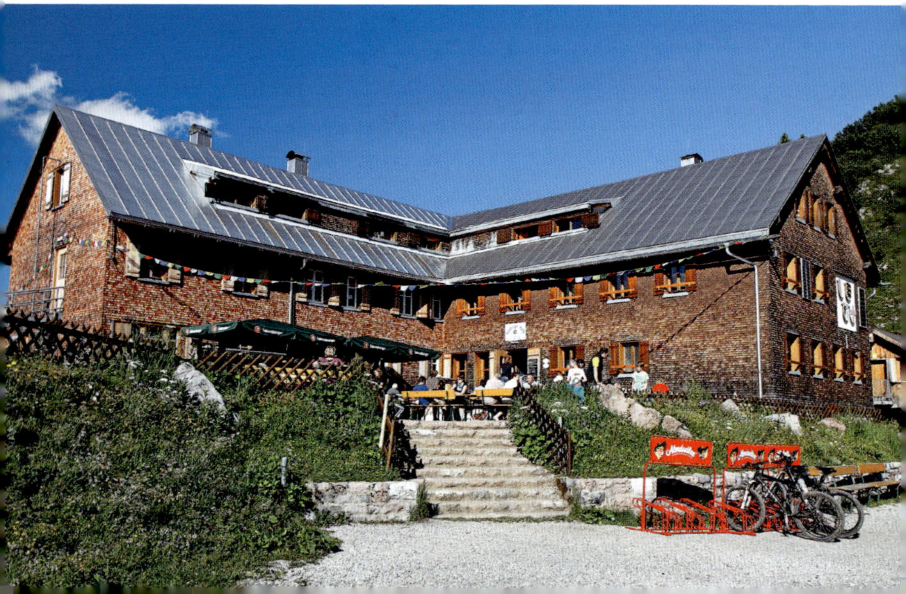

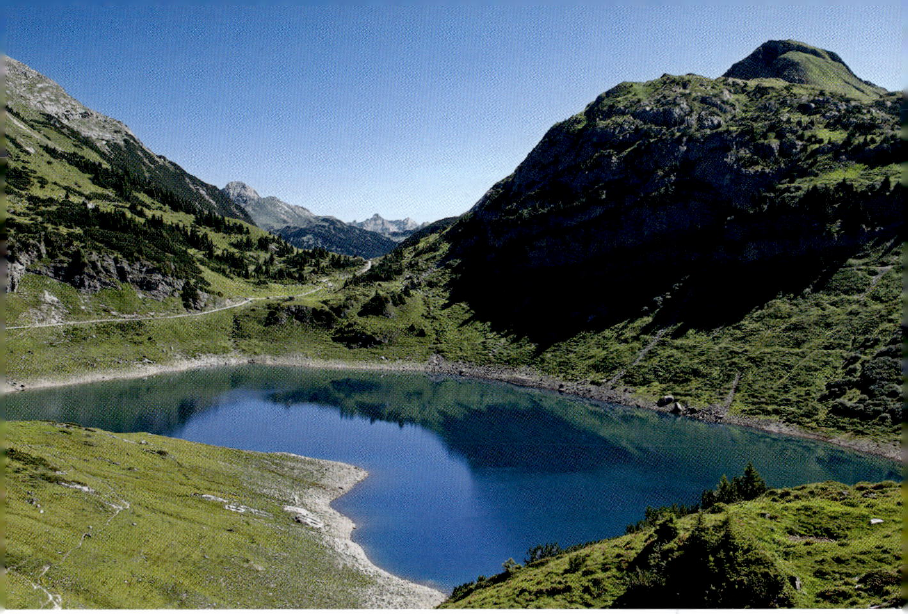

Der Formarinsee gilt als Lechquelle.

renz. Dadurch volles Tagesprogramm.
Kinder: Von Dalaas nur für ausdauernde Kinder, sonst problemlos auch von der Formarinalpe her. Tolle Hüttenumgebung mit Spielmöglichkeiten (Familien-Gütesiegel des Alpenvereins).
Variante: Der kürzeste Zustieg beginnt bei der Formarinalpe, 1871 m, am Ende der Mautstraße aus dem Zugertal (zwischen 8 und 17 Uhr für Pkw gesperrt, dann verkehrt der Wanderbus von Lech). Man kann zwischen dem holprigen Felsensteig links und dem Fahrweg rechts um den See herum wählen.
Karten: Freytag & Berndt 1:50.000, Blatt 375 oder 374.

Aus dem Ortskern von **Dalaas** ❶ steigen wir über die Oswaldkirche zum ehemaligen Bahnhof an, gehen danach einen Bachgraben aus und gelangen nach **Mason** ❷, 1030 m. Im weiteren Verlauf kommen wir über schöne, große Wiesenlichtungen voran und allmählich in den oberen Bereich des Schmiedetobels, der ins Gebiet der **Mustrinalpe** aufschließt. Hier gesellt sich bei P. 1440 ❸ ein Weg von der linken Seite des

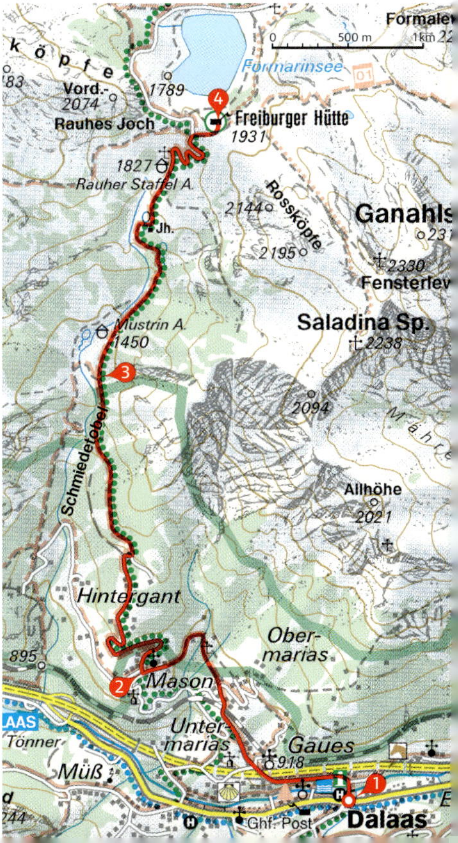

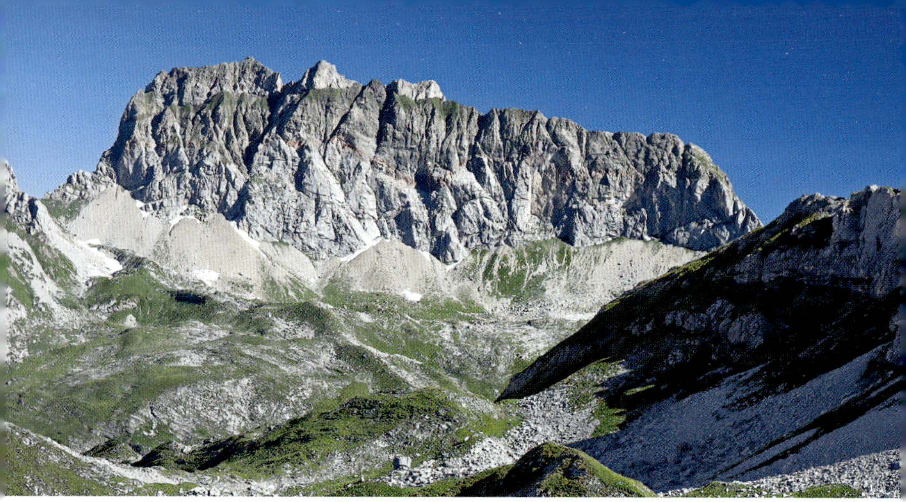

Schaustück Nummer eins ist der auffällig geschichtete Südabsturz der Roten Wand.

Tobels dazu. Hinter den Böden steilt das Gelände merklich auf. Nächste Station ist die **Rauher-Staffel-Alpe**, 1827 m, ehe die Kehren eines Fahrweges zum Joch und noch kurz nach rechts zur **Freiburger Hütte** ❹, 1931 m, leiten. Zurück am besten auf demselben Weg.

EINKEHR

Freiburger Hütte, 1931 m: DAV, Mitte Juni bis Anfang Oktober, 129 Schlafplätze, Tel. +43 664 1745042, www.freiburger-huette.at (Online-Reservierung möglich).

TOUREN

Formaletsch, 2292 m: relativ leicht erreichbarer Wiesenberg (T2–3), 1.00 Std.

Fensterlewand, 2330 m, und Saladinaspitze, 2238 m: zwei Gipfel, die auf Alpinsteigen gut kombiniert werden können, 1.45 Std. zur Fensterlewand (T4, Stellen I), von dort 45 Min. zur Saladinaspitze (T3+).

Rote Wand, 2704 m: anspruchsvoller Bergweg via Schwarze Furka und Oberes Sättele, am Nordgrat schließlich Fels- und Schrofengelände mit etwas Kletterei (T4–5), 3.30 Std.

Roggelskopf, 2284 m: Bergweg bis zum Gipfelaufbau, dort steile Kletterstellen bis II (T5), 2.00 Std.

Ravensburger Hütte, 1947 m: durch das Steinerne Meer hinauf zum Gehrengrat, jenseits via Dalaaser Schütz Richtung Spullersee (T3), 4.45 Std.

Göppinger Hütte, 2245 m: über den Steinmayerweg via Oberes Johannesjoch und Johanneskanzel (T3), 4.30 Std.

Frassenhütte, 1725 m: langer Höhenweg über Schwarze Furka, Faludrigaalpe, Gamsfreiheit und Elsalpe (T3), 7.00 Std.

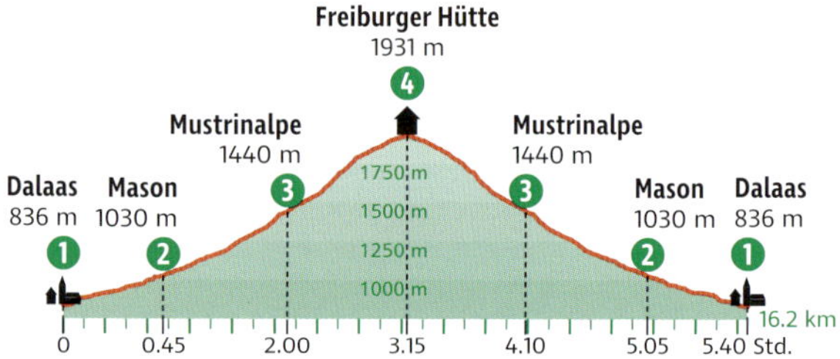

Ulmer Hütte, 2279 m
Von St. Christoph am Arlberg

2.45 Std. | 9,0 km | ↗600 m | ↘600 m

Alpenvereinshütte in den Fängen des Arlberger Skizirkus

Als die Ulmer Hütte im Jahre 1903 eingeweiht wurde, erschien sie als wertvoller Tourenstützpunkt zu Füßen der Valluga, ganz im Westen der Lechtaler Alpen. Damals war das Augenmerk wohl noch vorrangig auf den Sommertourismus gerichtet; der Skilauf steckte just in den Kinderschuhen. Freilich waren einige der Protagonisten genau hier im Arlberggebiet zugange, sodass die spätere Entwicklung zu einer der alpenweit größten und bedeutendsten Skidestinationen vielleicht gar nicht überrascht. Nur mit den Ausmaßen und dem hohen Technisierungsgrad hatte vor über 100 Jahren wohl kaum jemand gerechnet. Spätestens seit dem Bau der Vallugabahn nach dem Zweiten Weltkrieg lag die Ulmer Hütte mittendrin – und wandelte sich in ihrer Wesensart von einer einfachen Schutzhütte zu einem Berggasthof, der hauptsächlich in der Wintersaison frequentiert wird. Im Sommer nehmen vor allem Wanderer von Hütte zu Hütte die Übernachtungsmöglichkeit wahr, Tagesgäste kommen rasch vom Galzig herüber und blicken leider in eine etwas trostlose nähere Umgebung: der Preis der harten Erschließung für eine ungezügelte Wintergaudi.

Ausgangspunkt: Arlberg-Passhöhe, 1793 m, an der Grenze Vorarlbergs zu Tirol. Buslinie 91 zwischen Lech und St. Anton.
Anforderungen: T1 und T2. Über den Galzig durchgängig breiter Fahrweg (allfällige Abkürzungen sind unnötig), im Abstieg kleinerer Wiesenpfad, der nur bei Nässe etwas Probleme machen könnte. Halbtagesprogramm.

Die Ulmer Hütte am Fuße der Valluga.

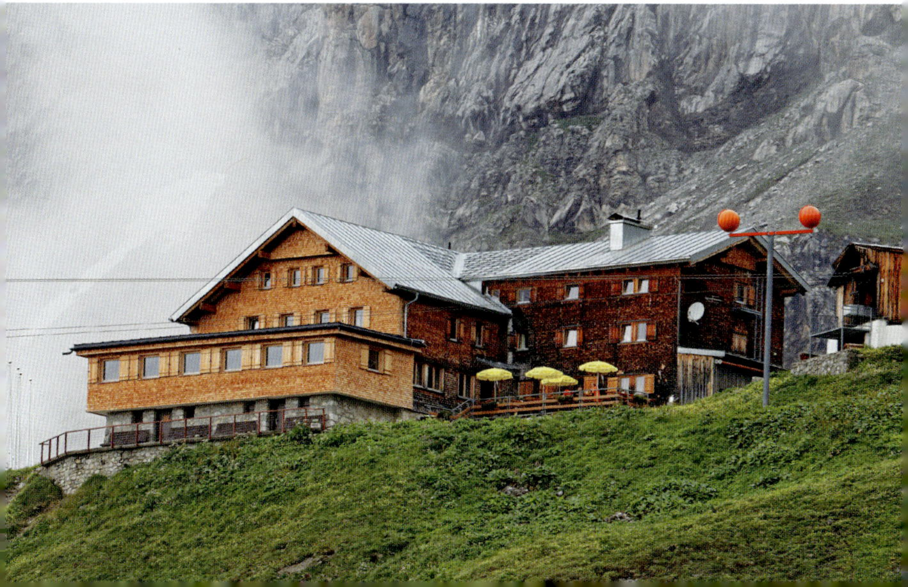

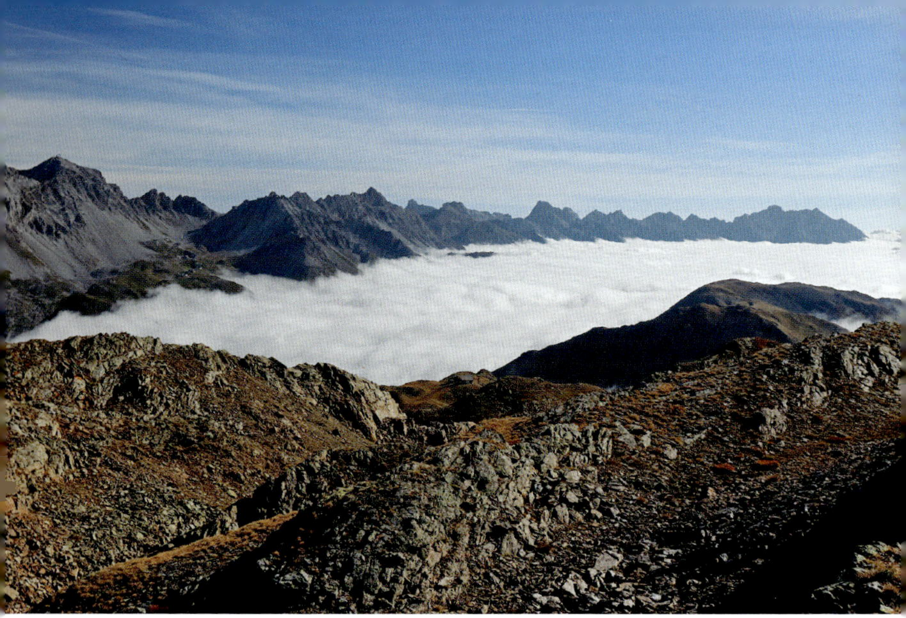

Panoramablick aus dem Arlberggebiet entlang der Lechtaler Alpen: Im linken Bildteil, knapp über der Nebelgrenze, befindet sich die Hütte.

Kinder: Der landschaftliche Reiz ist leider beeinträchtigt. Kindern kann hier aber mit der richtigen Ansprache die Naturbelastung durch Übererschließung veranschaulicht werden.

Variante: Zum Galzig gelangt man auch per Seilbahn von St. Anton aus, Betriebszeiten 8.15 bis 16.30 Uhr.
Karten: Freytag & Berndt 1:50.000, Blatt 351. AV-Karte, 1:25.000, Blatt 3/2.

In der Siedlung **St. Christoph am Arlberg** ❶ beginnt etwas unterhalb der Passhöhe der windungsreiche Fahrweg Richtung Galzig. Mit etlichen Kurven zieht die Route über Maienplatt aufwärts und bringt uns von der Südseite zur **Galzig-Bergstation** ❷, 2082 m, wo die Seilbahn von St. Anton andockt. Anschließend passieren wir die Gipfelkuppe rasch auf ihrer Ostseite, durchschreiten mit etwas Gefälle den Arlensattel und folgen dem Fahrweg nun kräftig aufwärts zur **Ulmer Hütte** ❸,

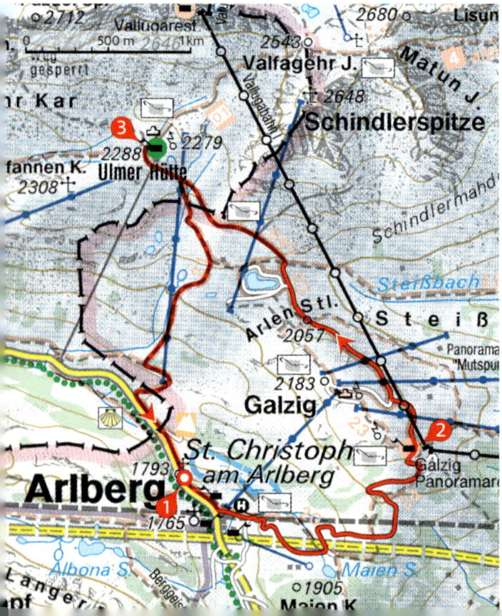

Dieses Bild verdeutlicht die Lage im Skigebiet.

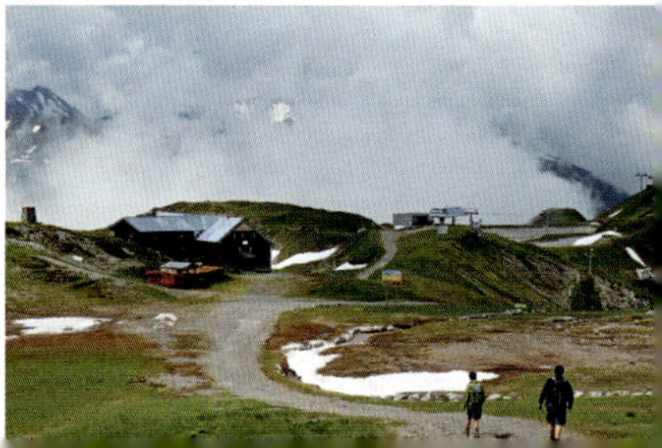

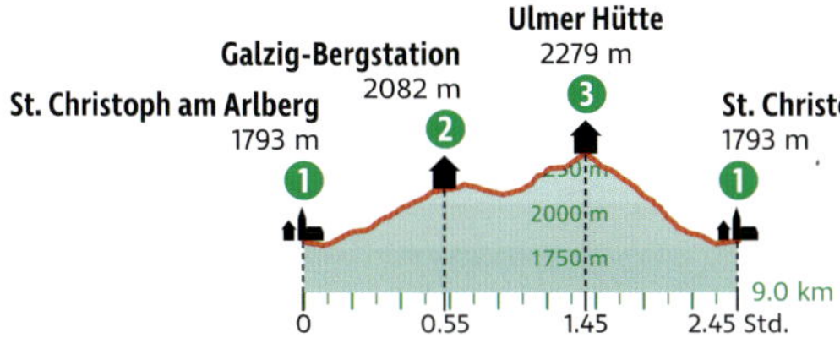

EINKEHR

Kandahar Restaurant am Galzig, 2082 m: während des Seilbahnbetriebs im Sommer und Winter geöffnet, Tel. +43 5446 2352501.

Ulmer Hütte, 2279 m: DAV, Mitte Juli bis Mitte September und Dezember bis April, 46 Schlafplätze, Tel. +43 5446 30200, www.ulmerhuette.at.

TOUREN

Valluga, 2809 m: über das Valfagehrjoch (T3+), knapp 2.00 Std.

Weißschrofenspitze, 2752 m: über den beim Matunjoch beginnenden, sehr ausgesetzten Arlberger Klettersteig (Stellen bis D), ca. 4.00 Std.

Stuttgarter Hütte, 2305 m: am besten über die Valluga zum Boschweg (die Route über die Trittscharte ist aufgelassen und offiziell gesperrt), 3.30 Std.

Leutkircher Hütte, 2262 m: Höhenweg unter dem Kamm der Weißschrofenspitze entlang Richtung Almajurjoch (T3), 3.15 Std.

2279 m. Beim alternativen Rückweg wird die breite Trasse bald verlassen, um mit Nr. 21 über die Arlenmähder abzusteigen (Markierungspflöcke). In der Nähe eines Tobels geht es über die Wiesen recht weit hinunter, ehe man mittels Linksknick zu einer Skiliftstation gelangt und mit deren Zufahrt in Kürze auf die viel befahrene Passstraße (Vorsicht!). Wenige Minuten später treffen wir beim Parkplatz am **Arlbergpass** ❶ ein.

St. Christoph am Arlberg fungiert als hoch gelegener Ausgangspunkt.

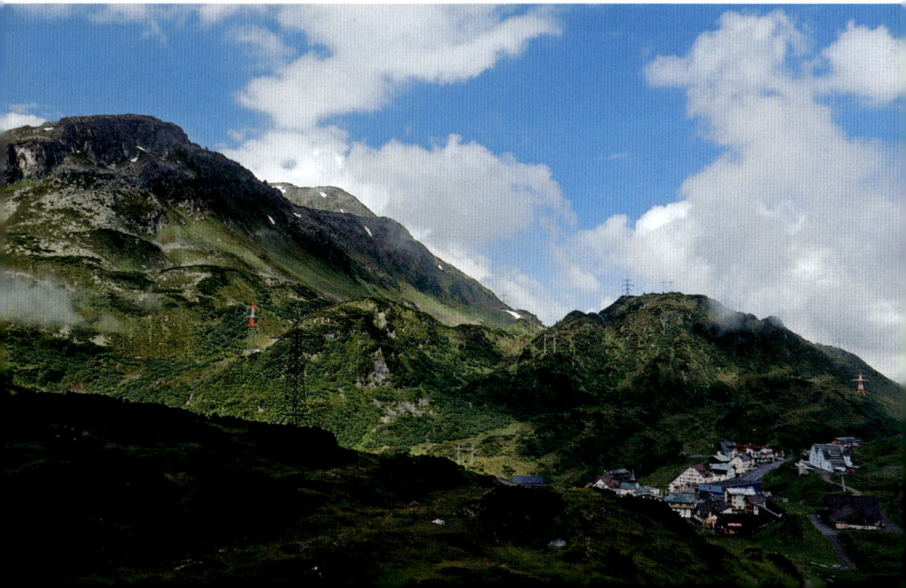

43 Kaltenberghütte, 2089 m

Zwei Wege von Stuben

4.00 Std. | 10,5 km | ↗740 m | ↘740 m

Hoch über der Achse des Klostertals

An der Nordflanke der Verwallgruppe – quasi dort, wo Straßen- und Bahntunnel unterirdisch durch das Arlberg-Massiv ziehen – thront auf einer aussichtsreichen Schulter die Kaltenberghütte der DAV-Sektion Reutlingen. Als sie 1928 errichtet wurde, spekulierte man vorzugsweise auf ein gutes Wintergeschäft in dieser vom Skitourismus geprägten Gegend. Doch konnte sich solcherlei auf der Kaltenberghütte nicht dauerhaft etablieren – umso beliebter ist sie heute beim sommerlichen Wandervolk. Mit Zugängen von den beiden Talorten Langen und Stuben sowie zwei weiteren Punkten entlang der Arlbergstraße – nicht zu vergessen die Einbindung in die mehrtägige Verwall-Hüttenrunde – hält sie allerhand Möglichkeiten bereit. Die schroffe Südfront des Lechquellengebirges und der Blick westwärts genau in die Achse des Klostertals begeistern an diesem Standort. Eine gewisse Anziehungskraft entfaltet aber sicher auch der seichte See nur einen Katzensprung entfernt. Für eine zusätzliche Gipfeltour empfiehlt sich indes vor allem die Überschreitung der Maroiköpfe, während der namengebende Kaltenberg routinierten Bergfexen mit hochalpiner Erfahrung vorbehalten bleibt.

Ausgangspunkt: Stuben, 1407 m, im oberen Klostertal vor der Arlberg-Westrampe. Buslinie 90 von Bludenz bzw. 91 vom Bahnhof Langen am Arlberg.
Anforderungen: T2. Im Aufstieg teils vegetationsreiche Hänge, aber ordentlich gepfadet und höchstens mittelsteil, retour nach längerer Querung gut gangbarer Wanderweg talwärts. Konditionell moderates Tagespensum.
Kinder: Aussichtsreich gelegene, familienfreundliche Hütte mit herrlichem Bergsee gleich nebenan (zum Baden geeignet). Die Wege sind ohne nennenswerte Absturzgefahr und für halbwegs berggewohnte Kinder gut zu schaffen.
Variante: Alternative Zugänge auch von Langen über die Untere und Obere Bludenzer Alpe oder von der Alpe Rauz (Arlbergstraße) über den Paul-Bantlin-Weg.
Karten: Freytag & Berndt 1:50.000, Blatt 374. AV-Karte, 1:25.000, Blatt 3/2.

Beim Aufstieg entdecken wir den lauschigen Stubner See.

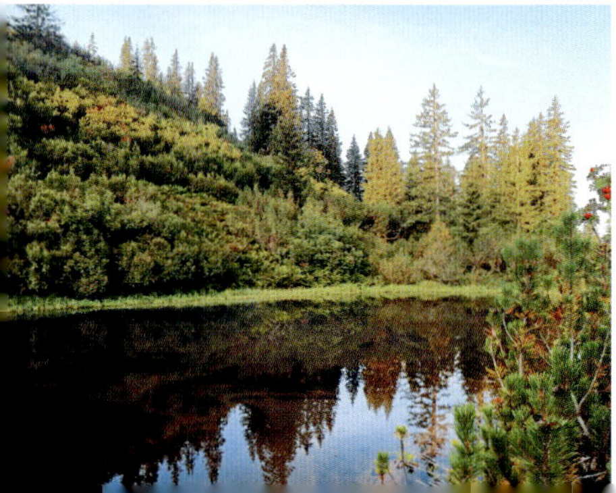

Der Kaltenberg trägt nordseitig noch einen Gletscher.

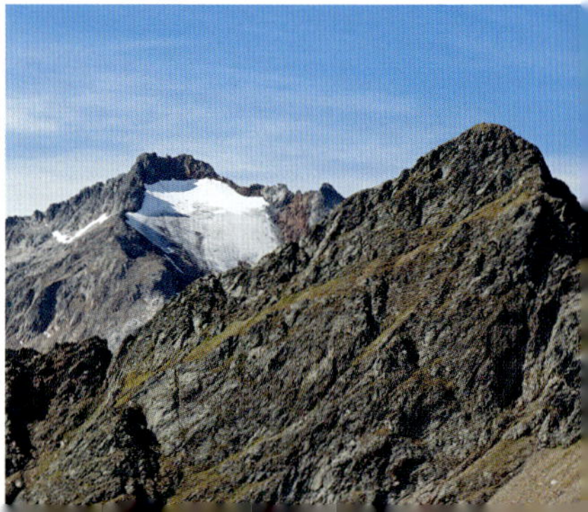

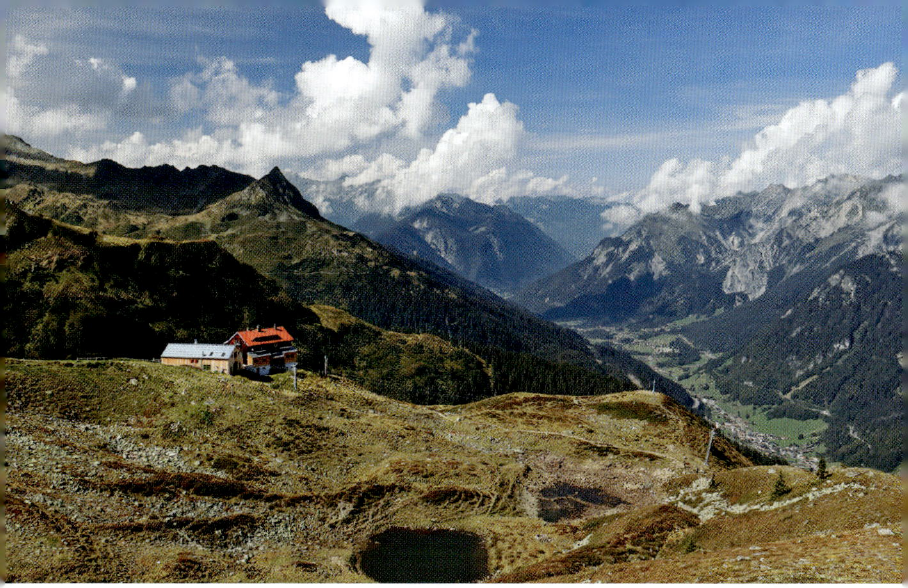

Hoch über dem Klostertal besitzt die Kaltenberghütte einen echten Logenplatz.

EINKEHR

Kaltenberghütte, 2089 m: DAV, Ende Juni bis Anfang Oktober, 70 Schlafplätze, Tel. +43 5582 790, www.kaltenberghütte.at (Online-Reservierung möglich).

TOUREN

Maroiköpfe, 2529 m: entweder über die Westroute oder vom Berggeistweg abzweigend nordseitig hinauf (T3), 1.20 bis 1.30 Std.

Kaltenberg, 2896 m: anspruchsvollere Besteigung mit Hochtourencharakter, über Krachelgrat und Kaltenbergsee zum Rest des Kaltenberggletschers, zuoberst Kletterei (T5), 3,30 Std.

Konstanzer Hütte, 1688 m: über Krachelgrat und Gstansjoch (T3+), 6.00 Std.

Berggeistweg: landschaftlich reizvoller Höhenweg nach St. Christoph am Arlberg (T2–3), 3.00 Std.

In **Stuben** ❶ überschreiten wir den Bach Alfenz und folgen zunächst dem Talweg leicht abwärts, bis bei einem Erholungsplatz mit zwei kleinen Seen der eigentliche Bergweg abzweigt. Am dicht mit Farnen und Erlen bewachsenen, oft feuchten Nordhang hinauf zu einer ersten Geländeabstufung, dann rechts haltend zum lauschigen, moorigen **Stubner See** ❷, 1680 m. Anschließend kommen wir in die Latschenzone voran und auf einen flachen Geländebalkon, wo wir uns weit nach rechts orientieren und dabei mehrere Bachläufe überspringen. In

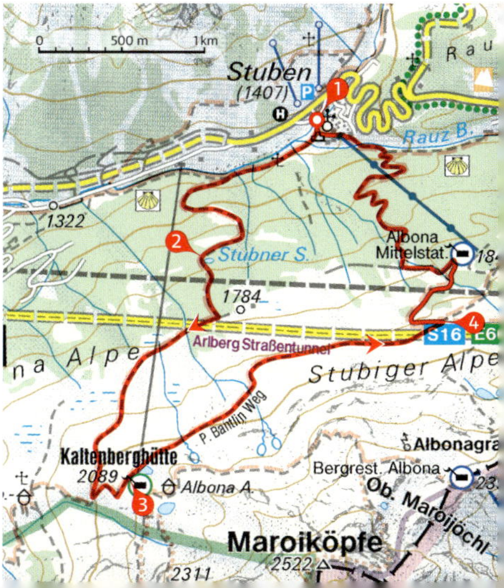

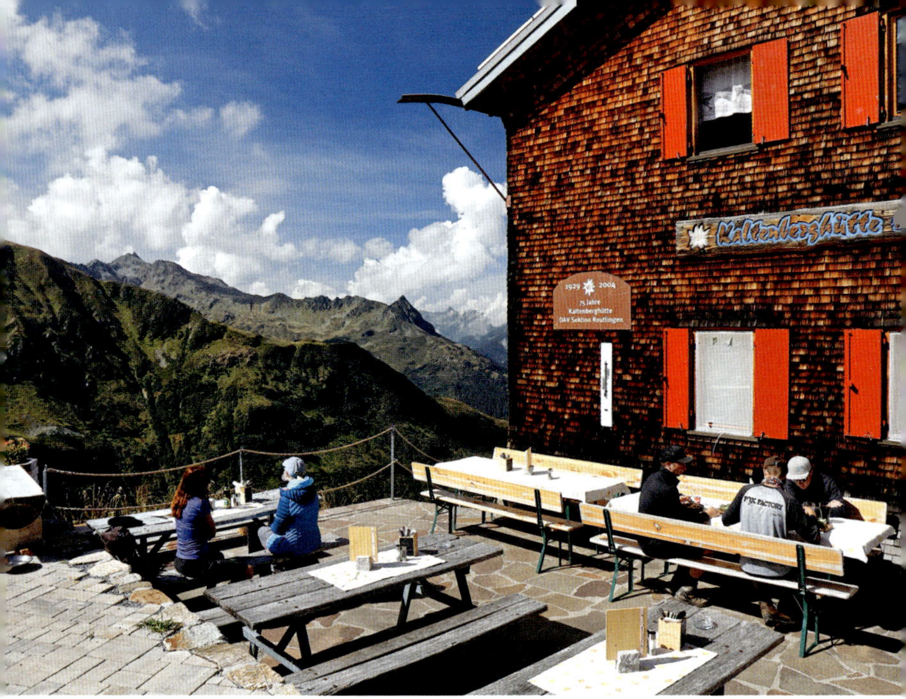

Auf der Terrasse können wir es uns gemütlich machen.

offener Umgebung geht es nun auf grasigem Untergrund wieder deutlich bergauf und später um eine Hangkante herum zur Vereinigung mit dem Zugang von Langen. Damit verbleiben nur noch gute 10 Minuten bis zur **Kaltenberghütte ❸**, 2089 m. Für die Rückkehr wählen wir anfangs den Paul-Bantlin-Weg, der ein Stück weit diagonal die Hänge schneidet, dann sogar eine Weile annähernd horizontal. Man bewegt sich im Zwergstrauchterrain (Heidelbeeren!) und kommt zum **Albona-Kressigboden ❹**, ca. 1930 m, wo der Wegweiser eine unrealistische Höhenangabe von 2020 m ausweist. An diesem Punkt biegen wir scharf links in den Fahrweg ein und folgen den Kurven hinab zum Skirestaurant Albona. Kurz davor setzt sich linker Hand der Abstieg fort. Ein Wanderweg schlängelt sich im Bereich des lichten Dürlesbodenwaldes recht angenehm bis in den Rauztobel hinunter. Schließlich über die Brücke ins Ortsgebiet von **Stuben ❶**.

Rückweg nach Stuben.

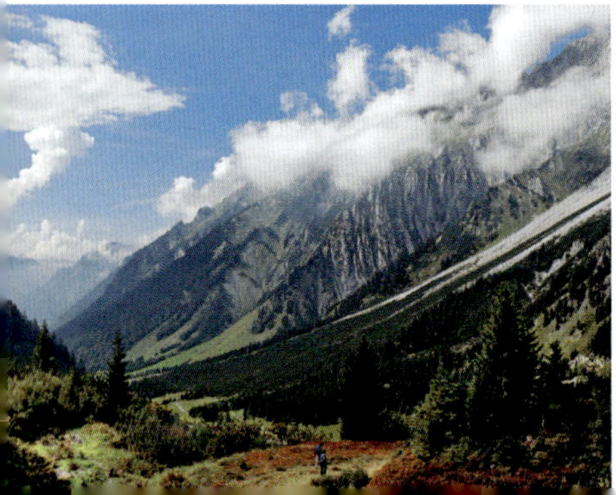

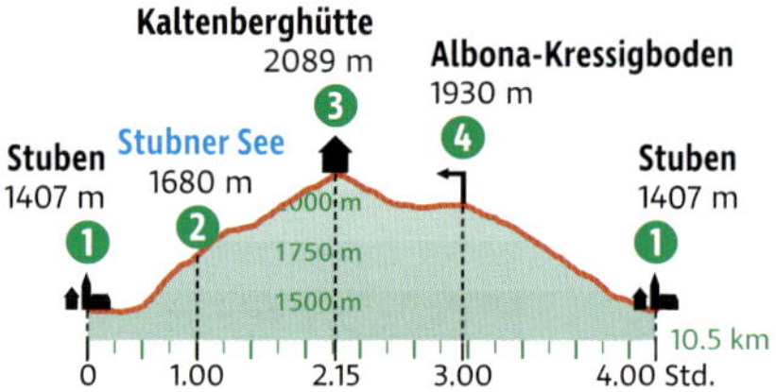

Vom Kristberg zum Sonnenkopf

Übers Muttjöchle mit Abstieg zum Fellimännle

44

6.00 Std. | 19,1 km | ↗ 750 m | ↘ 1300 m

Im zauberhaften Silbertal

Diese Tour in der Nordwestecke des Verwall ist ziemlich ausschweifend konzipiert. Sie verbindet zunächst zwei Seilbahngebiete miteinander – das beschaulichere am Kristberg, das lebhaftere am Sonnenkopf – und dreht danach ins älplerisch geprägte Wasserstubental ab, um durchs wildromantische, autofreie Silbertal den Rundkurs zu schließen. Unterwegs finden wir eine ganze Handvoll Einkehrmöglichkeiten, typisch moderne Panorama-Restaurants ebenso wie bescheidenere Jausenstationen. Zum Fellimännle bzw. Hasahüsli kommen auch gern Mountainbiker, während das Muttjöchle nicht nur in metrischer Hinsicht als Höhepunkt für passionierte Wanderer gelten darf. Die Rundumsicht ist nämlich aller Ehren wert! Somit kann diese Tour vielfältige Aspekte in sich vereinen.

Ausgangspunkt: Silbertal, 880 m, Talstation der Kristbergbahn. Große, gebührenpflichtige Parkplätze und Endpunkt der Linie 88 von Schruns. Bergstation Kristberg auf 1440 m. Sommerbetriebszeiten (Mai bis November) von 7.45 bis 18.15 Uhr.

Anforderungen: T2–3, meist leichter. Etwas holpriger Bergweg zum Muttjöchle, weiter zum Sonnenkopf überwiegend Wiesengelände. Im Bergab längere Zeit Fahrweg sowie ein steilerer Steigabschnitt, talauswärts angenehmer Weg. Die Hauptanforderung richtet sich an die Ausdauer; ausgefüllte Tagestour.

Kinder: Das komplette Programm dürfte für die meisten Kinder zu lang

Über das Muttjöchle erwartet uns eine aussichtsreiche Höhenwanderung.

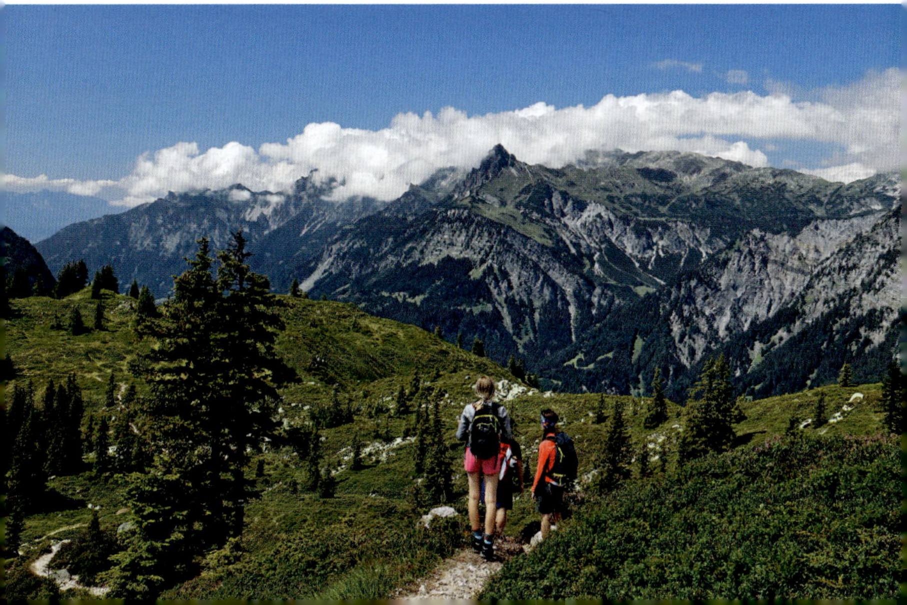

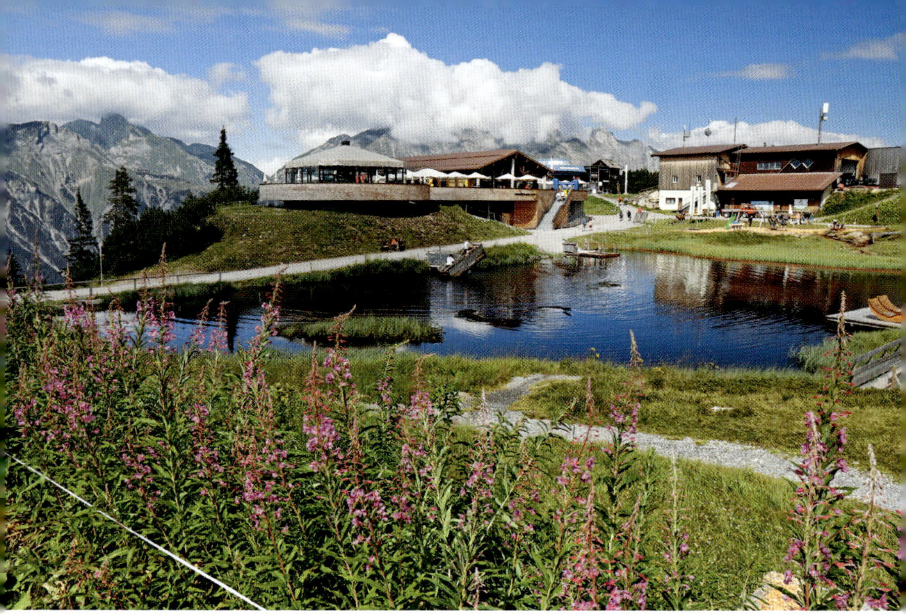

Idylle am Sonnenkopf, soweit es ein touristischer »Hotspot« erlaubt ...

sein. Man kann aber die Bergstrecke zwischen den Seilbahnen absolvieren (Talfahrt vom Sonnenkopf nach Wald im Klostertal) oder einen Besuch beim Fellimännle respektive Hasahüsli als beschauliche Talwanderung. Am Sonnenkopf Fun- und Erlebnispark, naturnahe Spielmöglichkeiten entlang der

Gleich oberhalb der Bergstation am **Kristberg ①** begeben wir uns auf den Waldsteig zum Muttjöchle, der in wechselnder Steilheit im Bereich des lang gestreckten Westrückens verläuft. Die Spur ist öfters steindurchsetzt, aber recht breit ausge-

Fast verwunschen empfängt uns das »Fellimännle« im inneren Silbertal.

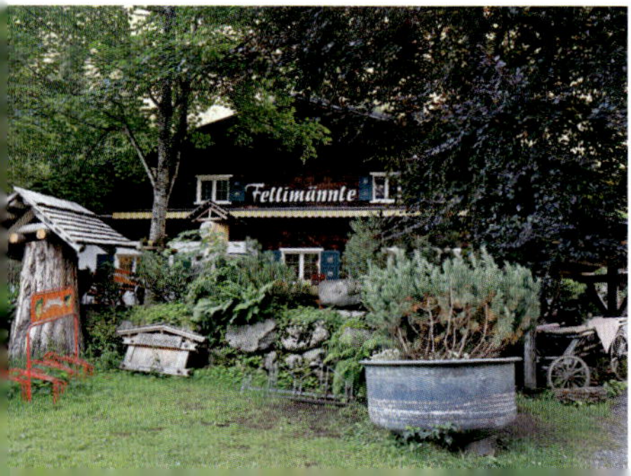

Litz im Silbertal.

Variante: Von der Bergstation Kristberg quer durch die Flanken des Muttwaldes via Wildried ins Wasserstubental (breiter Weg), dann wie beschrieben. Gesamtgehzeit ca. 3.30 Std.

Karten: Freytag & Berndt 1:50.000, Blatt 374 oder 375.

EINKEHR

Knappastoba, 1450m: nahe der Kristbergbahn, im Sommer und Winter geöffnet, Do Ruhetag, Tel. +43 5556 72480, knappastoba.at.

Bergrestaurant Sonnenkopf, 1841 m: geöffnet während der Seilbahnbetriebszeiten, Tel. +43 5582 292-9300.

Obere Wasserstubenalpe, 1734 m: Jausenstation während der Alpzeit, Tel. +43 664 5244006.

Hasahüsli, ca. 1200 m: Anfang Mai bis Ende Oktober, Mi Ruhetag (außer im August), Tel. +43 664 1304897, hasahuesli.at.

Almhütte Fellimännle, 1104 m: Mitte/Ende Mai bis Mitte Oktober sowie zwischen Weihnachten und Ostern (bei geräumtem Winterwanderweg), Tel. +43 5556 72655, www.fellimaennle.at.

treten. Gegen den Scheidboden hin lichtet sich der Wald und bleibt beim finalen Aufstieg zum **Muttjöchle** ❷, 2074 m, schließlich ganz zurück. Wir überschreiten die Gipfelkuppe, indem wir zunächst ostwärts absteigen, um dann links eindrehend eine längere Traverse über einen Wiesenbalkon zu vollziehen (eventuell feuchte Stellen). Das leichte Auf und Ab bringt uns zu einem breiten Karrenweg, mit dem wir uns der Bergstation am **Sonnenkopf** ❸, 1841 m, nähern. Hier empfängt uns eine vielseitige touristische Infrastruktur und meist auch ein ziemlicher Rummel.

Vom Teich geht es südwärts bergab (Fahrweg bzw. ein Stück weit auch über den »Bärenweg«) bis zu einer Liftstation und links haltend in den oberen Bereich des Wasserstubentals. Ein kurzer Stich führt bei der markanten Kehre zur sommers bewirtschafteten **Oberen Wasserstubenalpe** ❹, 1734 m. Weiter unten vollzieht unsere Route den lang gezogenen Linksbogen des Hochtals mit und passiert die **Untere Wasserstubenalpe** ❺, 1503 m. Nach

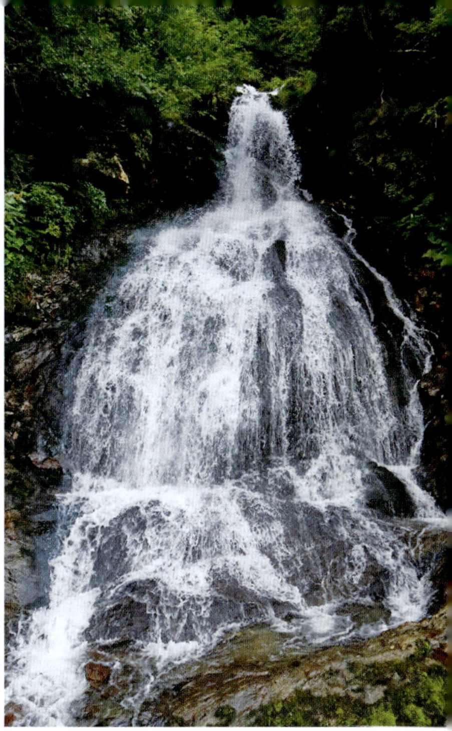

Aus einer engen Geländefalte schießt der Teufelsbach hervor.

Einmündung des in der Variante erwähnten Querweges wird die Bachseite gewechselt und eine kurze Ge-

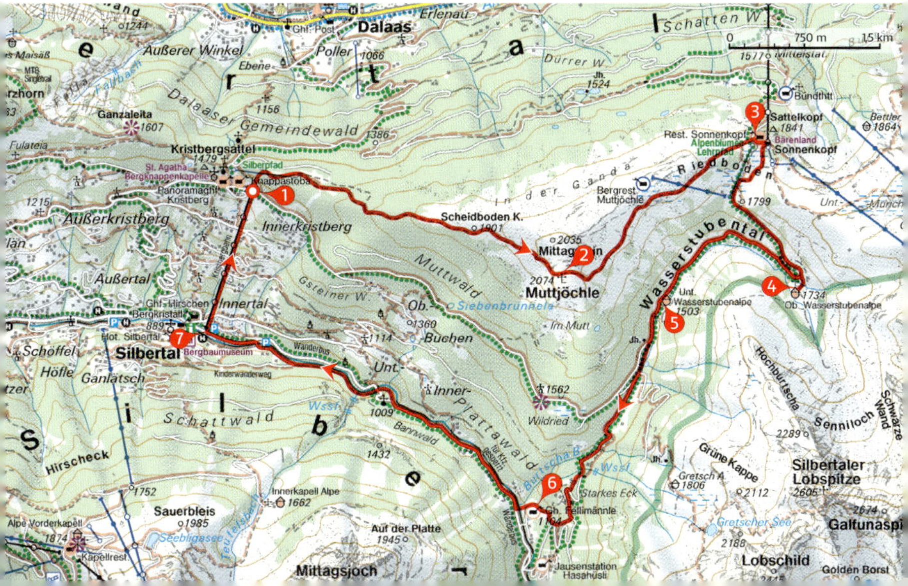

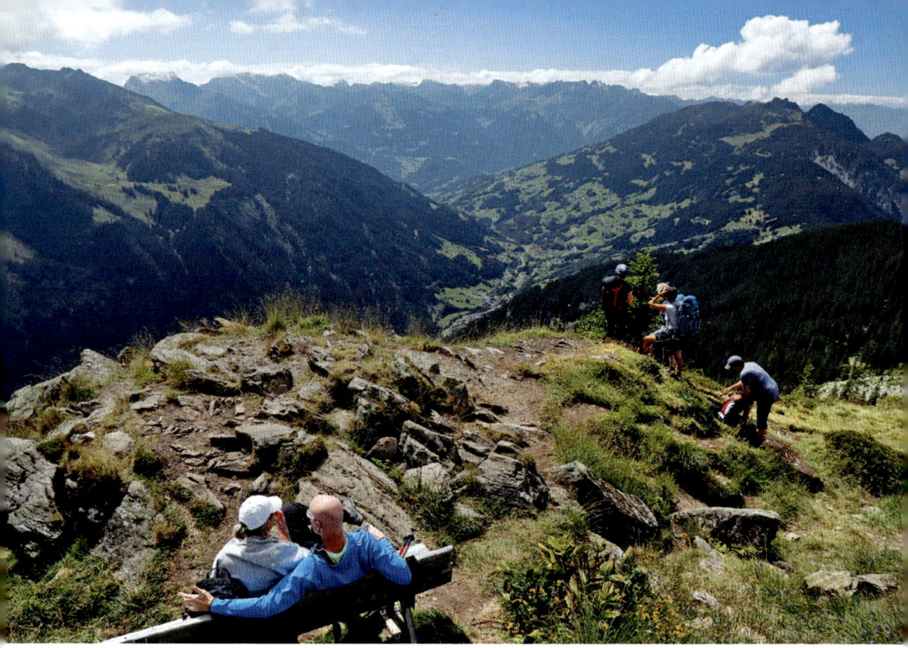

Am Gipfel begeistert die Schau ins Silbertal.

gensteigung bewältigt. Kurz bevor der abkürzende Steig hinunter ins Silbertal einsetzt, lockt noch ein allfälliger Abstecher zum Gretschbach-Wasserfall. Dann geht es zwischen Tobeln recht steil bergab, zuweilen die Forststraße kreuzend, und am nahe gelegenen Hasahüsli (Jausenstation) vorbei vollends hinunter in die Talsohle. Man kommt bei der **Almhütte Fellimännle** ❻, 1104 m, heraus. Die abschließende Strecke durchs Silbertal verläuft nur anfangs auf dem Sträßchen, sonst meist auf dem parallel geführten Wanderweg in Bachnähe. Dabei trifft man auch auf einige Spielplätze. Weiter unten rauscht die Litz durch die Bannwaldschlucht, dann schießt auf der linken Seite der Wasserfall aus dem Teufelsloch hervor, ehe die Wanderung ganz flach und gemütlich Richtung Talstation im Ort **Silbertal** ❼ ausklingt.

TOUREN

Burtschakopf, 2244 m: von der Sonnenkopf-Bergstation quer durch die Hänge (Skilifte) und von Westen hinauf (T2), 1.30 Std.

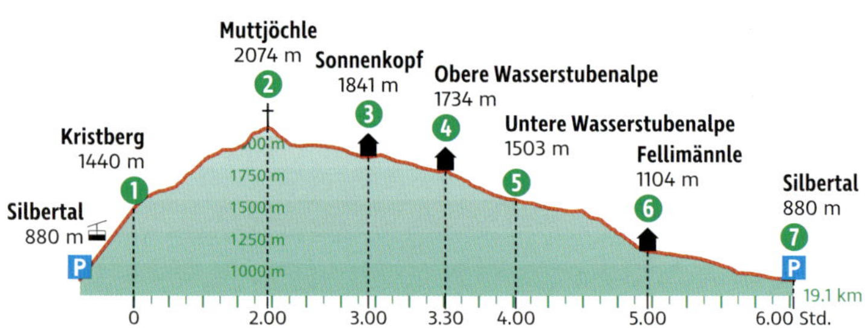

Alpe Latons, 1640 m, und Rellseck

Rund um den Itonskopf

45

5.15 Std. | 16,8 km | ↗ 920 m | ↘ 920 m

TOP

Panoramawanderung in Zwickel zwischen Montafon und Klostertal
Wer beim Wandern vor allem großartige, im Idealfall noch dazu vielseitige Aussichten schätzt, ist mit der hier vorgeschlagenen Tour bestens bedient. Das beginnt schon beim Start in Bartholomäberg, das sich vis-à-vis der Rätikonberge an sonnenverwöhnte Hänge schmiegt. Im Verlauf rund um den Itonskopf kommen wir an zahlreichen idyllischen Fleckchen vorbei, blicken übers Silbertal ins westliche Verwall, übers Klostertal ins Lechquellengebirge sowie über Montafon und Walgau wieder in den formgewaltigen Rätikon. Dabei sei nicht vergessen, dass es in diesem Buch ja speziell um die Einkehrmöglichkeiten gehen soll: Auf Latons erleben wir das typische Flair mit Tieren und einer deftigen Älplerjause, am Rellseck hingegen befinden wir uns in einem Maisäß, das hier dergestalt mindestens seit dem 17. Jahrhundert besteht. In den 1960er-Jahren wurde eine Hütte zum Gasthaus ausgebaut.

Ausgangspunkt: Bartholomäberg, 1087 m, am Südhang oberhalb von Schruns. Parkplatz und Bushaltestelle bei der Kirche (Linien 84 von Schruns bzw. 84a von St. Anton).
Anforderungen: T2. Es wechseln Abschnitte auf Wirtschaftswegen bzw. verkehrsarmen Straßen sowie auf Steigen im Wald- und Wiesengelände. Kaum einmal steil und nirgends Absturzgefahr. Normale Tagestour, entsprechende Grundausdauer erforderlich.
Kinder: Problemlos begehbare Wege, aber angesichts der beachtlichen Ausdehnung nur für sehr marschfreudige

Die Alpe Latons inmitten weitläufiger Matten.

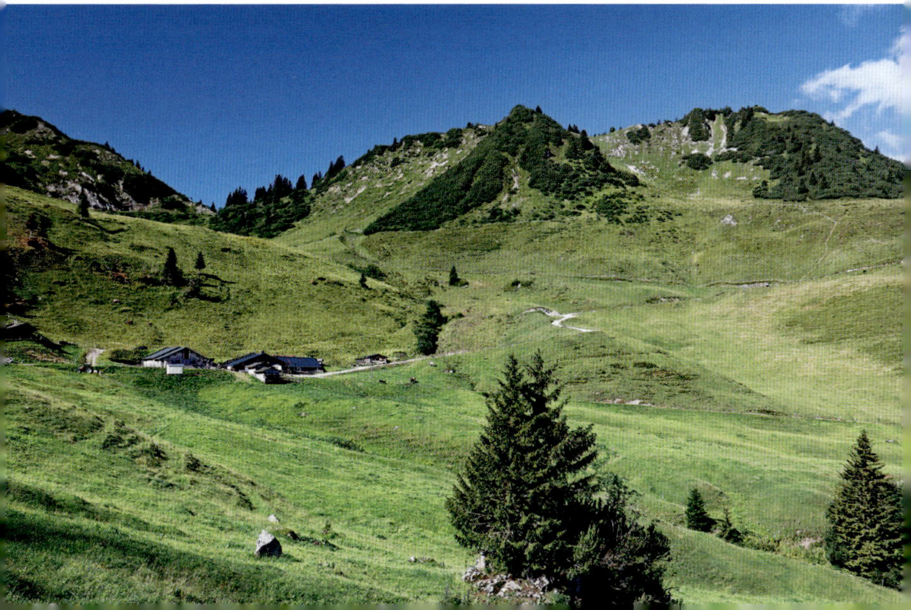

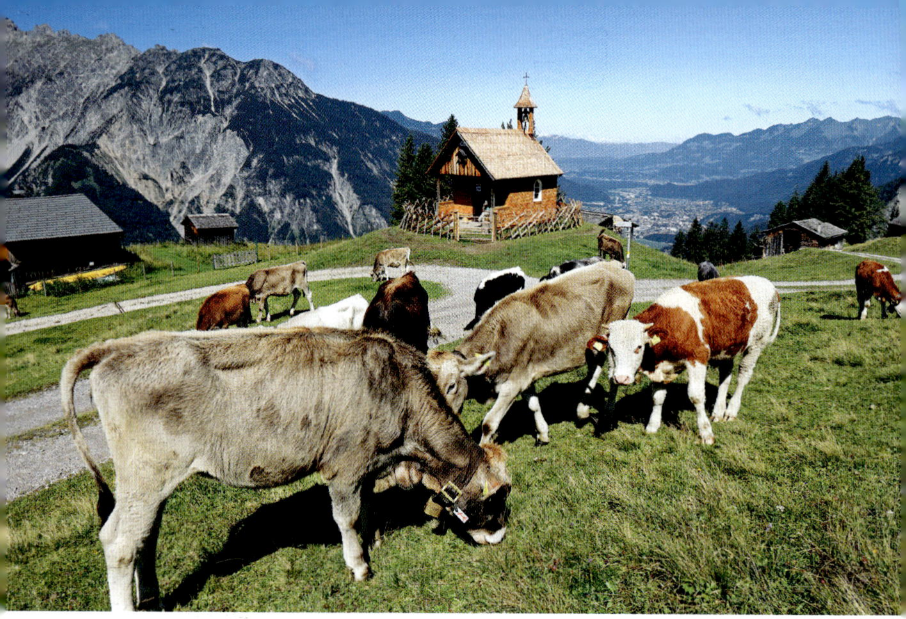

Am Rellseck, einem der besten Aussichtspunkte im Montafon.

Kinder. Beim Alpengasthaus Rellseck donnerstags von 14 bis 17 Uhr Vorführung »Altes Handwerk«.
Variante: Im ersten Teil der Tour Aufstieg zum Fritzensee und von dort ostwärts querend Richtung Amas-Legi.
Karten: Freytag & Berndt 1:50.000, Blatt 374 oder 375.

EINKEHR

Alpe Latons, 1640 m: Mitte Juni bis Anfang September, Tel. +43 664 2560513
Alpengasthaus Rellseck, 1487 m: Mai bis Oktober, Tel. +43 5556 73117, www.alpengasthaus-rellseck.at bzw. www.hotel-bergerhof.at. Auch per Wanderbus erreichbar.

TOUREN

Itonskopf, 2089 m: toller Aussichtsberg mit verschiedenen Routen, entweder von Südwesten über Monteneu und am Wannaköpfle vorbei oder über die Ostroute, an der sich diverse Zugänge verbinden (um T3).

In **Bartholomäberg** ❶ wenden wir uns bergwärts, gehen bei der Straßengabelung nach rechts und später mit dem Riederhofweg geradeaus. Damit eine Weile fast horizontal gen Osten, am Riederhof vorbei und an bezeichneter Stelle schräg links auf einen Forstweg ❷. Dieser wird bald von einem Steig abgelöst. In diagonaler Linie kommt man – abwechselnd durch Wald und an schönen Wiesenlichtungen – via Botsis, Amas-Legi und Gaßtuala (jeweils angeschriebene Flurnamen) Richtung

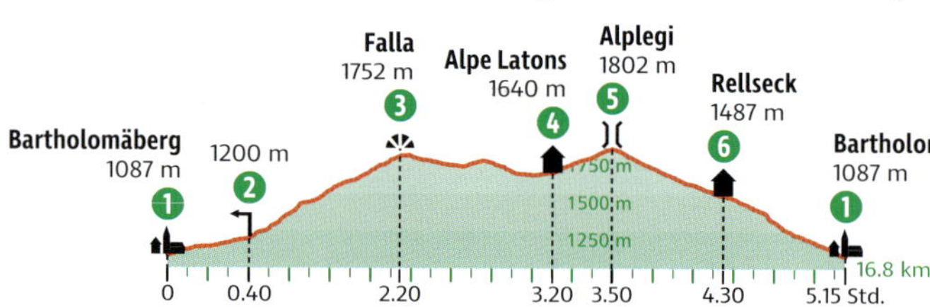

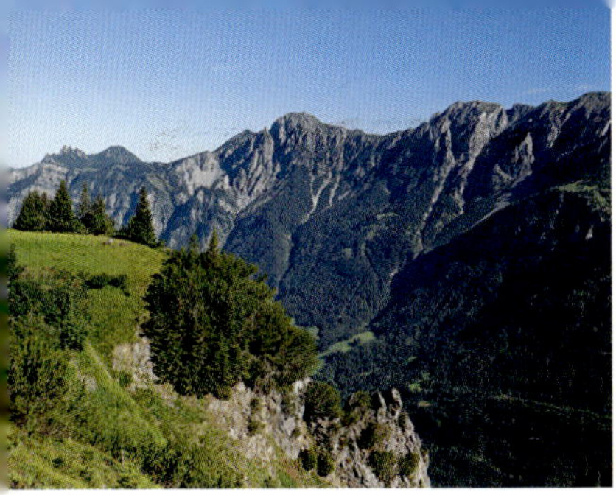

Jenseits des Klostertals ragen Weißes Rössle und Gamsfreiheit empor.

Falla ❸, 1752 m, voran. Dort ergibt sich eine tolle Aussicht ins Klostertal. Im weiteren Verlauf wandern wir auf einem urwüchsigen Pfad nördlich um das Schwarzhorn herum. Bei einer Art Sattel unweit P. 1796 geht der Steig in einen breiteren Karrenweg über. Dieser zieht am offenen Wiesenbalkon gemächlich dahin, später links eindrehend in den Kessel der **Alpe Latons** ❹, 1640 m. Anschließend folgen wir den Schleifen eines Güterweges hinauf zum Übergang und Scheitelpunkt der Tour bei **Alplegi** ❺, 1802 m, und gelangen jenseits mit herrlichem Montafon-Panorama beständig abwärts. Hinter Oberbloches wird ein Waldstück durchquert, ehe sich zum **Rellseck** ❻, 1487 m, die Szenerie abermals großartig öffnet. Hier befinden sich ein Gasthaus sowie ein Maisäß mit Kapelle. Daran vorbei kommen wir im Bogen auf den Wanderweg, der via Neyers-Legi und Linda (ab dort Teerstraße) schräg bergab nach **Bartholomäberg** ❶ führt.

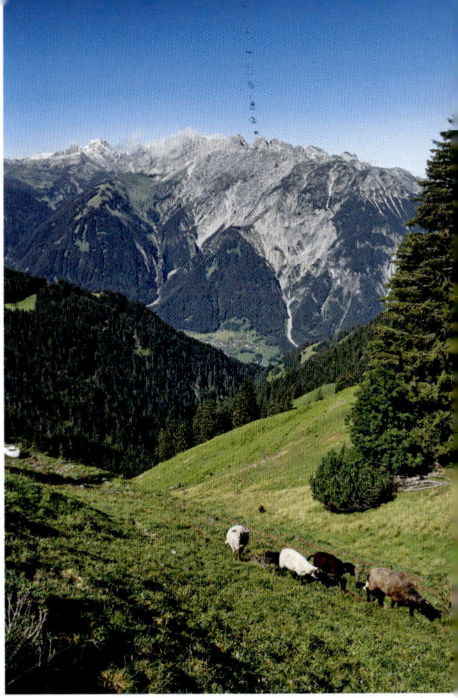

Immer wieder faszinierend: die Montafoner Landschaft mit dem Rätikon.

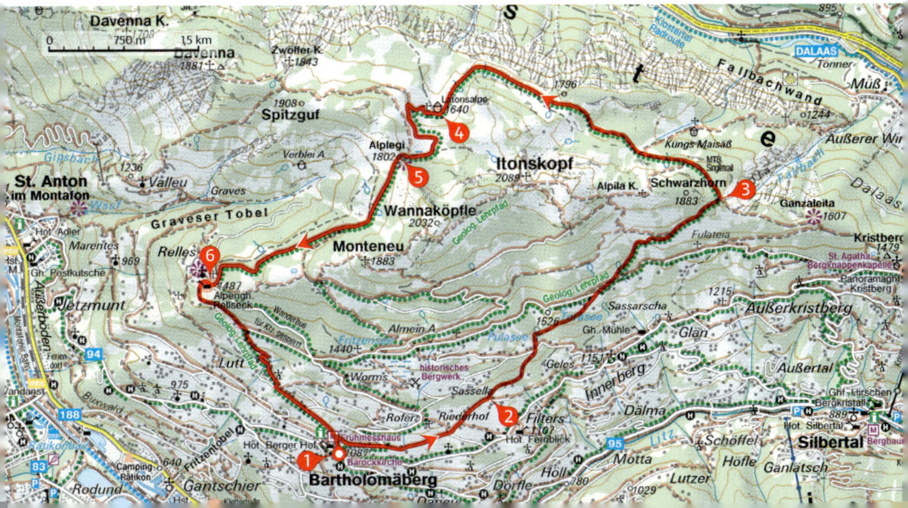

46 Heinrich-Hueter-Hütte, 1766 m

Von der Golmerbahn ins Rellstal

6.00 Std. | 17,1 km | ↗ 600 m | ↘ 1500 m

Im Bannkreis vom Zimba und Saulakopf

Das Rellstal gehört zu den unbesiedelten Hochtälern im Rätikon, umgeben von einer eindrücklichen Bergwelt, aus der vor allem die kühn geformte Zimba am Ende der Vandanser Steinwand sowie der massige Saulakopf hervorstechen. Auf der gegenüberliegenden Seite sind die Formen wegen des schiefrigen Gesteins sanfter. Aus dieser Richtung kommen wir, wenn wir das Rellstal von der Golmerbahn aus über den Platzisweg besuchen. Damit lässt sich sofort in herrlichen Ausblicken schwelgen. Im Rellstal selbst schmiegt sich das gemütliche Gasthaus idyllisch an den Rand des Talbodens, bevor uns die ebenso sympathische Heinrich-Hueter-Hütte des Alpenvereins etwas weiter oben empfängt. Auf der Terrasse können wir uns regionale Hausmannskost schmecken lassen und vergessen dabei vielleicht, dass hier auch echte alpine Herausforderungen locken ...

Ausgangspunkt: Station Latschau der Golmerbahn, 993 m, erreichbar per Pkw, Ortsbus Linie 1 ab Schruns oder mit der ersten Sektion der Seilbahn vom Montafoner Talort Vandans. Die Seilbahn führt weiter zur Bergstation am Grüneck, 1890 m. Sommerbetrieb zwischen Mitte Juni und Ende September täglich von 8.30 bis 17 Uhr.

Anforderungen: T2 vom Golm zur Hütte, am Bachweg stellenweise bis T3. Bergwege unterschiedlicher Beschaffenheit, teils sehr gut ausgebaut, zwischendurch auch mal holprige oder erdige Abschnitte, bis zur Heinrich-Hueter-Hütte aber tendenziell noch leicht.

Die Platzisalpe vor der Vandanser Steinwand.

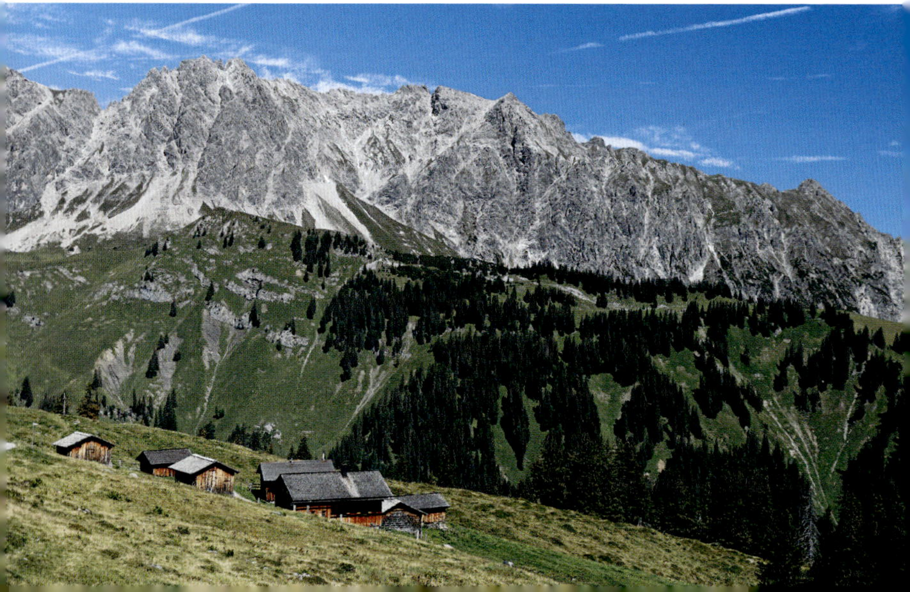

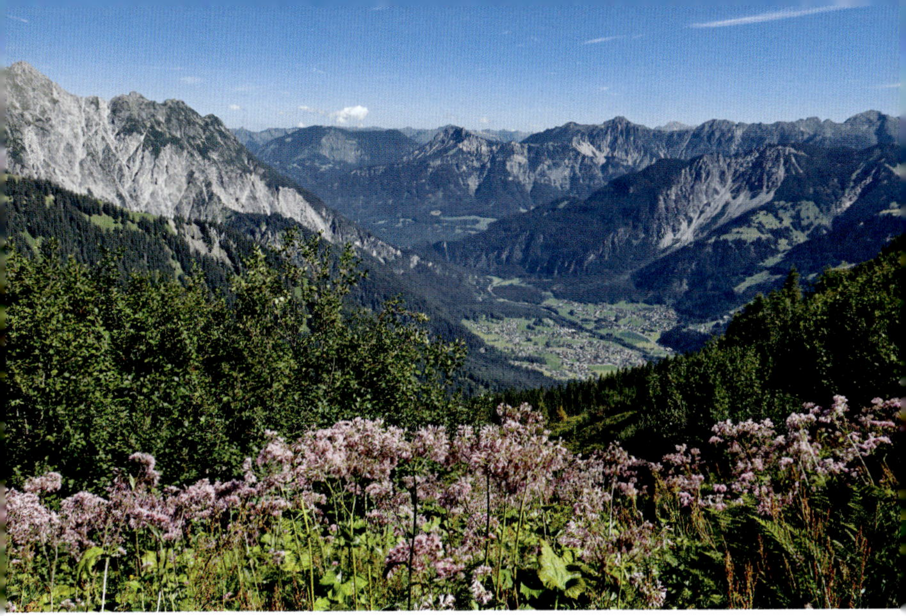

Gleich ab Golmerbahn genießen wir eine herrliche Panoramawanderung.

Der Bachweg im Rellstal verläuft häufig schmal am mitunter feuchten Steilhang und verlangt elementare Trittsicherheit. Insgesamt volles Tagesprogramm.

Kinder: Als Familientour eignet sich speziell die erste Hälfte. Der längere Abstieg lässt sich durch den Wanderbus ersetzen; optional natürlich auch der Zugang ins Rellstal zwecks Kurztrip für kleinere Kinder.

Varianten: 1. Ins Rellstal verkehrt zwischen Ende Juni und Mitte Oktober ein Wanderbus (5 Fahrten täglich, von Vandans hinauf ab 7.45 Uhr, talauswärts zuletzt 16.30 Uhr).

2. Durchs untere Rellstal weiter bis Vandans, ab Rellsbachfassung ca. 1.00 Std.

Karten: Freytag & Berndt 1:50.000, Blatt 374 oder 375.

EINKEHR

Golmerbahn, 1890 m: während der Seilbahnbetriebszeiten sind der Berghof Golm, Tel. +43 5556 77111, sowie das Panoramarestaurant Grüneck, Tel. +43 5556 70184500, bewirtschaftet.

Alpengasthaus Rellstal, 1490 m: Mitte Juni bis Anfang Oktober, Übernachtungsmöglichkeit, Tel. +43 5556 74176 oder +43 664 1412692, alpengasthaus-rellstal.at.

Heinrich-Hueter-Hütte, 1766 m: ÖAV, Mitte Juni bis Anfang Oktober, 80 Schlafplätze, Tel. +43 5556 76570, hueterhuette.at.

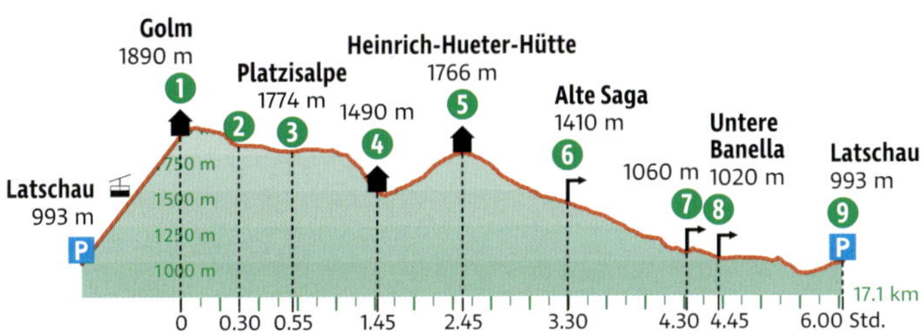

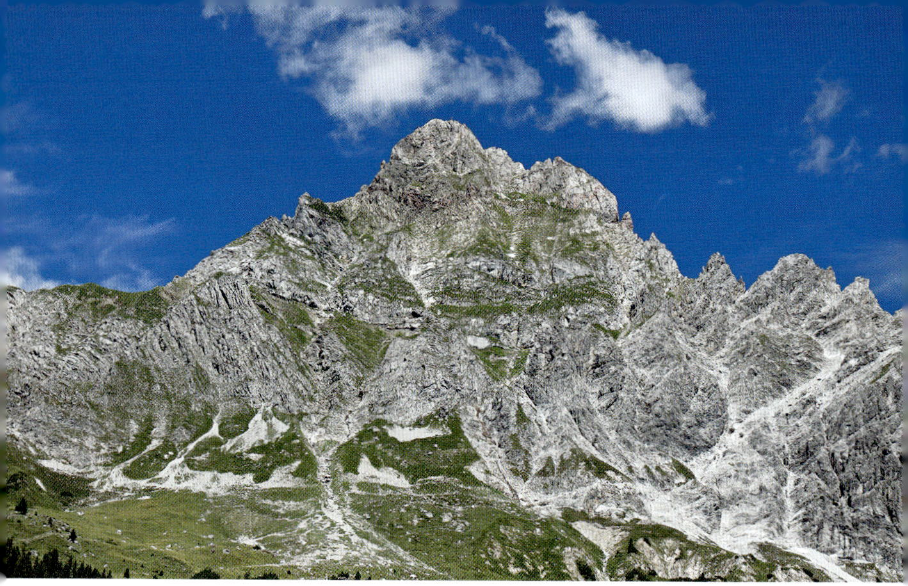

Unverwechselbares Schaustück im Rätikon: die Zimba.

Von der Bergstation der **Golmerbahn ❶** geht es schräg nach rechts aufwärts und im Bogen zu einem aussichtsreichen Eck. Es schließt sich eine leicht abfallende Schatthangtraverse ins Gebiet der **Äußeren Golmalpe ❷**, 1817 m, an. Nun nicht mit der breiten Trasse bergauf, sondern direkt bei der Hütte auf einen kleinen Pfad, der bald in Erlengebüsch eintaucht und den Hang über einen Graben hinweg fast horizontal durchläuft. Man erhält Anschluss zu einem breiten Güterweg und passiert in Bälde die hübsche **Platzisalpe ❸**, 1774 m. Die Fortsetzung führt mit dem Platzisweg geradeaus weiter, oberhalb des Schattenwaldes noch ein Weilchen die Höhe haltend, ehe die Route in deutliches Gefälle übergeht. Viele erdige Kehren leiten im Gehölz hinab zum **Alpengasthaus Rellstal ❹**, 1490 m. Von dort noch kurz bis in die Talsohle, hier rechts und bei der Haltestelle des Wanderbusses links aufwärts Richtung **Heinrich-Hueter-Hütte ❺**, 1766 m. Die meisten Kurven des Fahrweges lassen sich effektiv über einen Pfad abkürzen.

Zurück bei der großen Gabelung folgen wir rund zehn Minuten der Straße, um beim Wegweiser »Alte Saga« nach rechts auf den Bachweg auszuscheren ❻. Dieser verläuft parallel zum schluchtartig eingeschnittenen Rellsbach am steilen, bewaldeten Abhang und verlangt streckenweise erhöhte Konzentration. Dabei wird der eine oder andere Seitentobel gekreuzt; das Bergab ist außerdem

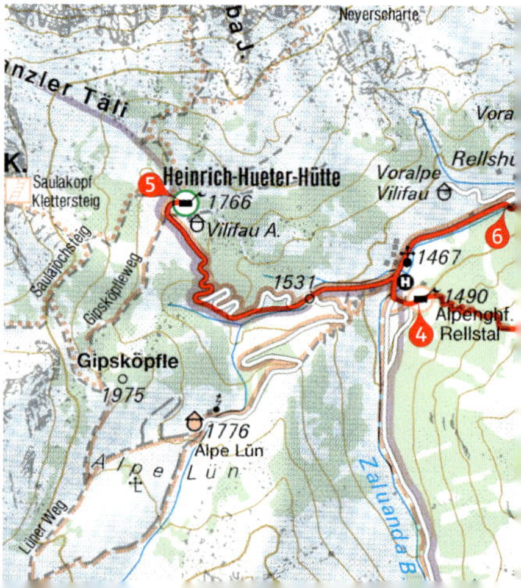

TOUREN

Saulakopf, 2517 m: entweder über den südseitigen Normalweg (T4), für den bereits Trittsicherheit erforderlich ist, oder über den sehr schwierigen Klettersteig durch die Ostwand (D/E), 2.30 bzw. gut 3.00 Std.

Sarotlahütte, 1645 m: recht anspruchsvoller Übergang via Zimbajoch (T3–4), 3.10 Std.

Douglasshütte, 2517 m: wahlweise über das Saulajoch (T3) oder die Lünerkrinne (T2–3), 2.15 Std., auch als Rundwanderung kombinierbar.

Lindauer Hütte, 1744 m: über die Untere und Obere Zaluandaalpe Richtung Schweizertor, anschließend den Öfapass überschreitend (T2), vom Alpengasthaus Rellstal 4.00 Std.

nicht stetig, sondern auch mal von kleinen Gegensteigungen unterbrochen. Am Pochegg erwartet uns sogar eine Drahtseilstelle. Bei der **Rellsbachfassung** 7, 1060 m, stoßen wir auf einen Fahrweg, folgen diesem kurz aufwärts und achten beim jenseitigen Gefälle auf den Rechtsabzweig mit dem Flurnamen **Untere Banella** 8, 1020 m. Die Gehzeit bis zum Ausgangspunkt ist hier übertrieben notiert, doch zieht sich die Waldhangquerung durchaus noch etwas in die Länge. Über eine Wiese schreiten wir zwischendurch

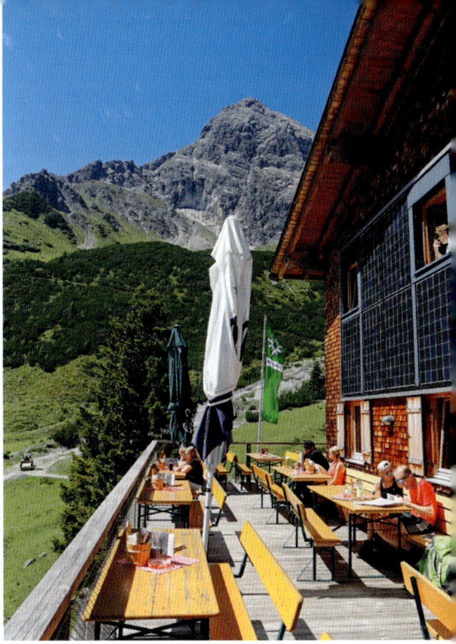

Über der Hüttenterrasse sticht der Saulakopf in den Himmel.

geradeaus hinweg, später taucht bei Mularietsch eine weitere auf. Hin und wieder sind auch nochmals einzelne Bachtobel auszugehen. So kommen wir mit etwas Auf und Ab nach Landschisott voran und auf dem Sträßchen mit einer leichten Gegensteigung zurück zum Großparkplatz beim Speichersee und der Golmerbahn in **Latschau** 9.

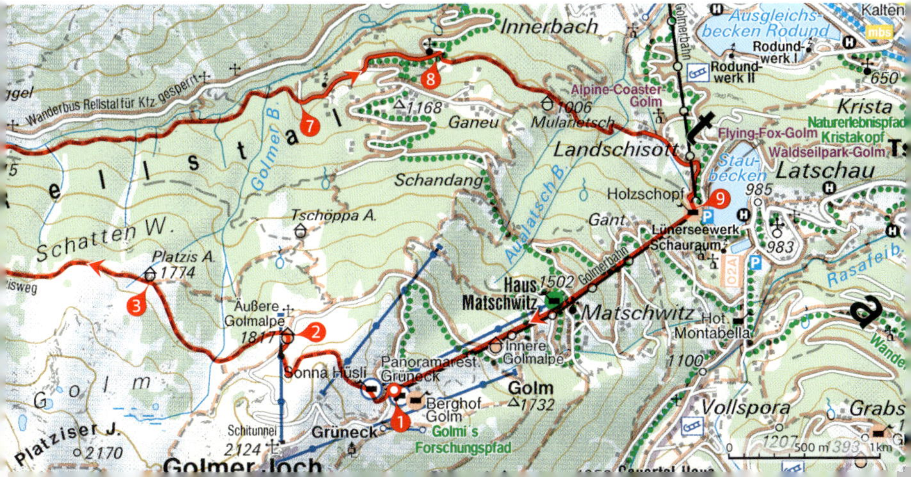

47 Lindauer Hütte, 1744 m

Über den Latschätzer Höhenweg ins Gauertal

TOP | 3.15 Std. | 11,6 km | ↗180 m | ↘1080 m

Im schönsten Talschluss Vorarlbergs

Das Gauertal besitze den schönsten Talschluss Vorarlbergs, hört man immer wieder. Nun, im Angesicht von Sulzfluh und Drusenfluh, insbesondere aber der unverwechselbaren Drei Türme, tut man sich unter Umständen schwer zu widersprechen. Unterhalb dieser steinernen Phalanx erbaute die Alpenvereinssektion Lindau ausgangs des 19. Jahrhunderts ihre Hütte, die sich im Laufe der Zeit zur stattlichsten Bergunterkunft weit und breit entwickelt hat. An schönen Tagen ist der Zustrom der Wanderer schon enorm, nicht nur durchs Gauertal selbst, sondern vor allem auch über den aussichtsreichen, recht bequemen Latschätzer Höhenweg. Und da es neben attraktiven Gipfeltouren eine ganze Handvoll praktikabler Übergänge zu Nachbarhütten gibt, braucht es natürlich beachtliche Kapazitäten. Eine besondere Erwähnung verdient der Botanische Alpengarten, dem sich Sektionsangehörige bereits seit über 100 Jahren liebevoll widmen. In der geologischen Gemengelage zwischen Kalk und Kristallin, die den Rätikon auszeichnet, lässt sich hier im Bergsommer eine Fülle unterschiedlichster Arten begutachten. Beim Abstieg können wir außerdem noch im »BIO-zertifizierten« Gauertalhaus Station machen.

Ausgangspunkt: Station Latschau der Golmerbahn, 985 m, erreichbar per Pkw, Ortsbus Linie 1 ab Schruns oder mit der ersten Sektion der Seilbahn vom Montafoner Talort Vandans. Weitere Parkmöglichkeit für das Gauertal auch links hinter dem Lünerseewerk. Mit der Seilbahn zur Bergstation am Grüneck, 1890 m. Som-

Zwischen letzten Bäumen im inneren Gauertal duckt sich die Lindauer Hütte unter die spektakulären Drei Türme.

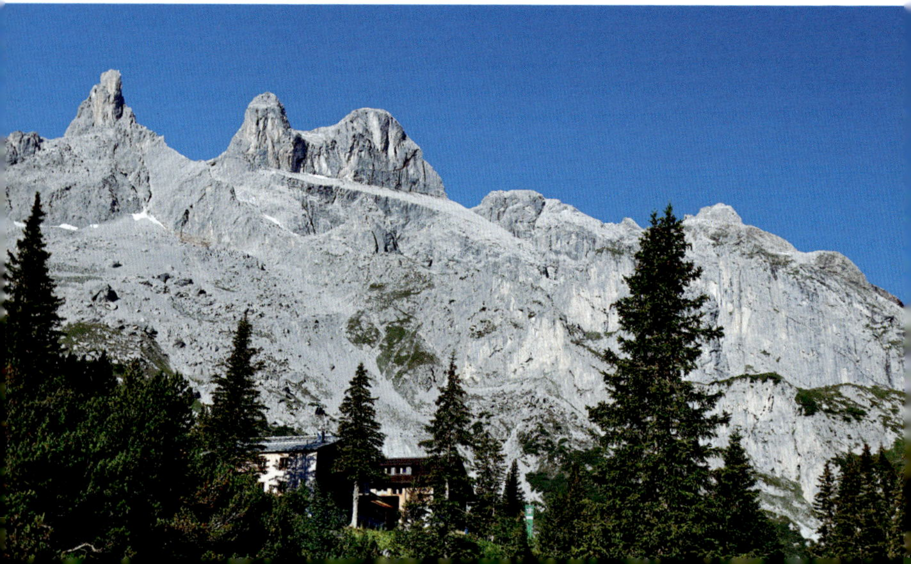

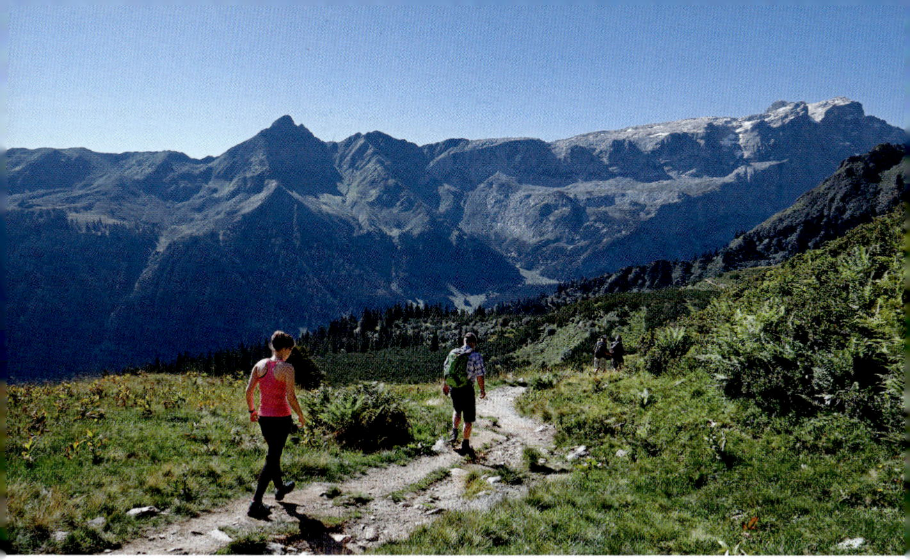

Am Latschätzer Höhenweg haben wir schönste Ausblicke, etwa zur Sulzfluh.

merbetrieb zwischen Mitte Juni und Ende September täglich von 8.30 bis 17 Uhr.

Anforderungen: T2. Gut ausgebauter, viel begangener Bergwanderweg quer durch nur abschnittsweise mal steilere Flanken. Beim Abstieg durchs Gauertal zunächst ebenfalls Wanderweg, später nicht öffentliches Sträßchen. Wenig anstrengendes Halbtagespensum.

Kinder: Besonders lohnende Wanderstrecke, Spielmöglichkeiten und Alpenpflanzengarten bei der Hütte.

Karten: Freytag & Berndt 1:50.000, Blatt 374 oder 375.

Nach Bergfahrt mit der **Golmerbahn** ❶ nehmen wir schräg links den Latschätzer Höhenweg auf, lassen die Hangkante am Grüneck hinter uns und durchqueren nun für längere Zeit die Flanken über dem Gauertal.

EINKEHR

Golmerbahn, 1890 m: während der Seilbahnbetriebszeiten sind der Berghof Golm, Tel. +43 5556 77111, sowie das Panoramarestaurant Grüneck, Tel. +43 5556 70184500, bewirtschaftet.

Obere Alpe Latschätz, 1733 m: Mitte Juni bis Mitte September, Tel. +43 5556 77318.

Lindauer Hütte, 1744 m: DAV, Ende Mai bis Anfang/Mitte Oktober sowie im Winter etwa zwischen Weihnachten und Ostern, 163 Schlafplätze, Tel. +43 664 5033456, lindauerhuette.com (Online-Reservierung möglich).

Gauertalhaus, ca. 1230 m: TVN, Ende Mai bis Ende Oktober sowie winters ab Mitte Dezember, 33 Schlafplätze, Tel. +43 664 1561221, www.kristahof.com.

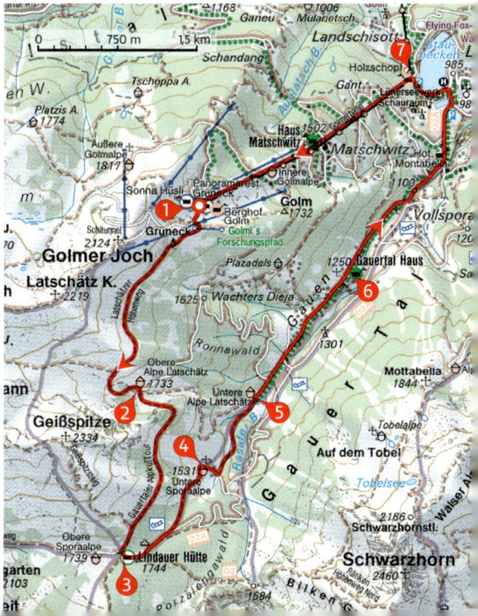

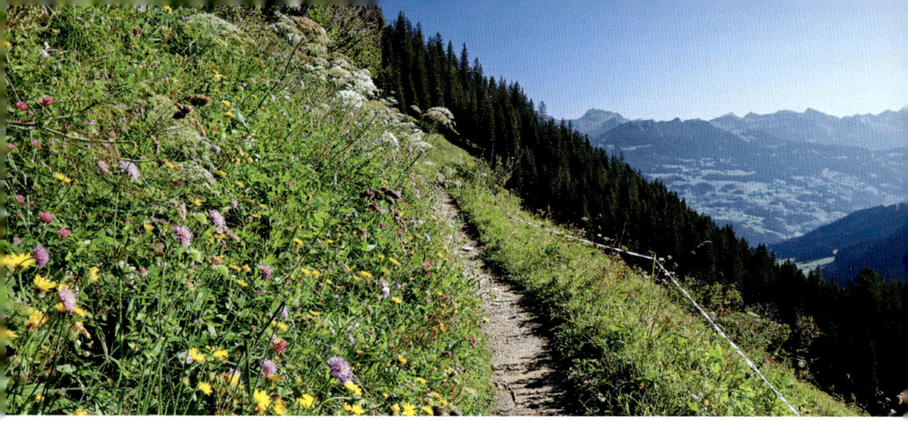

Sommerliche Blütenpracht am Höhenweg.

Abgesehen von ein wenig Auf und Ab verliert man sukzessive an Höhe und kommt in die seichte Hangmulde mit der **Oberen Alpe Latschätz** 2, 1733 m. Als Nächstes geht es um den von der Geißspitze abfallenden Ostsporn herum, quer durch einen Wiesenhang nochmals etwas aufwärts und schließlich gemeinsam mit dem Geißspitzsteig in leichtem Gefälle (einige Kehren) zur stattlichen **Lindauer Hütte** 3, 1744 m.
Für den Abstieg wenden wir uns ins Gauertal, bei zwei Gabelungen jeweils links und damit nicht auf den Güterweg (mögliche Variante), sondern auf den Wanderweg zur **Unteren Sporaalpe** 4, 1531 m. Durch die Weidegründe weiter zur **Unteren Alpe Latschätz** 5, 1360 m, wo ein Fahrweg aufgenommen wird. Überwiegend asphaltiert zieht dieser durchs Maisäß Gauen talauswärts. Auf der rechten Seite befindet sich das **Gauertalhaus** 6, ca. 1230 m. Hinter der Bachbrücke geht es gemeinsam mit der anderen Route das letzte Stück hinunter nach **Latschau** 7.

TOUREN

Geißspitze, 2334 m: großartiger Aussichtspunkt, erreichbar von der Hütte über die grasige Südostflanke (T2–3), 1.40 Std. oder von der Bergstation über den Golmer Höhenweg (T3), 2.30 Std.
Drei Türme, 2830 m: alpine Bergtour mit viel Schotter und felsigem Gelände (T4), bis auf den Großen Turm 3.30 Std.
Sulzfluh, 2818 m: ebenfalls steinige Route durch den Rachen hinauf zum Karrenfeld (T3–4), 3.45 Std.
Tilisunahütte, 2211 m: über den Bilkengrat und die Schwarze Scharte (T3-), 2.45 Std.
Totalphütte, 2385 m: über Öfapass, Verajöchli und Lünersee (T2), 4.45 Std.
Carschinahütte, 2221 m: über das Drusator auf die Schweizer Seite (T2–3), 2.30 Std.

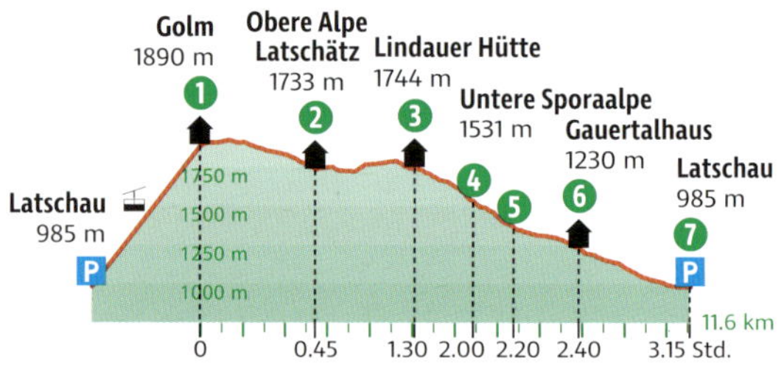

Tilisunahütte, 2211 m

Via Alpilaalpe hinauf und Gampadels retour

7.45 Std. | 18,7 km | ↗1320 m | ↘1320 m

Das älteste Schutzhaus im Rätikon

Nur ein paar hundert Meter von der Schweizer Grenze entfernt befindet sich im Bergwiesengelände über dem innersten Gampadelstal die älteste Rätikon-Hütte, benannt nach dem eigenartig klingenden Flurnamen »Tilisuna«. Die erste Idee dafür gab es bereits 1872. Finanzielle Einschränkungen sowie Unstimmigkeiten mit den Grundbesitzern und in der Bauplanung führten zwar zu Verzögerungen, doch setzte die Tilisunahütte schließlich den ersten Meilenstein in der alpintouristischen Erschließung des Rätikon. Im »Mischgelände« zwischen Kalk und Urgestein offenbaren sich starke landschaftliche Kontraste – man vergleiche nur die Gipfel von Schwarzhorn und Tilisuna-Seehorn, die sich dunkelfelsig über grünen Matten aufbauen, mit dem gleißend hellen Kalk an Weißplatte und Sulzfluh, dem Paradeziel im Umkreis der Tilisunahütte. Sämtliche Zustiege, deren es übrigens reichlich Varianten gibt, besitzen den Status ausgewachsener Bergwanderungen, sind also nicht eben kurz. Unser Vorschlag kombiniert den Aufstieg über Alpilaalpe, Tobelsee und Schwarzhornsattel mit dem Abstieg via Tilisunasee ins Gampadelstal. Es liegen also noch zwei Sennalpen und zwei erfrischende »Badewannen« am Weg!

Ausgangspunkt: Latschau, Parkplatz »Gauertal«, ca. 1005 m, oder bei der nahen Golmerbahn. Ortsbus Linie 1 von Schruns.

Anforderungen: T2–3. Überwiegend normale Bergwege, stellenweise etwas Trittsicherheit angezeigt, meist jedoch problemloser Verlauf. Wichtigste Voraussetzung ist eine wirklich gute Kondition, ggf. Entzerrung durch Übernachtung.

Kinder: Für ausdauernde Kinder in zwei Etappen empfehlenswert. Es gibt viel zu entdecken, vor allem die Bergseen dürften begeistern.

Varianten: 1. Aufstieg Richtung Alpilaalpe über Grabs.

2. Von Alpila hinauf zum Kammrücken des Walser Alpjochs, der die Tschaggunser Mittagspitze mit dem Schwarzhornsattel verbindet (nur wenig länger).

3. Finaler Abstieg bis in den Talort Tschagguns.

Karte: Freytag & Berndt 1:50.000, Blatt 374.

Blick über den Tobelsee in den Gauertalschluss, zum Drusenfluh-Massiv.

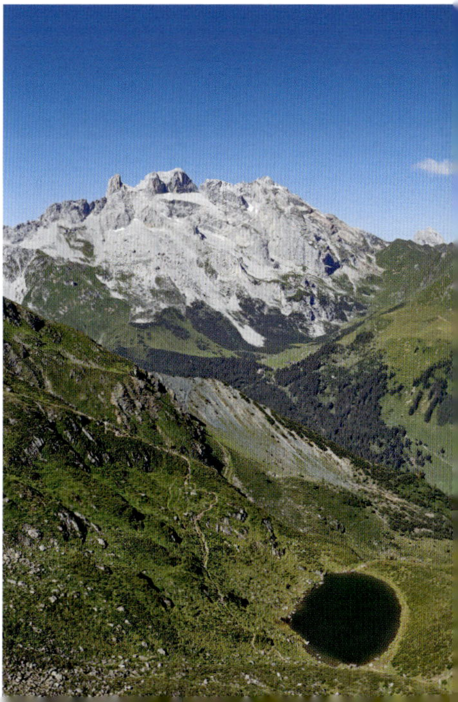

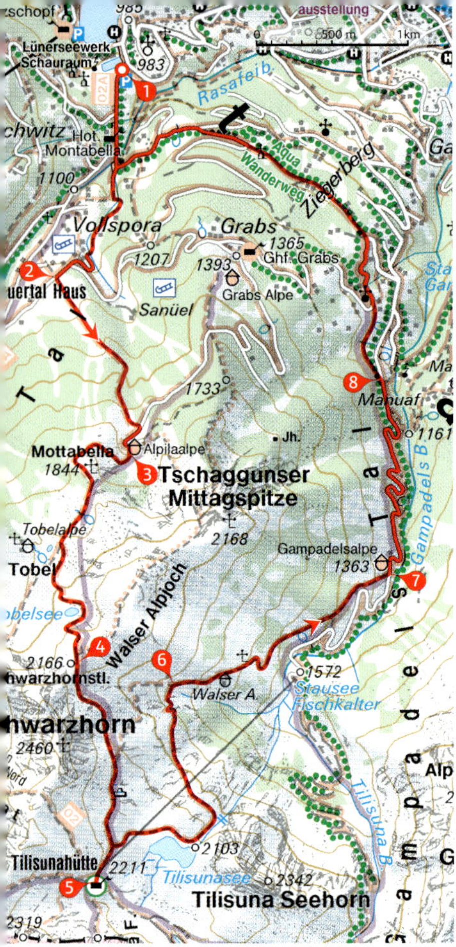

EINKEHR

Alpilaalpe, 1688 m: Mitte Juni bis Mitte September, Tel. +43 664 5988782.
Tilisunahütte, 2211 m: ÖAV, Mitte Juni bis Mitte Oktober, 122 Schlafplätze, Tel. +43 664 1472896, tilisunahuette.at.
Alpe Gampadels, 1363 m: Alpprodukte von Mitte Juni bis Mitte September, Tel. +43 664 6533080.

Von den Parkplätzen in **Latschau** ❶ starten wir Richtung Gauertal, gehen aber schon bei der ersten Verzweigung kurz links abwärts über die Brücke und dann sofort rechts hoch. Der Schotterweg führt zu einer Wiese, die zu den Häusern von Sanüel überquert wird. Bald dahinter zweigt beim Wegweiser **»Im Kessi«** ❷, 1220 m, der eigentliche Bergsteig ab. Zuerst durch eine Wiesenhangmulde aufwärts, dann links haltend in den Wald, der sich nach einer Weile wieder lichtet. Wir kommen zur **Alpilaalpe** ❸, 1688 m, voran und folgen nun dem Güterweg rechts um die Mottabella herum. Hinter dem Absatz verzweigt sich die Route bald. Jetzt links aufwärts, am malerischen **Tobelsee** vorbei und anschließend über den **Schwarzhornsattel** ❹, 2166 m, hinweg. Nach etwas Höhenverlust geht es östlich um das imposante Schwarzhorn herum und gemeinsam mit dem Kessiweg über Weideböden und -hänge relativ sanft zur **Tilisunahütte** ❺, 2211 m, hinauf.
Beim Abstieg ins Gampadelstal können wir uns im oberen Bereich bald zwischen dem Kessiweg und dem Seeweg entscheiden. Wir biegen

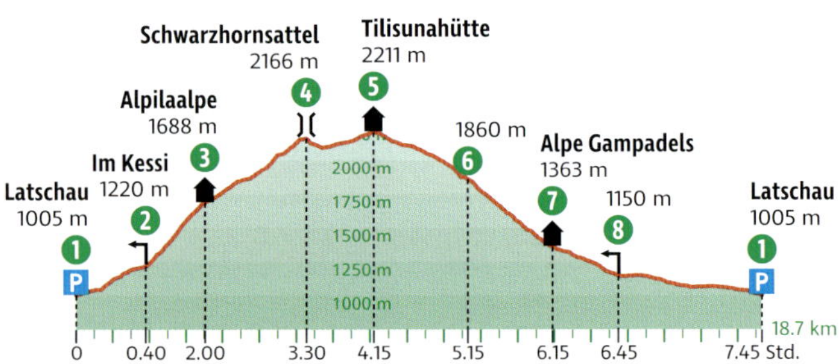

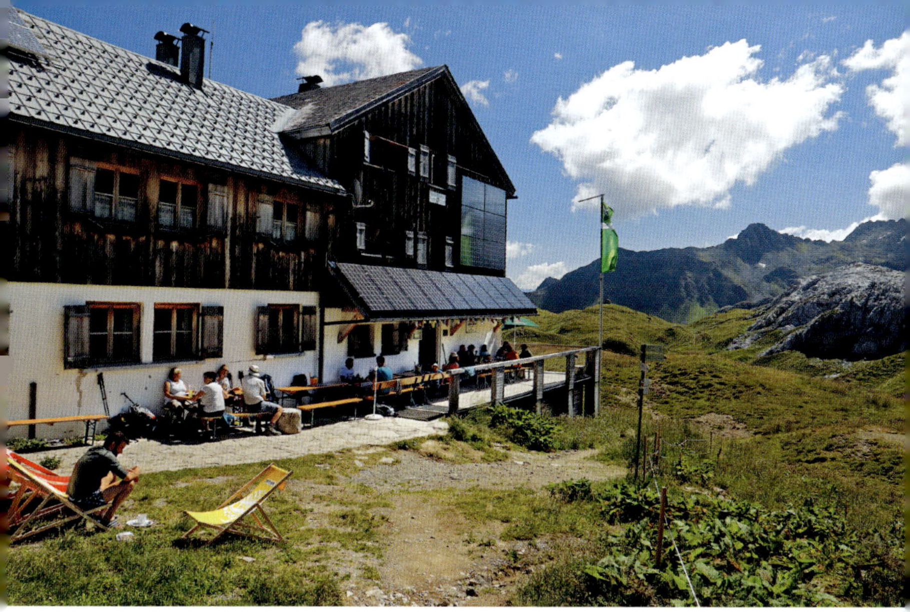

Auf der Tilisunahütte fühlt man sich wohl.

vorzugsweise rechts ab, um auch direkt am **Tilisunasee**, 2103 m, vorbeizuschauen. Hinter der Geländeschwelle gerät man allerdings bald in eine steilere Hangpartie. Abgesehen von einigen Kehren tendenziell nach links und mit einigen eventuell feuchten Passagen zwischen Erlen und Sträuchern zu jener Stelle, wo der Kessiweg wieder einmündet **6**. 15 Gehminuten unterhalb bleibt die Walseralpe knapp rechts liegen. Über die Bergwiesen, manchmal auch in lichtem Gehölz, längere Zeit schräg abwärts bis zur **Alpe Gampadels** **7**, 1363 m, im Talgrund. Dort nimmt uns ein Güterweg auf, wobei gelegentlich noch abkürzende Spuren genutzt werden können. Dann gilt es auf den Linksabzweig nach Latschau zu achten **8**. Ein schöner Weg zieht am Hang entlang zur Grabser Straße, der wir lediglich wenige Minuten folgen, um in einer Serpentine links auf den Gafazutweg auszuscheren. Damit eine ganze Weile quasi horizontal durch den Nordhang, wo sich Lichtungen mit Ferienhäuschen und Waldbereiche abwechseln. Schließlich drehen wir links ins vordere Gauertal ein und vollenden die Tour in **Latschau** **1**.

TOUREN

Sulzfluh, 2818 m: über das ausgedehnte Karrenfeld und zuletzt im Bogen von der Westseite zum Gipfel (T3), 2.00 Std.

Weißplatte, 2630 m: zuerst Richtung Gruobenpass und dann anhand von Steinmännchen weglos über die steinige Gipfelabdachung (T4), 1.30 Std.

Tschaggunser Mittagspitze, 2168 m: am Gipfelaufbau einige luftige Felspassagen (I. Grad, T4), ab Alpilaalpe 1.15 Std., von der Tilisunahütte her 1.45 Std.

Lindauer Hütte, 1744 m: über Schwarze Scharte und Bilkengrat (T3-), 2.20 Std.

Carschinahütte, 2221 m: übers Tilisunafürggli in die Gruoben und auf dem Höhenweg unter der Sulzfluh-Südwand entlang (T2), 2.00 Std.

49 Wormser Hütte, 2305 m
Von der Kapellalpe über den Seeweg

2.40 Std. | 7,1 km | ↗500 m | ↘500 m

Logenplatz himmelhoch über Schruns

Im äußersten Westen der Verwallgruppe nimmt die Wormser Hütte einen echten Panoramaplatz hoch über dem Montafon ein. Als man diesen großartigen Standort Anfang des 20. Jahrhunderts auserkoren hatte, konnte natürlich noch niemand ahnen, dass er einmal von Skigebietserschließungen vereinnahmt werden wird. Heutzutage lässt sich der ehedem fünfstündige Aufstieg vom Talort Schruns auf einen lächerlichen Bergspaziergang von kaum 15 Minuten reduzieren, wobei man freilich auch – wie nachfolgend dargelegt – etwas dazwischen unternehmen kann. Diese ambivalente touristische Funktion hat die Wormser Hütte jedoch für Berggänger keinesfalls entwertet. Für die 20 Kilometer messende Verbindung zur Heilbronner Hütte ist der Stützpunkt sogar quasi unerlässlich, um einen frühen Start zu gewährleisten oder am Ende eines sehr langen Marschtages hier Quartier beziehen zu können. Wer nicht so weit laufen mag, findet im Umkreis ein paar lohnende Gipfel: Zum Kreuzjoch ist es bloß ein Katzensprung, südlich davon abgesetzt zeigt die Zamangspitze ein interessantes Profil. Am schrofigen Hochjoch sind mittlerweile zwei Klettersteige eingerichtet worden. Natürlich muss man mit den störenden Liftanlagen in der Nähe irgendwie leben. Doch eines ist gewiss: Die zauberhaften Sonnenuntergänge auf der Wormser Hütte haben nichts von ihrer Magie verloren …

Ausgangspunkt: Schruns, 690 m, im vorderen Montafon, Talstation der Hochjochbahn (gebührenpflichtiger Parkplatz, in wenigen Minuten zu Fuß vom Bahnhof erreichbar). Bergfahrt hinauf zur Kapellalpe, 1858 m. Sommer-

Die Wormser Hütte liegt dicht am Kreuzjoch auf stattlichen 2300 Metern Höhe.

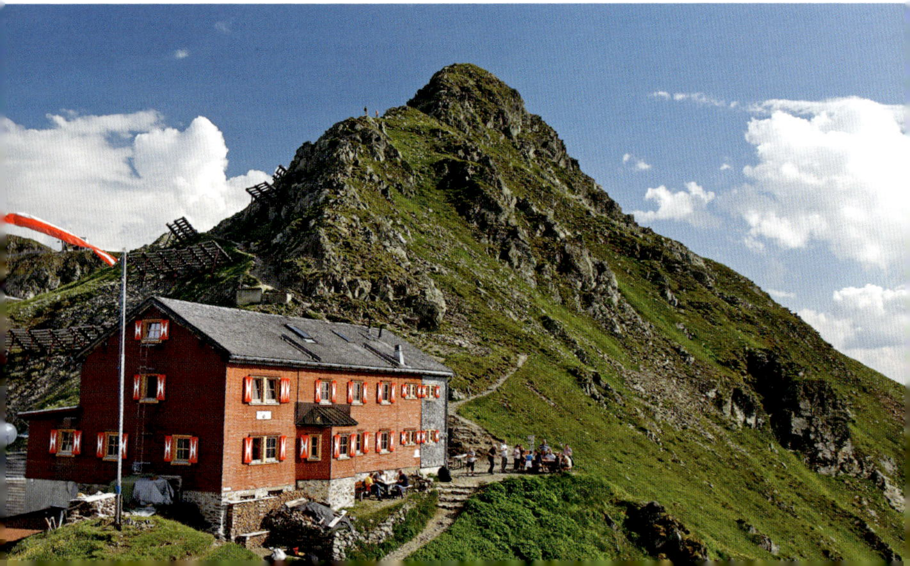

betriebszeiten zwischen Anfang Juni und Mitte Oktober von 8.30 bis 17 Uhr (im Winter bis 16 Uhr).

Hinweis: Zuletzt war wegen Renovierung der Hochjochbahn die sonst nur winters offene Zamangbahn auch im Sommer in Betrieb.

Anforderungen: T2. Abwechselnd breite Trassen und normale Bergwege, höchstens mittelsteil und ohne besondere Hindernisse. Halbtagesprogramm.

Kinder: Gut beherrschbare Tour in relativ hohen Lagen mit toller Aussicht, allerdings in leider nicht mehr sehr ursprünglicher Umgebung (Skigebiet).

Variante: Die Bergstation des Sessellifts am Sennigrat liegt nur wenige Gehminuten von der Hütte entfernt; Betriebszeiten 8.45 bis 16.30 Uhr.

Karte: Freytag & Berndt 1:50.000, Blatt 374.

Von der Bergstation auf der **Kapellalpe ①** folgen wir dem Hinweis »Seeweg« an der Jausenstation vorbei und begehen dabei zunächst einen Fahrweg. Beim Speicherteich hält man sich links und setzt die Wanderung bald auf einem Steig fort, via Surblies allmählich um die Bergausläufer herum ins Seetal. Dort trifft man zuerst auf den **Schwarzsee ②**, 2085 m, und mit einer breiteren, kurvigen Trasse im Skigebiet auf den **Herzsee**, 2216 m. Nach einem Rechtsschwenk wird schließlich die **Wormser Hütte ③**, 2305 m, im Kammbereich erreicht.

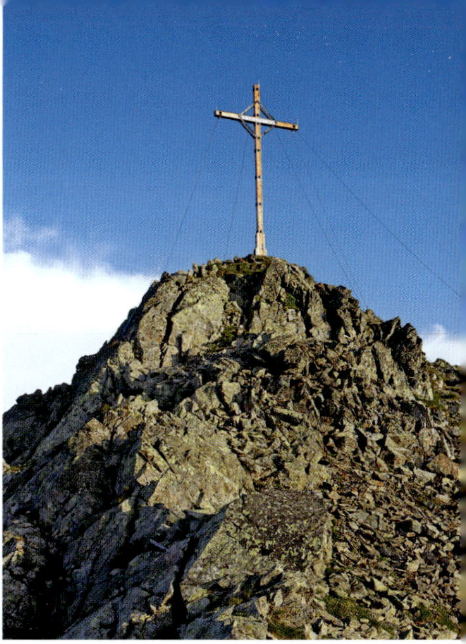

Nur ein Katzensprung ist es zum Kreuzjoch.

EINKEHR

Kapellrestaurant S'Pfennili, 1858 m: während der Seilbahnbetriebszeiten geöffnet, Tel. +43 5557 6300. Nebenan befindet sich noch die Alpe Vorderkapell als Jausenstation.

Seetalhüsli, ca. 2100 m: kleine Imbisshütte oberhalb des Schwarzsees, Tel. +43 5557 6300-501.

Wormser Hütte, 2305 m: DAV, Mitte Juni bis Anfang Oktober sowie Weihnachten bis Anfang April, 64 Schlafplätze, Tel. +43 664 1320325, www.wormser-huette.at (Online-Reservierung möglich).

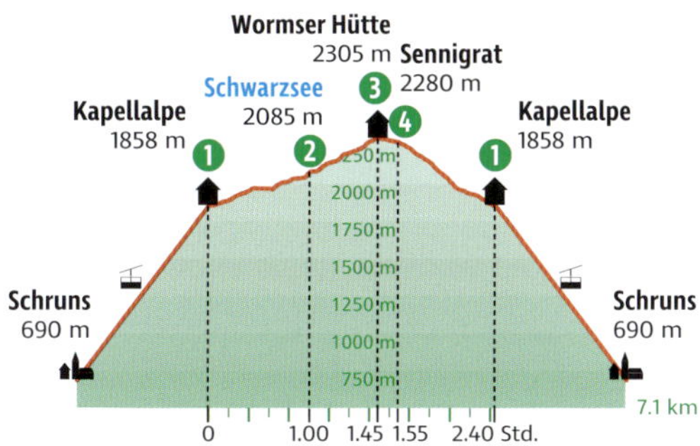

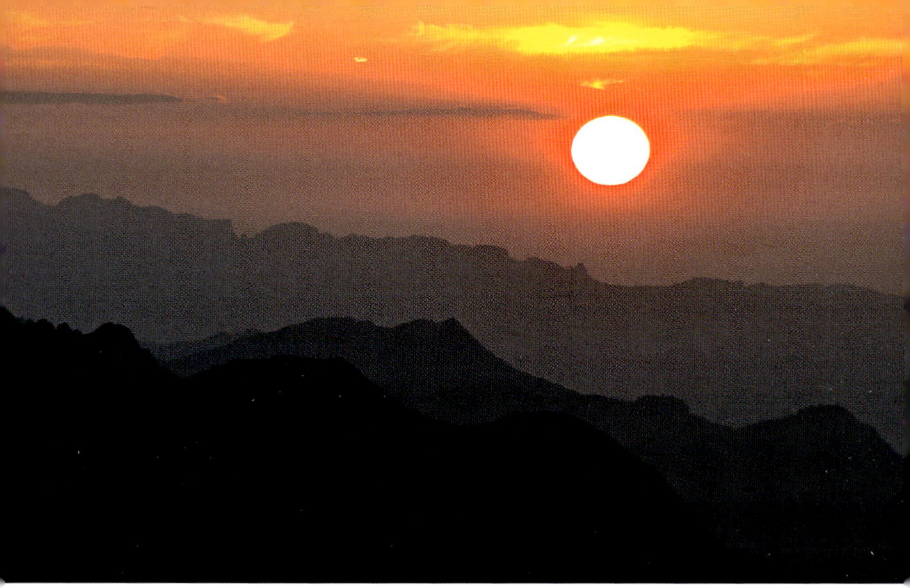

Wer oben nächtigt, erlebt einen traumhaften Sonnenuntergang.

Ein breiter Weg bringt uns rasch zur Bergstation **Sennigrat** ❹, 2280 m, wo wir den Sessellift aber durchaus sausen lassen können. Wenn wir uns nämlich kurz davor links in den Hang begeben, haben wir einen gut ausgebauten Kehrenweg vor uns, der sich durch die Lawinenverbauungen zu einem Fahrweg hinunterschraubt. Auf diesem schließt sich der Kreis zur **Kapellalpe** ❶.

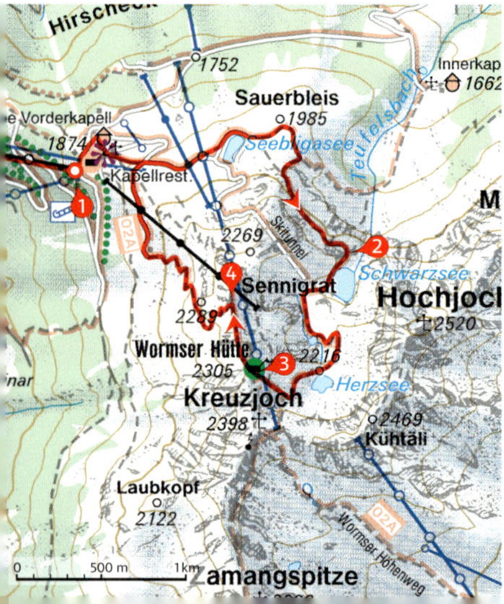

TOUREN

Kreuzjoch, 2398 m: hüttennaher Gipfelpunkt, in 15 Min. auf leicht felsigem Steig zu erreichen.
Zamangspitze, 2386 m: am Kreuzjoch vorbei südwärts (Zwischenabstieg) und entweder direkt gipfelwärts (T3+) oder etwas leichter nach einer Traverse von der Westseite, 50 Min.
Hochjoch, 2520 m: zunächst zur Hochalpila-Bergstation, von dort auf einer klettersteigartig ausgebauten Gratroute (bis B, mindestens T4), 1.30 Std. Ein technisch schwierigerer Klettersteig im Grad C führt vom Schwarzsee hinauf.
Neue Heilbronner Hütte, 2308 m: über den vom Gelände her nicht übermäßig schwierigen, aber ausgesprochen langen Wormser Weg (T3), 8.30 Std.

Am Weg ins Seetal.

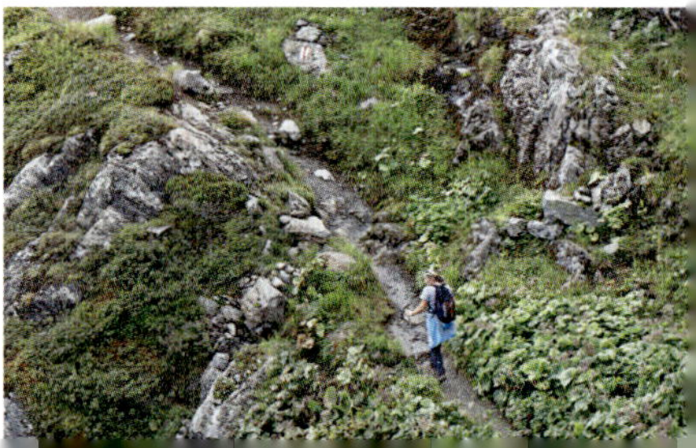

Neue Heilbronner Hütte, 2308 m

Vom Speicher Kops über die Verbellaalpe

4.00 Std. | 13,7 km | ↗ 630 m | ↘ 630 m

Zu den Scheidseen an der Schwelle ins Verwall
Die »Bergheimat« der Sektion Heilbronn lag ursprünglich in Südtirol, wo 1910 die erste Heilbronner Hütte hoch über dem Schnalstal errichtet wurde. Als dieser Besitz nach dem Ersten Weltkrieg unwiederbringlich verloren gegangen war, engagierte man sich im Verwall und weihte oberhalb der malerischen Scheidseen, ganz knapp auf Vorarlberger Seite, 1928 die Neue Heilbronner Hütte ein. Trotz wenig namhafter Berge im Umkreis (der gewaltige Patteriol geht schon ein wenig auf Distanz) wurde es eine fortwährende Erfolgsgeschichte, sogar mit neuen Besucherrekorden in jüngster Zeit. Der problemlose, nicht sonderlich anstrengende Zugang durchs Verbellatal, das allgemein gestiegene Interesse am Hüttentrekking sowie der Mountainbike-Boom der letzten Jahre mögen dafür zuträglich sein. Man kann nämlich das Verwall von St. Anton hinüber ins Paznaun oder Montafon prima auf zwei Rädern überqueren – und diese Route führt genau an der Heilbronner Hütte vorbei. Die Mehrtageswanderer hingegen schwärmen Richtung Friedrichshafener, Konstanzer und Wormser Hütte aus, wobei der lange Wormser Höhenweg fraglos das Nonplusultra darstellt.

Ausgangspunkt: Alpengasthof Zeinisjoch, 1822 m, beim Speicher Kops. Mautpflichtige Zufahrt und Endpunkt der Landbuslinie 85 von Schruns über Partenen wie auch der Paznauner Linie von Landeck über Galtür.

Anforderungen: T1–2. Leichte, unkomplizierte Wander- und Fahrwege

Auf der Heilbronner Hütte finden sich auch viele Mountainbiker ein.

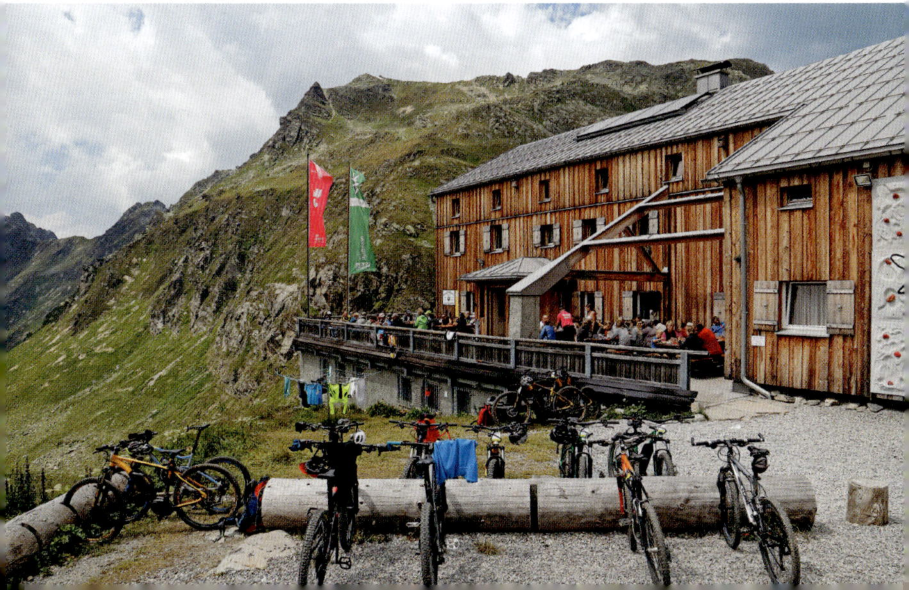

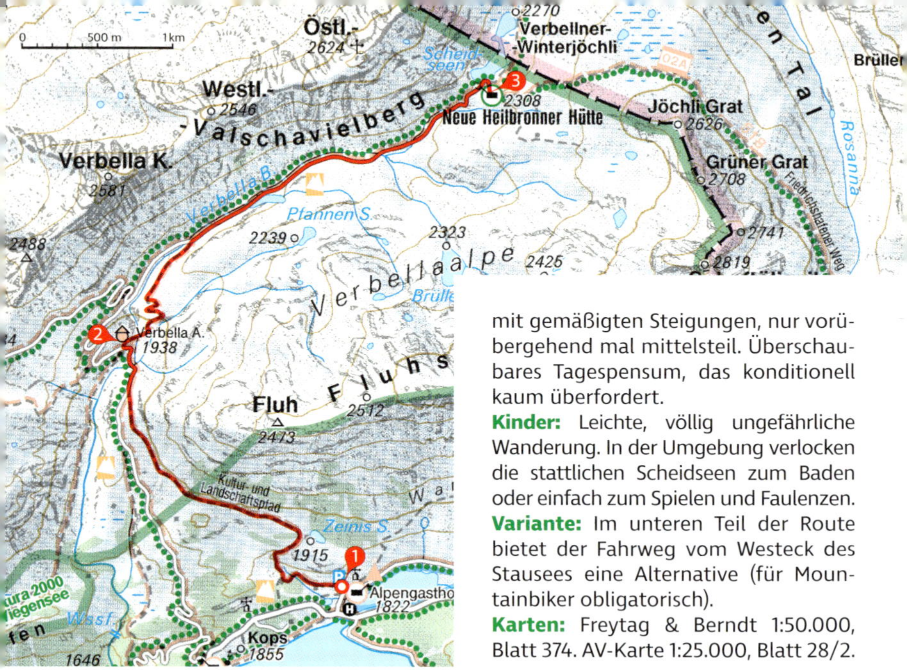

mit gemäßigten Steigungen, nur vorübergehend mal mittelsteil. Überschaubares Tagespensum, das konditionell kaum überfordert.

Kinder: Leichte, völlig ungefährliche Wanderung. In der Umgebung verlocken die stattlichen Scheidseen zum Baden oder einfach zum Spielen und Faulenzen.

Variante: Im unteren Teil der Route bietet der Fahrweg vom Westeck des Stausees eine Alternative (für Mountainbiker obligatorisch).

Karten: Freytag & Berndt 1:50.000, Blatt 374. AV-Karte 1:25.000, Blatt 28/2.

Vom **Zeinisjochhaus** ❶ begeben wir uns auf den leicht ansteigenden Weg und mit einem Bogen Richtung Zeinissee, dann zur Anhöhe am Hohen Bühl und dahinter wieder etwas abfallend ins Verbellatal. Dort empfängt uns die bewirtschaftete **Verbellaalpe** ❷, 1938 m. Indem wir uns rechts halten, können wir einen Abschnitt des breiten Güterweges effektiv abkürzen und stoßen erst wieder darauf, wo dieser auf die rechte Bachseite wechselt. Weiter hinten gibt es nochmals eine Brücke, ehe die letzte Steigung

Unser Hüttenweg schlängelt sich am Verbellabach entlang.

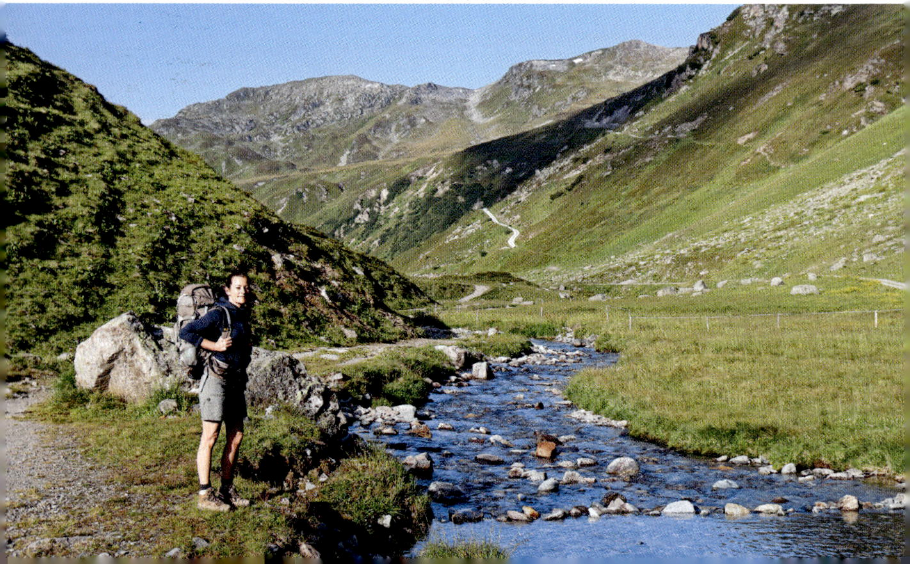

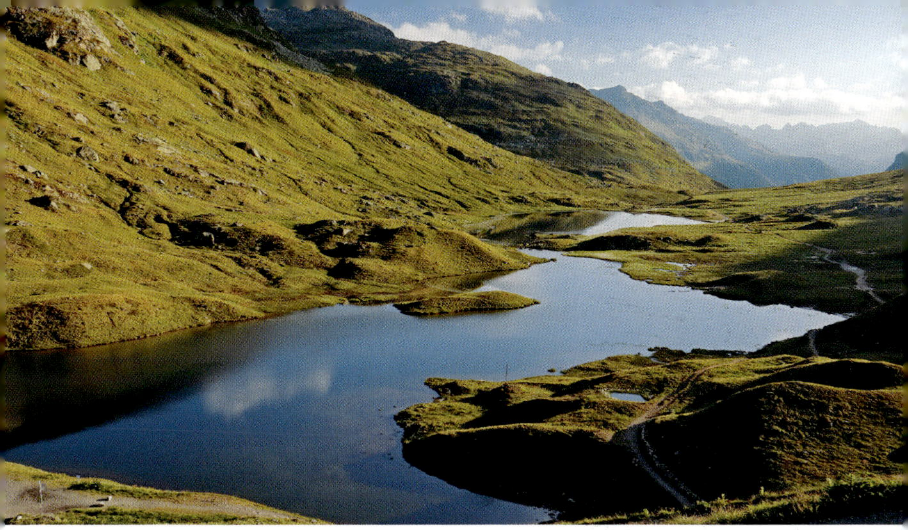

Landschaftliches Glanzlicht der Umgebung sind die Scheidseen.

zum Verbellner Winterjöchli deutlich stärker ausfällt. Knapp oberhalb thront unübersehbar die **Neue Heilbronner Hütte** ③, 2308 m. Der Rückweg verläuft im Wesentlichen gleich (Fahrweg als mögliche Variante).

EINKEHR

Alpengasthof Zeinisjoch, 1822 m: im Sommer geöffnet, Übernachtungsmöglichkeit, Tel. +43 5443 8233, www.zeinisjoch.com.
Verbellaalpe, 1938 m: während der Alpzeit von Anfang Juli bis Mitte September, Tel. +43 5557 2154 oder +43 664 9988443.
Neue Heilbronner Hütte, 2308 m: DAV, Mitte Juni bis Anfang Oktober, 107 Schlafplätze, Tel. +43 664 1804277, www.dav-heilbronn.de (Online-Reservierung möglich).

TOUREN

Versalspitze, 2462 m: von der Verbellaalpe zum Jöchli und über die Nordseite auf die tolle Aussichtskanzel (T3), 2.00 Std. Gegenüber evtl. auf den Tafamunter Augstenberg, 2489 m.
Strittkopf, 2604 m: unbezeichneter Aufstieg über die Südostflanke (nur Trittspuren, T3–4), 1.30 Std.
Gaisspitze, 2779 m: auf dem Friedrichshafener Weg bis zum Muttenjoch und am Nordwestgrat gipfelwärts (T3+), 2.30 Std.
Friedrichshafener Hütte, 2138 m: der vollständige Friedrichshafener Weg über das Muttenjoch ostwärts (T2–3), 3.00 Std.
Konstanzer Hütte, 1688 m: leichte Bergabwanderung durchs Schönverwall (T1), 2.30 Std.; deutlich länger und anspruchsvoller auf dem Bruckmannweg übers Wannenjöchli (T3), 5.00 Std.
Wormser Hütte, 2305 m: ausgesprochen langer Übergang auf dem Wormser Weg (T3), 8.30 Std.

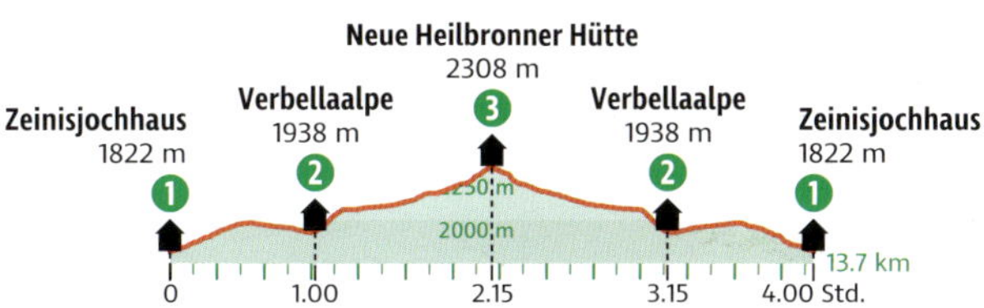

51 Obwaldhütte, 1860 m, und Kesslhütte, 1733 m

Kleine Rundtour von Gargellen

2.45 Std. | 7,3 km | ↗ 480 m | ↘ 480 m

Zwei Jausenstationen im Skigebiet am Schafberg

Als höchstgelegenes Bergdorf im Montafon befindet sich Gargellen in einem Seitental nahe der Schweizer Grenze, kulturhistorisch verbandelt mit dem Prättigau, kulissenartig umrahmt von Madrisa, Ritzenspitzen und den Ausläufern der Valisera. Am Schafberg gibt es auch ein kleines Skigebiet, in dessen Bereich sich die hier vorgestellte Genusswanderung abspielt. Obwohl wir dabei kaum wesentlich über die Waldgrenze hinauskommen, ergeben sich einige schöne und sommers eher ruhige Impressionen. Erheblich mehr los ist hier natürlich im Winter, wenn die Skifahrer Obwald- und Kesslhütte auf einen Einkehrschwung besuchen.

Ausgangspunkt: Gargellen, Parkplatz bei der Schafbergbahn, 1428 m. Buslinie 87 von St. Gallenkirch im Anschluss an die Linie 85 von Schruns.

Anforderungen: T2. Normale Bergwege ohne besondere Schwierigkeiten, allenfalls stellenweise elementare Trittsicherheit angezeigt. Sehr überschaubares Halbtagesprogramm.

Kinder: Ideale Familientour mit zwei netten Einkehrstationen, bei der Kesslhütte gibt es einen Teich und Spielplatz.

Variante: Von der Obwaldhütte lässt sich in gut 20 Min. der Gandasee erreichen.

Karte: Freytag & Berndt 1:50.000, Blatt 374.

EINKEHR

Obwaldhütte, 1860 m: Mitte Juni bis Anfang Oktober und Anfang Dezember bis April, Di Ruhetag, Tel. +43 664 4158672, obwaldhuette.net.

Kesslhütte, 1733 m: im Sommer und Winter bewirtschaftet, Mi Ruhetag, Tel. +43 664 3084302.

TOUREN

Rätschenhorn, 2702 m: über das Gafier Joch auf Schweizer Gebiet und nach etwas Zwischenabstieg am Rande der Gafierplatten zum Rätschenjoch, schließlich über die Südostabdachung gipfelwärts (T3), ab Obwaldhütte 3.30 Std.

Riedkopf, 2552 m: Anstiegsmöglichkeit entweder über das Gargellner Joch und von Süden oder im Bereich des Ostrückens (T3), ab Kesslhütte 2.30 Std.

Da geht's lang …

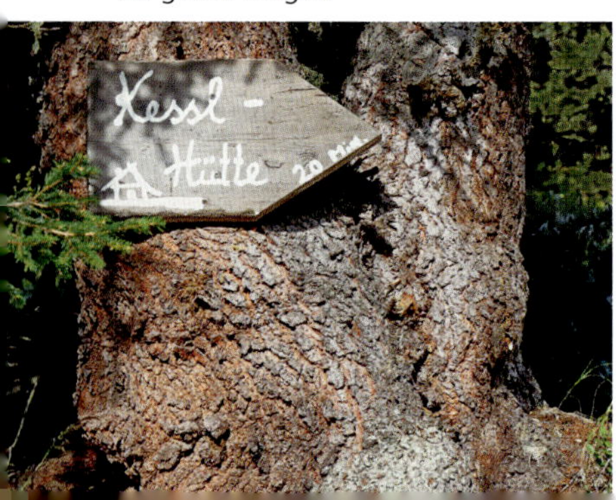

Von der Talstation in Gargellen ❶ nutzen wir die Trasse der Mountaincartbahn taleinwärts, überqueren

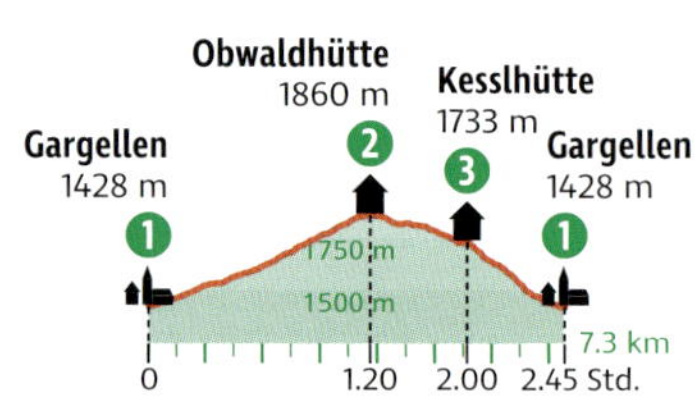

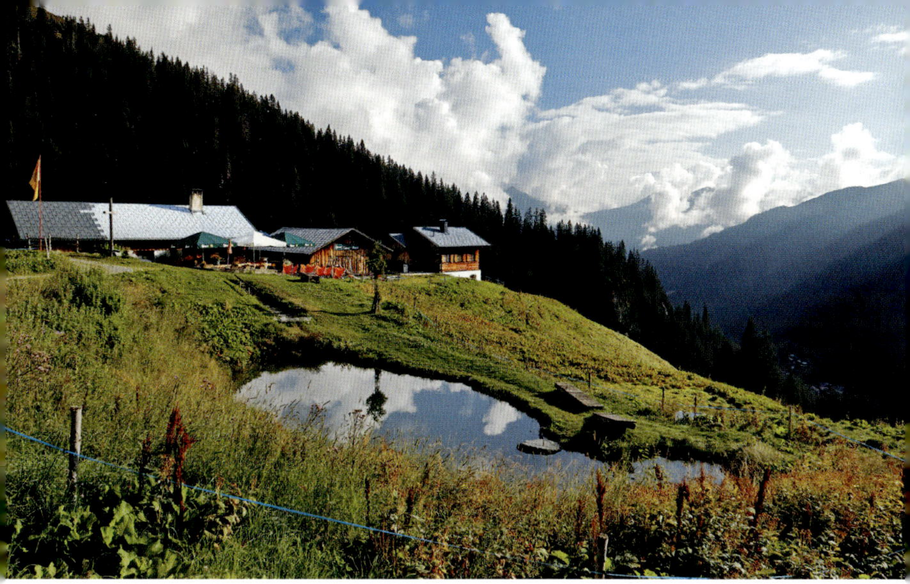

... um schließlich bei der Kesslhütte einzukehren.

die Straße und kommen zu einer Verzweigung. Nun entweder vorerst noch im Talgrund weiter Richtung Madrisahütte und von dort auf etwas steilerem Waldsteig oder schon vorher mit den Schleifen der Forststraße (weiterhin Cartbahn) zur **Obwaldhütte ②**, 1860 m, hinauf. Bereits rund zehn Gehminuten davor zweigt der Verbindungsweg zur Kesslhütte ab. Dieser quert nun beinahe horizontal bzw. leicht absteigend die Flanken gen Norden, überbrückt einen Graben und unterschreitet die Lifttrasse der Schafbergbahn. Im offenen Pistengelände empfängt uns dann die urige **Kesslhütte ③**, 1733 m. Den Schlussabstieg können wir wahlweise durch den Schwefeltobel nehmen oder hinab zum nächsten Bach, jenseits weiter nach Rüfi und schließlich auf Waldwegen zurück nach **Gargellen ①**.

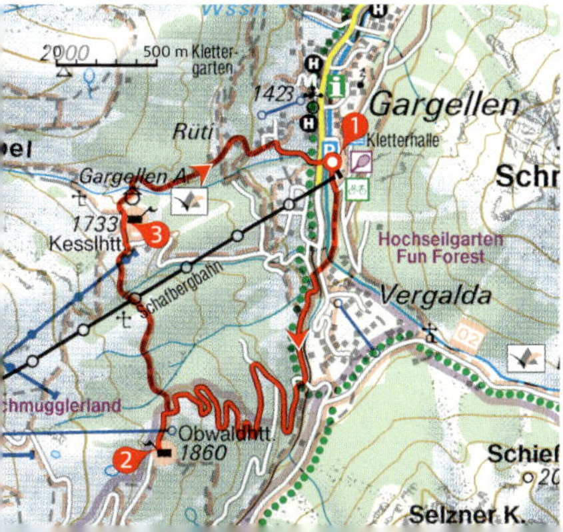

Blick durchs Tal von Gargellen hinaus.

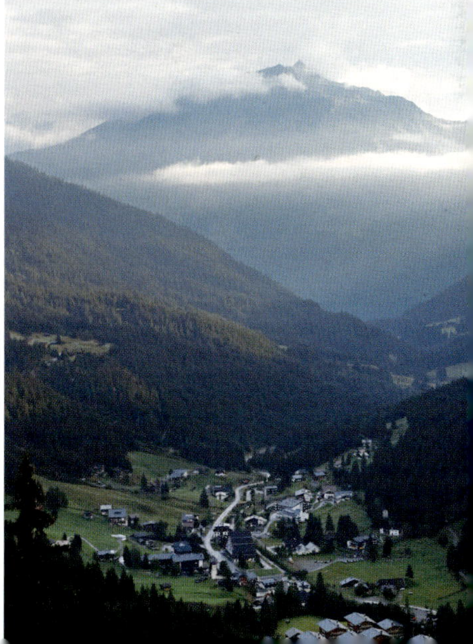

52

Vergaldaalpe, 1820 m

Von Gargellen ins Vergaldatal

2.30 Std. | 8,4 km | ↗ 400 m | ↘ 400 m

Eine typische Montafoner Sennalpe

Etwa 380 Hektar Weidefläche gehören zur Vergaldaalpe im gleichnamigen Hochtal hinter Gargellen. Die Kuhmilch wird direkt vor Ort zu schmackhaften Produkten verarbeitet, um von Wanderern gern auf einem Kasbrettl vernascht – und gelegentlich auch im Rucksack heimgetragen zu werden. Auch Jungvieh, Alpschweine und Pferde sömmern auf der Vergaldaalpe, die sich besonders für einen unbeschwerten Familienausflug anbietet. Für manche ist sie allerdings nur Raststation auf dem langen Weg zur Tübinger Hütte, drüben im Garneratal …

Ausgangspunkt: Gargellen, Parkplatz bei der Schafbergbahn, 1428 m. Buslinie 87 von St. Gallenkirch im Anschluss an die Linie 85 von Schruns.
Anforderungen: T1. Die meiste Zeit breiter Güterweg, in jeder Hinsicht problemlose Halbtageswanderung.
Kinder: Nettes Ziel für eine Alpjause, etwas monotoner Wegverlauf, aber schöne, noch recht ursprüngliche Umgebung.
Karte: Freytag & Berndt 1:50.000, Blatt 374.

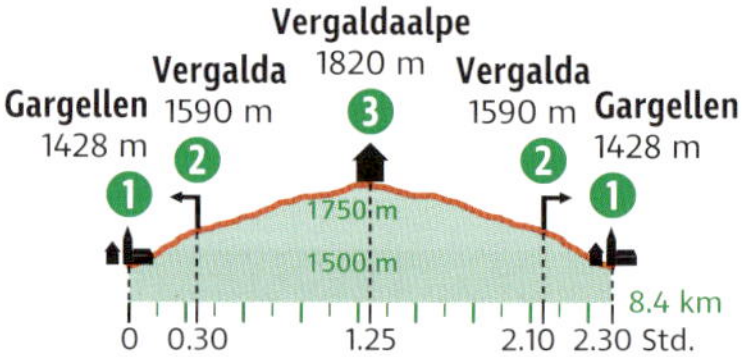

Von der Talstation in **Gargellen ❶** geht es auf breiter Trasse leicht bergauf, dann links abzweigend auf einen Waldrandweg. Man überschreitet den nahen Bach und wendet sich bei **Vergalda ❷**, 1590 m, ins gleichnamige Tal einwärts. In dem typischen Kerb-

Auf der Vergaldaalpe geht es traditionell zu.

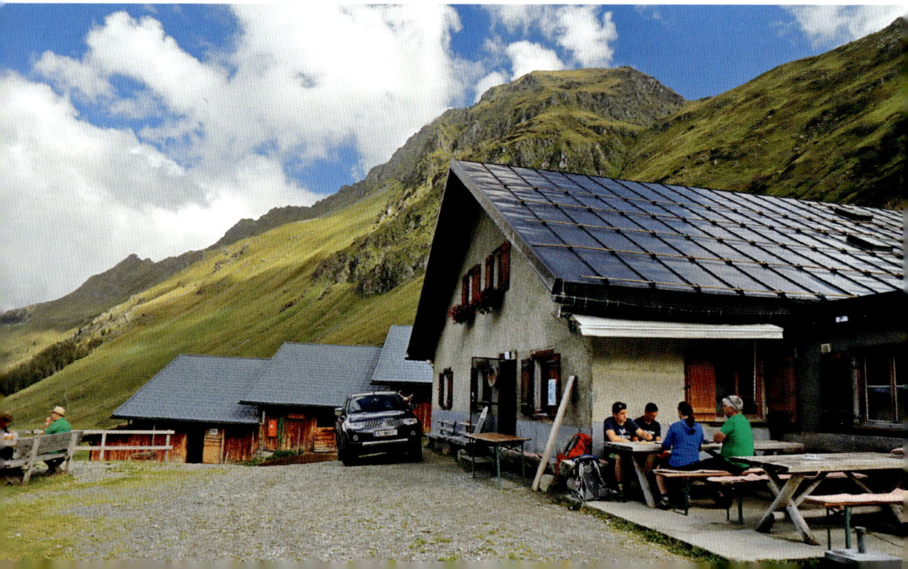

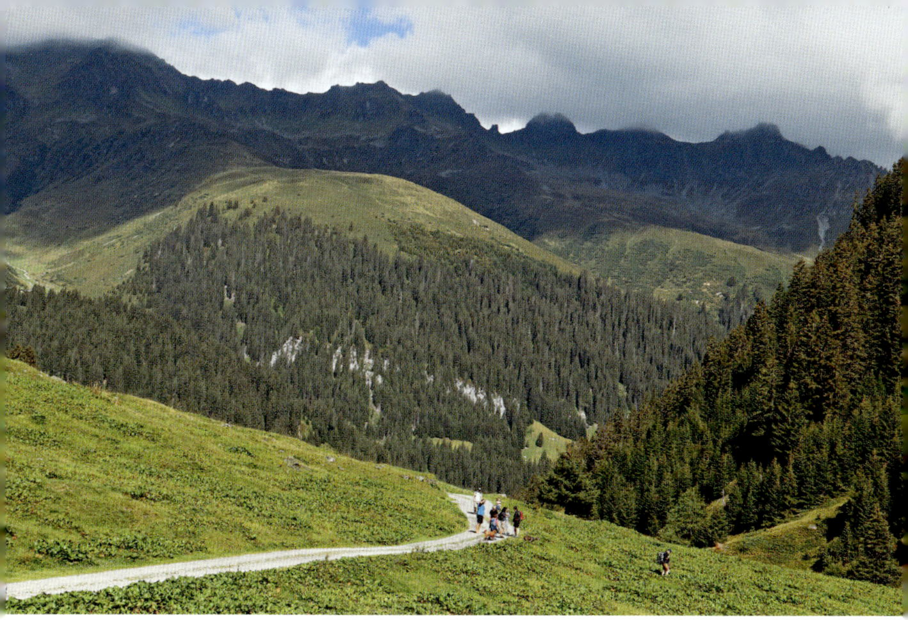

Gemächlich zieht der Weg ins Vergaldatal einwärts.

EINKEHR

Vergaldaalpe, 1820 m: Jausenstation während der Alpzeit von Mitte Juni bis Mitte September, Tel. +43 664 5332554.

TOUREN

Heimspitze, 2685 m: hinter der Alpe an steilen Flanken zum Heimbühel hinauf, dann in schöner Kammwanderung von Süden her weiter zum Gipfel (T3), 3.00 Std.

Tübinger Hütte, 2191 m: im Talschluss via Rotbühel links haltend zum Vergaldner Joch, jenseits das kleine Mittelbergjoch überschreitend und im Bogen über den Balkon des innersten Garneratals (T2–3), gut 3.00 Std. ab Alpe Vergalda.

tal folgen wir nun einfach dem sanft ansteigenden Fahrweg – zunächst auf der rechten, später auf der linken Bachsteite – bis zur bewirtschafteten **Vergaldaalpe** ❸, 1820 m. Zurück nimmt man dieselbe Route.

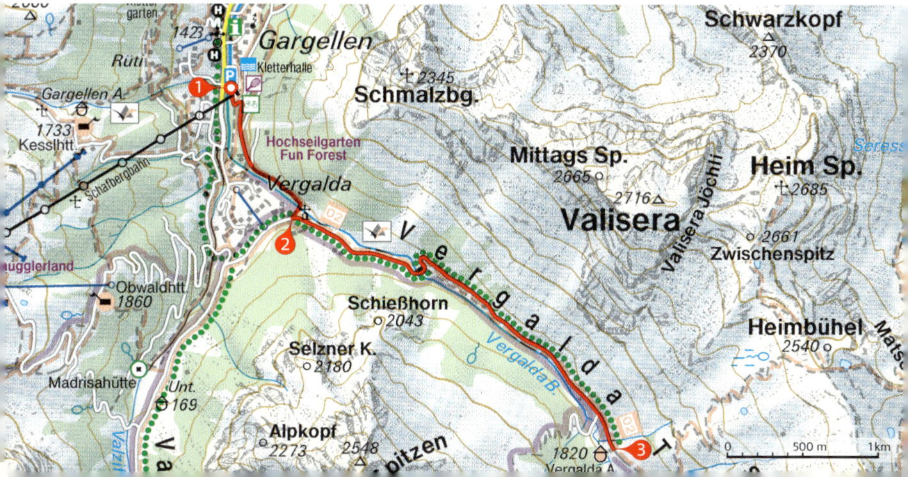

53 Tübinger Hütte, 2191 m
Höhenweg von der Versettlabahn

TOP | 8.15 Std. | 22,4 km | ↗ 890 m | ↘ 1920 m

Am Ursprung des Garneratals

Im Westteil der Silvrettagruppe besitzt die Tübinger Hütte eine Schlüsselposition. Ganz zuhinterst im Garneratal – bzw. bei anderer Sichtweise an dessen Ursprung – liegt sie auch heute noch meilenweit von der Zivilisation entfernt. Dementsprechend finden sich vergleichsweise wenige Tagestouristen ein. Dass die Tübinger Hütte trotzdem mehrfach erweitert werden musste und nicht besonders klein ausfällt, mag auf ein attraktives Tourenangebot hindeuten. Vor allem ist es aber wohl die Verbundenheit, die sie traditionell speziell aus dem Schwabenland erfährt. Ein Hüttenwochenende auf der abgeschiedenen »Tübinger« steht einfach hoch im Kurs! Den topografisch logischen Zugang durchs Garneratal – übrigens die Kulisse des bekannten Filmes »Schlafes Bruder« – wollen wir aber nur beim Rückweg begehen und uns stattdessen über einen der schönsten Höhenwege Vorarlbergs annähern. Sogar vier eigenständige Gipfelkuppen werden zwischen Versettlabahn und Vergaldner Joch berührt, ehe gemeinsam mit dem Zugang von Gargellen das verbleibende Stück im großen Halbrund zurückgelegt wird.

Ausgangspunkt: Gaschurn, 979 m, im hinteren Montafon, Talstation der Versettlabahn. Kostenfreie Parkplätze und Buslinie 85 vom Bahnhof Schruns. Seilbahn zwischen Juli und September von 8.30 bis 17 Uhr in Betrieb; Bergstation auf 2015 m.
Anforderungen: T3. Mittelschwerer

Hinter der Versettla laufen wir als Nächstes die Madrisella (mit Kreuz) an.

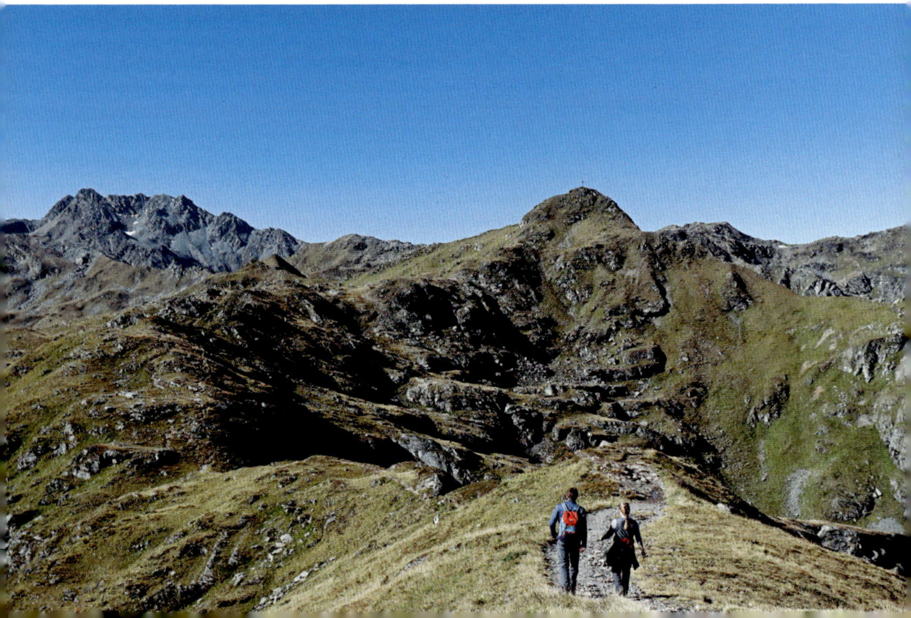

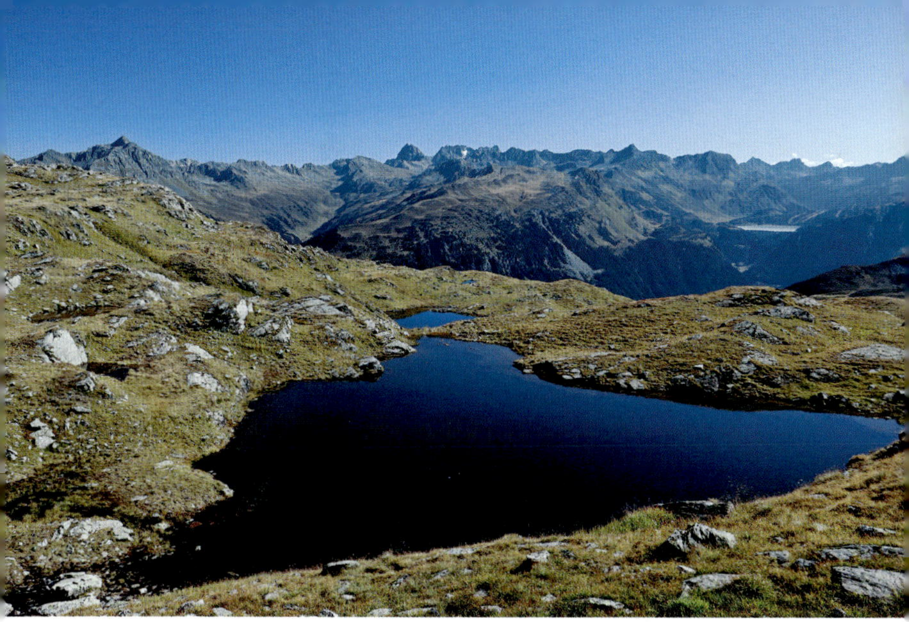

Unser Höhenweg verspricht traumhafte Impressionen aus dem Hochmontafon.

Höhenweg mit meist moderatem Verlauf, nur wenige Steilpassagen zwischendurch. Teils grasiges, teils steiniges Gelände, einmal Kettensicherung am Vergaldner Joch, sonst allenfalls bei Nässe problematische Stellen. Der Abstieg ist nur im oberen Teil ähnlich, dann lange Strecke auf Fahrweg. Neben etwas Trittsicherheit braucht es beachtliche Ausdauer im Tagesrahmen, normale hingegen bei Übernachtung.
Kinder: Für die meisten Kinder wohl zu langwierig, für ausdauernde Jugendliche hingegen durchaus zu schaffen (Übernachtung einplanen).
Variante: Retour kann man statt durchs Garneratal auch den recht rauen Höhenweg auf der Ostseite wählen, via Gatschettatäli, Innere und Äußere Alpila sowie Neualpe nach Ganeu. Schwierigkeitsgrad T3, bis Gaschurn 5.00 Std.
Karten: Freytag & Berndt 1:50.000, Blatt 374. AV-Karte 1:25.000, Blatt 26.

Von der Bergstation der **Versettlabahn** ❶ passieren wir zunächst die Gipfelbastion namens »Burg« ostseitig, dabei recht beständig ansteigend und vom südlich gelegenen Sattel über die mäßig steile Nordabdachung auf die **Versettla** ❷, 2372 m, unseren ersten Höhepunkt. Nach einem vergleichsweise geringen Zwischenabstieg biegt der Kammverlauf zur **Madrisella** ❸, 2466 m, hin etwas nach rechts aus, wobei deren Überschreitung nur wenig zeitaufwendiger ist als die Umgehung. Südwärts kommen die beiden Wege bald wieder zusammen, um sich anschließend um die Matschuner Köpfe herumzuwinden. Bei der Kreuzung am **Matschuner Joch** ❹, ca. 2390 m, zweigt die beliebte

Im Garneratal empfängt uns die Alpe gleichen Namens.

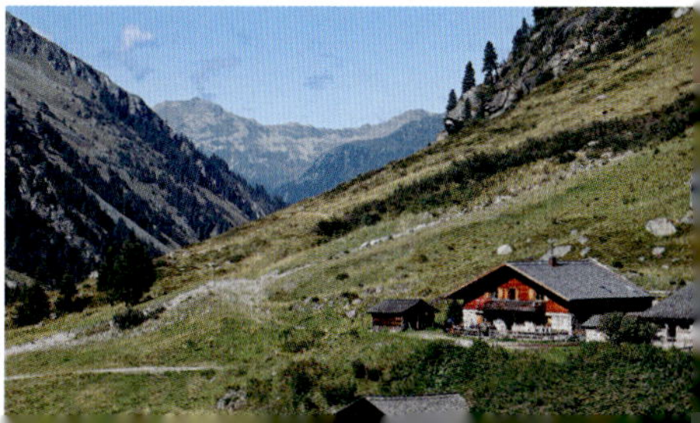

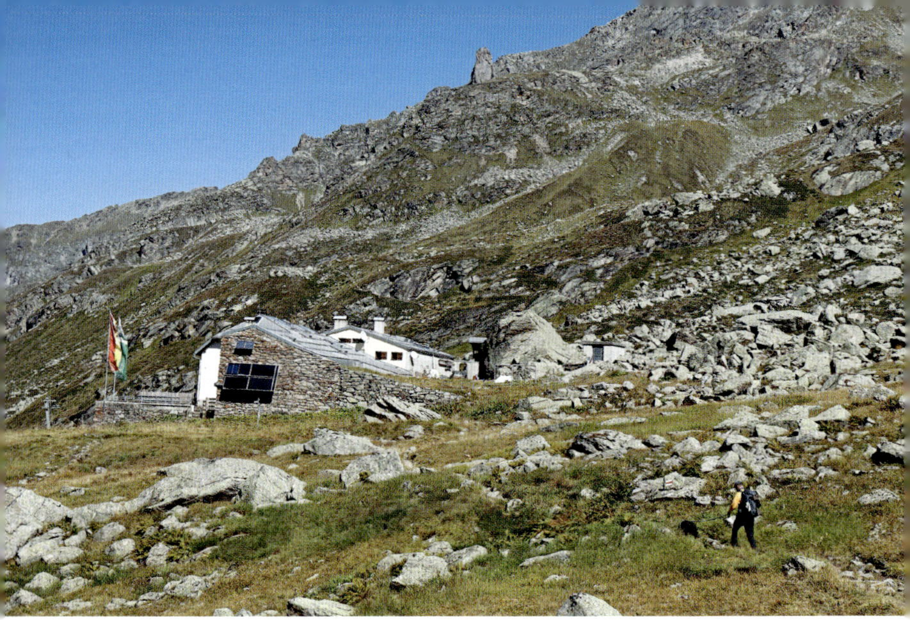

Auf den letzten Metern zum Hüttenziel.

Route zur Heimspitze ab. Wir queren indes eine ostseitige Mulde mit Seeauge und steigen kurzfristig steiler zur Kammlinie (Matschuner Jöchli) an. Diese gibt nun die Richtung vor. Über abschnittsweise blockiges Gelände gegen den **Kuchenberg ❺**, 2523 m, hinan, wobei dessen Gipfelpunkt rund eine Gehminute abseits des Weges liegt. Nach einer schwachen Senke wird der benachbarte **Vorderberg ❻**, 2553 m, über seinen breiten Hang direkt erstiegen. Jenseits erreicht man nach ein paar felsigen Stellen rasch das wichtige **Vergaldner Joch ❼**, 2515 m, und nimmt hier den Zugang von Gargellen auf. Auf der Ostseite erwartet uns eine mittels Kette entschärfte abschüssige Stelle sowie eine block- und schuttbedeckte Karmulde, der man über das **Mittelbergjoch**, 2415 m, entsteigt. Das erkennbare Hüttenziel ist aber noch weiter entfernt, als man vermutet. Denn nach einem Abstiegsstück muss noch der ganze Bogen entlang der Geländeterrasse im hinteren Garneratal ausgegan-

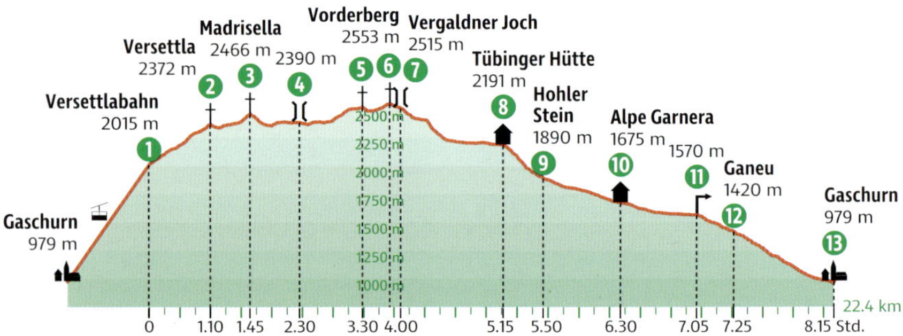

EINKEHR

Tübinger Hütte, 2191 m: DAV, Mitte Juni bis Anfang Oktober, 119 Schlafplätze, Tel. +43 664 5417802, www.tuebinger-huette.de (Online-Reservierung möglich).

Alpe Garnera, 1675 m: Ende Juni bis Mitte September einfach bewirtschaftet, Tel. +43 699 10926311.

TOUREN

Hochmaderer, 2823 m: durchs Gatschettatäli gegen das Hochmaderjoch hinauf, kurz davor links abzweigend auf die felsdurchsetzte Gipfelroute (T3–4), 2.40 Std.

Westliche Plattenspitze, 2883 m: teilweise über Resteis zum Plattenjoch, dann im Fels (Stellen I, T4), 2.00 Std.

Saarbrücker Hütte, 2538 m: über Plattenjoch und Seelücke (T3+), 3.00 Std.

Seetalhütte, 2065 m: ebenfalls übers Plattenjoch, im Seetal auf Schweizer Seite aber weiter abwärts (T3+), 3.30 Std.

gen werden. Zwar sind wir dabei annähernd horizontal unterwegs, doch legen sich auch noch ein paar grobe Blockfelder dazwischen. Auf der gegenüberliegenden Seite erreichen wir schließlich die **Tübinger Hütte** ❽, 2191 m, zuletzt von Süden her.

Im Abstieg führt ein relativ holpriger und abschüssiger Bergweg direkt nordwärts hinab in die Sohle des Garneratals, die wir beim sogenannten **Hohlen Stein** ❾, 1890 m, betreten. Ganz harmlos gestaltet sich anschließend die Wanderung talauswärts. Die **Alpe Garnera** ❿, 1675 m, gewahren wir auf der rechten Bachseite etwas abseits (eventuell kurzer Abstecher). Bald danach geht es über einen ausgedehnten, flachen Boden, an dessen Ende der Hinweis »Ganeu/Gaschurn« zu beachten ist ⓫. Damit wechselt man von der breiten Schotterfahrbahn auf einen schönen Karrenweg, taucht vorübergehend in Waldbereiche ein und gelangt auf die Wiesen des wunderhübschen Maiensäß **Ganeu** ⓬, 1420 m, mit seinen zahlreichen verstreuten Hütten. Wer noch etwas Nervenkitzel verträgt, kann hier den alpinen Steig durch die enge Garneraschlucht (Fenggatobel) einschlagen, ansonsten folgt man den bequemen Schleifen des Fahrweges hinunter nach **Gaschurn** ⓭.

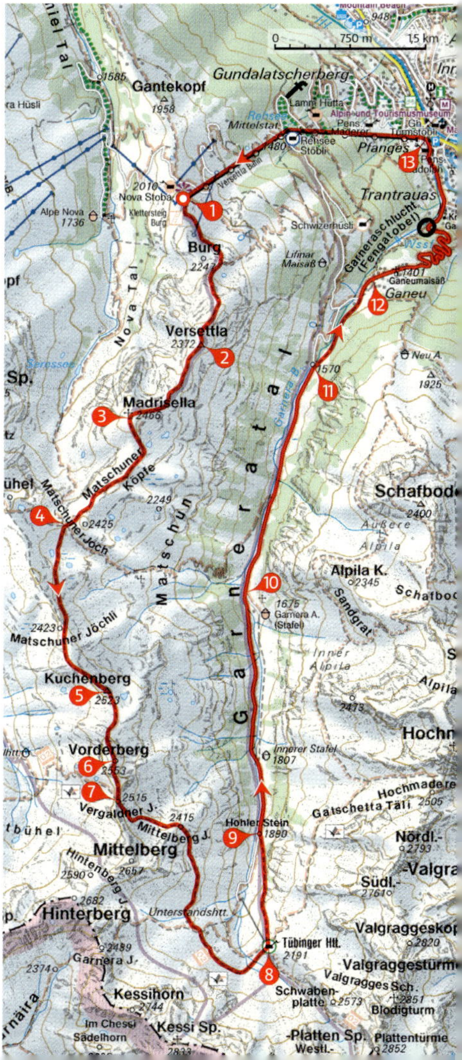

54 Saarbrücker Hütte, 2538 m

Vom Vermunt-Stausee ins Kromertal

4.00 Std. | 11,4 km | ↗ 780 m | ↘ 780 m

Höchste Hütte in der Silvrettagruppe

Der Saarbrücker Hütte gebührt das Prädikat »höchstgelegenes Schutzhaus in der Silvretta«. Wie ein Adlerhorst unterm Kleinlitzner-Ostgrat eingenistet, besitzt sie einen echten Logenplatz für die stärksten Schaustücke des Kromertals, die sich im wuchtigen Seehorn und dem spitzigen Großlitzner manifestieren. Die Überschreitung des berühmten Dreitausender-Duos gilt als schönste hochalpine Grattour weit und breit. Befeuert durch solche Kulissen wurde die Saarbrücker Hütte in den 1920er-Jahren rasch bekannt. 1931 dann die Katastrophe: Nach einem verheerenden Brand blieben nur die Grundmauern. Der umgehend veranlasste Ersatzbau verleiht der Saarbrücker Hütte bis heute ihr rustikales Erscheinungsbild. Nach wie vor zieht es ambitionierte Bergsteiger und Kletterer hierher, denn die Tourenmöglichkeiten sind auf engem Raum vielfältig. Mit eingerichteten Klettergärten und dem mittelschweren Eisenweg auf den Kleinlitzner wird auch modernen Entwicklungen Rechnung getragen. Das Gros der Gäste sind freilich Wanderer, die entweder von Hütte zu Hütte trekken oder die Hütte selbst als Ziel wählen. Dabei kommt nicht zuletzt auch das Familienerlebnis zum Tragen.

Ausgangspunkt: Parkplatz hinter dem Vermunt-Stausee, ca. 1760 m, an der mautpflichtigen Silvretta-Hochalpenstraße von Partenen. Beim Obervermuntwerk (hier Haltestelle der Landbuslinie 85) kurz rechts abzweigend zum Parkplatz.

Anforderungen: T2. Überwiegend breiter, mäßig steiler Schotterweg, im letzten Abschnitt kann ein abkürzen-

Beim Vermuntsee beginnt die Tour; rechts die Kresperspitze.

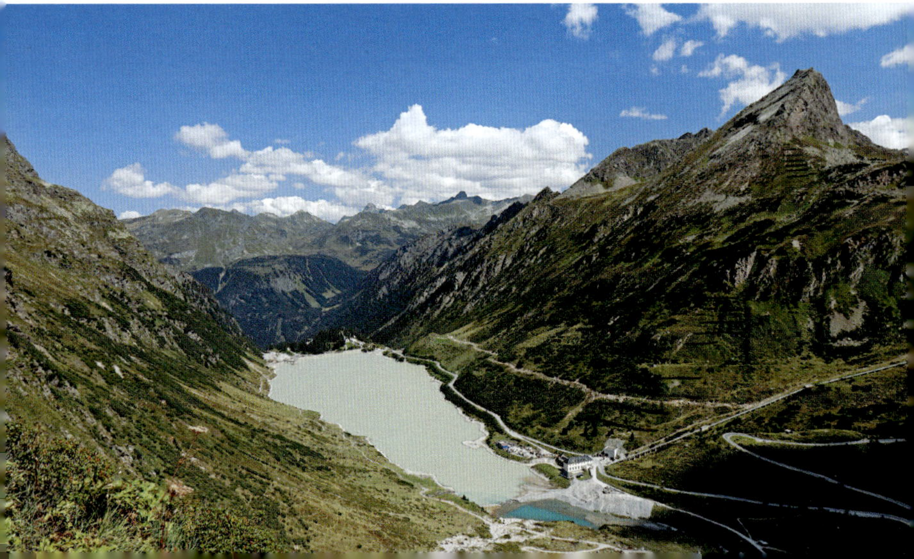

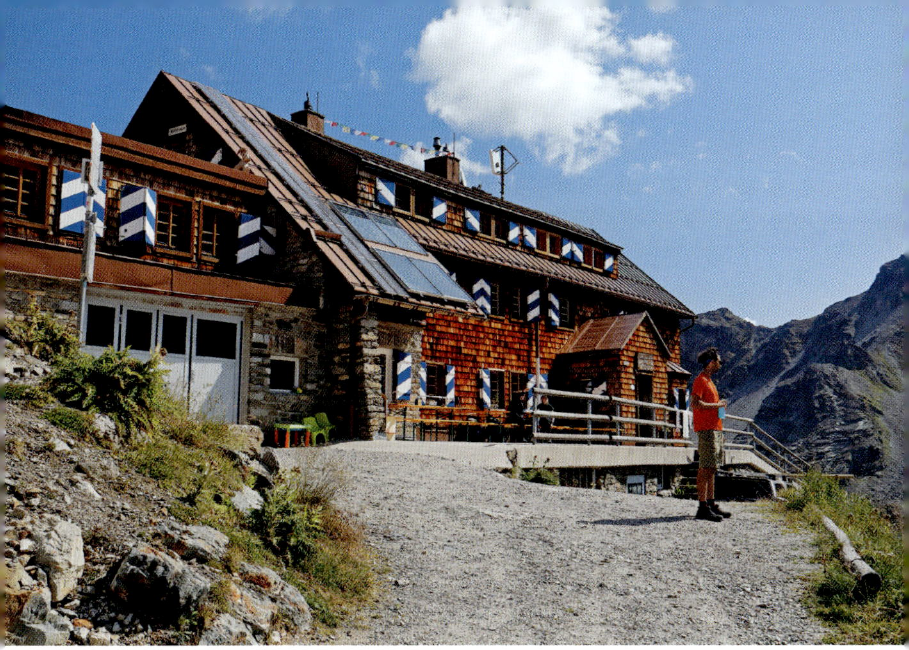

Die Saarbrücker hat sich den Stil einer echten Bergsteigerhütte bewahrt.

der, mittelsteiler Steig gewählt werden. Relativ lockere Tagestour.

Kinder: Trotz der Höhenlage und alpinen Umgebung problemloser Aufstieg zu einer urigen Bergsteigerhütte, gut geeignet, um Kinder mit Hochgebirgsflair vertraut zu machen. Klettergarten in Hüttennähe.

Variante: Von der Bielerhöhe führt ein landschaftlich reizvoller Höhenweg über Tschifernella ins obere Kromertal; bis zur Hütte 3.00 Std.

Karten: Freytag & Berndt 1:50.000, Blatt 374. AV-Karte 1:25.000, Blatt 26.

TOUREN

Kleinlitzner, 2783 m: Klettersteig im Grad B/C auf den Hausberg, ca. 1.00 Std.

Großes Seehorn, 3121 m: anspruchsvolles Hochtourenziel mit Normalroute über Seelücke, Westflanke und den obersten Nordwestgrat (Stellen II, T5–6), 2.30 Std. Wird auch häufig im Rahmen der Litzner-Seehorn-Überschreitung bestiegen (Klettertour im III. Grad).

Tübinger Hütte, 2191 m: über Seelücke und Plattenjoch (T3+), 2.45 Std.

Seetalhütte, 2065 m: über die Seelücke und durchs obere Seetal abwärts (T3-), 2.30 Std.

Wiesbadener Hütte, 2443 m: über den Litznersattel ins Klostertal und am Südeck des Silvretta-Stausees vorbei ins Ochsental (T3–4), 4.15 Std.

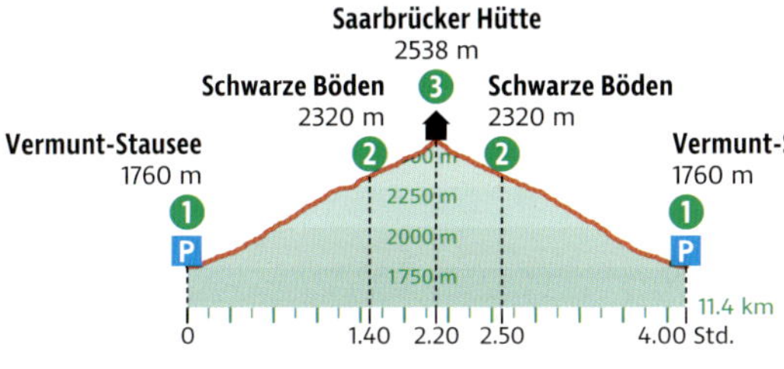

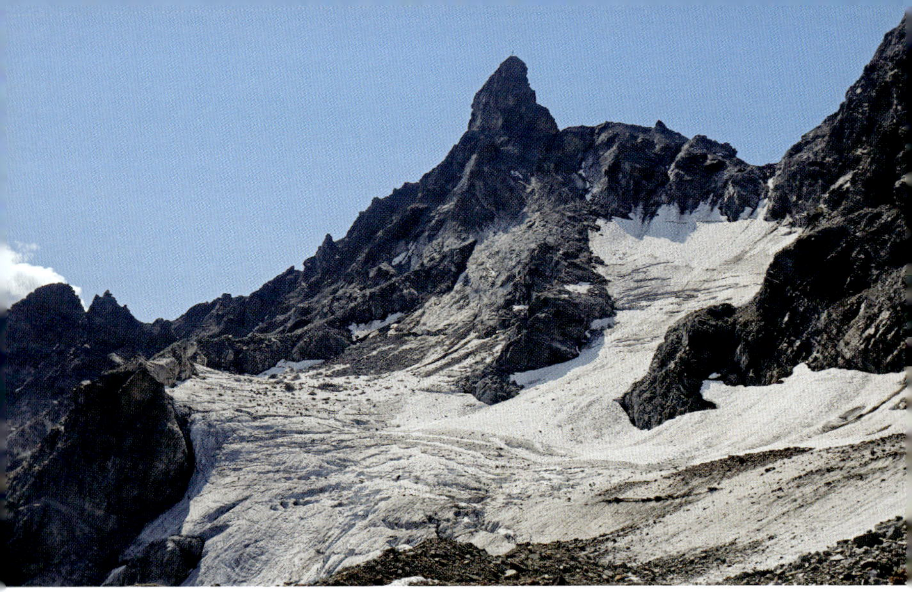

Perfekter Blickfang: Der Großlitzner besitzt wohl die kühnste Form aller Silvrettagipfel.

Am Ende des **Vermunt-Stausees ①** vollziehen wir auf der Versorgungspiste die ersten Kehren und orientieren uns in Kürze nach Süden, wo der Kromerbach begleitet wird. Auf 2050 Metern führt eine Brücke über einen seitlichen Wildbach. Einige Kurven schließen zu den **Schwarzen Böden** auf, in deren Bereich bald der Zugang über Tschifernalla aufgenommen wird ②. Nach diesem Flachstück können wir für das Finale am Fahrweg bleiben oder den direkteren Steig wählen, der zwar merklich steiler verläuft, aber ebenfalls kaum Hindernisse aufwirft. Für den Rückweg von der **Saarbrücker Hütte ③**, 2538 m, ist die gleiche Route vorgesehen.

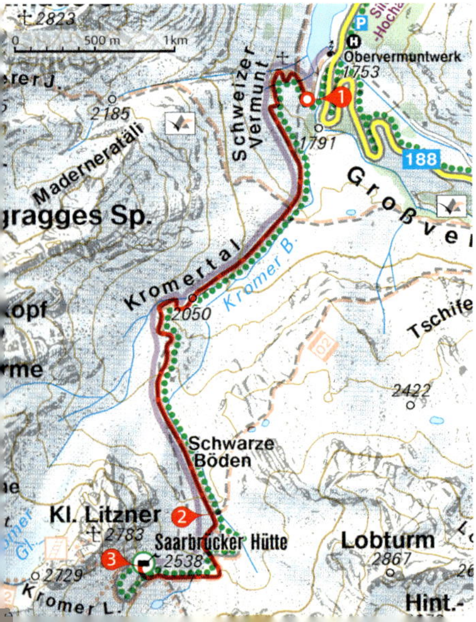

EINKEHR

Saarbrücker Hütte, 2538 m: DAV, Anfang Juli bis Ende September sowie um Ostern, 88 Schlafplätze, Tel. +43 664 8925587 oder +43 650 8301434, saarbrueckerhuette.at (Online-Reservierung möglich).

Im Schlussteil des Aufstiegs; man erkennt das Ziel auf der Rippe des Kleinlitzners.

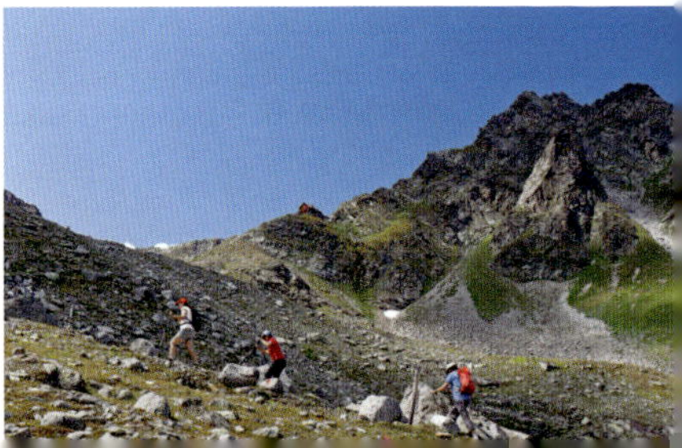

Wiesbadener Hütte, 2443 m

Von der Bielerhöhe ins Ochsental

4.00 Std. | 13,9 km | ↗480 m | ↘480 m

In die Herzkammer der Silvretta

Man ist geneigt zu sagen, rund um den Piz Buin schlage das Herz der Silvretta. Dergestalt käme der Strecke von der Bielerhöhe hinein ins Ochsental und zur Wiesbadener Hütte gleichsam die Bedeutung einer Hauptschlagader zu. Die Verlockungen der »blauen Silvretta« haben schon früh Skitourengeher in diese Geländekammer gelockt, ebenso wie den Sommerbergsteiger, der Ziele wie Dreiländerspitze, Silvrettahorn und eben jenen markanten Piz Buin schätzt. Der als höchster Berg Vorarlbergs zu Ehren gekommene »Ochsenspitz« gilt ja seit eh und je als Renommierziel ersten Ranges. Wenn sich infolge zurückweichender Gletscher anderswo die Klientel schon deutlich Richtung (Genuss-) Wandern verschoben hat, so sind auf der Wiesbadener Hütte die mit Pickel, Seil und Steigeisen bepackten Hochtourengeher noch immer stark vertreten. Demgemäß herrscht hier nicht selten buntes Treiben, sodass die immerhin fast 200 Schlafplätze häufig noch zu wenig sind.

Ausgangspunkt: Bielerhöhe, 2037 m, am Scheitelpunkt der mautpflichtigen Silvretta-Hochalpenstraße zwischen Partenen und Galtür. Von beiden Seiten Busverkehr (aus dem Montafon Buslinie 85).
Anforderungen: T2–3. Gewöhnlicher Bergweg in manchmal abschüssigen Hanglagen, teils relativ schmal verlaufend, aber keineswegs anspruchsvoll. Ganz leicht ist der Fahrweg durchs Ochsental (T1). Konditionell moderates Tagespensum.
Kinder: Ähnlich wie im Fall der Saarbrücker Hütte. Die Strecke ist nicht ganz kurz, die Höhendifferenz aber

Allmählich gelangen wir über den türkisfarbenen Seespiegel hinaus.

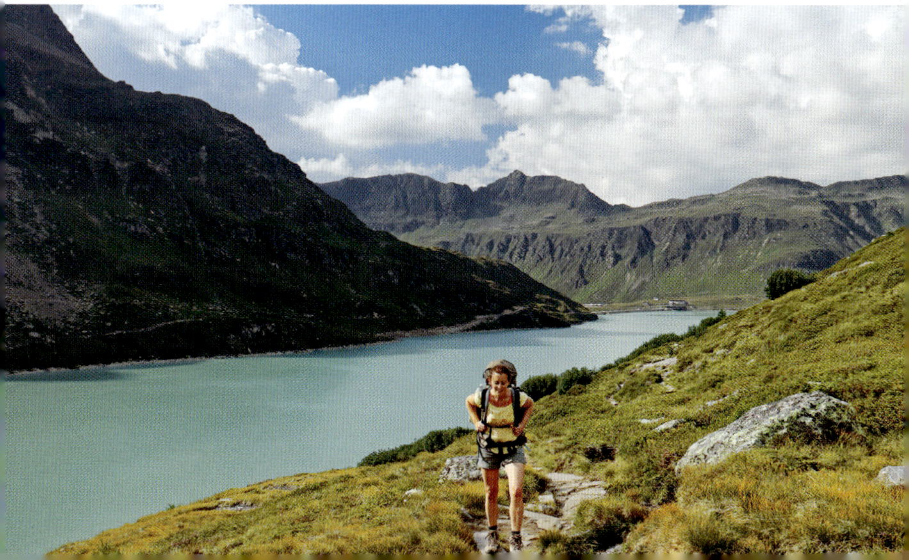

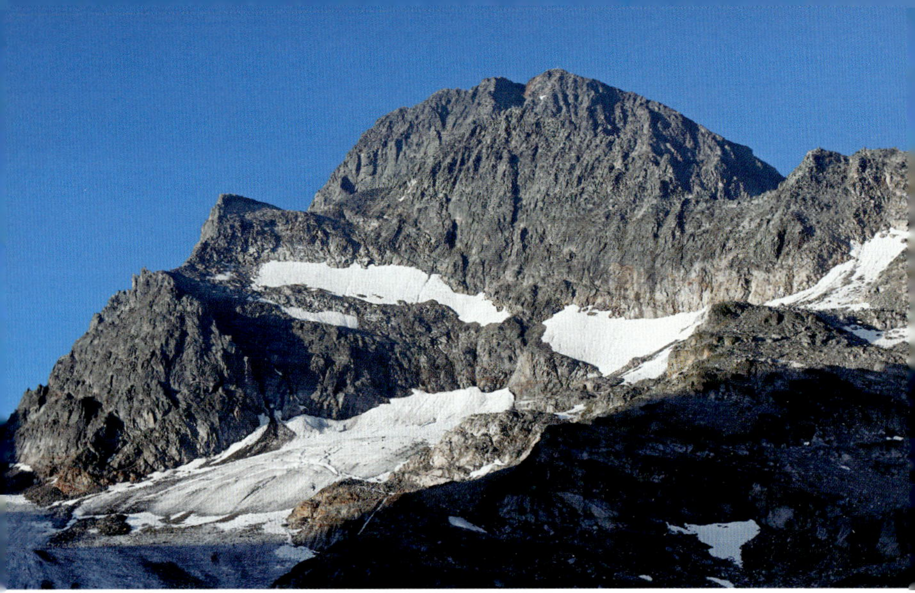

Höchster Gipfel ganz Vorarlbergs: der Piz Buin.

vergleichsweise gering. Für halbwegs trittsichere Kinder am schönsten über den Sommerweg, generell unproblematisch über das Versorgungssträßchen. Der riesige Stausee und die Gletscherwelt dürften Eindruck hinterlassen.

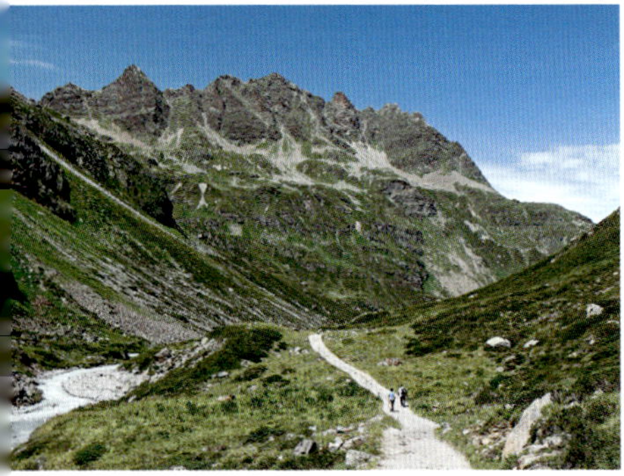

Beim Abstieg durchs Ochsental haben wir die Lobspitzen im Blick.

Variante: Über den Radsattel ins Bieltal und durch dieses zurück Richtung Bielerhöhe.
Karten: Freytag & Berndt 1:50.000, Blatt 374. AV-Karte 1:25.000, Blatt 26.

Auf der **Bielerhöhe** ❶ begeben wir uns zum Ostufer des gewaltigen Stausees und folgen eine Weile dem Sträßchen, bis links der »Sommerweg« ausgewiesen wird. Dieser steigt als relativ schmale Spur am Hang sukzessive an, obgleich immer wieder auch horizontale Abschnitte dabei sind. Weithin hindernisarm verlaufend, taucht später an einer Bachrinne doch mal eine leicht knifflige Passage auf, ehe man nach langwierigen Traversen bei der **Wiesbadener Hütte** ❷, 2443 m, eintrifft.

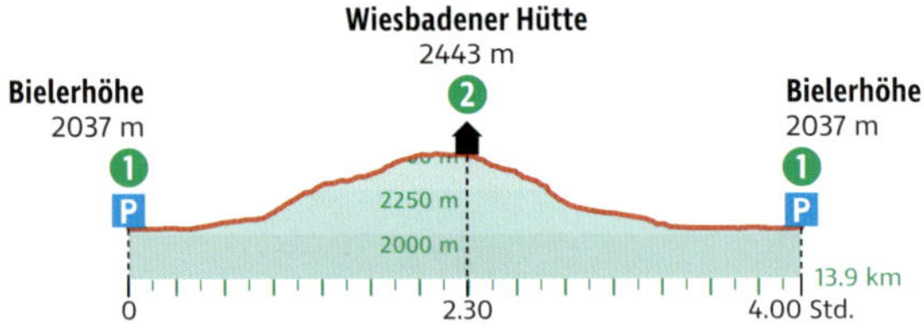

TOUREN

Vermuntkopf, 2851 m: hüttennächster Gipfelpunkt, markierter Anstieg über Blockschutt und Fels (T4), gut 1.00 Std.

Hohes Rad, 2934 m: großartiger, auch für tüchtige Bergwanderer erreichbarer Aussichtsberg, über den Radsattel in die Ostflanke und von der Radschulter mit Stellen I gipfelwärts (T4), 2.15 Std.

Piz Buin, 3312 m: an der Grünen Kuppe vorbei zum Ochsentaler Gletscher, über diesen zur Buinlücke und am Gipfelaufbau mit Kletterei im I. bis maximal II. Grad, ca. 3.00 Std.

Dreiländerspitze, 3197 m: zum östlichen Teil des Vermuntgletschers und an den beiden Ochsenscharten vorbei zum Gipfelaufbau, zuletzt mit etwas Kletterei (I bis II) über den Westgrat, ca. 3.00 Std.

Jamtalhütte, 2165 m: über den Radsattel ins obere Bieltal, dann über die höhere, teils unwegsame Getschnerscharte ins Jamtal (T3–4), 5.30 Std.

Saarbrücker Hütte, 2538 m: zum Südende des Silvretta-Stausees und links abdrehend ins Klostertal, dann über den Litznersattel (T3–4), 4.30 Std.

Chamanna Tuoi, 2250 m: über den nordseitig vergletscherten Vermuntpass ins schweizerische Val Tuoi (T4), 3.30 Std.

Für den Rückweg können wir auch das breite Jeepsträßchen wählen, das in gemäßigtem Gefälle und mit nur wenigen Kehren zwischendurch ins Ochsental hinauszieht. Nach etwas mehr als der halben Strecke kommen wir zum südlichsten Eck des Silvretta-Stausees und wandern nun noch die verbleibenden drei Kilometer flach am Ostufer entlang.

EINKEHR

Bielerhöhe, 2037 m: Hier befinden sich der Gasthof Piz Buin, das Silvrettahaus sowie das Restaurant Silvrettasee, etwas unterhalb noch das Madlenerhaus.

Wiesbadener Hütte, 2443 m: DAV, Mitte/Ende Juni bis Anfang Oktober sowie Mitte Februar bis Anfang Mai, 180 Schlafplätze, Tel. +43 5558 4233, www.wiesbadenerhuette.com (Online-Reservierung möglich).

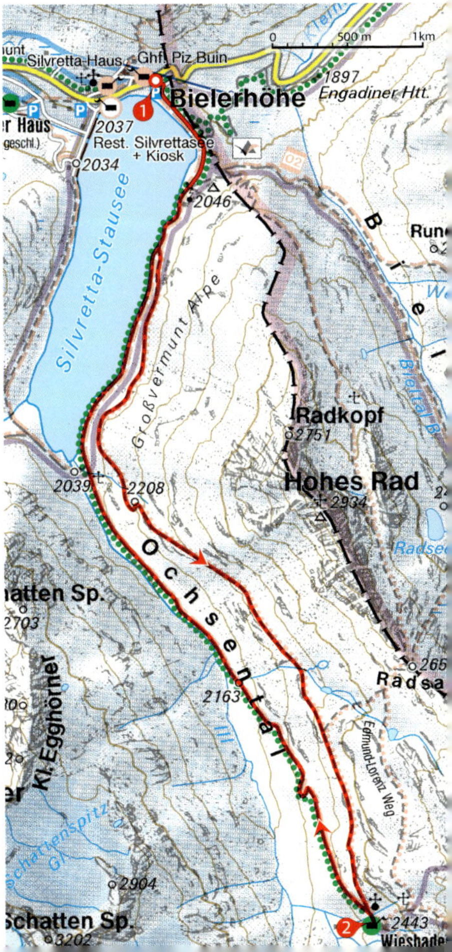

Die Terrasse der Wiesbadener Hütte ist meist gut gefüllt.

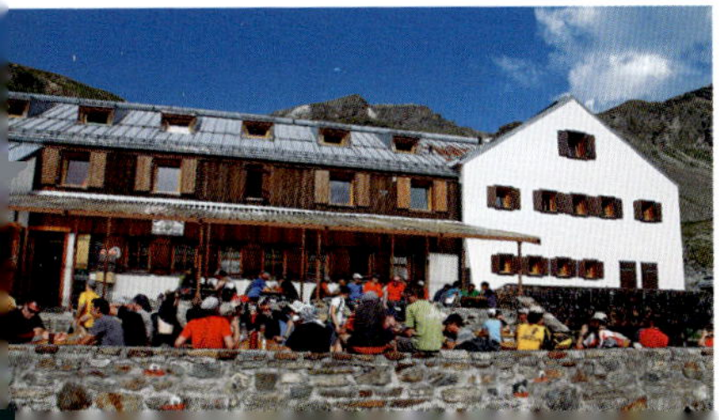

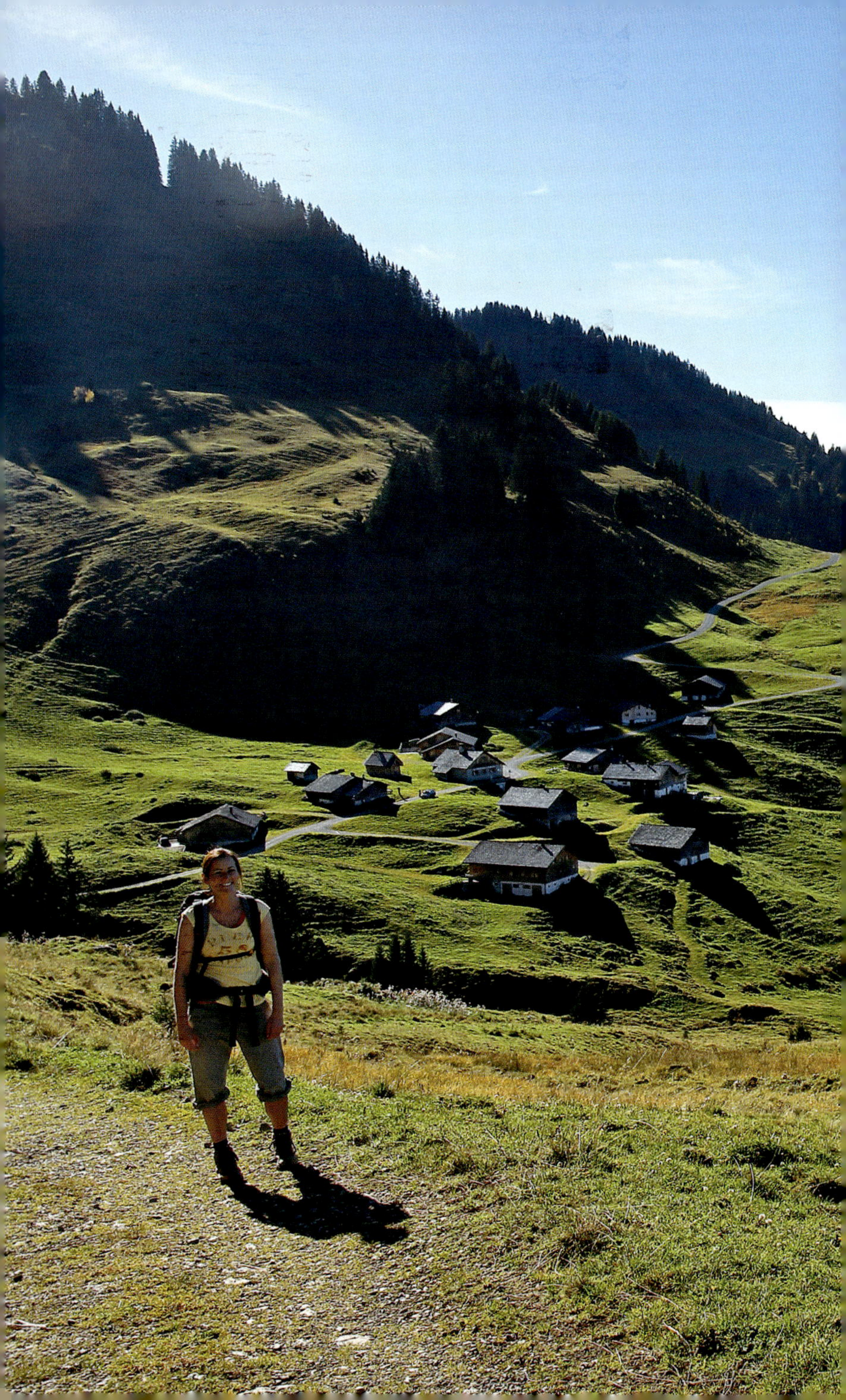

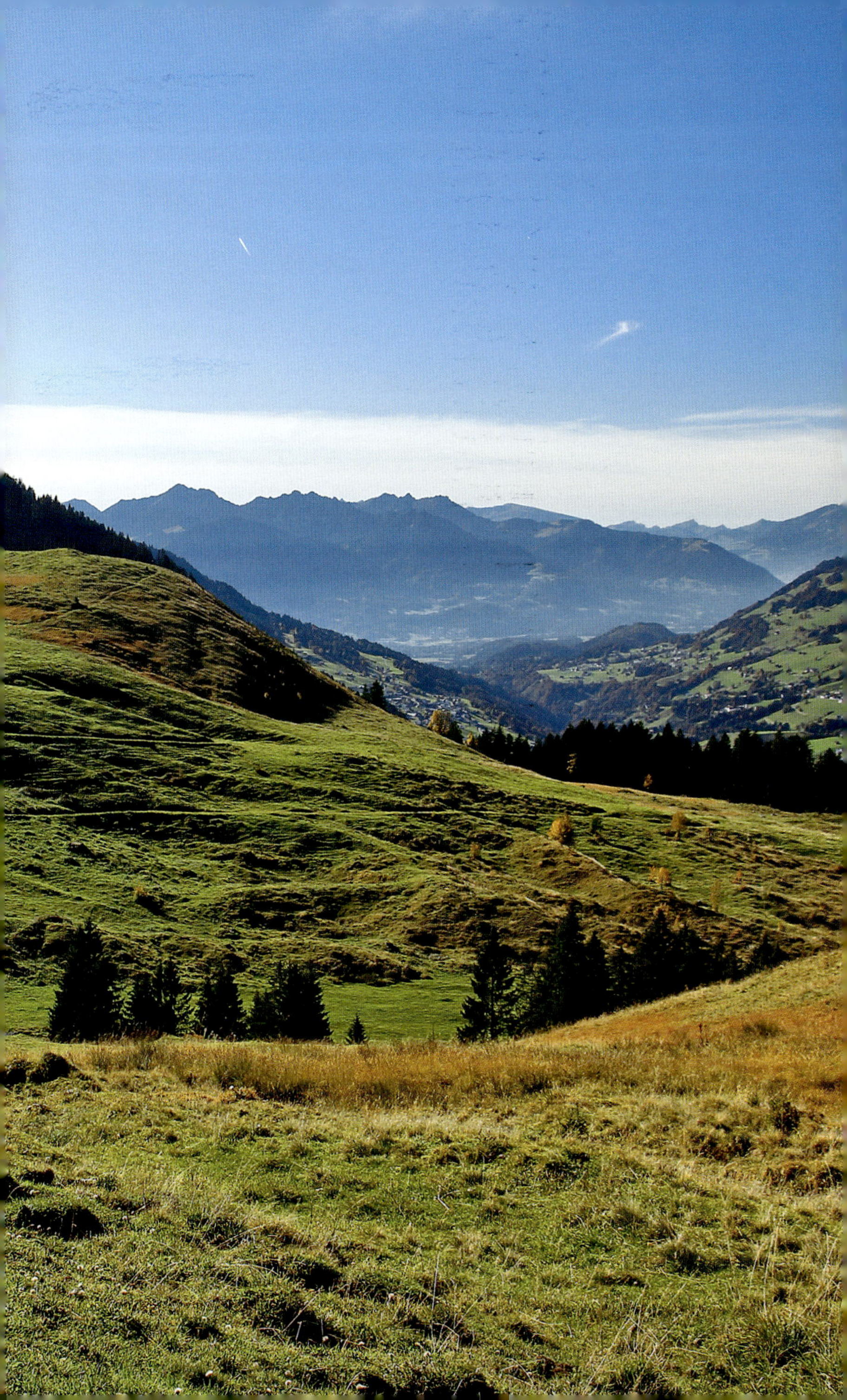

Stichwortverzeichnis

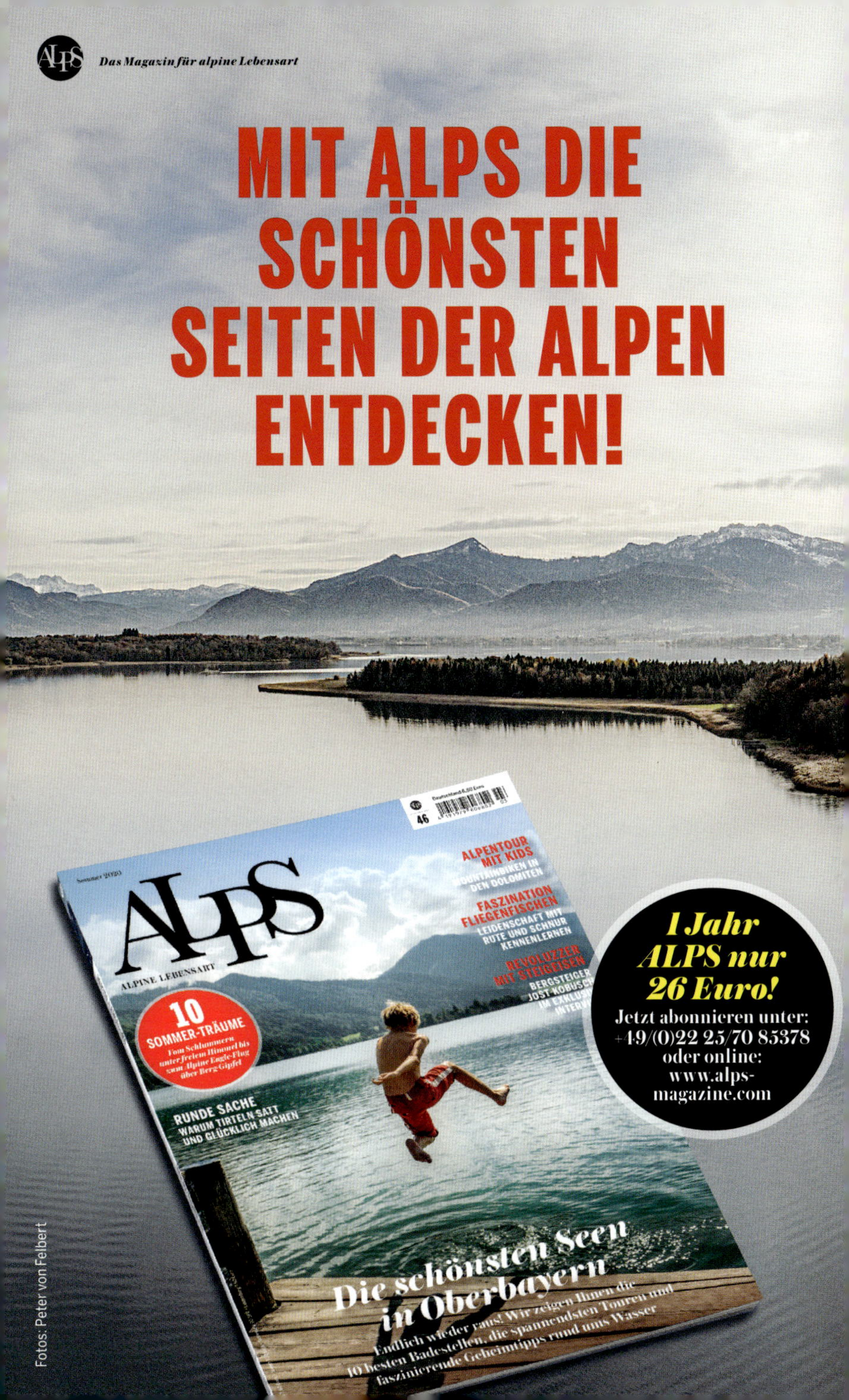

Fotos: Peter von Felbert

Impressum

Umschlagbild: Die Untere Sporaalpe im Gauertal mit den markanten Drei Türmen im Hintergrund.

Bild im Innentitel: Das Maiensäß Ganeu bei Gaschurn zählt zu den schönsten im Ländle.

Bild S. 32/33: Solche Bergkulissen wie hier bei Lech am Arlberg ziehen uns immer wieder in Bann.

Bild S. 186/187: Unterwegs bei der Sterisalpe im Großen Walsertal.

Alle 224 Fotos vom Autor.

Kartografie: 55 Wanderkärtchen im Maßstab 1:50.000 / 1:75.000 sowie 2 Übersichtskärtchen im Maßstab 1:500.000 und 1:2.000.000

Liebe Leserinnen und Leser,

infolge der Corona-Krise können sich Änderungen ergeben haben, die bei Redaktionsschluss noch nicht absehbar waren. Soweit möglich, werden wir aktuelle Hinweise unter www.rother.de (beim Buch) zur Verfügung stellen. Bitte informieren Sie sich vor der Wanderung zusätzlich über die derzeitigen Gegebenheiten.
Sollten Sie geänderte Gegebenheiten vor Ort feststellen, freuen wir uns über Korrekturhinweise per E-Mail an leserzuschrift@rother.de.

Die Ausarbeitung aller in diesem Führer beschriebenen Touren erfolgte nach bestem Wissen und Gewissen des Autors. Die Benützung dieses Führers geschieht auf eigenes Risiko. Soweit gesetzlich zulässig, wird eine Haftung für etwaige Unfälle und Schäden jeder Art aus keinem Rechtsgrund übernommen.

1. Auflage 2021

ISBN 978-3-7633-3044-7

FSC www.fsc.org MIX Papier aus verantwortungsvollen Quellen FSC® C021956

Wir freuen uns über jeden Korrekturhinweis zu diesem Wanderbuch!
Bitte per E-Mail an: **leserzuschrift@rother.de**

ROTHER BERGVERLAG · Keltenring 17 · D-82041 Oberhaching
Tel. +49 89 608669-0 · www.rother.de